人才研究

第五辑

齐秀生　主编

山东大学出版社

图书在版编目（CIP）数据

人才研究．第五辑/齐秀生主编．—济南：山东大学出版社，2019.12
ISBN 978-7-5607-6537-2

Ⅰ.①人…　Ⅱ.①齐…　Ⅲ.①人才—发展战略—研究—中国　Ⅳ.①C964.2

中国版本图书馆 CIP 数据核字（2019）第 289607 号

责任编辑　郭凯迪　肖淑辉
封面设计　王　艳

出版发行　山东大学出版社
社　　址　山东省济南市山大南路 20 号
邮政编码　250100
发行热线　（0531）88363008
经　　销　新华书店
印　　刷　济南巨丰印刷有限公司
规　　格　184 毫米×250 毫米　1/16
　　　　　19.75 印张　410 千字
版　　次　2019 年 12 月第 1 版
印　　次　2019 年 12 月第 1 次印刷
定　　价　55.00 元

《人才研究》（第五辑）
编辑委员会

前　言

为贯彻落实习近平新时代中国特色社会主义思想和党的十九大精神，加强新时代人才理论研究和人才学学科建设，服务国家人才培养和经济社会发展，中国人才研究会人才学专业委员会联合南京林业大学于2019年6月5日至6月6日举办了主题为“新时代人才发展定力与人才学学科建设”研讨会暨人才学专业委员会第七届代表大会。来自中国人才研究会、人才学专业委员会、南京林业大学、中国人事科学院等单位的近90名专家、学者以及研究生出席了会议。会议开幕式由人才学专业委员会第六届理事会理事长、中国石油大学教授郑其绪主持。

会议设置了主题报告和论文发言两个模块。中国人事科学研究院原院长兼人事与人才研究所原所长王通讯作了题为《新机器时代与就业政策调整》的主题报告。他提出，随着第四次工业革命的展开，新机器时代带来的智能化促使大量工作消失，当前，这一问题的解决之道是全社会树立起重视非正规就业或“灵活用工”的意识。人才学专业委员会名誉理事长、华东师范大学叶忠海教授以“巩固和发展中国人才学学派的再思考”为题，对中国人才学学派的内涵、形成标志、形成的内外部动因做出了详细的解释，为中国人才学学派的框架性构建提供了有实质价值的参考内容。人才学专业委员会第七届理事会理事长、北京教育学院副院长钟祖荣教授，人才学专业委员会副理事长、山东省人民政府参事齐秀生，人才学专业委员会副理事长、中国（湖北）人才发展研究中心主任桂昭明教授，人才学专业委员会副理事长、军事科学院军队政治工作创新发展研究中心主任吴志忠教授出席会议并作报告或发言。

参加此次会议的专家学者结合自身从事人才学理论研究和实践活动，认为人才学学科建设在人才发展、人才培养、人才管理，人才的合理配置、合理使用等多方面都发挥了重要作用，为经济社会发展做出了积极贡献。同时，对人才学的学科建设、未来发展等问题进行了深入的探讨和研究。专家们表示，今后将继续努力，迎接新一轮的人才大发展，为人才强国战略实施做出新的贡献。人才学专业委员会对参会论文进行了评选、表彰。按照中国人才研究会人才学专业委员会的要求，现将评选出的优秀论文通过《人才研究》予以出版发表。

编　者

2019 年 11 月

目　录

CONTENTS

特　稿

人才发展战略研究

人才学科建设

教育人才

人才培养

人才管理

实践探索

附　录

特　稿

我的学术生涯和学术思想

——在“叶忠海人才学学术思想研讨会”上的主题报告

叶忠海*

摘　要　作者对人才学研究40年的经历作了系统总结。40年间，作者坚持人才学研究与成人教育研究“两轮驱动”，并以人才资源开发研究为纽带，开展交叉综合研究。40年间，作者对人才学基础理论研究、人才地理学研究、女性人才学研究和教育人才学等领域进行了开拓性研究，对人才学研究的深入发展做出了极大贡献。

关键词　叶忠海　人才学　思想

首先，十分感谢中国人才研究会人才学专业委员会、华东师范大学人文与社会科学研究院、人才发展研究中心为我举办人才学学术思想研讨会！十分感谢在座的各位同志、老师在百忙之中抽出时间来参加本人学术思想研讨会！也十分感谢各位研究生的参与！

一、我的学术简历

我于1957年9月入华东师大地理系学习，1959年10月提前留校工作，于1961年7月本科毕业。1961～1966年在华东师大地理系做党团工作，兼任日本经济地理教学，编写日本经济地理讲义。

自1979年始，40年来我的学术研究主要是“两轮驱动”。“一轮”是人才学研究。我作为国家重点师范大学的教师一员，是教育工作者的职责驱使我踏上研究人才之路，从此与人才学结下了不解之缘。“一轮”是成人教育学研究，以后延伸至社区教育学、老年教育学、终身教育学等研究领域。我立足于成人教育工作岗位，干一行，爱一行，钻一行，精一行。以人才资源开发研究为轴，将“两轮”联系起来，开展交叉综合研究。

* **作者简介：**叶忠海（1939～　），浙江宁波人，华东师范大学人才发展研究中心教授，中国人才研究会学术委员会副主任，人才学专业委员会名誉理事长，研究方向为人才学和人才资源开发。

40 年来，我独著、或主编主笔、或作为第一作者，公开出版著作 45 部，其中人才著作 23 部；发表论文 200 余篇，其中人才研究论文 100 余篇。在此基础上，分别于 2009 年、2011 年出版了《叶忠海人才文选》（7 卷）、《叶忠海学习与教育文选》（9 卷）。

自 1989 年以来，我作为课题组负责人先后承担国家级、省部级课题 20 项；作为专家顾问或首席专家参与国家人才规划、老年教育规划的编制；作为第一起草人或主要起草人参与成人教育培训术语、社区教育服务指南的国家标准的制定。

我先后获全国、省级科研成果一等奖 3 项、二等奖 6 项、三等奖 9 项，获国家标准创新奖 1 项，获中国人才研究会特等奖 1 项。1993 年始，享受国务院政府特殊津贴，2003 年被教育部聘为社区教育专家，2008 年被中央人才工作协调小组聘为《国家中长期人才发展规划纲要（2010～2020 年）》编制工作专家顾问。获中国人才研究会“中国人才学研究突出贡献奖”。

二、对人才学基础理论研究的开拓

自 20 世纪 80 年代初至今，我坚持人才学基础理论研究的开拓，先后出版代表作有：《人才学概论》（第一作者，1983 年）、《普通人才学》（主编主笔，1990 年）、《人才学基本原理》（主编主笔，2005 年）、《人才学基本原理研究》（独著，2009 年）、《新编人才学通论》（主编主笔，2013 年）、《新编人才学大辞典》（总主编，2015 年）。其中，《普通人才学》荣获国家人事部人才人事研究优秀成果奖一等奖。

第一，创建人才学“一轴四论”的框架结构（1983）。我与陈子良、缪克成、杨永清合著出版的《人才学概论》就是搭建了该构架模式。“一轴”是指人才学的主轴：创造性；“四轮”是指人才学构成的四个基本部分：导论、人才基础论、人才成长发展论、人才开发论。1984 年出版的《中国百科年鉴》，在介绍哲学社会科学新学科——人才学时，将该书作为代表作予以介绍。

第二，界定人才的概念（1983 年、1990 年）。人才学是以人才现象作为自己研究对象的一门学科。要研究人才现象，首先要从“人才”这个基本概念入手。我认为，“人才是指在一定社会条件下，具有一定知识和技能，能以其创造性劳动，对社会或社会某方面的发展，做出某种较大贡献的人”。在这里，人才概念强调以下三点：一是强调“创造性劳动”，即规定人才劳动的性质——创造性；二是强调“贡献”，即规定人才劳动的方向性——进步性；三是强调“在一定社会条件下”，即规定人才劳动的社会历史性。

第三，探索人才本质（1983 年）。关于人才本质的问题，我在《人才学概论》中指出，本质是事物的根本性质，事物的本质属性就是关于该事物质的规定性。质的规定性的改变，就是对该事物的否定。创造性、进步性、社会历史性系人才的本质属性，人才本质即是该“三性”的统一。

第四，提出“人才智能结构”（1980 年、1983 年）。1980 年我与缪克成合写的《大学生智能结构研究与培养》一文首先提出该观点，并在当年合肥召开的第一次全国人才学研讨会上发表。1983 年出版的《人才学概论》进一步强调该观点，指出：“智能结构是指一个人具有的知识、技能和能力组成的多序列、多要素、多层次的动态综合体”，“创新能力是最佳智能结构的首要构成部分，是人才成功的最重要的能力。”在该书中还预言：“人才的智能发展过程，既有自然认识过程，即人自身进行的认识过程，又有人工认识过程，即人工控制的电子计算机一类认识工具所进行的过程。当两个过程巧妙结合时，人才智能向高度发展。”

第五，多学科视角研究人才价值（1983 年、1990 年、2005 年）。自 20 世纪 80 年代始，我以马克思主义唯物史观为指导，从哲学视角研究人才的历史作用，撰写了《人才历史作用的哲学思考》一文，作为《普通人才学》一书的组成部分。该文指出：“人才，哪怕是杰出人才、伟大人物在社会历史中的作用，也总是会受社会历史进程的一般趋势所制约的。他们只能在一定社会历史条件下所提出的历史任务范围内，发挥自己推进社会发展的作用。”[①] 具体来说，应符合以下三个条件：一是应顺应历史的一般趋势；二是必须正确认识和对待客观条件；三是必须按照人民群众的意志办事。在人才作用的问题上，既要防止全盘否定人才在社会发展中的作用，又要防止夸大人才的作用。人才推动社会历史的发展，其途径和形式是多种多样的，各类人才均有其各自的具体途径和形式，起着各自特殊的作用。

21 世纪初，我又从经济学视野研究人才的价值，撰写了《人才价值的经济学思考》一文，作为《人才学基本原理》一书的组成部分。该文以人才资源价值的基本含义为逻辑起点，提出了人才资源所有者应分享现代企业的净剩余，并提出了确定人才资源价值系数的要点，对人才资源价值计量作了探讨，提出了计量公式。

第六，阐明人才成长的基本原理——综合效应论（1983 年、1986 年、1990 年）。1983 年，我在《人才学概论》一书中指出：“人才成长和发展是多因素的综合效应。既有先天的遗传素质作用，又有后天的社会环境的影响，特别是还有人才个人的社会实践和主观努力的因素。”以后又在《人才教育学》（河北人民出版社 1986 年版）和《普通人才学》（复旦大学出版社 1990 年版）中进一步阐明：“人才成长是以创造实践为中介的、内外诸因素相互作用的综合效应。其中，内在因素是人才成长的根据，外部因素是人才成长的必要条件，创造实践在人才成长中起决定作用。”并首次绘制了“个体人转化为人才过程示意图”和“人才成长和发展综合效应示意图式”（1990 年）。

第七，着力探索人才规律体系（1983～2012 年）。40 年来，我坚持不懈地着力于探索人才规律体系。1983 年，我在《人才学概论》中指出：“人才成长和发展规律是多

① 叶忠海主编：《普通人才学》，复旦大学出版社 1990 年版，第 74 页。

层次的。不能仅作一般规律的研究，还必须研究特殊规律。”“一般规律存在于特殊规律之中，一般规律与特殊规律在一定条件下可以互相转化。”以后，又在《普通人才学》一书中进一步指出：“人才规律是指人才成长过程中在一定条件下所具有的可重复的必然关系或概率性重复的概然关系。”“人才规律，既存在于人才成长过程中的必然联系之中，有必然性规律——因果性规律；又存在于人才成长过程中的概然联系之中，有概然性规律——统计性规律。”

人才规律是一个多序列多层次的立体网状结构的人才规律系统。从人才规律层次和作用范围来看，人才规律可分为三种：一是人才个体规律，包括人才个体成长和发展规律；二是人才群体规律，包括人才群体成长和发展规律；三是社会人才总体规律，包括社会人才总体发展运动规律。

个体人才的成长和发展规律有：有效的创造实践成才规律（钟祖荣、叶忠海，1990年）、人才过程转化规律（叶忠海，1990年）、竞争择优成才规律（叶忠海、钟祖荣，1983年，2013年）、优势积累和发挥成才规律（叶忠海、钟祖荣，1983年，2013年）。

群体人才成长和发展规律有：高端引领效应律（叶忠海、钟祖荣，2013年）、共同愿景凝聚效应律（叶忠海、钟祖荣，2013年）、互补优化效应律（叶忠海、钟祖荣，2013年）。

社会人才总体发展运动规律，除哲学视野下提出时势造就人才规律外，我自1994～2013年还从地理学、生态学视域下研究探索社会人才总体发展运动规律。本人于2000年出版的《人才地理学概论》一书中，阐明了地理学视域下社会人才总体发展运动规律：人才空间分布形成规律——合力效应律、整体协调律，人才空间分布发展规律——点→轴→网→面律。我在2013年主编出版的《新编人才学通论》一书中，又阐明了生态学视域下社会人才总体发展运动规律：一是人才生态圈群落效应律，包括异质互补的优化效应律、生态位矛盾及转化效应律、竞争筛选的张力效应律；二是人才与生态协同进化律等。

三、对人才地理学研究的开拓

自1987年始，我开展了人才地理的研究，做了下列学术研究与教学工作。

第一，创建人才地理学。1989年，我接受刘君德教授的委托，作为课题组负责人承担国家自然科学基金项目“中国东南部丘陵山区人才开发和教育改革综合研究”。1994年，作为课题组组长，又承担国家自然科学基金项目“区域人才地理原理与中国人才资源空间开发研究”。在区域人才空间开发系列研究基础上，加以综合研究和理论提炼，形成人才地理学的框架结构和基本内容，于2000年独著出版了我国首部以“人才地理学”命名的专著《人才地理学概论》。该书多视角揭示了人才空间位移的内在机理，揭示了人才空间分布的形成和发展规律以及不同类型人才空间分布的特殊性；首次提出了人才区划及其指标体系，并首次尝试性划分了新疆维吾尔自治区、全国人才开发区。该书荣获国家人事部第三届全国人才人事科学优秀成果奖二等奖。

第二，开展系列性区域人才空间开发研究。自1987年始，开展了不同类型区域的人才空间开发研究。1987年，开展了中国西部不发达地区人才开发的研究；1992～1994年，开展了国家旅游度假区、高新技术开发区人才空间开发研究；2002年，开展了上海市人才区划及其开发比较研究；2005～2006年，开展了长江三角洲人才开发一体化研究。此外，在1991～1992年间，我和研究生罗秀风还开展了人才历史地理研究，撰写了《南宋以来苏浙两省成为中国文人学者最大源地的综合研究》。在此基础上，2006年出版了由本人主编的《区域人才开发研究论集》，作为《叶忠海人才文选》之一，2009年又出版了《人才空间开发实证研究》，系为《人才地理学概论》的姊妹篇。

第三，开展人才高地研究。1995年，我参与了上海市人才高地研究，从人才地理学的视角，指出了人才高地即为人才发展的极核区，或称人才发展的高势能区。其基本标志可归纳为“五高”：人才数量分布的高密度、人才质量的高水准、人才结构的高对应、人才流动的高活力、人才产出的高效应。该研究成果被上海市委、市政府采纳，后转化为人才工作的考核评价指标。此外，我还研究“国际三中心”人才特色。经过对新加坡、东京和我国香港地区的考察，于1993年撰写了《国际经济金融贸易中心人才总体特色和上海人才资源开发国际化》一文，提出人才国际化应包含人才构成国际化、人才素质国际化、人才活动空间国际化、人才开发国际化、人才效益达到国际化水平等观点，为上海人才开发工作决策提供咨询服务。

21世纪初，随着上海市率先在国内提出实施国际人才高地战略，我又开展国际人才高地研究，撰写了《构建国际人才高地指标体系的若干基本问题》一文。该文对国际人才高地作了表述，提出了国际人才高地的基本标志，并探索和研究了国际人才高地指标体系架构。其中，国际人才高地的基本标志又可归纳为新“五高”：人才集聚度高、人才辐射度高、人才开发开放度高、人才创新贡献度高、人才价值实现度高。

四、对女性人才学研究的开拓

第一，创建女性人才学。基于对马克思的名言“没有妇女的酵素，就不可能有伟大的社会变革”[①] 的认知，对“女性人才在社会主义物质文明和精神文明建设中有着不可忽视的特殊重要意义”的认识，我于1984年始，坚持对女性人才学与女性人才开发的研究。1987年，本人独著出版了我国首部女性人才学专著《女性人才学概论》，为女性人才学搭建了框架结构。该书较为系统地论述了女性人才的独特社会功能，阐明了

① 《马克思恩格斯选集》第4卷，人民出版社2012年版，第514页。

女性人才成长和发展的生理优势、智力优势、心理品格和成才特征，提出了女性人才的终身设计，因性施教，培养女性人才，强调了女性人才的发掘、使用和保护，分析了女性人才辈出的社会条件，对开创我国女性人才辈出的新局面，提出了思路和诸多可操作的举措。该著作对于女性人才学的创建起了奠基作用，对科学而有效地开发女性人才具有一定的指导作用。

第二，着力研究女性领导人才的成长和开发。1993～1997 年，我作为课题组组长，牵头承担了国家哲学社会科学基金项目："新时期中国女领导人才成长和开发研究"。该课题组分别在上海、福建、湖南、山西、内蒙古、广西等省（市、区）作了大量的问卷调查，经分析研究，形成了研究报告，最终出版了《中国女领导人才成长和开发研究》（上海科学技术文献出版社 2000 年版）一书。该研究报告阐明了新时期中国女领导人才应有的素质，揭示了女领导人才成长发展内在因素的特殊性、外在环境的支撑系统、较佳的创造实践模式，并对女领导人才总体成长的发展规律作了理论概括和提炼，评析了我国女领导人才及其开发的现状，提出了新时期中国女领导人才开发的战略构思和对策，对东、中、西部不同区域的女领导人才开发，提出了有针对性的建议。该成果荣获第二届国家人事部人才人事研究优秀成果奖一等奖。我还接受中共中央党校的邀请，为中高级领导干部作了专题讲座。

五、对其他专门人才研究的开拓

第一，对教育人才学研究的开拓。自 20 世纪 80 年代起，我先后与杨永清、钟祖荣两位教授合作，对教育人才的内涵、劳动性质、社会价值、成长规律性以及科学开发等作了总体系统的研究，并将教育人才划分为教育行政人才、学校管理人才、学科教学人才、教育研究人才等加以分类细化研究。1986 年，我与杨永清合著出版了《人才教育学》一书；1993 年，与钟祖荣合著出版了《教育人才学》一书。

《教育人才学》一书阐明了教育人才的重要特征：思想道德的高尚性、教育智能的复合性、行为倾向的示范性、心理健康的高适性、成才的长期性和晚成性。《人才教育学》一书揭示了成功教育家的一般特点：热爱教育事业，对受教育者有深厚感情；知识渊博精深，具有独特的智能结构；亲自办学讲学，实行教育思想、教育实践、教育科研的有效结合；创造的最佳年龄较高，区域较宽；教育家往往又是思想家、哲学家。关于教育人才的科学培养问题，我曾于 1984 年、1989 年先后提出，教育人才的成长规律是教育人才培养的理论基础，教育人才的科学培养必须遵循教育人才的成长规律。教育人才的科学培养是一项复杂的系统工程，必须使师范教育的准备阶段、职前师范教育阶段、职后在职师训阶段之间前后衔接一体化。

第二，对科技人才研究的开拓。20 世纪 80 年代，我对科技人才的概念、劳动性质、社会作用、成功特点、科学培养等基本问题作了系列研究。自 20 世纪末始，我着重对科技领军人才成长和开发作了专门研究。1999年，我作为课题组组长承担了教育部人文社会科学项目“上海市学术技术带头人的成长和开发研究”，于2001年完成该课题的研究报告。以后又在此基础上，对科技领军人才的界定和内涵、战略价值、成长发展的特殊性进行了科学而有效的开发，作了较为深入的系统研究，撰写发表了《科技领军人才的价值、成长特点和开发对策》一文（《第一资源》2012年第6期）。

我在上述的研究报告中指出，科技领军人才即学术和技术带头人，是指在一定的时间和空间范围内，得到业内专家的评价和确认，对某一领域、某一方面的科技发展做出了卓越贡献并处于领先地位，正在发挥引领和带头作用的高科技人才群体。2005年，我在上述的论文中又指出，该群体是建设创新型国家关键中的关键，是科技人才团队的“灵魂”“晶核”和“舵手”。科技领军人才在科技人才团队中起着下列的作用：培植团队的科研精神，把握团队的发展方向，提升团队的创新水平，形成团队的师承效应，发挥团队的晶核凝聚作用。

科技领军人才成长和发展的内在素质特征体现为：高目标的成就动机、非凡的战略思维、优化的智能结构、坚韧的个性心理、独特的领军魅力。其成长发展的外部支撑要素的特殊性表现为：有机会领衔具有领先性、前沿性的科研项目，具有创造实践活动的优化发展空间和自主控制权，具有一支前沿性、结构合理的创新科研团队。

要科学而有效地开发科技领军人才，我认为有下列诸点要着重解决：一是树立“过程意识”，实施人才动态开发过程的整体开发；二是搭建和创造实践舞台，加大创新研发投入；三是形成创造实践失败的宽容机制和成果的保护机制；四是健全适应社会主义市场经济体制的人才激励机制；五是建立和健全适合科技领军人才更新智能的制度；六是完善科技领军人才的健康保障体系。

此外，我于20世纪80年代初还对艺术人才作了些粗浅研究。

六、我的学术研究体会

40年来，我对开展人文和社会科学、管理科学研究，有下列五个方面的浅薄体会：

第一，社会责任是研究成功的思想基础。学术研究的宗旨在于促进科学进步，进而促进社会的可持续发展，归根结底在于为人类文明和幸福服务。就人才学研究而言，其宗旨是推进人才学学科发展，进而促进人才工作的科学发展，促进人才全面发展。据此，科学研究必须对科学负责、对社会负责、对人民负责，经得起科学的检验、历史的检验、社会的检验、人民的检验。增强社会责任感和历史使命感，应是每位研究者首先要解决的问题。这既是研究成功的思想基础，也是研究成功的内在动力。

第二，选好主题是研究成功的第一要素。学术研究，首先要解决选题。题目选得好，不仅会使研究有意义，而且可加快研究的进展，提高研究成功的概率。多年来，我在选题时，首先考虑有无创新价值，包括学术价值和应用价值，同时考虑本人自身的研究基础和工作积累，即在目标的创新性、效用性与实现目标的可行性的最佳结合点上来选题。譬如，我申报课题“区域人才地理原理和中国人才资源空间开发研究”时，以开拓人才地理研究为方向，就是首先考虑人才地理研究是人才学和人文地理学创新的领域，又考虑我兼备人才学和本科学习地理学专业的优势。实践证明，这样的选题，既能在研究领域有新的开拓，又能保证课题研究的成功。

第三，调查研究是研究成功的基石。人文和社会科学、管理科学具有很强的社会性和实践性，其研究要获得成功，必须深入社会实践，开展调查研究。“没有调查，就没有发言权。”应当从客观存在着的实际事物出发，从其中引出规律，作为我们行动的向导。当然，调查应是面向历史文献和国外的调查，然而，最为重要的是面向社会实际的调查。譬如，我作为课题组组长承担的国家攻关课题的子课题——“长江三峡工程的管理模式和人才开发研究”，是在对国内外大型水电工程调查研究的基础上完成的。我们课题组通过查阅国外文献，了解巴西伊泰普、美国大古力、苏联古比雪夫等世界著名水电工程的管理模式和人才开发的状况。更重要的是，课题组实地考察了我国黄河小浪底、四川二滩、云南鲁布革和漫湾、广西岩滩、广东广蓄、福建水口等国内大型水电工程的管理模式和人才开发的战略，然后根据三峡水电工程的特征，提出了研究报告。课题鉴定专家认为，研究报告提出的不少构思设想、对策建议富有新意，具有独创见解，并具有针对性，是一份有重要参考价值的研究咨询报告。该成果被评为 1994 年上海市科技进步奖二等奖，提名一等奖。

第四，交叉综合是研究成功的有效模式。人文和社会科学、管理科学是以复杂的人文和社会现象作为自己的研究对象，特别是重大的人文和社会科学、管理科学课题，具有多结构性的特点。人文和社会科学、管理科学的基本属性及其研究特点，规定了其研究方法必然是综合交叉的。在现代科学发展整体化趋势占主导地位的今天，交叉综合就是创造这一论断被体现得尤为明显。多年来，在此思想指导下，我采取了交叉综合的研究策略，成功地完成了多项跨度特大的国家级课题。如前所述，课题“长江三峡工程的管理模式和人才开发研究”就是典型一例。又如课题“中国东南部丘陵山区人才开发和教育改革综合研究”，即在自然地理学、管理学、人才学、教育学等多学科交叉处作综合研究。

第五，素质和联盟是研究成功的力量所在。研究者的素质是学术研究的基本条件，直接关系到研究的成功与否。人文和社会科学、管理科学的基本属性及其研究特点，从根本上规定着研究者必须具备复合型素质，以适应综合研究的需要。多年来的学术研究实践使我体会到，研究者的复合型素质主要体现在蛛网式三层次智能结构和跨学科综合研究能力上。这种智能结构由内核层、中间层、外围层构成，其中，内核层由专业知识和技能组成，中间层由相关知识和技能组成，外围层由基础知识和技能组成。研究者具备这种复合型素质是开展人文和社会科学、管理科学研究的创造力和活力的内在机理。

尽管如此，面对跨度大、综合性强、多结构性的课题研究，个体的力量、单一学科专家的力量毕竟是不够的，必须要组成不同学科研究者的联盟，理论工作者和实际工作者的联盟，以支撑课题研究。譬如，我作为课题组组长在做国家级项目“区域人才地理和中国人才资源空间开发研究”时，就组成了人才学和人文地理学研究者的联盟。实践表明，研究者的素质和联盟是人文和社会科学、管理科学研究成功的力量所在和关键之处。

40年来，我深切地体会到，我之所以能在人才学和人才资源开发方面取得一点成绩，主要得益于党和国家改革开放的大政方针。没有改革开放，就没有中国人才学，也就谈不上我个人对人才学的研究，更谈不上我今天取得的一点成绩。我的研究成果的取得离不开中国人才研究会王康、敢峰、徐颂陶等老领导对我的信任、勉励和支持；离不开匡亚明、夏书章、吴泽等老前辈在我研究道路的关键时刻，对我的学术成果充分肯定和激励；离不开华东师范大学张婉如、袁近开等老领导和吴铎、江铭、金一鸣、刘君德等教授的关心和帮助；离不开以王通讯教授为首的人才学界的挚友和同行们在我研究过程中始终如一的帮助和支持；离不开我的助手、学生的全力协助和配合；离不开家人的鼎力支持和帮助，在此一并表示最诚挚的谢意！

成绩只说明过去，探索与开拓永无止境。尽管我已80周岁，已步入高龄老年之列，只要健康允许，我仍愿继续为中国人才学学科和学派的发展贡献一点微薄的力量。生命不息，学习思考不止。再次十分感谢大家！

我与人才学

罗洪铁*

摘　要　作者对其在人才学领域的35年经历作了简述，通过回顾作者在学习人才学，开设人才学课，研究人才学，努力培养青年学生成才的学术历程，介绍了在研究人才学过程中获得的一些有创新性的理论观点，总结了长期在高校坚持开设人才学课程的体会，为从事人才学研究和人才学教学的同行们提供可供参考的资料。

关键词　研究人才学　人才学理论　人才学教学

人才学诞生已有40个年头，虽然我是1984年才进入人才学研究领域的，但在从事人才学研究与教学的35年来，我与人才学建立了密切的关系，主要体现在以下两个方面：

一、研究人才学理论

关于我与人才学研究的大体情况如下：

（一）研究人才学的经历

我与人才学的结缘始于1984年冬季。1984年，出于创办思想政治教育专业培养师资的需要，教育部委托中国人民大学国际政治系举办了思想政治教育专业师资培训班。我在这个班接受了一年的培训。当年12月，王通讯老师到中国人民大学讲授人才学。我被他精彩的报告深深地吸引住了，由于找他的人很多，会后我们仅简单地交谈了几句，并向他要了通信地址。从此，在王通讯老师的引导和关心下，我爱上了人才学，走上了研究人才学、传播人才学的漫漫长路。

听完王通讯老师报告的第二天，我到中国人民大学校图书馆借来了倪平编著、浙江人民出版社出版的《人才学初探》，叶忠海、陈子良、缪克成、杨永清撰著的湖南人民出版社出版的《人才学概论》，张世高编写、科学普及出版社和广州分社出版的《人才学浅说》等书，查阅了有关人才研究的杂志及报刊上的相关论文。在细细研读这些

* **作者简介**：罗洪铁（1948～　），西南大学马克思主义学院教授、博士生导师，研究方向为思想政治教育基础理论与人的全面发展。

著作和论文的过程中还制作了大量的卡片，计划回校开设人才学课程。这段时间对人才学的研究，为后来在人才学领域的耕耘奠定了基础。

我从1985年9月开始在西南师范大学（现为西南大学）开设人才学课程。后来，我又在兰州、广州、北京、上海、南京、重庆、沈阳、青岛等地听过王通讯老师的学术报告。1987年夏，中国人才研究会在贵阳举办人才学讲习班，王通讯老师给我发来参会的通知。在贵阳，我不仅听他讲授人才学知识，而且还向他请教我在人才学研究中发现的问题。2006年11月，我曾邀请他到我工作的西南大学政治与公共管理学院讲学，受到了同学们的热烈欢迎。在这一过程中，华东师大的叶忠海教授也对我的教学和科研给予了极大的帮助。在他们的鼓励和支持下，学习人才学、讲授人才学和研究人才学就成了我职业生涯的重要组成部分。时至2019年，我依然深深地迷恋着人才学，探究着人才学的理论，教授人才学课程，私人收藏的人才学的各类著作甚至比学校图书馆收藏的还多。35年来，我一直在人才学学术园地辛勤地耕耘。曾先后任中国人才研究会副会长、中国人才研究会人才学专业委员会常务副理事长；中国人才研究会特约研究员，获中国人才学研究理论工作者贡献奖；担任国家社科基金项目和博士后基金项目通讯评审专家、长江学者通讯评审专家。获得重庆市学术技术带头人、重庆市“十佳写书人”、西南大学突出贡献奖。2016年3月，获得西南大学“我们心中的好导师”和“最具人气导师”称号。

（二）人才学的研究成果

在人才和人才学研究方面，先后承担省部级以上各类科研项目20多项，在人民出版社、高等教育出版社等出版学术专著63部。其中，与徐颂陶先生主编的《马克思主义人才思想史》成为我国首部系统研究马克思主义人才思想史的学术专著，《人民日报》还刊发了该书书评；学术论文自选集《人才学基础理论与实践专题研究》入选“十二五”国家重点出版物出版规划项目、人才强国研究出版工程、人才学者自选集。在《马克思主义研究》《光明日报》《思想理论教育导刊》《中国人才》等重要报纸和期刊上发表论文107篇。在学术著作中，有2部获国家人事部一等奖，2部获重庆市人民政府二等奖，6部获重庆市三等奖。

（三）研究人才学的创新性观点

在上述学术著作和论文中均阐述有创新性的理论观点，其创新点主要有以下五个方面：

1. 人才概念的提出

什么是人才，这是研究人才学必须回答的首要问题。只有将人才定义界定准确了，才能为研究人才学的其他理论奠定基础。为此，从人才学诞生以来，研究者们都在不断地对人才的含义进行探讨。我在继承他人优秀成果的同时，也对人才的内涵进行了长期的研究并得出其定义。我认为：人才，是指那些具有良好的素质，能够在一定条件下通过不断地取得创造性劳动成果，对人类文明的进步产生了较大影响的人。该定义强调了四个要点：一是人才应该具有良好的素质，即德智体美劳全面发展。二是人才必须不断地取得创造性劳动成果。这表明人才是动态的而不是终身的，能够取得创新性劳动成果的才能称之为人才。三是外部条件是人才进行创造性劳动的必要因素。人才的创造性劳动必须依靠一定的物质条件和精神条件，不然，人才就无法施展才华，进行创造性的劳动。四是人才的创造性劳动成果必须能够推动人类文明水平的提高。

2. 探讨了人才宏观环境功能

在人才环境功能体系中，人才宏观环境功能居于主导的地位，它制约着中观环境功能和微观环境功能的运行。因此，研究宏观环境功能的内容，无论是发挥宏观环境的育才作用，还是发挥中观环境、微观环境的育才作用都具有重要意义。

人才宏观环境育才功能的内容主要包括以下几个方面：

（1）保证功能

人才宏观环境的保证功能，是指宏观环境在确保人才按照社会要求的方向发展过程中产生的有利作用。人才宏观环境功能的保证作用主要表现为：

第一，环境为人才成长提供各种必需的物质条件。任何个体的成才活动，都离不开环境所提供的一定的物质条件。

首先，环境提供生活资料以维持和保证个体的生存。环境提供生活资料是人从事一切活动的前提条件，失去这个条件的依托，人的各种成才活动都无法进行。其次，环境为个体成才提供实践活动的场所和对象。人有了活动的场所以及活动改造的对象，才能在改造世界的过程中积累经验、增长新知识、培养新能力。任何人离开了活动的场所和改造的对象，就谈不上成才实践活动的开展。成才者在其他因素相同的情况下，环境提供的物质条件越充分，成才活动取得的效果就越好，人的素质优化的程度也就越高。这种具体环境的差异是造成我国各地区人才发展不平衡的重要原因。我国东西部地区的自然环境和社会经济环境都存在着极大的差距，这就导致两个地区对人才成长的物质支持力度的差别较大，这种差距造成东部地区的人才密度远远高于西部地区。

第二，人才环境为人才成长提供必不可少的精神因素。人才成长是思想素质、智能素质、生理素质等要素协调发展的过程，这一过程不仅需要优越的物质条件，还需要环境提供精神因素。因为，人的活动离开了精神因素同样无法培养和提高素质。没有环境提供的科学理论和良好的舆论氛围，人们就无法学到知识和培养能力。

（2）约束功能

人才环境的约束功能，是指宏观环境在错误思想对人才产生消极影响时产生的限制性作用。个体生活在错综复杂的社会环境之中，各种错误思想时时刻刻都有可能影响人的思想，如果个体不能辨别和抵制这些错误思想的影响，他的行为就会偏离发展的正确轨道。因此，环境在通过道德、规章制度和法律等社会规范和舆论来限制错误思想对人才影响的同时，还要教育、引导个体自觉克服错误思想，坚定自己的理想信仰，朝着正确的方向发展，充分发挥促进社会发展的作用。

（3）塑造功能

人才环境的塑造功能，是指宏观环境在培养符合社会发展要求的人才时产生的有利作用。宏观环境的塑造作用表现为环境能够改变或培养人的素质，从而使人才与环境趋于一致或协调。俗话讲“一方水土养一方人”，就是环境对人的塑造作用的生动说明。这里的“水土”包括自然环境和社会环境。

一方面，自然环境的塑造作用主要表现在对人的生理素质、心理素质、知识素质和能力素质等的形成和发展方面。自然环境对人才具有塑造作用。自然环境不仅为人才成长提供必需的物质基础，而且还以其构成要素影响人才素质的形成和提高，即通过自然介质、自然资源和自然营养对人才的生理素质、智力素质和性格、心理等非智力素质产生重要作用。另一方面，社会环境的塑造作用主要是通过社会经济、政治和文化因素实现的。首先，社会经济环境所提供的物质生活条件直接作用于人才的生理素质和智力素质，是人才素质形成和优化的物质基础。其次，社会政治环境则直接塑造人才的政治素质，培养出具有坚定的理想信仰和高尚的道德素养，符合社会主义建设事业需要的人才。最后，社会文化环境则是直接塑造人才的知识素质和能力素质，提高人才的文化素养。

（4）激励功能

人才环境的激励功能，是指宏观环境能够对激发人的潜力，刺激人才成长产生积极作用。人才环境不仅为人才成长提供基本的物质和精神条件，而且对人才成长具有重要的推动力。宏观环境的激励作用主要通过物质因素和精神因素表现出来：

首先，人才环境的物质因素能够产生推动力。人活动的动力来自自身的需要，人的需要则分为两类：生存需要和发展需要。生存需要是人的最基本的需要，它是基础。有了它才有发展的需要。而只有发展需要得到实现，人生才有价值。个体的生存需要和发展需要能否实现，依赖于环境所提供的物质条件。物质条件越优越，人的生存和发展需要就越容易满足，从而使人产生为实现更高层次的目标而奋斗的强大动力。物质因素产生的这种推动力，能够使人才的素质在实现目标的过程中不断得到锻炼而提高。其次，人才环境的精神因素能够产生推动力。精神因素通过理想信念的确立、思想观念的更新、良好风气的熏陶、坚强意志的培养，使人产生巨大的精神力量。

3. 自然环境对人才个体成长的影响

自然环境，是指环绕并影响人才素质变化和作用发挥的一切自然物质因素的总和。自然环境对人才个体成长的影响分为三个方面：

（1）自然环境影响人才个体的生理素质和寿命。人才要成长和发展，必须先解决衣、食、住、行等方面的物质条件。在相同的社会条件下，自然资源越丰富，人们获取的财富就越多、越容易，人们生活的物质条件就越好，生理素质就能够增强。反之，生理素质就会变差。自然环境还通过气候、化学元素、环境污染物、自然灾害等因素影响人才的身体健康。

自然环境还影响人才的寿命。自然环境影响人的寿命的因素主要有两个：一是气温，二是自然条件。气温的高低对人的寿命有影响。热带气温高，人体细胞新陈代谢快，成熟期短，寿命就低于寒带。自然条件的好坏也影响人的寿命。自然条件包括自然资源、地理位置。如在自然条件恶劣的戈壁和黄土高原中，人的自然资源缺乏，尤其缺水，地理位置偏远的平均寿命低于自然条件好的人。

（2）自然环境对人才个体的大脑发育和智力有重要影响

自然环境对人才个体大脑发育和智力的影响主要是通过提供食物、信息以及参加实践活动等物质条件产生的。从食物方面来看，人的智力的形成和发挥作用主要依靠九种主要营养成分：脂肪、维生素C、钙、蛋白质、维生素B、维生素A、维生素E、糖、卵磷脂。这些营养成分对大脑及智力的作用体现为：脂肪占脑细胞重量的90%，它使人头脑健全，是脑细胞的主要构成材料。大脑神经细胞主要是由结构脂肪所构成，它直接关系到大脑结构健全与否。营养学研究者认为，高脂肪食物能够提供大脑最需要的营养成分，可以改善大脑保留和处理新信息的能力，增强记忆力。蛋白质是复杂智力活动的基本物质，占脑干重量的35%，是主持脑细胞活动兴奋和抑制过程的主要物质，制约着记忆、语言、思考、运动、神经传导等。若缺乏蛋白质，会影响人的记忆力和注意力。维生素C使脑的功能敏捷、灵活，脑细胞结构紧固，若维生素C欠缺，则容易引起疲劳和精神障碍。钙能保证大脑持续工作。维生素B帮助蛋白质控制脑细胞的兴奋和抑制过程。维生素A能促进大脑发育。维生素E可保持脑的活力，预防脑疲劳。糖是智力活动的能源。卵磷脂能促进神经细胞生长，增强大脑功能。

食物是人聪明的一个重要原因。鱼、蛋黄、海带、瘦肉、动物内脏、蔬菜、水果、豆制品、牛奶都属于“聪明食品”。这些物质存在于天然野生动植物中，在自然条件下栽培与饲养的动植物中含量较多。以上事实告诉我们，自然环境对人才个体的大脑发育和智力的高低有重要影响。

4. 提出了分层次研究人才规律的设想

任何事物的变化都是作为一个过程展开的，人才成长和发展也有其变化的过程。这个过程分为两个阶段：成才阶段和展才阶段。成才阶段要解决的主要矛盾是全面提高素质，培养德智体美劳全面发展的人才。展才阶段的任务有两项：一是人才通过展现自己的才华，以创造性劳动为社会生产物质财富或精神财富，实现人生价值；二是通过理论学习和实践活动再开发自己的素质，使人才层次得以上升。分层次研究人才规律，就是以人才的成才阶段和展才阶段为基础，提出了人才学规律体系模式。

（1）人才学规律体系模式

按照系统论的观点，将人才成长和发展过程作为一个系统，并称之为“一级系统”。其系统下有子系统，称之为“二级系统”。子系统下面还有它的子系统，称之为“三级系统”。研究人才学规律，应该分层次分别研究一级系统、二级系统和三级系统的规律。为了论述的方便，按照以上观点，设计出了以下的人才学规律体系模式图（见图1）。

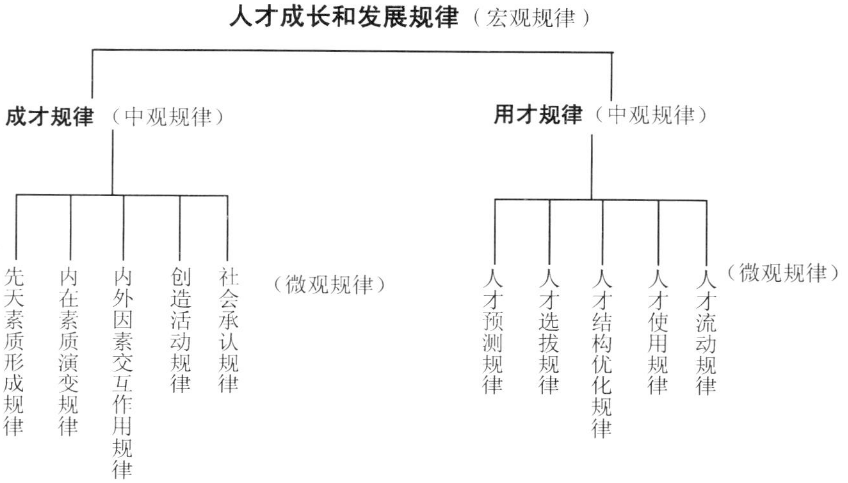

图1　人才学规律体系

如图1所示，人才学的规律体系可分为宏观规律、中观规律和微观规律三个层次。作为人才学研究者的任务，就是通过科学研究，将这三个层次规律的内涵揭示出来，从而丰富和完善人才学规律的理论。

（2）成才规律结构探讨

人才学的宏观规律，即人才成长和发展规律，它包含两条中观规律，即成才规律和用才规律。下面分别研究成才规律、用才规律及其下一个层次的微观规律。

所谓成才规律，是指成才者在环境、教育和实践活动诸因素的影响下，发挥自身的能动性，使其先天素质得到开发并达到优化状态，从而取得促进社会发展的创造性成果的必然过程。具体来讲，该过程是这样变化的：成才者的先天素质在环境、教育、实践活动等后天因素的影响下得到开发，使其素质不断提高而达到优化状态；成才者的素质被优化后，他的劳动性质就由重复性劳动变为创造性劳动，通过取得创造性劳动成果并得到社会的承认而成为人才。任何人成才都要经过这样一个内在的、必然的过程。所以，我们将其认定为成才规律。

根据前面图1所述，成才规律的结构由五条微观规律组成。五条微观规律是：先天素质形成规律、内在素质演变规律、内外因素交互作用规律、创造活动规律、社会承认规律。它们共同构成了成才规律体系。现将这五条微观规律的内容简述如下：

先天素质形成规律，是指在遗传的基础上，胎儿在母体中受内外各种因素影响逐步形成先天生理素质和心理素质的必然过程。人的先天素质的形成由两个方面的因素决定：一是遗传。遗传是先天素质形成的重要因素。通过遗传，下一代可把父母的形态、感官、智力和神经系统等生理要素和心理要素的某些特点保留下来。这些遗传下来的特点，潜在地影响到下一代的成才速度、成才等级，甚至还会影响到下一代成才的类型。也就是说，遗传形成的先天素质好，下一代成才的时间可能快一些，成才的等级也可能高一些。至于遗传形成的先天素质对一个人成才类型的影响也是比较明显的，比如身材太矮的人难以成为优秀的篮球运动员，相反，身材很高的人又难以成为优秀的体操运动员。二是胎儿在母体的孕育过程中受到各种因素影响而发生的变化。在孕育过程中，胎儿的母亲所处的外部环境，得到的食物和营养以及母亲的精神状态等因素，均会对胎儿的发育产生作用。比如，优雅的环境、丰富而合理的营养和母亲愉快的心情，都有助于胎儿的健康发育，形成良好的先天素质；反之，则会对先天素质的形成产生不良影响，使先天素质差。所以说，先天素质形成规律制约着成才者先天素质的形成。

内在素质演变规律，是指成才者的先天素质在外部因素的影响下，通过自身主观能动性的发挥，逐步形成后天素质，经过量变再到质变的必然过程。内在素质的演变是以先天素质作为起点的，即人出生后，先天素质在环境、教育、实践活动等因素的影响下开始发生量变，人才必须具备的德、智、体三大要素逐步形成和发展。当成才者后天素质的量变达到一定的程度后，就会产生飞跃，发生质变，从而使后天素质由一般状态进入优化状态。内在素质发生质变后，这就为成才者从事创造性劳动积蓄了能量。

内外因素交互作用规律，是指成才者的内在素质与外部环境因素相互影响、相互制约，从而引起内在素质发生变化的必然过程。每个人来到人世，就立即进入了人—境系统，人与环境之间逐步建立起各种各样的联系。正是通过这些联系，人获得他生存和发展所需要的营养、能量和其他条件。人—境系统一旦形成，人和环境之间就开始了环境制约人，人改造环境的矛盾运动。矛盾运动的结果是：人在环境的影响下，其素质受到锻炼而逐渐得以提升。随着素质的提高，人对环境的适应能力和改造能力也随之增强。当人的能力增强到一定的程度时，他就会主动去认识和改造环境，让环境变得更有利于自己的生存和发展。所以，内外因素交互作用的过程，是人和环境相互影响、相互制约，同时都得到改造的过程。人的素质就是在人和环境相互影响的过程中形成和提高的。

创造活动规律，是指当成才者自身的素质发生质变后，就能从事创造性劳动，取得创造性劳动成果的必然过程。人的任何形式的劳动，都是人的内在素质在实践活动中外化后的表现形式。因此，人的任何一种实践活动，都要受制于他的内在素质。这样，人的内在素质的高低，就直接决定他活动的质量和取得的劳动成果价值的大小。

具体来讲，当成才者的内在素质经过开发，从一般状态提升到优化状态后，就会使他外在的劳动方式发生质变，即由原来的模仿性劳动、重复性劳动上升到创造性劳动，这种创造性劳动取得的成果的价值自然就大于重复性劳动取得的成果。创造性劳动的成果既是成才者素质高低的标志，也是他提供给社会检验其本领大小和劳动价值高低的重要凭证。通过以上简要叙述，可以看出，创造活动规律所揭示的就是这样一种内在的本质联系：成才者的素质优化后，就能够进行创造性劳动，取得创造性劳动成果。从这一联系可以看出，成才者素质的优化是基础，能够进行创造性劳动是关键，取得创造性劳动成果是结果。这三个环节紧紧相连，缺一个环节都不行，它们之间形成一种内在的必然的联系。

社会承认规律，是指社会依据一定的标准，对成才者的素质和成果进行鉴定后予以肯定和认可的必然过程。众所周知，工厂生产出来的产品不能直接进入商品市场流动，它必须经过质量检验，被认为合格后才能进入市场。同样，一个人取得创造性劳动成果后要成为人才，必须经过社会承认这一关。他要将自己取得的成果提供给社会，由社会承认的代表者（如组织、权威和公众）按照一定的程序，依据一定的标准，对劳动成果进行鉴定。经过鉴定获得通过后，成才者就被会社会承认为人才。比如，在评职称时，当职称评审委员会对成才者提交的代表性成果经过严格的评审后，确认他的成果的价值已达到初级职称所规定的标准，就可获得初级职称，成为初级人才。社会承认的方式是多种多样的，比如，职务、职称的提升，论文的发表，新成果的推广，体育比赛的获奖，等等。社会承认规律揭示的是社会承认过程的这样一种内在的必然联系：成才者将自己取得的创造性劳动成果提交给社会承认的代表者；社会承认的代表者按照一定的程序，依据一定的标准，对劳动成果进行鉴定；当被鉴定的劳动成果得到认可后，才能成为人才。社会承认的过程是环环相扣的，哪一个环节都少不了。这一内在联系告诉我们，成才者取得劳动成果后，只有得到了社会的承认，他才能由成才者的身份转变为人才。

以上五条规律不是孤立存在的，它们相互联系，相互制约，构成了一个有机的整体——成才规律体系。在这个体系中，五条规律居于不同位置，各自起着不同的作用。先天素质形成规律居于成才过程的发端，是后面四条规律存在和发挥作用的前提条件。如果没有先天素质形成规律，就没有后面四条规律的存在。内在素质演变规律是成才的内部条件，是内因，在成才规律体系中起主导性作用。内外因素交互作用规律是中介，起促进作用。创造活动规律使成才者的内在素质转化为成果，在整个规律体系中起关键作用。社会承认规律对成才全过程起检验作用，是成才者向人才转化的关节点。

（3）用才规律结构探讨

人才成长和发展规律的第二个中观规律是用才规律。用才规律的结构由人才预测规律、人才选拔规律、人才结构优化规律、人才使用规律和人才流动规律等五条微观规律构成。

人才预测规律，是指根据社会发展对人才的需求和人才的变化，对人才未来发展趋势的推测和判断的必然联系过程。社会要育才和用才，必须遵循人才预测规律。只有在这一规律的指导下，通过人才预测才能知道未来社会对人才数量和质量的要求，从而制定人才开发和使用的规划，有计划地培养和使用人才。

人才选拔规律，是指社会根据用才的需要，按照德才兼备的标准，采取科学的手段挑选人才的必然过程。人才得到社会承认后，就要进入社会展现才华，为社会的发展做贡献。因此，用人单位就要根据社会发展的要求及本单位对人才的需求，根据人才选拔的标准，挑选出用人单位需要的人才。遵循人才选拔规律，就能够挑选出符合工作岗位要求的人才，使他们的作用得到充分的发挥。

人才结构优化规律，是指根据社会发展对人才的要求，对人才系统中各构成要素的搭配经过动态调节达到优化组合状态，进而增强人才功能的必然联系过程。无论是人才群体，还是人才个体结构，都是一个独立的有机的系统。这两个系统的功能能否得到正常的发挥，取决于系统的结构是否合理。要保持人才结构处于合理状态，就必须遵循人才结构优化规律，根据社会对人才的要求和人才素质的变化，对人才结构进行调节，使之不断优化。人才结构只有达到了优化状态，无论是人才群体，还是人才个体才能正常发挥其作用，产生出 1＋1＞2 的整体效应。

人才使用规律，是指用人单位根据事业发展的需要和人才的能质能级状况，量才用人，充分发挥人才作用的必然联系过程。人才的合理使用有两条标准要遵循：一是人事相宜，即人才的类型必须与工作岗位所要求的能质相适应；二是能级相称，即人才的等级要与工作岗位所要求的能级一致。人才使用规律，简而言之就是择长使用，用养并举，充分发挥人才的特长，使人才的价值得到充分的实现。

人才流动规律，是指人才根据社会的需要和自身发展的要求，变动工作地域或工作岗位的必然过程。无论是社会的前进，还是人才的发展，都需要合理的人才流动。社会通过人才流动，在全社会范围内进行人才的调节，避免和减少人才的浪费，让更多的人才得到充分施展自己才华的机会。不少人才就是在流动的过程中得到新的发展的机遇和增长才干的。

人才预测规律、人才选拔规律、人才结构优化规律、人才使用规律和人才流动规律是用才规律结构中的五条微观规律。它们之间相互联系、相互影响，共同制约着社会的用才和人才个体才能的展现。人才预测规律是用才过程中的起始环节，是人才选拔、人才结构优化、人才使用及人才流动的前提条件。人才选拔规律是人才使用的保证。人才结构优化规律是用才的内在要求，只有做到了人才结构的优化，才能科学地使用人才。人才使用规律在用才规律体系中起核心作用和关键作用。人才的预测、选拔和结构的优化都以人才的合理使用和才能得到充分展现为目的，人才只有得到合理使用，才能实现其价值，推动社会的进步。人才流动规律是人才充分发挥作用的需要，人才只有流动，才能促进人才队伍的新陈代谢，优化人才结构，克服人才被埋没的现象，最终为人才能量得到最大程度的释放创造条件。

人才学是一门年轻的学科，要不断丰富和完善其理论体系，就必须加强对人才学规律体系的研究。我们这里的探索，只是一个开端，希望同行们多关注这一课题的研究，从而推动人才学学科建设的发展。

二、开设人才学课程，传递人才学的学术薪火

人才学被正式列入国家的专业目录，这是人才学界长期努力的结果，老一批人才学的创立者和开拓者们为此做出的巨大贡献将载入人才学发展的史册。人才学要发展，教学是一个非常重要的阵地。人才学的教学工作，不仅是在为实现中华民族伟大复兴培养建设人才，而且在培养研究、传播人才学理论的科研人才和教学人才。这是我们长期开设人才学课程的亲身感受。下面将开设人才学课程的情况简要介绍如下：

（一）人才学开设的基本情况

西南大学尽管不是开设人才学课程最早的学校，但却是开设时间较长的高校。自1985年开人才学课程以来，直到2019年，不仅没有中断而且还将继续下去。人才学课程开设的基本情况是：

1. 开课持续时间久、类型多、层次齐全

从1985年我开设这门课以后，一直持续到2019年，已经有34年了。34年来，开课对象的类型不断增加，开课的层次逐步上升。到目前为止，我们开设过人才学课的对象有：在校的全日制的专科生、本科生、硕士研究生、博士研究生；在校外有函授专科、本科；网络教育和研究生课程班。开课的层次也由专科直到博士研究生和高访学者。

2. 培养出了一大批高素质的人才

人才学是一门研究人才成长和发展规律的学科，该学科对于育才、识才、选才和用才具有重要作用。我34年来的教学实践证明，在高校给大学生开人才学课程非常有必要。大学生正是人生立德树人、成长成才的重要时期，掌握人才学知识对他们素质的全面提升大有益处。

（1）高校开设人才学课的价值

高校是培养人才的阵地，在高校开设人才学课程的价值表现在以下三个方面：

第一，指导大学生成才。人才学知识的传播，可以帮助大学生在人才学理论的指导下，遵循人才成长规律成长，将自己培养成为德智体美劳全面发展的社会主义事业的建设者和接班人。

第二，为大学生将来走上工作岗位后施展才华和科学育才、识才、选才、用才提

供理论指导。人才学知识不仅要帮助学生成才，还要帮助学生展才。学生走出校门后到更广阔的天地去创新创业，为实现中华民族伟大复兴建功立业。在人才培养过程中，为了帮助学生明确自己的奋斗目标，立志成大才、创大业，我先后提出了三个战略目标：两个十字架战略和太平洋战略。所谓“十字架”，是指京广线和长江流域交叉起来正好组成十字架。这一区域是我国政治、经济、文化的发达地区，也是人才聚集、人才发挥作用的舞台。第一个十字架战略是要求我指导的硕士生考博士研究生，要在京广线和长江流域的范围内报考名校名师。经过20多年的努力，我及我带的团队已有53人考取北京大学、清华大学、中国人民大学、中国社会科学院、北京师范大学、中国政法大学、复旦大学、同济大学、河海大学、武汉大学、中山大学、西南大学等名校的博士生。第二个十字架战略是希望硕士生、博士生毕业后到京广线和长江流域施展才华，建功立业。当然，我也积极鼓励学生到艰苦的地方去发展。在我培养的博士生和硕士生中，就有在西藏、新疆、甘肃、宁夏等西部地区工作的。他们都成了工作骨干，为西部大开发做出了突出贡献。第三个战略是太平洋战略。所谓“太平洋战略”，就是要求有条件的学生要跨越太平洋，到海外去深造。到目前为止，我的学生中已有14人先后到美国、英国、加拿大、捷克斯洛伐克和泰国留学、访学或讲学。近期，还有一批学生正在作出国学习的准备。

这些学生既是树苗，也是干柴。作为树苗，他们将茁壮成长为参天大树，护卫着更多的树苗成长。作为干柴，他们能够将人才学的学术之火熊熊燃烧起来，影响一代又一代青年学生的成才。

第三，促进对人才学知识的传播和对人才理论的科学研究。听我讲授过人才学课的学生，有的已开设起了人才学课，向青年学生传播人才学的知识，指导他们成才；还有更多的学生继续进行着人才学的科学研究，丰富人才学的理论内容，促进人才学的发展。

（2）听过人才学课的学生遍布全国各地

听我直接和通过网络教育讲人才学课的学生已超过16000多人，遍布全国各地。从我国的西藏、新疆到中部地区、东部地区都有听过我和我的团队讲授人才学课程的学生，他们主要工作在教育战线、党政机关、企业和部队。这些人正以自己的聪明才智在实现中国梦，同时也是圆自己人生的梦。

在教育战线的毕业生，有的已经成为副教授、教授，硕士生导师、博士生导师和教学科研骨干；有的在完成博士学位的学习后，已承担起了开设人才学课的任务，保证了人才学学科理论的传授和研究后继有人。他们培养出来的学生已成为传播、研究人才学的接班人。在中学工作的学生将人才学知识融入教学和培养学生的工作中去，取得显著成效。有的成为全国的知名学者，有的成为地方政府和部分厅局人才发展规划的咨询专家和科研课题的评审专家。在党政机关工作的不少人已担任了处级、厅局级领导职务，一大批人成为工作骨干。在部队，有的已担任团级、师级职务。他们正在用人才学的理论去育才和用才，在人才学理论的指导下去实现自己的价值。

（3）从事人才的科学研究

开设人才学课既出人才，也出人才理论成果。不少同学在校期间就已发表了研究人才方面的论文。毕业后继续对人才学理论和人才问题展开深入的研究，有的人主持了国家和省部级人才类的科研课题，发表了不少有价值的学术论文；有的还出版了人才学方面的专著。

3. 形成了可持续发展的人才学教学团队

人才学课程的开设，不仅为社会培养了一大批人才，而且还锻炼出了一支事业心强、学术水平较高、结构合理的教学科研团队。在这支教师队伍中，有的担任了中国人才研究会常务理事和副秘书长；有的担任中国人才研究会人才学专业委员会副理事长、常务理事和理事。这就形成了职称结构与年龄结构合理，实力雄厚，可持续发展的人才学教学与科研团队。

（二）开设人才学课的体会

34 年的人才学教学生涯使我有以下体会：

1. 领导的支持是重要保证

在课程设置管理很严格的高等学校，要列入学校的课程体系开设一门新课，没有领导的大力支持，是根本办不到的。

我们早在 20 世纪 80 年代开设人才学课时，就得到学校和学院领导的大力支持，所以，比较顺利地把人才学课列入了学校的课程体系和教学计划。现在，我们学院从本科生到博士研究生的教学计划中都有人才学课。学校的教学培养方案将人才学课列入其中，这就保证了开课的规范性和持续性。

2. 科研水平的提高是开好课的关键

人才学是一门新兴学科，要开好这门课，必须做到以下三条：

（1）系统地传授人才学的基础理论。从人才学的基本概念、基本理论到学科的理论体系都必须进行科学的论述，联系实际分析问题。我带的人才学教学团队，先后主编了《人才学基础理论研究》《人才学原理》等学术著作，还主编了研究人才学基础理论演变的《人才学学科 30 年建设和发展研究》。这些科研成果的问世，为传播人才学知识提供了教材或阅读书目。

（2）及时将人才学界新的研究成果融入教学内容中去，介绍给学生。人才学的理论发展快，研究人才新的理论成果不断涌现。我们及时吸收这些新的成果，利用讲课将这些新的知识传授给学生，为他们的研究提供参考。

（3）加强科学研究。科学研究既是教学的需要，也是学科发展的要求。在从事人才学的科学研究中，我们既重视人才学基础理论研究，也积极申报为地方开发人才资源的科研。我们先后做过“三峡库区人力资源开发研究”“重庆市人才资源开发论”“中国西部人才资源开发研究”“西南民族地区人才资源开发研究”等课题。其中“重庆市人才资源开发论”还获国家人事部优秀科研成果一等奖。

近20年来，我们先后承担了教育部、人事部、国务院三峡建设委员会移民局和重庆市的有关人才方面的研究课题11项。在人民出版社、中国人事出版社、中央文献出版社、四川人民出版社出版有关人才学、人才资源开发、马克思主义人才思想史的学术专著22部，发表学术论文80余篇。

3. 人才学界专家、同行的支持是开课的重要资源

在一个开放的时代，学科要发展，课程要开好，人才学界专家、同行的支持是重要的保证。人才学创始人之一的王通讯老师，从我于1984年在中国人民大学听他作人才学的学术报告时相识以来，一直关心、支持我和我的团队，多次为我的学术著作写序，还到我们学校作学术报告。人事部原副部长、中国人才研究会原会长和中国博士后流动站管委会原主任徐颂陶热情关心和鼓励我们，我们还合作完成了带有填补空白性质的“马克思主义人才思想史”课题的研究，该项成果出版后，受到理论界的好评。中国人才研究会人才学专业委员会的创始人、著名的人才学专家叶忠海老师长期支持我们，在他的主持下，我们完成了在20世纪90年代带有人才学研究标志性的成果：《普通人才学》一书；郑其绪教授、马抗美教授与我们一起完成了《微观人才学》一书的撰写。他们热情的关怀和无私的帮助，为我们的教学、科研提供了大量的资源和支持。

原会长徐颂陶、王通讯教授、叶忠海教授、郑其绪教授、赵永乐教授、钟祖荣教授、杨敬东研究员等知名学者到我们学校并进行讲学。

人才学走到今天不容易，它的发展凝结了几代人的心血。尽管随着年龄的增大，我们将逐步从人才学领域淡出，但我们培养出来的青年学者和学生将接过我们的接力棒，将人才学的薪火传递下去！

35年的人才学学习与教学生涯使我欣慰的是：通过自己和弟子们的努力，广泛传播了人才学知识，深入研究了人才学理论。不少弟子在人才学的研究和教学方面已显露出了良好的发展前景。我相信，人才学理论会代代相传，该学科的建设将会取得更大的成就！

在人才发展实践中研究人才

齐秀生*

摘　要　人才发展是人才不断向前运动的过程，既关系着国家的发展又关系着人才自身的发展，工作领域涉及各级各部门各行业甚至全社会，而组织、人事、教育等部门更是处于首要位置，干部、人才、教育工作者在其中扮演着重要角色。促进人才发展需要人才研究，人才研究有利于人才发展。在人才发展实践中研究人才，是人才研究的基本规律。人才研究工作者要不负新时代，履行新使命，辛勤耕耘，默默奉献，让人才研究园地百花盛开春满园，为人才更好发展做出新贡献。

关键词　人才发展　人才实践　人才研究　队伍建设　创新

人才发展是人才不断向前运动的过程，既关系着国家的发展又关系着人才自身的发展，工作领域涉及各级各部门各行业甚至全社会，而组织、人事、教育等部门更是处于首要位置，干部、人才、教育工作者在其中扮演着重要角色。我大学毕业即到组织人事部门做干部、人事、人才等工作，后又到教育部门做人才培养工作，都与人才发展密切相关。得天独厚的工作条件，使我与人才研究结下了不解之缘。丰富的人才发展实践，成为我进行人才研究的沃土，这既有力地推动了所从事工作的有效开展，也极大地促进了众多人才的成长进步，自身也收获颇多。

一、命运把我推上人才研究的舞台

我能够连续40年不间断地进行人才理论研究，主要得益于人才研究的好政策和好平台。

（一）人才研究新征程的开启

20世纪70年代，我大学毕业即被分配到地级市组织部门从事干部调配及选拔任用等工作，这是人才工作的重要组成部分，是组织对我的极大信任。后来，我一直在组

* **作者简介**：齐秀生（1956～　），山东淄博人，山东省人民政府参事，山东省委高校工委原副书记（正厅级），中国人才研究会常务理事、人才学专委会副理事长，山东省高等教育人才研究会会长，历史学博士，大学兼职教授。研究方向为干部与人才、古代官制、人才培养。

织、人事、高教系统从事与人才发展密切相关的工作。随着工作的深入，我感到这些与人才发展有关的工作意义深远，奥妙无穷，因此对人才研究产生了浓厚兴趣，便认真钻研工作业务，深入思考，进行针对性研究，把丰富的人才工作实践上升为理论，再指导实践。其间，我不间断地在报刊上发表体会文章。1981 年，国家人事局主办的刊物刊发了我的文章，使我受到极大的鼓舞，为持续研究人才问题奠定了良好基础。由于我对在人才选拔使用工作中遇到的问题从不放过，都要认真研究一番，搞个明白，大大提高了工作效率，提升了工作质量，20 多岁时我便成为当时山东省最年轻的市地干部科长。

（二）名家的启发引领成为人才研究新动力

1985 年春天，我参加了中共山东省委组织部举办的组工干部培训班，有幸聆听了一位年轻学者所作的一场关于人才学的精彩演讲，给我带来了极大的震撼，也更加坚定了我进行人才研究的信心。这位学者就是我国人才学的创始人之一——王通讯先生。我立即动手对人才学进行研究，根据当时中央积极推进的青年人才队伍建设的实践，撰写了《浅谈潜人才的识与用》的文章，提交给山东省人才理论研讨会筹备组，被收入《人才理论研究文集》。随后，我被调入中共山东省委组织部做干部选拔任用工作，先后担任处级和副厅级职务，同时结合工作进行了大量的人才理论研究。时任中共山东省委常委、组织部部长的张全景，勤奋好学，刻苦钻研业务，对人才的选拔和使用有许多新思路、新观点，这对我触动很深，受益颇大。长期的人才研究积累也使我能够多次参加一些全国性的重要人才研究项目和会议，并与相关研究学者进行交流。1991 年，我被中组部抽调参加了《地方领导班子换届工作指导》一书的编写，该书对指导全国各级领导班子换届工作、加强领导人才队伍建设，发挥了重要作用，后来又修订再版，使用至今。1999 年，我参加了中组部举办的干部人事制度改革研讨班，就人才选拔制度改革作了发言，根据实践体验提出了自己的见解。2004 年，我在北京参加了中国领导科学研究会组织的学术研讨会，作了《从古代人才标准看执政能力建设》的发言，受到专家好评，被收入论文集。同时，我还在《人民日报》《光明日报》等报刊发表了 100 余篇关于干部与人才工作的研究文章，出版和主编了多部专著，取得众多学术成果。

（三）交流平台成为提升人才研究水平的新机遇

2011 年，中国人才研究会得知我已进行了 30 多年的人才研究，且有许多研究成果后，吸收我为人才研究会常务理事，之后又成为人才学专业委员会的副理事长。虽然公务十分繁忙，但只要有全国性的人才研究交流活动，我就千方百计参加，因为这是向人才研究专家学习的极好机会。人才研究专家的悉心指导，人才学界老前辈们的热情和关心，进一步开阔了眼界，拓宽了思路，增强了动力，让我的研究路子更宽了，劲头更足了，成效也更大了。

二、在实践和创新中不断推出新成果

人才研究不能就科研搞科研，不能脱离现实，而是要面向经济社会发展的主战场，面向丰富的人才工作实践；人才研究不能就事论事，而是要搞创新，求突破，出成果，甚至填空白；不能孤立进行，而是要整体推进，形成体系。

（一）在人才工作创新实践中寻求突破

在山东省委组织部工作期间，我一直负责人才的选拔和使用，在实践中经常受到一些问题的困扰。因此，我坚持以问题为导向，深入分析原因，进行针对性研究。譬如，官本位就是影响人才选拔使用的一个重要问题。于是，我以《官本位的历史成因及干部选任制度改革研究》为题，申报了省级研究课题。该课题深入分析了官本位形成的历史成因，紧密联系当今的社会实际，提出了有针对性的对策，观点新颖，戳中要害，最终成果《官本位意识的历史成因及对策》一文发表在国内著名学术期刊《文史哲》（2002 年第 2 期），受到广泛好评。

经研究认为，官本位是一种与现代文明相悖的封建意识，其特征是社会成员把任官视为最优的职业，并以谋取官职的高低作为衡量一个人社会价值的一般尺度。随着人类社会形态的演进，传统的官本位思想愈演愈烈，其弊害也越来越凸显，直接影响着社会人力资源的正常合理配置。于是我从弊害、成因及对策三方面深入剖析，提出了突破性的创新观点：

1. 官本位形成的制度因素。主要因素有三：第一，官员的特权制度，造成了特殊的利益导向。第二，历史上官为贵的社会等级制度，造成了畸形的社会意识。第三，单一的人才培育、选拔、激励制度，导致人们追求优越职业的目标和途径单一化。我国曾在相当长的时期内存在着人才选育、激励制度结构单一的问题。改革开放之前，干部地位的优越性，更多地体现在政治待遇上；改革开放之后，经济待遇也上来了。所以，人们仍然把从当官视为当今社会上最理想的职业之一。可见，官本位意识的根深蒂固，其根本上是激励导向所致。

2. 官本位的弊害。当人类社会随着生产力水平的发展而步入近代以后，以国家意志确定的官吏特权制度、官为贵的社会等级制度以及一元的职业人才培育、选拔、激励制度之弊端越来越凸显出来。其弊害之一是社会精英挤于仕途，人力资源严重浪费；之二是职业官吏总量过剩，科技工贸人才严重缺乏；之三是面对有限资源（官位）的竞争，官场腐败滋生。

3. 制度性对策。总的对策是：构建多元的人才激励制度，使社会精英向社会各行各业分流和配置，从根本上克服千军万马挤仕途的矛盾。同时，引导人们树立正确的人生观、价值观和科学的择业观，把奉献放在人生的首位，把因材择岗、人尽其才作为择业的标准。其一，调整国民收入分配政策，向科技、工商业者倾斜；其二，从经济上对官员实行中度激励政策，使其平均薪酬随工商纳税人的平均收入联动；其三，提高科技、工商职业的社会政治地位；其四，一手抓制度改革，一手抓思想教育，使全体社会成员树立起正确的人生观和科学的择业观，使人才向各行各业分流和配置。

（二）在人才理论深度研究中填补空白

2002年，我考取了山东大学历史文化学院中国古代史专业的博士研究生，对人才研究的热爱使我毫不犹豫地把人才环境的研究作为论文的选题。春秋战国是我国历史上人才辈出的时期，群星璀璨，光耀夺目，成为中国五千年文明史上的人才高地。这一罕见的人才现象，肯定与当时的社会环境有关，是那个时期的特定社会环境，造就了人才的繁盛。系统地研究这一时期社会环境与人才的关系，具有重要的学术价值和现实意义。在20多年人才研究的基础上，在导师的悉心指导下，经过3年的学习与研究，毕业论文顺利通过答辩，获得较高评价，并很快出版了45万字的《社会环境与人才》一书。

该书在阐释春秋战国时期社会变革导致的社会结构变化及由此引发的环境与人才关系重大变化的基础之上，多层面、多角度、全方位地对列国相争环境与人才的关系、人口迁移环境与人才的关系、多元文化环境与人才的关系、新的官制环境与人才的关系、百家争鸣环境与人才的关系作了翔实周密的探析。同时，该书对春秋战国时期人才成长社会环境给我们的深刻启示与现实思考、如何优化人才成长的社会环境等进行了深刻论述，许多问题发前人所未发，成为一部原创性著作。中组部原部长张全景、中国先秦史学会理事长李学勤、中国社会科学院社会学所所长景天魁等20余位组织人事部门领导和人才研究专家在《求是》《人民日报》《光明日报》等报刊发表书评，给予了很高评价。该书先后荣获山东省社会科学优秀成果一等奖、山东省人事科研成果一等奖等荣誉。其理论贡献主要有：

1. 第一次从整体上对春秋战国时期社会环境与人才问题进行了系统研究。该书阐释了社会环境的科学内涵，首次提出“社会环境造就人才，人才创造社会环境”的观点并将其作为全书的中心论点，同时提出了人才成长需要激烈竞争的环境、社会需求的环境、民主自由的环境、贤明通达的环境，提出人才的竞争归根结底是社会环境的竞争等“自成一说、新颖而合理的学术观点”。“特别是关于‘社会环境造就人才’‘人才的成长要有贤明通达的环境’的观点，寓意深刻，让人耳目一新，回味无穷。”① 该书深入剖析了春秋战国的官制，改写了“先秦无官制”的历史，填补了春秋战国人才史、官制史研究的空白，“首次对这一领域进行系统的探讨，具有原创性的意义”②。著名历史学家李学勤在评价美国著名汉学家顾立雅的《中国政术之起源》的“西周王朝”一卷时谈道：“顾氏认为，中国在全世界首创政治管理的理论”“比西方要早几百年，

① 景天魁：《透过社会环境看人才》，《中华读书报》2007年1月17日。

② 陈其泰：《社会环境与人才·序》，齐鲁书社2005年版，第2页。

甚至一千年”，“顾氏的工作是很有价值的，可惜他的大书仅写到西周为止。齐秀生博士对春秋战国官制及其与人才关系的研究，不妨与之参看。”[①]

2. 提出了人才学研究的新观念、新思想。该书突破传统政治观念的束缚，对人才概念进行客观阐述，认为人才就是“有才之人”。从人才学角度分析了创造轴心文明的各类人才群体，提出了建设人才社会的命题，特别是“建立人才环境学学科这一呼吁、建议具有重大现实意义”。“通过对我国春秋战国特殊历史时期人才成长与社会环境关系的缜密分析，对人才赖以成长的社会环境这一概念进行了较为充分的阐释，得出了令人信服的结论……可以说是一部透过社会环境剖析人才成长的上乘佳作。”[②] 该书“既是高水平的古史研究成果，也是对今天人才问题研究颇具指导意义的人才环境学的典范之作”[③]。

3. 着眼于为实施人才强国战略提供借鉴。该书立足于科研为现实服务，对实施人才强国战略、改革和完善人才制度、发现和使用优秀人才、加强人才学科建设等，具有现实的启迪意义。该书把“求真与致用得以平衡体现”[④]，“是谨严踏实的历史研究著作，但又由历史事实中演绎出有现实意义的经验教训”[⑤]。张全景评价说：“该书具有较高的应用价值，对于各级领导和从事人才理论研究的同志，对于成长中的各类人才，都是大有裨益的。”[⑥]

（三）在人才研究领域拓展中完善体系

党建读物出版社于 2016 年 1 月出版了我的自选集《选贤用才》一书。该书是“十二五”国家重点出版物出版规划项目、人才强国研究出版工程、人才学者自选集 18 部专著之一。该书是我长期从事人才思想、古代官制等研究的论文合集，是不断丰富人才研究内容、拓展人才研究领域的证明，内容涉及人才地位、标准、选拔、使用、考核、流动、管理、环境等方面，涵盖面广，时间跨度大，形成了完整的系统，经受住了时间与实践的检验。

1. 体现历史为现实服务。对选贤用才的研究，不仅具有历史意义，而且还具有现实意义，更具有未来长远意义。因此其中的人才研究课题都注重深入挖掘古代典籍中的人才思想精华，以发挥启迪和借鉴作用，用于当今社会的人才理论和实践，使历史和现实成为一个系统，这主要体现在以下四个方面：

---

① 李学勤《社会环境与人才·序》，齐鲁书社 2005 年版，第 3 页。

② 景天魁：《透过社会环境看人才》，《中华读书报》2007 年 1 月 17 日。

③ 郑杰文：《社会环境与人才成长关系研究的新创获——评齐秀生博士的新著〈社会环境与人才〉》，《聊城大学学报》（社会科学版）2007 年第 1 期。

④ 郑杰文：《社会环境与人才成长关系研究的新创获——评齐秀生博士的新著〈社会环境与人才〉》，《聊城大学学报》（社会科学版）2007 年第 1 期。

⑤ 李学勤：《社会环境与人才·序》，齐鲁书社 2005 年版，第 3 页。

⑥ 张全景：《优化社会环境　促进人才成长——读〈社会环境与人才〉》，《求是》2006 年第 22 期。

2. 体现科研为现实服务。对选贤用才问题的研究，既是人才学的学术问题，也是经济社会发展问题，社会文明进步问题。因此，人才研究的每项内容都紧紧围绕经济建设中心和大局，围绕人才强国战略的实施，使科学研究和建设发展成为一个系统。

3. 体现思想性和理论性。对古今人才思想、成长环境、选官制度、用人方略进行不断的思索，以求寻找以古鉴今的选贤用才方略，形成古今融合、理论与实践相统一的研究成果。该书深入解析了几千年来人才发展与多因素的关系，从而体现人才发展规律和人才价值实现的途径，使人才发展的诸因素成为一个系统。

4. 体现系统性和连贯性。该书在横向上对人才发现、选拔、使用等进行多角度地研究，在纵向上对不同历史阶段的人才现象进行对比研究，对人才历史现象的借鉴意义进行系统思考，做到内容贯通古今，思想形成系统，方法贴近现实，使历史价值、学术价值、使用价值相统一，使横向和纵向的联系交叉成为一个系统。把几十年的研究成果串联起来，形成了完整体系。

三、让人才研究园地“百花盛开春满园”

“一花独放不是春，百花盛开春满园。”2011 年我参加中国人才研究会会议之后认为，经过 30 多年的发展，我国的人才研究取得了显著成绩，在国家发展中发挥了重要作用。但是，与建设人才强国的目标相比，还存在一些不足，如有组织地进行系统研究还需要进一步推进，人才研究队伍建设还需要加强，研究骨干更需要尽快培养，地方和行业研究不均衡的局面也要尽快改变等。作为一个在人才研究战线拼搏了 30 多年的“老兵”，自己研究固然很好，但如果能够组织起更多的人参与，则会更具有战略意义。经慎重考虑，决定尽绵薄之力。在我的提议下，人才研究基地、人才研究会、人才研究网站、人才研究辑刊等一系列人才建设项目陆续启动，目的是有组织地开展人才学术研究，在研究中锻炼队伍、培养人才。

（一）建立人才研究基地

从 2011 年开始，在中国石油大学（华东）、山东财经大学、中国海洋大学、山东理工大学等高校先后建立了山东高校干部与人才、优秀传统文化与人才培养等 27 个研究基地，专、兼职研究人员 300 多人。

研究基地建立后，通过工作指导和支持，取得了明显效果。一是健全工作机制。建立基地联席会议，交流总结基地工作情况，对今后工作提出要求。制定下发《研究基地管理办法（试行）》《研究课题立项与管理办法（试行）》《优秀成果评选奖励办法（试行）》，整合经费，用于支持基地建设。二是推进课题立项研究。印发《研究基地年度研究课题目录》，组织开展了研究课题申报工作，立项课题给予资助。开展了优秀成果评选表彰活动。三是不断提升咨询服务能力。各研究基地加强与党委政府、企业和社会的沟通合作，充分利用自身优势，积极提供决策咨询和服务，取得了良好的社会效益。中国石油大学（华东）、山东财经大学人才研究基地参与了山东省人才工作领导小组对省直部门及16市人才工作的考评、省和部分市“十三五”人才规划的制定等工作，面向政府及企业管理人员开设讲座，产生了较大的社会影响。我个人也多次到基地调研座谈，讲课指导，培养学生，推动人才研究基地和研究队伍建设。

（二）成立人才研究会

经过精心准备，2016年8月，山东省高等教育人才研究会经山东省民政厅批准成立。经中共山东省委组织部批准和会员代表大会选举，由我担任首任会长。该研究会是全国高校系统少有的规模较大的人才研究会，首批会员300多人，理事100多人，分布在省内外高校及地方有关单位。

研究会是人才研究的新平台，对于凝聚人才研究力量，营造人才研究氛围，推进人才研究学科体系、学术体系和话语体系创新，推动人才强国战略实施，具有重要意义。通过组织人才研究的专家学者开展学术活动，产出高水平研究成果，最终建成高端智库。

坚持党管人才原则，谋长远，打基础，召开高层次学术年会。2017年8月，研究会在青岛召开了第一次学术年会暨人才发展体制机制改革与高等教育人才培养研讨会，青岛大学参与主办。会议以深入学习贯彻中共中央《关于深化人才发展体制机制改革的意见》和习近平总书记关于人才工作的重要论述，推动高校人才发展体制机制改革，提高人才培养质量，促进“双一流”大学建设为主题，进行了认真研讨与交流。120多位人才研究专家学者和人才工作者参加了会议，共收到学术论文70篇。会议得到了中央和省市三级组织部门的重视和支持。中组部人才工作局巡视员、副局长、中央人才工作协调小组办公室副主任李志刚出席会议并作主旨报告，中共山东省委组织部副部长马晓磊，中共青岛市委常委、高校工委书记邓云锋出席会议并讲话，中共山东省委组织部人才工作处处长郑书忠、中共青岛市委组织部副部长吴学新出席会议，中共青岛市委常委、组织部部长边祥慧参加有关活动。

坚持人才研究服务地方经济社会发展，提供人才理论支撑，研究会与地方党委共同举办学术年会。2018年7月，研究会在烟台召开了第二次学术年会暨“学习贯彻习近平人才工作重要论述　为实现伟大梦想提供人才支撑”研讨会，烟台市人才办、山东工商学院参与主办。会议得到了中共烟台市委的重视和支持，中共烟台市委副书记王继东出席会议并讲话，中共烟台市委常委、组织部部长于涛参加有关活动。110余名人才研究专家学者和人才工作者参加了会议。中国人才研究会常务副会长、人事科学研究院原院长吴江，山东省人力资源和社会保障厅一级巡视员李伯平，中国人才研究会副会长、人才学专委会理事长郑其绪等领导和专家出席会议并作专题报告。会议组织了五场大会专题交流发言，共收到学术论文76篇。

坚持人力资源开发与人才培养和使用紧密结合，突出人才对经济社会发展的作用，着眼于人才培养助力新旧动能转换，研究会与有关部门和地方共同举办学术年会。2019 年 5 月，研究会在泰安召开了 2019 年年会暨“学习贯彻全国教育大会精神，形成更高水平人才培养体系”研讨会，泰安市人才办、泰山学院参与主办。100 余名人才研究专家学者和人才工作者参加了会议。会议得到了国家和省市三级人力资源部门、教育部门、省市组织部门和地方党委的重视和支持。人社部中国人事科学研究院院长、中国人才研究会常务副会长余兴安，教育部高校学生司一级巡视员荆德刚，中国人才研究会人才学专委会理事长郑其绪，中共山东省委组织部人才工作处调研员张兴旺，山东省人力资源和社会保障厅一级巡视员李伯平，中共山东省教育厅副厅长孟庆旭，中共泰安市委常委、组织部部长高尚山等领导和专家出席会议并讲话或作主题演讲。会议组织了五场大会专题交流发言，共收到学术论文 66 篇。

成立三年来，研究会还组织申报立项 60 余项研究课题，开展系统的学术研究，第一批已有 24 项研究课题结项。

（三）创立人才研究网站

2018 年 1 月，山东省高等教育人才研究会举行了网站启动仪式，同步开通公众号，中共山东省委宣传部省网信办主要负责同志出席仪式并讲话。网站和公众号的运营人员认真学习宣传贯彻党和国家的人才政策，学习宣传习近平总书记关于人才工作的重要论述，积极组织开展人才业务和有关知识的学习，交流人才研究成果，为人才研究会会员服务，为人才强国战略的实施做贡献。

网站开设了“人才要闻”“学术前沿”“人才论坛”“科研成果”等栏目，根据栏目需要，定期或不定期地发布文章，更新内容。目前，“人才论坛”栏目已发表人才学者的研究文章 86 篇，“学术前沿”栏目已发表人才研究成果 40 余项，有力地促进了人才研究工作的开展和人才研究团队的建设。

（四）创办《人才研究》辑刊

为促进人才理论研究和学术交流，为人才研究工作者提供学习交流的平台，研究会创立了《人才研究》辑刊，主要发表人才研究专家、中国人才研究会有关专业委员会和本会会员的优秀研究文章。截至 2018 年底，《人才研究》已经出版三辑，刊发文章 120 余篇，共 120 余万字。辑刊设立“特稿”“人才发展战略研究”“人才学科建设”“教育人才”“人才培养”“人才管理”“人才评价”“实践探索”等栏目，刊发了李志刚、吴江、王通讯、吴德贵、叶忠海、刘翠兰、郑其绪、罗洪铁、钟祖荣、薛永武、司江伟、吴东莞等知名人才专家的文章。

《人才研究》的创刊，对于深入学习贯彻党的十八大、十九大精神和习近平总书记关于人才工作的重要论述，推动人才发展体制机制改革，加快实施人才强国战略，促进人才的培养、引进和使用，推动人才学科建设等，将发挥积极作用。该辑刊受到了中组部人才工作局、中国人才研究会等单位有关领导和专家的充分肯定，产生了良好的社会影响。

在几十年丰富的人才发展实践中研究人才，不仅推动了工作的开展，而且我个人也收获了许多成果。我先后出版了《社会环境与人才》《选贤用才》《举贤随思》等人才学专著、《中国经济政治文明探析》《人大代表手册》等多部合著，《地方领导班子换届工作指导》《干部人事工作概述》等多部参编著作，《举贤尚功：齐国官制与用人思想研究》等多部主编著作；有200多篇各类人才研究文章发表在《人民日报》《光明日报》《文史哲》等报刊。获得省部级社会科学优秀成果一等奖、科技进步二等奖等多项奖励。《新编人才学大辞典》“人才学研究者”列专条对我个人作了介绍，“人才学代表论著”对我的专著作了介绍。国内第一部当代人才学史《中国人才学史》在“人才学交叉学科群的不断繁衍”部分以《齐秀生与〈社会环境与人才〉》为题，对本人的情况作了介绍。更可喜的是，一批由我提议打造的人才研究平台建设正在积极推进，一支规模可观的人才研究后备力量如雨后春笋，正在健康成长，备受期待。

习近平总书记强调：“着力破除束缚人才发展的思想观念，推进体制机制改革和政策创新，充分激发各类人才的创造活力，在全社会大兴识才、爱才、敬才、用才之风，开创人人皆可成才、人人尽展其才的生动局面。”[①] 落实总书记的要求，促进人才发展的人才研究。在人才发展实践中研究人才，是人才研究的成功尝试，是人才研究的基本规律。人才研究工作者要不负新时代，履行新使命，辛勤耕耘，默默奉献，让人才研究“园地百花盛开春满园”，为人才的更好发展做出新贡献。

---

① 《习近平关于科技创新论述摘编》，中央文献出版社2016年版，第114页。

主体性是人才发展的强大动力

薛永武*

摘　要　本文从哲学的主体性出发，比较系统地阐释了主体性对人才发展的强大影响，认为主体性能够促进肉体生命与精神生命的有机统一，主体性体现了对社会生命的尊重，主体性有利于实现创造生命与享受生命的有机统一，因此，主体性是人才发展的强大动力。

关键词　主体性　人才发展　强大动力

从哲学的角度来看，主体性是人之所以为人的根本性标志；人如果没有主体性，就意味着没有实现人生真正的自由，也是扭曲了人的本质的具体表现。从人才发展的角度来看，主体性是人生发展与成才的强大动力。

一、主体性促进肉体生命与精神生命的有机统一

众所周知，人的健康既需要肉体生命的健康，也需要精神生命的健康，是肉体生命与精神生命的和谐统一。每个人只有实现肉体生命与精神生命的和谐统一，才能成为一个真正健康的人，有生命力和发展力的人，也才能真正实现人生的主体性，才能真正促进人才的发展。

（一）主体性促进肉体生命的健美

人活着要面对两大主题：一是生存；二是发展。从生存主题的角度来看，一要学会生存；二要学会更好地生存。从社会的劳动分工来看，无论是体力劳动还是脑力劳动，客观上都需要劳动者具有健康的体魄。健康的体魄是每个人生存的基石，如果没有健康，家庭和事业的一切都归于零。从体力劳动者来看，许多企业员工经常加班加点，而如果没有健康的体魄，就无法承受繁重的体力劳动；从脑力劳动者来看，不少中青年知识分子积劳成疾，就容易过劳死或者因为心脏病和脑血管疾病而猝死。

从人生发展的主题来看，每个人都希望有一个光明的前程。面对生存、学习、成家立业，要在人生的各历程中有所突破创新，要干出一番事业，可谓征途漫漫，任重

---

* **作者简介**：薛永武（1957～　），山东青岛人，中国海洋大学教授、博士生导师，山东高校干部与人才研究基地主任，研究方向为人才开发、文化产业和人才美学。

道远。只有保持健康的体魄，才能经得起各种艰难险阻的考验，在千锤百炼中历练和成长；相反，若一个人弱不禁风，就经不起人生的大风大浪，就无法承担各种压力和事业重担。令人担忧的是，近些年受环境污染以及多种因素的影响，很多人的生命健康得不到充分的保障，甚至还存在严重的疾病隐患。据国家疾病预防控制局的调查显示：全国仅2018年12月就报告法定传染病712581例，死亡2804人；其余21种乙类传染病共报告发病289613例，死亡2788人；其余10种丙类传染病共报告发病422968例，死亡16人。[①] 世界卫生组织下属的国际癌症研究机构（IARC）于2018年9月发布了2018年最新全球癌症统计数据《全球癌症报告》，提供了全球185个国家和地区36种癌症的发病率、死亡率等相关数据。2018年，全球有约1810万癌症新发病例及960万癌症死亡病例，其中亚洲在后者占近七成。[②] 国家癌症中心2018年发布了我国最新癌症数据，其中新发现癌症患者380.4万人，平均每天新增1万多人，每分钟新增7人。[③] 根据我国的医疗水平，癌症患者存活率比较低，癌症正在严重危害人们的生命健康。若失去生命健康，就无法正常生存，也制约了人才的发展。

为了肉体生命的健美，我们需要发扬主体性：一方面通过各种有效途径，改善生存环境和工作环境，不断增强体质，增强防病和治愈能力；另一方面，通过科学的健身健美，可以促使自己的身体充满活力，为生命拓展提供坚实的身体条件。我们每个人都需要大力发展主体性，让主体性驾驭生命的航船，驶向健康的彼岸。

（二）主体性促进精神生命的健康

人的生命需要肉体生命的健康，也需要精神生命的健康。我国改革开放以来，受社会转型期诸多社会问题的严重困扰，很多人不知不觉地丧失了人的主体性，这影响了人的生命健康权，也影响了人才的发展。

1. 主体性促进我们科学地思考问题

科学地思考问题，这是具有主体性的重要标志。在现实中，很多人失去主体性，缺乏思考问题的高度和深度，容易陷入思考的片面性，正如苏轼的《题西林壁》所言：“横看成岭侧成峰，远近高低各不同。不识庐山真面目，只缘身在此山中。”由于“身在此山中”，就必然得出管窥之见，客观上就很难看到“庐山”的整体面貌。我们把主体性用于思考问题时，就能够以主体的身份和视角，自觉克服各种利害关系的干扰，进入思考的澄明，才能真正具有前瞻性。

2. 主体性坚定我们对未来的自信心

人生会遇到各种困难、竞争和挑战，是安于现状，不求进取，在困难面前低头，

---

① 参见疾病预防控制局：《2018年12月全国法定传染病报告发病、死亡统计表》，2019年1月17日。

② 参见《世卫组织：2018年全球最新癌症报告》，https://www.sohu.com/a/256796140_100120288。

③ 参见《关系每一个鲜活的生命！2018年中国癌症数据发布》，http://news.ifeng.com/a/20180724/59379349_0.shtml。

还是勇于进取，积极开拓，这是衡量和判断一个人是否具有主体性的重要尺度。一个具有主体性的人，就能够以大无畏的气概，坦然面对各种困难、竞争和挑战。所谓“滚滚长江东逝水，浪花淘尽英雄”，唯有大浪淘沙，才能检验真金；唯有沧海横流，方显出英雄本色。由此可见，人才发展需要有主体性做内在的精神支撑。

3. 主体性提升我们承受挫折的能力

人生在世，当遭遇天灾人祸、重大疾病等灾难时，尤其需要人的主体性来提升承受挫折的能力。遇到困境时，我们需要有“车到山前必有路”的自信；人生遭遇挫折和失败时，我们需要用“塞翁失马，焉知非福”的辩证思维来自我激励；当感到怀才不遇的时候，我们需要有“天生我材必有用”的豁达。总之主体性要求我们遇挫弥坚，百折不挠，具有坚忍不拔的意志和持之以恒的奋斗精神。

4. 主体性增强我们改造世界的能力

人类在认识世界和改造世界的过程中，弘扬主体性，有利于增强我们的自信心和提升积极进取的精神。愚公移山的故事蕴含了改造自然的决心和自信心，反映了改变命运的雄心壮志。我们要学习愚公移山的精神，去积极改造世界。人类改造世界包括改造主观世界和客观世界。如果没有真正的主体性，我们就不可能真正的改造两个世界。20 世纪 50～60 年代，在我国的经济建设中，人们试图改变客观世界，在短期内超英赶美，而缺乏主体性的科学思考，其结果只能是违背人才发展和经济发展的规律。

此外，主体性还有助于完善我们的灵魂。“最高尚的灵魂也一定比我们最富饶的财产和最健壮的躯体更为珍贵。……一切明哲的人正应该为了灵魂而借助于外物，不要为了外物竟然使自己的灵魂处于屈从的地位。”① 历史哲学证明，主体性能够使自然人真正成为社会人和文明人，能够促进人才的发展。

二、主体性体现了对社会生命的尊重

（一）马斯洛需求层次理论对人才发展的启示

在人类社会发展史上，需要是一种强大的主体能量，激发着人们的生命活动。需要一方面是人的本质力量的内在表现；另一方面，也是人类社会生产的动机和目的，即需要决定着生产，生产满足着需要。因此，人的主体性体现了人的需要，而人的需要具有质的规定性，即人的各种需要是分层次的，是不断升级的，是正当的合理合法的需要，而不是毫无节制、理性或标准的需要。

美国社会心理学家马斯洛根据自己的人生经历和对人性的研究，提出了著名的需求层次理论。他认为，人有五种需求，依次是生理需求、安全需求、社交需求、尊重需求和自我实现需求。恩格斯在《在马克思墓前的讲话》中评价马克思：正像达尔文

---

① ［古希腊］亚里士多德：《政治学》，吴寿彭译，商务印书馆 1996 年版，第 341 页。

发现有机界的发展规律一样，马克思发现了人类历史的发展规律，即历来为繁芜丛杂的意识形态所掩盖着的一个简单事实：人们首先必须吃、喝、住、穿，然后才能从事政治、科学、艺术、宗教等；所以，直接的物质的生活资料的生产，一个民族或一个时代的一定的经济发展阶段，便构成基础，人们的国家设施、法的观点、艺术以至宗教观念，就是从这个基础上发展起来的，因而，也必须由这个基础来解释，而不是像过去那样做得相反。人类的吃、喝、住、穿主要是满足生存的基本需要，政治、科学、艺术、宗教等属于人类高级的精神需要。由此可见，马斯洛的需求层次理论总体上也符合马克思主义基本原理，揭示了人类需求层次不断递进的特点。

从马斯洛的需求层次理论来看，生理需求和安全需求都属于人的基本需要，而社交需求、尊重需求和自我实现需求则体现了较高层次的精神需求。其中，尊重需求体现了人的主体性；自我实现需求不仅体现了人的主体性，而且还蕴含了人性拓展的价值实现问题，即人活着不但要满足生理需求、安全需求、社交需求、尊重需求，而且还应该实现人生价值，通过内在的精神需求和外在实践，实现人的本质力量。很显然，从人才发展的角度来看，马斯洛的需求层次理论客观上也揭示了人生发展轨迹的内在逻辑性，每个人只有在满足生理需要和安全需要的基础上，才能不断满足较高层次的其他需求，最终实现人生的价值，这也是一种自我确证和本质力量的自我实现。

社会发展史是人类自身生命活动的发展史，也是实现人类本质的历史。个体生命从胎儿孕育就已经开始了生命的漫长旅程。每个人从最初的吃、喝、住、穿等需求，在逐渐满足生理需要、安全需要的基础上，通过后天的习得，在社会交往中建立了良好的社会关系，发展了人际关系，促进了人才的发展，展现了人性的光辉，实现了人生的价值。

（二）社会生命是主体性的重要标志

人的生命不仅包括肉体生命，还包括精神生命，体现为肉体生命与精神生命的有机统一。此外，人还有另外一种生命，长期以来被大部分人所忽视了，这是一种特殊的精神生命，即社会生命。所谓社会生命，是指他人和社会对一个人的认识、理解和评价。

从人才发展的角度来看，一个人的肉体生命和精神生命固然重要，但人的社会生命也非常重要。人生在世，不但要有自我认知、自我评价，而且还应该有他人和社会对个人的评价。比如，对于干部评价，人们常说“金杯银杯，不如群众的口碑”。意思是说，评价干部是否德才兼备，是否为事业做出重要贡献，不是看他得到多少嘉奖，而是看群众对他的认可程度。从人才发展的角度来看，任何个人的发展都需要强大的自律能力，也需要强大的他律因素。在他律因素中，一方面他人和社会对一个人的认识、理解和评价是主要的他律因素，客观上会对特定的个体形成较大的制约因素；另一方面，任何个人不仅要自律，而且还应该自觉接受他律，设身处地地通过联想和想象等思维的推理，自觉换位思考，设想他人和社会可能对自己的行为有什么样的认识、理解和评价。个人倘若能够预测他人和社会对自己的认识、理解和评价，就能够在较大程度上遵守社会公德和法律法规，追求精神生命的不朽。

在中国历史上，孔子的肉体生命早已化为尘埃，他的社会生命却成为中国传统文化的精华，他所开创的儒家学派仍影响着当今中国文化的发展，成为中国乃至全世界的精神财富。爱国诗人屈原《离骚》中的“路漫漫其修远兮，吾将上下而求索”“长太息以掩涕兮，哀民生之多艰”抒发了诗人忧国忧民的情怀；陆游《示儿》中的“死去元知万事空，但悲不见九州同。王师北定中原日，家祭无忘告乃翁”，表现了强烈的爱国情怀；文天祥《过零丁洋》中的“人生自古谁无死，留取丹心照汗青”彰显了不朽的英雄气概。中国近代历史上许多仁人志士也留下了永垂不朽的社会生命，得到后世的赞美，成为学习的楷模。由此可见，永垂不朽的不是人的肉体生命，而是人的社会生命。

从当下干部人才队伍建设的角度来看，我们的干部如果能有“社会生命”的概念，时刻提醒自己，当官要为民作主，只有认真履行职责，通过换位思考，得到群众和社会的理解和认同，才能实现自身的社会生命。俗话说“人要脸，树要皮”，实际上，脸不但是人的颜面，而且也是人的自尊，本质上恰恰就是人的社会生命。树无皮则死，人不要脸实则是宣判自己社会生命的死亡。

我们重视人的社会生命，一方面要尊重他人和社会对自己的评价；另一方面又要看到，由于认知的复杂性、社会的复杂性以及其他因素的干扰，他人和社会对一个人的认识、理解和评价可能会与被评价人的实际情况出现差异甚至较大的偏差。因此，当他人和社会对个人的评价与实际情况产生较大差异甚至完全相悖时，个人要保持清醒的头脑，正确对待他人和社会的评价，进一步追踪探源，全面分析产生这种现象的原因，不畏浮云遮望眼，乐观旷达写人生，自觉保持恒心和定力，经得起时间和实践的双重考验。

从哲学的角度来看，社会生命是主体性的重要标志；从人才发展的角度来看，社会生命是自我激励的重要动力。因此，我们在追求肉体生命与精神生命有机统一的同时，还应该追求美好的社会生命，让社会生命也成为我们人才发展的重要动力。

三、创造生命与享受生命的有机统一

（一）在创造生命中享受生命

主体性是人的重要本质，也是促进人才发展重要的主体保障。人生如果没有主体性，就很容易成为“小人德草”的跟风者。从生命哲学的角度来看，我们既要享受生命，也要创造生命，主体性则有利于在促进创造生命与享受生命的和谐统一中实现人生的价值。

我们每个人的生命不但来自父母，而且还来自我们自己每一天的成长。古希腊哲学家赫拉克利特说，太阳每天都是新的。我们则可以说，人的生命每一天都是新的，所谓“往者不可谏，来者犹可追”，可追者就是我们未来每一天的新的生命。从出生之日开始，肉体生命和精神生命都在逐渐增长，通过学习和实践，我们的知识和能力不断增长，这是生命的创新。所以说，生命在于学习，在于实践，在于创新，在于发展。

人的主体性与创新具有非常密切的关系。主体性作为人的本质力量，也是我们的精神动力，激励着我们不断学习成长，不断创新实践，不断发展壮大。从文化的角度来看，人的生命实际上也是生命的文化化，生命是创造文化的主体，也是文化的载体和符号。主体性激励创新，文化需要创新，我们就在实现主体性的过程中，创造新的文化，实现生命的增值，创新我们的生命。

主体性激励创新，促进文化和生命的创新。文化创新本质上也是生命创新，也是劳动的创新。劳动创造物质财富和精神财富，具有决定性的社会价值。人类如果没有劳动，就不可能有物质文明和精神文明，也就没有了社会的发展史。人生通过劳动创新，不断创造新的物质财富和精神财富，为享受生命打下坚实的物质基础，也提供了良好的精神条件和人文环境。因此，一个人如果有能力创造，而没有创造生命，就没有权利享受生命，“因为人生的快乐有赖于充分的物质供应，人们就尽心竭力于取得这些物质供应的技术”①。

从创造生命与享受生命的和谐统一来看，我们每个人都应该用自己的智慧和汗水，努力创造自己美好的生命。一方面把创造生命的过程视为享受生命的过程，体验在学习、工作中奋斗的快乐；另一方面，在取得创造性的成果之后，可以更好地享受，进一步确证人的本质力量对象化，给自己放个假。

（二）在享受生命中创造生命

人的生命需要创造，而创造生命是为了更好地享受生命。创造生命为享受生命提供基础和前提，而享受生命既是人生的目的，也能够为创造生命提供保障和重要动力。

从人才发展的角度来看，如果说创造生命是为了更好地促进人才发展，那么，享受生命则是人才发展的重要目的。也是社会发展进步的重要目的，亚里士多德说：“闲暇又正是勤劳（繁忙）的目的。”② 他在《政治学》中认真研究了“闲暇”的重要价值：“一般思想家都承认，在一个政治修明的城邦中，必须大家都有‘闲暇’，不要因为日常生活所需终身忙碌不已，但要怎样安排才能使大众获得这样的闲暇，却是一个难题。”③ 也就是说，人生在世，不是为了劳动而劳动，不是为了忙碌而忙碌，闲暇才是劳动的目的。但是，无论是工作在企业还是党政机关，我们经常是“白加黑”“五加

① ［古希腊］亚里士多德：《政治学》，吴寿彭译，商务印书馆1996年版，第29页。

② ［古希腊］亚里士多德：《政治学》，吴寿彭译，商务印书馆1996年版，第392页。

③ ［古希腊］亚里士多德：《政治学》，吴寿彭译，商务印书馆1996年版，第82页。

二”，加班加点成为工作的常态。这就违背了人性，客观上制约了每个员工的人才发展。

我们倡导正确的劳动观和闲暇观，一方面充分肯定自由劳动对于人生和社会的重要价值；另一方面，社会和组织也应该保障员工应有的闲暇，让每个人在闲暇中自由从事审美活动，按照自己的兴趣进行娱乐消遣，在自由活动中促进人性的完善与人格的健康发展，激发对新事物的敏感度，催生创新思维和各种灵感的酝酿和爆发，从而促进人才的可持续发展，把享受生命与创造生命有机地统一起来。

我们强调享受生命与创造生命的有机统一，目的就在于促进享受生命与创造生命的相辅相成，使其互为动因。在这一方面，亚里士多德的深刻之处在于，他在肯定闲暇非常重要的同时，又非常睿智地提醒人们，社会趋于繁荣以后，人们就会共享闲暇，但不能放纵于闲暇，认为闲暇活动需要智慧。他为此提出：“社会趋于繁荣，共享闲暇，大家又往往流于放纵了。”[①] 实际上，亚里士多德对闲暇可能带来放纵的警惕，需要我们引以为戒。

由此可见，我们不但要享受生命，而且还要不断创造生命，发展自我，让我们每个人的生命越来越健康，越来越美好。

---

① ［古希腊］亚里士多德：《政治学》，吴寿彭译，商务印书馆 1996 年版，第 393 页。

人才发展战略研究

创新驱动发展战略视域下新时代人才创造力问题研究

杜　刚*

摘　要　走进新时代，习近平总书记就有关创新驱动发展问题发表了一系列重要讲话，强调必须把创新作为引领发展的第一动力，从国家发展的核心战略的角度来看待，加快形成以创新为主要引领和支撑的经济社会发展新模式、新体系。新时代创新驱动发展战略是根据我国所处的国际国内环境所作的战略抉择，是实现两个一百年奋斗目标的战略举措。毋庸置疑，人才是第一资源，创新驱动实质上就是人才驱动，就是要在围绕如何调动人才创造活力、激发人才创造激情、形成团队集群创造合力等问题上下功夫。本文通过分析新时代人才创造力的主体素养，进而研究人才创造力的现实生成问题，以期能够厘清创新驱动与人才创造活力之间的内在关联。

关键词　创新驱动　新时代　人才创造力

习近平总书记在中国共产党第十九次全国代表大会上指出："创新是引领发展的第一动力，是建设现代化经济体系的战略支撑。……加强国家创新体系建设，强化战略科技力量。深化科技体制改革……倡导创新文化，强化知识产权创造、保护、运用。培养造就一大批具有国际水平的战略科技人才、科技领军人才、青年科技人才和高水平创新团队。"① 可见，新时代背景下，加强国家创新能力和体系建设对于破解我国当前发展困局与进一步提升国际竞争力和影响力，都具有十分重要的战略意义，这业已成为关乎民族复兴和国家现代化建设的战略选择和本质需求。

一、创新驱动发展的理论溯源及其生成背景

创新驱动这一理念最早是由美国著名战略管理学家迈克尔·波特（Michael E. Porter）提出，他基于钻石理论所构建的钻石模型，并以此为工具来分析一个国家某种

---

* **作者简介**：杜刚（1977～　），山西太原人，哲学博士，中北大学人文社会科学学院副院长、副教授，硕士生导师，中国人才研究会人才学专业委员会理事、特约研究员，研究方向为文化哲学、人才学。

① 习近平：《决胜全面建成小康社会　夺取新时代中国特色社会主义伟大胜利——在中国共产党第十九次全国代表大会上的报告》，人民出版社2017年版，第31～32页。

产业在国际上拥有较强竞争力的原因，进而研究竞争优势与经济表现的内在关联，由此获得竞争现象背后所隐藏的经济发展过程，从而提出国家优势发展的四个阶段，即生产要素驱动、投资驱动、创新驱动和财富驱动。前三个阶段被认定为国家竞争优势的主要来源，意味着经济的普遍繁荣，而第四个阶段的到来，则预示着由盛及衰的开始。事实上，现代化本身是一个囊括政治、经济、文化以及人的存在方式现代化的整体性概念，其本身存在着一系列的弊端，仅依靠生产要素与投资驱动，无法解决经济发展中的生产要素报酬递减和稀缺资源瓶颈这两个基本问题，需要走以知识和科技为先导的创新发展之路。因此，如果一个国家要保持经济社会的持续发展，最有效的手段就是促进创新驱动能力的提升。

改革开放以来相当长一段时期内，我国经济社会发展主要依赖过度消耗资源要素和低人力成本要素的增长模式，同时借助政策倾斜和导向，通过投资来刺激发展，从而整个经济进入要素成本周期性上升阶段，并达到顶点。依靠跟踪和模仿的短期效应所带来的发展红利，导致自身制造业长期处于中低端阶段，缺少创新内驱力，忽视自主知识产权，缺乏产品附加值，在国际社会上只能扮演“世界工厂”的形象，长此以往，经济社会的发展难以为继。众所周知，现代化基础在于工业化，而衡量国家工业化水平的重要指标在于制造业水平。在全球化时代，国际间的竞争根源于综合国力的较量，而未来中国的核心竞争力应建立在自身人才的创造活力和创新能力的基础之上。

“中国制造 2025”战略的提出正是新时代中国特色社会主义现代化建设进入新阶段的重要举措。作为国家实施制造强国战略第一个十年的行动纲领，其核心内涵是坚持“创新驱动，质量为先，绿色发展，结构优化，人才为本”的基本方针，继而规划中国经济与社会发展，尤其是制造业升级改造的未来发展蓝图。近年来，创新驱动得到了更加广泛的认同，围绕技术创新、商业模式创新、产业结构创新、业态创新与政策体制机制创新以及文化精神创新等的范式不断涌现。党的十八大报告明确提出要实施创新驱动发展战略，真正实现创新驱动由局部到全局、由基层到国家的战略升级。在党的十九大报告中，习近平总书记指出：“创新驱动发展战略大力实施，创新型国家建设成果丰硕。”“创新是引领发展的第一动力，是建设现代化经济体系的战略支撑。要瞄准世界科技前沿，强化基础研究，实现前瞻性基础研究、引领性原创成果重大突破。加强应用基础研究，拓展实施国家重大科技项目，突出关键共性技术、前沿引领技术、现代工程技术、颠覆性技术创新，为建设科技强国、质量强国、航天强国、网络强国、交通强国、数字中国、智慧社会提供有力支撑。”① 可见，创新驱动发展战略业已成为增强我国国际竞争力的必然选择，成为破解发展深层次矛盾的迫切要求，成为满足人民美好生活向往的根本举措，成为达成现代化强国目标的战略支撑。

---

① 习近平：《决胜全面建成小康社会 夺取新时代中国特色社会主义伟大胜利——在中国共产党第十九次全国代表大会上的报告》，人民出版社 2017 年版，第 3、31 页。

通过追根溯源，我们不难发现，创新驱动的发展思路之所以由最初的观念变革逐步上升为国家发展战略，主要是党和国家源于国际国内形势所作的战略抉择。从《国家中长期科学和技术发展规划纲要（2006～2020年）》到党的十八大中的创新驱动发展战略部署，到《中共中央国务院关于深化体制机制改革加快实施创新驱动发展战略的若干意见》，再到《国家创新驱动发展战略纲要》等一系列指导性文件的出台，足以体现国家对于创新驱动的重视，足以证明创新驱动发展战略业已成为“在新的发展阶段立足全局、面向全球、聚焦关键、带动整体的国家重大发展战略”①。创新驱动战略的提出是国家命运所系，是实现中华民族伟大复兴中国梦的重要依归。事实上，创新驱动也是世界大势所趋，是谋求国际竞争优势的核心战略，是赢得发展主动权和国际话语权的重要举措。同时，创新驱动更是国家发展形势所迫，是实现经济社会转型发展、提升发展质量和效益、拓宽发展空间的重要支撑。

二、创新驱动的实质是人才驱动

创新是一个民族进步的灵魂，是一个国家兴旺发达的不竭动力，是一个政党永葆生机的源泉。没有灵魂就没有蓬勃发展的生机，没有思想就没有优质高效的行动。国家经济社会的发展离不开战略布局，但是战略目标的实现和达成更需要脚踏实地。人才是创新的第一资源，是创新驱动的重要基础和载体。创新驱动的实质就是人才驱动，因此，创新驱动发展战略归根结底就是要通过激励人才科技创新能力、调动人才干事创业的积极性、提升人才创造活力、激发人才的创新激情和热情，不断推进全社会整体的提档升级。“创新是推动一个国家和民族向前发展的重要力量，也是推动整个人类社会向前发展的重要力量。要把人才作为创新的第一资源，更加注重培养、用好、吸引各类人才，促进人才合理流动，优化配置，创新人才培养模式；更加注重强化激励机制，给予科技人员更多的利益回报和精神鼓励；更加注重发挥企业家和技术技能人才队伍创新作用，充分激发全社会的创新活力。”② 党和国家向来重视人才工作，重视人才在经济和社会发展中的基础性地位，并将其上升为国家战略。众所周知，科学技术是第一生产力，人才是第一资源，国家兴盛，人才为本，国以才兴、业以才旺。大力提升国家创新能力和体系建设就是要倚重人才，实施人才强国战略。

近些年来，虽然从中央到地方越来越重视人才资源，也相应地出台和颁布了一系列振兴人才、尊重人才、吸引人才和培育人才的政策与措施，但是由于长期以来的经济社会发展分享了人口红利的成果，再加之惯性思维和既有思维，许多地方的人才政策和机制还停留在纸面，甚而表现为严重的形式主义，站位不够高、视野不够广，没有从国家和地方整体经济与社会发展的战略角度来进行思考和研判，从而导致政策体

---

① 《国家创新驱动发展战略纲要》，科技部网站，http://www.most.gov.cn/yw/201605/t20160520_125675.htm。

② 《关于深化体制机制改革加快实施创新驱动发展战略的若干意见》，《新华日报》2015年3月23日。

制的实效性较差，人才的创造活力没有得到充分的激活与释放。有些地方片面理解和解读人才战略，没有将人才战略与创新驱动战略协同思考，相关的激励和保障制度偏重于提高薪资待遇和经济奖励等物质激励，忽略事业战略规划引人、留人，缺乏情感投入，从而导致经费投入水涨船高，而激励的有效性较差，功利主义思想严重；更有甚者，鼓吹人才“市场化配置”，忽视内部人才的挖潜，盲目引进外来“和尚”，搞短、平、快人才项目；东部地区挖角中西部地区，经济发达地区挖角次发达地区，追求人才效益的短期回报，从而导致自身人才培养体系青黄不接、后继乏人，使东部与中西部地区人才资源更加不平衡，这种短视效应无益于国家整体创新驱动战略的实现，为地方经济和社会发展埋下了祸根。凡此种种现象，从长远来看，都无异于杀鸡取卵、饮鸩止渴，从根本上损害整个经济社会转型和人才强国战略与创新驱动战略的实现，与国家的整体战略目标背道而驰。

毋庸置疑，创新驱动与人才驱动的“双驱动”战略，是对新时代中国特色社会主义现代化建设所面临的新情况、新问题的正确决断与回应，二者关系密不可分。创新驱动是目标，人才驱动是基础；创新驱动为人才驱动指明方向和提出要求，而人才驱动的实效直接关系到创新驱动的品质与水平，二者相辅相成、相互促进、相得益彰。从根本上说，影响人才驱动的基础性作用实现的关键因素，就应该体现在有效提升人才的创造力水平。全社会应大兴爱才识才容才用才之风，为人才的脱颖而出营造良好的社会环境，正如清代启蒙思想家魏源所言：“人才者，求之者愈出，置之则愈匮。”① 作为社会稀缺资源，不仅要善于挖掘和发现人才，而且还要善于管理和引导人才，促进其创造力的释放。习近平总书记指出：“要以识才的慧眼、爱才的诚意、用才的胆识、容才的雅量、聚才的良方，广开进贤之路，把党内和党外、国内和国外等各方面优秀人才吸引过来、凝聚起来。”② 因此，“若乃人尽其才，悉用其力”③ 就是要不断提升人才创造力的内驱力和内生力，专注于人才的挖掘、培育、管理、激励、交流、考核、评价、规划等方面的系统研究，通过搭建人才交流和共享平台实现人才的合理配置，通过政策引导和激励促进人才发展，通过科学合理地考核评价释放人才创造的活力，通过净化人才发展环境营造良性的发展氛围，做到事业留人、情感留人、使命留人，以多元化保障措施构建合理有序的人才队伍与团队，只有这样才能有效激发人才创造活力。

三、人才创造力的主体诠释

就人学的研究视角而言，创造性是人区别于动物的本质属性。“通过实践创造对象

---

① 《默觚下·治篇九》。

② 《习近平谈治国理政》第2卷，外文出版社2017年版，第41页。

③ 《淮南子·兵略训》。

世界，即改造无机界，人证明自己是有意识的类存在物。”① 人通过自身改造世界的行为确证了自身的主体性和能动性，彰显了自身的创造性。同时，其所创造出的成果也充实和丰富了自身的内涵。可见，“一部人类发展史就是一部人类不断地进行文化创造，彰显其自身创造活力的历史，是一部人类不断地超越和否定自身，并为获得自身的解放和自由全面发展的历史”②。人才作为具有一定专业知识或专门技能，并进行创造性劳动，为社会做出贡献的人，更是通过其自身的创造才能成为社会进步与发展的重要动力与源泉。事实上，人才的主体性正是借由其创造力得以有力地诠释的，这主要体现在以下三个方面：

（一）个体的创造性是人才创造力实现的前提和基础

谈及主体性，无论是费尔巴哈，还是黑格尔都曾触及此类问题，然而由于他们脱离人的客观实践活动，只是简单地、抽象地、孤立地来看待这一问题。对此，马克思进行了深刻的批判，“从前的一切唯物主义（包括费尔巴哈的唯物主义）的主要缺点是：对对象、现实感性，只是从客体的或者直观的形式去理解，而不是把它们当作感性的人的活动，当作实践去理解，不是从主体方面去理解。所以结果竟是这样，和唯物主义相反，唯心主义却发展了能动的方面，但只是抽象地发展了，因为唯心主义，当然是不知道真正现实的、感性的活动本身的”③。坦白地讲，人才的主体性在其现实活动中是通过其创造物或对象化展现出来的，脱离开具体的创造活动和创造成果，人才的创造很容易走向不切实际的空想和幻想。

因此，从某种意义上讲，人才的创造性活动就是有效地掌握和利用现实的既有资源和手段，从而实现最大创造绩效的社会实践行为；在创造活动中，其主体性就是通过创造性得以集中体现的。客观上讲，人才个体的创造性是其自身内在潜力的释放，是一种自觉能动地对象化行为，也体现了人才所特有的敢于突破束缚、勇于面向挑战、善于破解难题、不断追求卓越的个体品质，也是人才本质力量的充分彰显，正是基于此，人才区别于普通劳动者。“随着对象性的现实在社会中对人说来到处成为人的本质力量的现实，成为人的现实，因而成为人自己的本质力量的现实，一切对象对他说来也就成为他自身的对象化，成为确证和实现他的个性的对象，成为他的对象，而这就是说，对象成了他自身。”④

究其根本，每个个体都具有创造潜质，只不过是在其创造潜质的开发与创造能力实现的水平和影响力上有所区别而已。人才之所以能够迸发创造力，进而影响广泛，就在于其内在的潜力得到发掘和展示。无论是科技精英、管理奇才还是“大国工匠”，

---

① ［德］马克思：《1844 年经济学哲学手稿》，人民出版社 1979 年版，第 84～85 页。

② 杜刚：《全球化视域下文化创造力研究》，人民出版社 2012 年版，第 103 页。

③ 《马克思恩格斯选集》第 1 卷，人民出版社 1995 年版，第 54 页。

④ 《马克思恩格斯全集》第 42 卷，人民出版社 1979 年版，第 131 页。

无不是经过失败的锤炼、身心的考验、刻苦的钻研而走向成功的，当然其自身的定力是内在的重要品质。新时代在“大众创业、万众创新”政策的感召下，普通的社会个体也可以借助互联网等信息技术在日常生活中进行简单的形式符号的创设、结构功能的创序等来实现自身创造力的释放。

总而言之，人才创造力与其主体性密切相关，个体创造性就是其主体性的集中体现，离开创造性，人才创造力将无从谈起。故此，从主体性角度来看，个体的创造性是人才创造力的前提和基础。

（二）人才的集群创造是人才创造力实现的重要保障

创造性活动源于自由独立的个体为了实现自身需求的满足，而进行的自觉能动地改造世界的活动，具有明显的客观物质性、主体性和社会历史性的特点。“劳动者在有计划地同别人共同工作中，摆脱了他的个人局限，并发挥出他的种属力量。”[①]

事实上，从系统性的角度来看，创造活动并不能仅仅寄希望于单独的个体的灵光乍现或单打独斗，个体诉求与社会需求之间是有差距的，因此，必须将人才的个体创造与社会整体发展有机地统合起来，找到最大公约数，实现集群创造。“历史是这样创造的：最终的结果总是从许多单个的意志的相互冲突中产生出来的，而其中每一个意志，又是由于许多特殊的生活条件，才成为它所成为的那样。……各个人的意志——其中的每一个都希望得到他的体质和外部的、归根结底是经济的情况（或是他个人的，或是一般社会性的）使他向往的东西——虽然都达不到自己的愿望，而是融合为一个总的平均数，一个总的合力，然而从这一事实中决不应作出结论说，这些意志等于零。相反地，每个意志都对合力有所贡献，因而是包括在这个合力里面的。”[②] 因此，人才创造力的实现一定是基于集群创造基础之上的“历史合力”的结果。人才集群创造就是通过建立“共同愿景”而形成的人才个体的联合体，从而规避个体自身条件、创造水平及影响力等方面的不足，尽可能地实现创造力效用的最优化与最大化。就集群创造而言，大到一个国家或社会，小到一个组织或单位，其集约化、平台化和团队化的特点所具有的优势是不言而喻的，其人才创造力的实现呈现出复合型、系统性与协同性的特点。面对复杂性和不确定性的发展环境，人才个体创造力的局限性就不可避免地暴露出来，而人才团队的集群创造基于自身的组织力、协调力、控制力的优势，越来越为个体创造力的实现提供更加有效的保障，甚而能够进一步激发个体创造活力，提升其创造水平。当前，科研团队、协同平台等人才集群创造逐渐成为创造活动的主体。

（三）人的解放和自由全面发展是人才创造力实现的最终结果

人的解放和自由全面发展是社会主义的基本原则，也是社会主义现代化建设的终

① 《马克思恩格斯文集》第 5 卷，人民出版社 2009 年版，第 382 页。

② 《马克思恩格斯选集》第 4 卷，人民出版社 1995 年版，第 697 页。

极目标。诚如马克思所指出的那样："代替那存在着阶级和阶级对立的资产阶级旧社会的，将是这样一个联合体，在那里，每个人的自由发展是一切人的自由发展的条件。"[①]在这个社会中，"人终于成为自己的社会结合的主人，从而也就成为自然界的主人，成为自身的主人——自由的人"[②]。

追溯人类历史，"我们不难发现，人类从大自然中进化而来，但是大自然并没有先天的赋予人类以特有的生存本领和专门化的生存方式，由于人类所具有的创造性能力，就是有意识、有目的地进行创造的能力，人类可以利用自身的创造来弥补先天的不足"[③]。可以说，人既是创造的主体，同时也是创造的目的与归宿；既是创造成果的受益者和享用者，也在不断地创造出新的成果是惠及人类。

人才作为社会进步与发展的第一资源，不仅能够有效地利用和整合其他资源，同时能够通过自身的专业技能和智慧创造性地为人类贡献出更为丰富与先进的成果。人才是人作为"类存在"中的优秀分子，其内在的自觉性和创造性决定了其区别于普通劳动者的先进性。因此，人才创造活力的充分释放就更加需要自身的解放和自由。"人，本质上就是文化的人，而不是'物化'的人；是能动的、全面的人，而不是僵化的、'单向度'的人。"[④] 可见，只有个性自由与素质全面的人才才能成为真正的创造主体；处于人的依赖关系阶段和物的依赖关系阶段的人，其创造性往往受制于主客观条件，很容易走向"物化"和"单向度"，其创造成果成为其对立面，反过来制约和压制人才的创造性。

新时代的中国，努力构建具有现代性人格的主体，是人才创造力实现的首要前提。事实上，只有正视人的解放和自由全面发展的问题，并将其作为人类发展的高级目标，发挥其引领和导向的作用，才能实现人才个体主体性的弘扬，方能促进人才创造力的充分释放。

四、当代人才主体内涵的现实建构

习近平总书记指出："创新的事业呼唤创新的人才。实现中华民族伟大复兴，人才越多越好，本事越大越好。知识就是力量，人才就是未来。我国要在科技创新方面走在世界前列，必须在创新实践中发现人才、在创新活动中培育人才、在创新事业中凝聚人才，必须大力培养造就规模宏大、结构合理、素质优良的创新型科技人才。要把人才资源开发放在科技创新最优先的位置，改革人才培养、引进、使用等机制，努力造就一批世界水平的科学家、科技领军人才、工程师和高水平创新团队，注重培养一

① 《马克思恩格斯文集》第2卷，人民出版社2009年版，第53页。

② 《马克思恩格斯文集》第3卷，人民出版社2009年版，第566页。

③ 杜刚：《全球化视域下文化创造力研究》，人民出版社2012年版，第117页。

④ 习近平：《之江新语》，浙江人民出版社2007年版，第150页。

线创新人才和青年科技人才。”[①] 众所周知，创造力实现的主体是人才，是具有能动性、创造性和社会历史性的人。人才通过自身的创造成果推动了社会的进步与发展，同时也不断充实和丰富自身的内涵。可以明确的是，创造本身不是自足的，它依赖于创造主体现实的创造性的实践，因此，离开人才自身素养的提升，单独地谈及创造力问题是无力的。总之，人才创造力的实现依赖于其自身整体素养的完善和提升，新时代人才创造力的实现应建立在人才现代性主体内涵构建的基础之上。创新驱动战略的实现需要具备丰富内涵的现代人才主体，我们应该不断提升人才的整体素养，着力于知识结构层面、价值观念层面、道德素养层面以及审美素养层面等进行系统考量。

（一）知识结构层面

人才创造力的激发总是基于一定的文化知识结构系统的基础之上的，而知识结构的系统性及其合理性就成为衡量个体创造能力的重要指标。故而，构建扎实、深厚的知识结构是进行创造性活动的前提条件。

首先，新时代人才应该具备丰厚的基础知识，既包括自然科学知识，也包括社会科学知识，同时更应具备通识知识。丰沛的知识储备能够充实人才的自身素养，积淀人才的内在品质，开阔人才的理论视野；尤其是通识知识能够有助于建构更加全面和合理的知识储备，更易于实现向创造能力的转化。当今的世界，系统的复杂性与不确定性对人才提出了更高的要求，要准确及时地调整和转化自身的思维和行为方式。多元化与动态化的发展环境决定了人才主体知识应该不断地调整与更新，实现人才与环境的动态平衡。

其次，高深精湛的专业知识是人才主体的必要条件。专业知识是人才知识结构的核心内涵，是人才创造力得以实现的重要支撑，更是主体进行创造活动的特色所在。就创新系统而言，在某种程度上，具有严格的专业属性，表现为排他性；人才知识结构的专门化与精深化是创造力现实生成的重要保障。然而，随着社会的发展，单一的专业人才更多地为专业复合型和学科交叉型人才所取代，对此类人才的需求越发凸显，事实上，此类人才逐渐成为创新驱动的重要主体和稀缺资源。

最后，知识管理能力成为评价人才知识系统内涵建设的一个重要方面。现代管理学之父彼得·德鲁克（Peter F. Drucker）认为，知识已经成为社会发展中的关键资源。“知识管理是指通过在组织中信息（知识）通过获取、储存、转移、共享以及创造不断地回馈到组织系统内的过程，在这个（信息）知识的自我运行过程中，就实现了知识的创新和再造，从而促进了系统内在知识的有效发挥。”[②] 知识管理就是把知识当作重要的资源，基于既有知识系统的基础上，围绕人才主体建构的内涵，通过整合相关知识内涵，进行知识的“创造”，促进知识效用的最大化。人才的知识管理能力逐渐成为

① 习近平：《在中国科学院第十七次院士大会、中国工程院第十二次院士大会开幕会上的讲话》，中国共产党新闻网，http://cpc.people.com.cn/n/2014/0609/c64094-25125270-2.html。

② 杜刚：《全球化视域下文化创造力研究》，人民出版社 2012 年版，第 122 页。

衡量和评价人才知识系统建设的重要指标。

（二）价值观念层面

处于转型发展时期的当代中国社会，面临来自多方面的挑战与考验。从整体上讲，就是要实现由传统农业社会向工业社会的过渡，进而实现产业结构的提档升级。这种转变不仅仅体现在产业结构转变的层面，从深层次上应该更加重视现代价值观念和思维模式的转变。因此，人才主体现代化内涵建设就显得尤为重要。长期以来，以小农经济为基础、以宗法关系为背景、以儒家伦理道德为核心的文化模式成为维系古代中国社会的生存范式，而在此基础上所形成的传统价值观念体系则成为调节社会运行的保障机制。“以土地为基础的人生本位价值取向；以家庭为基础的群体本位价值取向；以伦理为基础的道德本位价值取向。这三者是以个体农业经济为基础、以宗法家庭关系为背景、以儒家思想为核心的中国传统文化的基本价值取向，也是中华民族的基本价值观念和文化品格。”① 不可否认的是，这种传统农耕文化的价值观念蕴含着一些丰富且优秀的传统文化思想，但是，全球化所带来的文化激荡以及对人才内涵提出的新要求，客观上需要进行必要的革新和扬弃，从而建立适合新时代的价值观念体系。因此，应该基于社会主义核心价值观，努力构建以开放包容为特点的多元化价值观念体系，构建以创新进取为目标的现代化价值观念体系，构建以兼顾个体价值和家国情怀为引领的时代化价值观念体系。

（三）道德素养层面

在十九届中共中央政治局第十次集体学习时，习近平强调：“要严把德才标准。德才兼备，方堪重任。”② 新时代的中国社会，人才创造力的实现不仅依赖于现代化知识体系和价值观念的形成，而且更需要重视道德素养的建设，因为“从他律走向自律，提升道德的修养水平，是人的素质提高的重要指标，是现代化实现的基本状态”③。故而，当前人才道德素养建设应该包括三个方面：第一，努力构建符合新时代的人才道德标准和评价体系，以更加包容的心态对待多元化个体诉求和实践，并对其加以正确地引导与规范，形成较为科学合理和符合时代的道德评价标准；第二，秉持兼容并蓄的态度对待传统道德规范，并赋予其新时代的内涵，树立新时代道德理想，不断提升人才的道德水准，以高尚的道德情操引领人才创造活力的现实生成；第三，加强新时代道德意识的培育，不仅注重人才个体的道德素养的提升，还要强化组织团队的职业道德建设，提升责任意识、岗位意识和使命意识，通过营造良性的社会舆论氛围，唤起社会良知，激发全社会干事创业的热情，为人才创造力的实现提供坚实的道德基础。

---

① 司马云杰：《文化价值论》，陕西人民出版社 2003 年版，第 272～273 页。

② 习近平：《十九届中共中央政治局第十次集体学习》，《光明日报》2019 年 1 月 16 日。

③ 李燕：《人的（素质）发展之现实建构》，《人学与现代化（三）——北京市人学理论研讨会论文集》，广西人民出版社 1999 年版，第 45 页。

（四）审美素养层面

“动物只是按照它所属的那个种的尺度和需要来构造，而人懂得按照任何一个种的尺度来进行生产，并且懂得处处都把内在的尺度运用于对象。因此，人也按照美的规律来构造。”[①] 人才创造力的实现不仅是一种对象性的改造世界的活动，同时更是遵循自然和社会规律的“人化”过程，是按照美的规律建构世界的过程。审美素养体系就是主体基于对美的认知、辨别和欣赏能力，所形成的对美的诉求和创造的能力，它包括审美意识、审美情趣、审美能力和审美理想在内的综合体系。创造所要遵循的美的规律——客观规律是“外在尺度”，那么，人才主体对于美的理解就是其“内在尺度”，事实上，人才创造力的现实生成就是美的“内在尺度”与“外在尺度”相统一的过程，是一个寻求美、创造美、展示美的过程。“美和创造如同人类社会的一对双胞胎，它们情同手足，密不可分，哪里有美哪里就有创造，哪里有创造哪里就有美。”[②]

新时代人才的审美素养建构应着重从以下三个方面加以考量：首先，通过弘扬主流文化，营造高尚健康的文化氛围，促进人才个体形成富有个性的、积极向上的审美意识，就是要吸取传统文化的精髓，并与革命文化和先进文化有机结合，形成符合时代特征的审美观念。其次，加强审美教育，育华人才心灵，培养审美情趣，重视内在美的培育和教化，实现内外与形质的统一，成为符合时代发展潮流的真与美相结合的创造主体。最后，进一步提升人才对美的洞察力、理解力、鉴别力和创造力，不断提升创造之美的认识能力。在新的历史条件下，不仅能够欣赏自然之美，而且更加崇尚人化之美、创造之美。同时，面对不同创造集群和创造成果，能够真正做到“各美其美，美人之美，美美与共，天下大同”[③]。

总而言之，创造本身就是一种美的表征，创造活动本身就是美的实现过程，是一种人类对自我的超越。新时代只有具备独立的审美意识、高尚的审美情趣、卓越的审美能力及崇高的审美理想的人才，方能实现创造活力的充分展现。

创新驱动发展战略是党中央在新的历史时期面对新形势、新挑战所作出的重要战略部署，是为破解发展难题和困局的战略抉择。改革开放40多年的历史经验证明，只有改革才能发展，只有创新才能自立。创新驱动促进社会进步与发展，而创新主体——人才，则是第一资源，只有充分激发人才的创造活力，才能有效地提升国家的核心竞争力和影响力。因此，从根本上说，创造驱动就是人才驱动，其实质就是人才创造力。

---

① 马克思：《1844年经济学哲学手稿》，人民出版社2000年版，第57～58页。

② 刘仲林：《中国创造学概论》，天津人民出版社2001年版，第159页。

③ 费孝通：《“美美与共”和人类文明》，《群言》2005年第2期。

绿色发展与乡村振兴战略下的绿色人才战略的探索与研究

俞嘉骏　魏建新*

摘　要　绿色发展，是中国发展的主基调。在绿色发展的大前提下，依据城市化发展水平的不同，可分为三种不同的发展路径：在大力发展生态农业、生态服务业，推动发展乡村振兴的同时，大力发展生态产业；发展资源型城市；以工业、科研为基础的都市型城市建设。绿色人才战略重点为思考未来如何契合绿色发展，研究以什么样的人才战略来推动绿色发展。绿色发展与乡村振兴战略下的绿色人才战略的探索与研究，是本文的主要关注点。

关键词　绿色发展　不同路径　乡村振兴　人才战略

绿色发展已成为国家战略。在党的十九大报告中，习近平总书记15次提及“绿色”一词，4次提及“绿色发展”一词，对绿色生产、绿色金融、绿色发展方式、绿色生活方式、绿色家庭、绿色学校、绿色社区和绿色出行等都作了详细论述，由此便可以看出党中央对绿色发展的重视。

绿色发展，是中国发展的主基调。绿色人才战略关注的重点是：思考未来如何绿色发展，研究使用什么样的人才来推动绿色发展。

一、关于绿色发展的概念共识

（一）绿色发展的内含

当今世界，绿色发展已经成为一个重要趋势，许多国家把发展绿色产业作为推动经济结构调整的重要举措，突出绿色的理念和内含。

从内含上看，绿色发展是在传统发展基础上的一种模式创新，是建立在生态环境容量和资源承载力的约束条件下，将环境保护作为实现可持续发展的重要支柱的一种

---

* **作者简介**：俞嘉骏，《组织人事报》副总编辑、主任编辑，主要研究方向为人才新闻、各地人才工作趋势与开发模式；魏建新，上海厂长经理人才有限公司人才与产业发展总监，研究方向为产业投资和人才战略发展。

新型发展模式。绿色发展的内含具体来说包括以下几个要点：一是要将环境资源作为社会经济发展的内在要素；二是要把实现经济、社会和环境的可持续发展作为绿色发展的目标；三是要把经济活动过程和结果的“绿色化”“生态化”作为绿色发展的主要内容和途径。

绿色发展理念以人与自然和谐为价值取向，以绿色低碳循环为主要原则，以生态文明建设为基本抓手。①

（二）绿色发展的主要特征

绿色发展，就是既要考虑绿色生态维护，又要考虑社会经济发展。其主要特征可以概括为“四低四高”。“四低”是指低消耗（资源能源消耗低）、低污染（大气、水、土壤等污染低）、低排放（二氧化碳排放量低）、低破坏（生态环境破坏度降低），“四高”是指高效率、高效益、高循环、高碳汇。②

（三）绿色发展的核心指标

绿色发展的核心是提高单位资源环境生态投入（或消耗）的生产率，即生态环境生产率。生态环境生产率是绿色发展的核心，是指一段时期内国内生产总值（或国民收入）与同期资源及环境消耗量之比，反映了单位生态资源环境消耗所产生的经济效益的大小，也反映了经济发展占用生态资源环境空间的大小。③

（四）绿色发展的路径

绿色发展的路径可以概括为降耗、减排、止损、增绿、提效、改制。一是降耗，是指降低各种资源及能源消耗；二是减排，不仅是指减少二氧化碳的排放，而且包括减少造成大气、水、土壤和其他污染的污染物的排放；三是止损，即减少对生态环境的损害和占用；四是增绿，包括植树造林、种草、发展农业、沙漠荒漠治理、维护生物多样性等；五是提效，即提高全要素生产率、劳动生产率、资本产出率和能源利用效率等；六是改制，包括改革生态文明制度和其他有助于提高效率的制度。④

（五）绿色发展的三要素

生态、生产、生活构成绿色发展三要素。

（1）绿色生态，是指拥有没有被污染的植被和森林的一种好生态。绿色生态环境包括空气质量、噪声、污染物控制，保护耕地、绿化覆盖率等方面。

（2）绿色生产，是指综合利用资源（原材料和能源等），使生态产业化。以节能、降耗、减污为目标，以管理和技术为手段，实施工业生产全过程污染控制，使产业生态化。

（3）绿色生活，是指没有污染、节约资源和能源、对环境友好、健康的生活，使

---

① 参见《坚持绿色发展〈深入学习贯彻习近平同志系列重要讲话精神〉——“五大发展理念”解读之三》，《人民日报》2015年12月22日。

② 参见李佐军主编：《发展绿色新动能经济》，社会科学文献出版社2018年版，第8页。

③ 参见李佐军主编：《发展绿色新动能经济》，社会科学文献出版社2018年版，第15页。

④ 参见李佐军主编：《发展绿色新动能经济》，社会科学文献出版社2018年版，第16～17页。

绿色消费、绿色出行、绿色居住成为人们的自觉行动。

二、关于绿色发展指标评价体系

《中国中小城市绿皮书2018》显示，绿色城市发展评价指标（见表1）包括：资源节约、绿色生活、污染治理和生态建设四大类29个子项目。该报告认为，东部地区的绿色发展指数较高，达到66.5，中部、西部和东北部地区则分别为58.4、52.4和54.9。这表明，西部地区绿色发展水平与东部地区差距较大，产业结构优化和生态建设的任务更为艰巨。

在全国绿色发展百强县市中，入围县市最多的江苏、浙江和山东各占22席、17席和16席。在全国绿色发展百强区中，入围市辖区最多的江苏、浙江、广东分别占20席、20席和18席。

表1　中国中小城市绿色发展评价指标体系

一级指标	二级指标	单位
资源节约	万元GDP耗能	吨标准煤
	新能源使用比重	%
	万元GDP耗水量	立方米
	工业“三废”综合利用率	%
	主要农作物秸秆综合利用率	%
	农田灌溉水有效利用系数	
	单位建成区面积二三产业增加值	万元/平方公里
绿色生活	城市公共交通机动化出行分担率	%
	新能源汽车保有量增长	%
	农村卫生厕所普及率	%
	城镇绿色建筑占新建建筑比重	%
	绿色产品占有率（高效节能产品）	%
污染治理	工业废气排放达标率	%
	工业废水达标排放率	%
	工业固废处置率	%
	城镇生活污水处理率	%
	城镇生活垃圾无害化处理率	%
	农村生活污水处理率	%
	农村生活垃圾无害化处理率	%
	主要污染物排放强度	
	单位耕地使用农药减少率	%
	单位耕地使用化肥减少率	%
	环保投入占GDP比重	%

续表

一级指标	二级指标	单位
生态建设	新增矿山恢复治理面积	公顷
	新增水土流失面积	公顷
	草原综合植被覆盖率	%
	森林覆盖率	%
	森林蓄积量增加率	%
	可治理沙化土地治理率	%

2018 年的全国绿色发展百强县市（见表 2）前十名分别为：江苏昆山市、江苏张家港市、江苏太仓市、江苏江阴市、江苏扬中市、湖南长沙县、江苏常熟市、浙江平湖市、浙江瑞安市、山东龙口市。

表 2　　2018 年度全国绿色发展百强县市

排名	城市	排名	城市	排名	城市	排名	城市	排名	城市
1	江苏昆山市	21	浙江嘉善县	41	江苏如东县	61	浙江遂昌县	81	河北辛集市
2	江苏张家港市	22	江苏如皋市	42	新疆库尔勒市	62	山东莱西市	82	河北固安县
3	江苏太仓市	23	浙江慈溪市	43	辽宁瓦房店市	63	江西南昌县	83	河南荥阳市
4	江苏江阴市	24	江苏海安市	44	浙江温岭市	64	福建石狮市	84	福建南安市
5	江苏扬中市	25	山东莱州市	45	河北迁安市	65	江苏句容市	85	内蒙古托克托县
6	湖南长沙县	26	江西贵溪市	46	山东茌平县	66	海南琼海市	86	山东青州市
7	江苏常熟市	27	福建晋江市	47	浙江宁海县	67	河南禹州市	87	黑龙江安达市
8	浙江平湖市	28	山东广饶县	48	江苏新沂市	68	浙江仙居县	88	安徽广德县
9	浙江瑞安市	29	福建惠安县	49	吉林延吉市	69	江苏沭阳县	89	广东四会市
10	山东龙口市	30	江苏溧阳市	50	浙江安吉县	70	江苏东海县	90	河南巩义市
11	浙江诸暨市	31	浙江长兴县	51	山东沂水县	71	四川仁寿县	91	安徽天长市
12	浙江余姚市	32	浙江德清县	52	四川新津县	72	河北香河县	92	贵州仁怀市
13	江苏丹阳市	33	山东招远市	53	安徽巢湖市	73	山东桓台县	93	浙江象山县
14	山东荣成市	34	江苏邳州市	54	安徽长丰县	74	河南新郑市	94	贵州盘州市
15	浙江海宁市	35	江苏仪征市	55	湖北宜都市	75	山东昌邑市	95	河北乐亭县
16	江苏宜兴市	36	安徽宁国市	56	福建安溪县	76	河南永城市	96	山东庆云县
17	浙江义乌市	37	河南长葛市	57	山东滕州市	77	安徽当涂县	97	江苏建湖县
18	江苏海门市	38	山东齐河县	58	江苏金湖县	78	山东禹城市	98	河南孟州市
19	江苏启东市	39	山东肥城市	59	湖北仙桃市	79	河北任丘市	99	吉林通化县
20	福建福清市	40	安徽肥西县	60	浙江玉环市	80	湖北大冶市	100	江西樟树市

以排名第 41 的江苏如东县为例，如东县地处苏中沿海，地质条件稳定，沿海风力资源平均风速高（年平均风速 7.14 米/秒，最大风速为 20 米/秒）、风功率密度 357 千

瓦/平方米、风能分布集中稳定，可利用小时数高（陆上平均2000～2200小时；海上2800～3000小时）。自2003年以来，依托独特的海洋和风能资源，如东全力加快风电项目开发，全国陆上首个特许权示范项目、全国首个潮间带风电试验场、全国首个符合“双十”要求的海上风电场、全国首个海上升压站平台、全国首个单体规模最大的海上风电场等均在如东相继建成投产，已建风电项目装机容量超过180万千瓦，国电龙源、华能集团、三峡集团、国家电投、中广核集团、鲁能集团等一批优质风电开发企业相继在如东落户。根据最新的江苏省海上风电规划，全县海上风电总装机容量453万千瓦，约占江苏省海上风电规划的1/3。目前已建成海上风电项目总装机容量达到103万千瓦，为我国海上风电产业的大规模开发起到了积极的示范和引领作用。全县已初步形成以风机整机和配套设备制造为主，包括风电技术研发、风电场施工建设和运营维护、勘察设计、防腐材料、海洋环境保护、大型设备物流等在内的风电产业体系。2018年，全县以风电为主的新能源发电及装备制造业应税销售达到250亿元，风电产业已成为全县的支柱产业之一。2016年底，该县成功获批为全国首家国家火炬海上风电特色产业基地。

如东县的全年空气环境质量优良天数达到277天，居省市前列；荣获“国家卫生县城”“江苏省园林城市”“江苏省优秀管理城市”“全国群众体育先进单位”等荣誉称号。2017年，全县实现地区生产总值852.5亿元，连续15年跻身全国县域经济基本竞争力百强县。全县已形成新能源、新材料、生物与新医药、高端装备制造、智能通信及电网装备等若干产值规模百亿元级的特色产业板块和较为完整的产业链，休闲旅游、商贸流通、健康养老等特色服务业已初具规模。

再以排名第69位的江苏沭阳县为例，沭阳县近年来一直坚持生态优先、绿色发展理念，大力推进绿色化改造。具体可体现在四个方面：（1）资源节约强力推进。瞄准“生态＋工业”，加快淘汰高耗能设备和落后产能，鼓励重点耗能企业开展节能技术改造，开发节能产品。（2）污染防治常抓不懈。引导企业开展清洁生产，近年以来，全县累计整治燃煤锅炉共1731台，关停“四个一批”化工企业17家，切实增强绿色化发展水平。（3）生态建设注重品质。沭阳县以创建省级生态园林城市为契机，不断完善城市绿色公共空间体系，加快推进城北公园、老沭河健身公园等22处绿化工程，努力建设具有沭阳特色的林荫城市、彩色城市、花园城市、海绵城市，让城市环境变得更加优美、适宜居住。该县切实推进“公厕革命”“菜市场革命”“垃圾革命”，投入5000余万元，对城区260座老旧公厕全部按照二类以上标准改造提升，在全市范围内率先启动学校和镇区公厕革命；以“治脏、治乱、治差”为重点，按照“农＋超”模式，推进标准化菜市场建设改造；先后建成并投入运行总投入达4.62亿元的垃圾焚烧发电厂、生活垃圾卫生填埋场、粪便无害化处理厂、垃圾堆放场封场等重大环卫设施，城区生活垃圾无害化处理率实现从零到100的飞跃。（4）绿色生活引领倡导。2018年，全县现有 17 条城市公交线路，运营车辆全部由纯电动车型、混合动力车型和纯天然气车型构成，取消传统燃料车型。

三、差异化发展背景下的三种绿色发展之路

当前，由于世界各国处在不同的发展阶段，工业化程度各有不同，城市化水平也存在着巨大的差异。以英美为代表的发达国家，基本都已经完成了工业化和城市化过程，城市化水平大多在 80%以上。截至 2018 年底，我国城市化水平为 59.58%。[①] 但是，由于地区间发展的不均衡，我国有城市化水平超过 80%东部地区大城市，也有不到 50%的中西部地区。不同地区的城市化发展水平不同，其绿色发展之路必然会有所差异。

我们可以通过广东珠海、江苏徐州与浙江丽水的情况对比，来展示三大类地区之间绿色发展的不同路径。

珠海是我国第一个荣获联合国“国际改善人居环境最佳范例奖”的城市，先后荣获“国家级生态示范区”“国家生态市”“国家森林城市”称号。2012 年，习近平总书记视察珠海时表示，“珠海有很好的生态环境、自然禀赋，有多年的经验积累”，要求珠海按照“生态文明新特区、科学发展示范市”的定位大胆探索、扎实推进。

2017 年，广东珠海市实现地区生产总值（GDP）2564.73 亿元，三大产业的比例为 1.8∶50.2∶48.0。其主要产业为电子信息、生物医药、家电电气、电力能源、石油化工和精密机械制造、旅游业。[②] 其中，旅游业在全球市场调研公司欧睿国际发布的 2017 年全球百大（旅游）目的地城市排行榜中，珠海列全球第 63 位。[③] 从百万重奖科技人才到提出科技人员技术成果入股，再到为人才立法，珠海创造了多个“全国率先”，让珠海成为人尽其才、竞相创新创业的沃土。格力电器等一批拥有核心技术的企业发展良好。2017 年，珠海全社会研发投入占 GDP 比重为 2.9%，为广东省第二。

因煤而兴的江苏徐州在近年来大力提升传统产业，发展新兴产业，改变了徐州产业结构偏重、单一的发展格局，在煤开采、煤发电、煤焦化、钢铁、建材等基础工业上发展其他新兴产业。从生态转型来看，由于徐州的产业结构偏重，大气污染严重，这些年来通过生态环境的治理、修复和建设，特别是通过产业发祥地和采势档口的治理，城市的绿化率和森林覆盖率大幅提升，城市生态环境有了非常大的变化。实现了徐州由“一城煤灰半城土”到“一城青山半城湖”的华丽“变身”。2015 年，徐州市获得江苏省人居环境奖，2017 年获中国人居环境奖，2018 年摘得联合国人居环境奖。

---

① 《2018 年国民经济和社会发展统计公报》，国家统计局，2019 年 2 月 28 日，http：//www.stats.gov.cn/tjsj/zxfb/201902/t20190228_1651265.html。

② 《2017 年珠海市国民经济和社会发展统计公报》，珠海市统计局，2018 年 3 月 28 日，http：//www.zhuhai.gov.cn/sj/tjsj/tjgb/content/post_1838429.html。

③ 《直接送房，这座城市推最强抢人大招！其他城市惊呆了》，《人民日报》2018 年 4 月 27 日。

浙江丽水坚持生态产业化、产业生态化，大力发展生态农业、生态工业和生态服务业，推动自然资本和城市乡村大幅增值，使美丽风景变成美丽经济，化绿水青山为金山银山。2002～2017年，丽水市GDP从185.10亿元增长到1298.20亿元，财政总收入从20.92亿元增长到180.46亿元，一般公共预算收入从12.15亿元增长到112.91亿元；城乡居民收入差距比为2.16：1，农村居民收入增幅连续9年全省第一，城乡统筹水平进入全面融合阶段。

浙江丽水市多年来坚持走绿色发展道路，坚定不移地保护绿水青山这个“金饭碗”，努力把绿水青山蕴含的生态产品价值转化为金山银山，生态环境质量、发展进程指数、农民收入增幅多年位居全省第一，实现了生态文明建设、脱贫攻坚、乡村振兴协同推进。

从三者的对比我们可以看出，三个城市最大的共同点就是在绿色发展上取得了相当的成绩，但三者的实现路径完全不同。三个城市相比，珠海人口最少，城镇占比89.37%，城市化程度最高（徐州城镇占比53.77%，丽水29.7%）。珠海不仅旅游业发达，而且以科技创新为基础的工业较为发达。珠海2017年人均（GDP）14.91万元，远超徐州的人均75611元、丽水51729元。从三次产业对比来看，珠海为1.8：50.2：48.0，徐州为9.1：43.6：47.3，丽水7.7：42.9：49.4。后两个城市的农业比重还不小。三者的产业基础不同，珠海有旅游、电子信息、生物医药、家电电气、电力能源、石油化工和精密机械制造；徐州有煤开采、煤发电、煤焦化、钢铁、建材等基础工业，同时发展其他新兴产业；丽水生态休闲旅游业培育为千亿元级第一战略支柱产业，同时发展有其他新兴产业。

由此，我们认为，在绿色发展的大前提下，城市化发展水平不同的三个地区，其绿色发展战略一定是有所不同的，具体有三种不同的路径：珠海为代表的以工业科研为基础的都市型绿色发展；徐州为代表的资源型转型绿色发展；丽水为代表的在大力发展生态农业、生态服务业基础上推动发展乡村振兴的同时，大力发展了生态工业的绿色发展，具体可见表3：

表3　　广东珠海、江苏徐州、浙江丽水绿色发展路径对比

	广东珠海	江苏徐州	浙江丽水
面积	总面积1711.24平方千米	总面积11258平方千米	总面积17298平方千米
城镇人口占比	2017年总人口为176.54万，城镇人口占比89.37%	2017年总人口1039万，城镇人口占比53.77%	2017年总人口269万，城镇人口占比29.7%
人才总量	2017年全市人才总量为60万，占比29.3%	2017年全市人才总量为124万，占比8.37%	2017年全市人才总量为36万，占比7.4%

续表

	广东珠海	江苏徐州	浙江丽水
CDP 总量	2017 年地区 GDP 总量 2564.73 亿元，三大产业比为 1.8：50.2：48。地区人均 GDP 为 14.91 万元	2017 年地区 GDP 总量 6606 亿元，三大产业比为 9.1：43.6：47.3。人均 GDP 为 75611 元	2017 年地区 GDP 总量 1298.20 亿元，三大产业比 7.7：42.9：49.4。人均 GDP 为 51729 元
主要产业	六大工业支柱行业：电子信息、生物医药、家电电气、电力能源、石油化工和精密机械制造、旅游业	煤开采、煤发电、煤焦化，钢铁、建材，重点发展装备与智能制造、新能源、集成电路与 ICT、新能源、生物医药与大健康产业	生态休闲旅游业、装备制造业、健康产业、生物医药产业、生态精品农业、节能环保产业、信息经济、新材料产业、文化产业、绿色能源产业等百亿元级产业。拓展农家乐民宿、机器人制造、电子商务、时尚革制品、资源型精加工业
所获荣誉	我国第一个荣获联合国“国际改善人居环境最佳范例奖”的城市；先后被评为国家级生态示范区、国家生态市、国家森林城市称号	通过生态环境的治理、修复和建设，城市的绿化率和森林覆盖率大幅提升。获江苏省人居环境奖、中国人居环境奖、联合国人居环境奖	先后被列入首批国家生态文明先行示范区、首批国家级生态保护与建设示范区、首批国家全域旅游示范区、全省唯一的践行总书记治水理念先行示范区

四、从广义上的绿色人才战略的本质与定义

战略是一种从全局考虑、谋划实现全局目标的规划。人才战略是国家为实现经济和社会发展目标，把人才作为一种战略资源，对人才培养、吸引和使用作出的重大的、宏观的、全局性构想与安排。在绿色发展的目标下，我们必须思考并实施绿色人才战略。

在绿色发展的大前提下，城市化发展水平不同的地区的绿色人才战略有很大差异。从广义上看，在绿色发展的目标下，研究使用什么样的人才来推动绿色发展，建立起培养、吸引、使用、发掘一批具有绿色发展观念、知识、技能及创新精神的人才的机制，是绿色人才战略的核心。

无论城市化发展水平如何不同，生态、生产、生活构成了绿色发展三要素，与绿色发展三大要素相对应的是绿色领导型人才、绿色生产（产业）型人才和绿色服务型人才（见图 1）。

图 1　绿色发展三要素所对应的绿色人才战略类型

绿色领导型人才——基于绿色发展战略，运用绿色发展观念进行思维与决策，建立绿色发展机制，用好人才。

绿色生产（产业）型人才——与生态产业化、产业生态化发展过程相关的人才，既包括着眼于产业宏观整体发展的绿色产业指导者，也包括致力于绿色产业微观主体的产业从业者以及为产业具体项目提供生产要素的第三方人才。绿色产业人才分为四大类：绿色产业投资人才（产业投资资金持有者、产业投资产品持有者、产业投资技术持有者、产业投资资源持有者）、绿色产业策划人才、招商人才、运营人才。①

绿色服务型人才——为绿色生态、绿色生产服务的人才，如信息、金融、商务服务；为生活（消费）性服务人才，如旅游业人才。

五、绿色发展乡村振兴战略下的典型样本选择

绿色发展，也是乡村振兴战略的重要目标。绿水青山蕴含的生态产品价值如何转化为金山银山的问题，人才在生态产业化、产业生态化创新活动中是最活跃、最能动的生产要素。总结、探讨、低城市化发展水平地区在绿色发展中的人才实践得与失，将有助于绿色发展乡村振兴战略下的绿色人才战略的形成。

一般而言，城市化水平的整体评价体系应包括城市人口比重、适龄人口入学率、人均国内生产总值等多项指标，本研究采用城镇人口占总人口（包括农业与非农业）的比重作为乡村与城市的选择指标。国家统计局数据显示，截至2018年底，我国城市化水平为59.58%。本研究选择的浙江丽水、安吉，四川眉山及吉林通化，城镇人口占比均小于59.58%。以上四地的空气质量、森林覆盖率、绿色产业发展等方面有着国内标杆地位及自身特色（见表4）。比如，丽水的空气质量指数优良率为浙江省第一、全国空气质量十佳城市，安吉是全国首个气候生态县；2017年，丽水的旅游业收入为644.37亿元并超越黄山市、眉山东坡泡菜为全国第一、安吉的竹产业十分发达等。

表4　浙江丽水、四川眉山、吉林通化、浙江安吉绿色发展路径对比

	浙江丽水	四川眉山	吉林通化	浙江安吉
面积	17298平方千米	7186平方千米	15698平方千米	1886平方千米
乡村人口	乡村人口为189.17万，占比70%	乡村人口为212万，占比61%	乡村人口为104.49万，占比48%	乡村人口为29万，占比60%
GDP	1298.20亿元	1183.35亿元	909.5亿元	360亿元
森林占比	80.79%，全国第二	48.61%	40.58%，被称为国家森林城	71%
空气质量	全国空气质量十佳城市	空气改善幅度位居四川省第一	中国绿色发展优秀城市	全国首个气候生态县

① 参见中国人事科学研究院2016年度地方合作课题："产业人才模型初探"（编号：HZ2016-16）。

续表

	浙江丽水	四川眉山	吉林通化	浙江安吉
主要产业	旅游文化业、装备制造业、健康、生物医药、生态农业、新材料、绿色能源	机械装备制造、农产品加工、新材料、新能源、高端装备制造、生物医药	医药、食品、旅游、冶金、建材、装备制造业	家居行业、竹产业、智能装备、新能源汽车及零部件
支柱产业	生态旅游业产值644.37亿元	“东坡味道”产值670亿元	医药、食品占全市利润的78.2%	旅游业收入282.69亿元
	生物医药产值182.40亿元	东坡泡菜销售150亿元	葡萄酒、梅河大米等	竹产值200亿元，白茶产值24.74亿元

六、绿色发展乡村振兴战略下的绿色人才实践

（一）关于绿色生态和绿色领导型人才

2006年开始，丽水始终按照习近平总书记“绿水青山就是金山银山”的观点，引领丽水的绿色发展，一张蓝图干到底。丽水的各级领导在实践中引领和探索绿水青山生态产品价值转换为金山银山机制，践行绿色发展。

以龙泉市为例，党政领导的思想观点转化对绿色发展起了引导与推进作用。龙泉市几任个主导者，在近十年的时间里瞄准了茶叶、毛竹、食用菌产品的开发与创新，采取创新产品靠专家，农民技师推广新产品、新生产技术的应用等措施。

安吉是全国首个生态县，人均只有七分田，但人均GDP已突破1万美元，近10年来的财政收入增速明显高于全省平均水平。安吉的绿与富源于习近平总书记提出的“绿水青山就是金山银山”重要思想。10多年来，安吉人照着这条路走下去，把深邃的思想化作丰富的实践，不断探索绿色发展的方式和路径。多年来，安吉县历届领导班子始终“坚持生态立县，突出工业强县，加快开放兴县”三大战略。2017年8月，安吉进一步出台了《关于加快推进安吉绿色发展的决定》，踏上争当实践“绿水青山就是金山银山”科学论断样板地、模范生的新征程，生态工业将有新风景。

2011年11月，眉山市将“环境兴市”确立为全市四大发展战略之一，强力推进“全域产业化、全域景区化、全域生态化”的发展路径。2013年，进一步建立完善绿色发展评估指标体系，将绿色发展全面纳入市委、市政府主动作为创一流目标绩效考核，加大生态建设、绿色发展在考核中的权重。2016年12月，眉山市颁布首部地方法规《眉山市城乡规划条例》，对公园绿地、防护绿地、湿地、河湖水系的保护上升到法律层面。眉山还规定，对于乱修房子、乱砍树子、乱摆摊子等违背绿色发展、破坏生态环境的干部坚决不用、严肃问责。

通化县几任领导班子始终牢固树立“尊重自然、顺应自然、保护自然”的生态文

明理念，一任接着一任干、一张蓝图绘到底，夯实了“环境保护优先、生态文明至上”的核心地位。坚持围绕绿色发展推动产业转型，大力发展科技含量高、资源消耗低、环境污染少的产业，每年从县财政列支3000万元用于鼓励企业科技创新，研发生态环保的高科技项目。此外，通化县将发展旅游业作为生态共建共享的突破口，推出具有地域特色旅游路线，打造长白山旅游重要节点。实施“净水”行动，推进蝲蛄河景观带和国家湿地公园建设；实施“增绿”行动，实现从“砍树”向“栽树”的转变，全县森林覆盖率达到76.9%；实施“护蓝”行动，全面推进“工业废气、建筑扬尘、餐饮油烟、秸秆焚烧”的治理。

从上述四地的绿色领导型人才实践案例可以看出，执政者必须树立绿色发展观念。要让万座青山长青、千条清溪欢唱，让绿色为发展插上一双强劲有力的翅膀。绿色发展不仅需要理念的坚守，还需要建章立制，一张蓝图干到底，一任接着一任干。绿色发展是对执政者素质能力的考验，不能坐而论道，必须不断探索发展的转换路径，努力把绿水青山蕴含的生态产品价值转化为金山银山。

（二）关于绿色生产方式和绿色生产（产业）型人才

首先，以丽水为例，丽水“十三五”规划要建设生态旅游名城，把生态休闲旅游业培育为千亿元级的第一战略支柱产业；要做大做强健康产业、生物医药产业、生态精品农业、新材料产业、文化产业、绿色能源产业等九大百亿元级产业；要积极拓展农家乐民宿、资源型精加工业等新增长点。2006年，龙泉被国家科技部、财政部批准为全国科技富民强县专项行动计划试点县后，启动“龙泉市竹产业提升”工程。在这个工程里，冬笋早出定向培育技术是一个重要内容。时任浙江农林大学竹类研究所副所长金爱武指导竹农生产，起到了关键作用；丽水的浙江省富来森中竹科技有限公司已形成了以食用菌产业为基础，以竹炭产业为核心，延伸发展超级电容电极炭材料（也称“超级电容活性炭”）、生物质气化发电产业。目前，富来森已占据了超级电容电极炭材料行业的领先位置。

其次，以安吉县为例，生态工业始终高悬环保利剑。对于每年的工业经济政策，环保拥有一票否决权。全县工业总产值从2003年的52.7亿元增加至2016年的533.8亿元，而单位工业增加值能耗却从2003年的2.28吨标煤下降至2016年的0.77吨标煤。安吉形成了七大系列5000多个品种，全县720平方千米竹林去年创造了200亿元的竹业产值。“安吉善于借脑创新，11家院士专家工作站、17名“国千”人才、21名“省千”人才及400多名硕博科研人员、6万多名大学生，在安吉大显身手。”①

再次，以眉山市为例，竹产业已成为眉山的传统优势产业和四川省五大特色产业之一。眉山市青神县西龙镇的西龙生科是一家在2013年因为国家环保政策及国内纸浆

① 严红枫、陈毛应：《安吉：绿水青山带来金山银山》，《光明日报》2017年8月14日。

生产布局调整，陷入举步维艰、经营困境的传统纸浆生产企业。2012 年，西龙生科引入福建省“百人计划”学者尹应武博士，实现了从传统造纸业到生物质材料科技的重大突破，公司生产的竹浆本色纸一举成为“中国本色纸第一品牌”。[①]

眉山东坡泡菜取得六项全国第一，并建成中国第一个泡菜产业园区“中国泡菜城”，制定第一个中国泡菜行业标准。眉山民间做泡菜的传统由来已久，一坛老水，经历几代人都不坏，泡出的泡菜品质如一。解密这一坛老水作为科研攻坚的焦点，近 3 年的时间，泡菜创新团队终于发现了其中的奥秘。这一技术的突破，使得用工业化的大罐子也能泡出家里陶坛的味道。[②]“东坡泡菜”已从科技、文化、市场、品牌、质量等各方面占领中国泡菜行业的制高点。2016 年，“东坡泡菜”实现产值 144.67 亿元，占 GDP 比重为 12.94%。眉山市建有全国第一个泡菜研究院——中国泡菜研究院，集中了行业最优势的单位和最优秀的专家学者。

最后，以通化为例，通化医药高新区的通化医药创新型产业集群被国家科技部确定为第二批创新型产业集群试点，集群内拥有医药高新技术企业 16 户和国家级、省级医药企业技术中心 15 户。通化医药高新区强化产学研联合，推进技术资源市场化，科技创新实现新突破。高新区联合高等院校、科研院所、科技中介机构和相关科技管理机构等共同发起成立吉林省医药产业技术创新战略联盟；进一步推动院士专家与企业合作签约，联合开展技术攻关，全力推动大品种二次开发。

上述绿色生产（产业）型人才实践案例提示：各地自然禀赋不同、区位优势不同，适宜发展生态农业，则搞高效生态农业；适宜发展生态工业，则把当地的生态农业产品链条拉长，搞生态加工业；适宜生态旅游，则利用当地的自然资源和文化资源优势，搞好旅游业。综观各地开展的绿色生产实践，利用自然资源和文化资源优势，通过人才打造提升品牌生态旅游品牌；通过人才技术创新提升自然资源利用率、推出精品化农业产品，发展环保型高新技术产业。

（三）绿色生活方式和绿色服务型人才

安吉余村村党支部书记潘文革至今还留着 2005 年的会议笔记，在“绿水青山就是金山银山”的旁边，他还记下了“逆城市化”几个字。当时，针对余村刚刚起步的生态旅游和农家乐，有句话一直让他备受鼓舞：长三角有多少游客？将来的话，甚至会有一些城里人在逆城市化发展过程中来这里，这里就更是一块宝地。

那时的安吉，处在从靠山吃山的“竭泽而渔”急转到困守青山的“缘木求鱼”的过程中。“逆城市化”的提出，为苦苦求索中的安吉拨开了迷雾。从安吉出发两小时内就可到达上海、杭州、苏州等周边大城市，要在逆城市化中抢得先机，求解之要首在农村。

2018 年两会期间，习近平总书记第一次在公开场合提到逆城镇化问题，一方面要

---

① 《四川眉山市：高层次人才成创新驱动“新引擎”》，《中国组织人事报》2015 年 12 月 23 日。

② 《探秘中国首个泡菜研究院》四川在线眉山频道，https://sichuan.scol.com.cn/msxw/201510/50064298.html。

继续推动城镇化建设；另一方面，乡村振兴也需要有生力军。要让精英人才到乡村的舞台上大施拳脚，让农民企业家在农村壮大发展。城镇化、逆城镇化两个方面都要致力推动。城镇化进程中农村也不能衰落，要相得益彰、相辅相成。”

新的以生态和少数民族特色为基础的旅游景点的挖掘，带动了曾经作为扶贫老大难问题的农村地区的发展。从已有的经验来看，及早提出生态发展战略的地区，都已经获得了巨大的收益。生态和旅游之间的关系，与逆城镇化问题直接关联。充分利用逆城镇化消费的大趋势，在乡村地区建造有利于旅游度假、休闲观光的设施，对于乡村振兴战略带来了难得的机遇。

绿色服务型人才队伍建设的任务之一就是培养生活（消费）性服务业人才，比如旅游、住餐文体娱乐等。住在装修精致、服务周到、设施现代化的民宿里，体验当地的自然美景、传统文化与生活方式，是大部分入住民宿的城市人的向往。这种体验方式从本质上看，是民宿入住者在物理条件上享受现代工业文明的成果，与思想上探究农耕文明完美结合。但对大部分从田头走来的民宿主人来说，无论从理念、学识、技能都存在巨大的落差。因而，想让美变得更精致，必须靠人才来引领。

浙江城市空间建筑规划设计院负责人应炜在“乡村振兴合伙人”招募活动中第一个报名。他拟合伙的是缙云县方溪乡北坑村，带领设计团队，先期投入三四百万元包装设计高端民宿，合力发展乡村旅游。据统计，丽水各县（市、区）共投入350余万元委托知名专业团队编制县域和特色村民宿发展规划，全市组建了农家乐民宿专家库，对农家乐民宿创建项目实行项目评审制。截至2017年底，全市110余人获得民宿管家证。丽水学院推出了旅游管理（民宿管理方向）专业人才培养课程。把地方产业特色变成学科特色，把地方区域资源变成人才培养的资源。

凭借得天独厚的生态环境，丽水先后获得“中国长寿之乡”“国际休闲养生城市”等多项荣誉。丽水学院与浙江大学合作设立医学院健康专业；丽水市“五养”技能大师包括：与养生养老产业紧密联系、有富有丽水本地特色的丽水市以中医养生保健、疗养康复、医学美容、心理咨询等医护为主的保健养生技能大师；以中式烹调、西式烹调、代表性农家乐等为主的膳食养生技能大师；以茶叶加工、茶艺表演等为主的茶艺养生技能大师；以摄影、摄像为主的风情影像技能大师；以导游、专题讲解为主的休闲导游技能大师以及以石雕、根雕、木雕、书法绘画等为主的特色工艺技能大师。

同时，丽水的龙泉宝剑、龙泉青瓷、青田石雕历史非常悠久。青瓷生产也有产业链，有不同技术人才、管理人才、设计人才。丽水学院设立青瓷专业，其最大特色就是拥有大批的高水平的青瓷艺术大师。

绿色服务型人才任务之二就是引进和培养生态、生产服务业人才，比如金融、商务服务等。

绿色金融是金融业和环境产业的桥梁。发展绿色产业，我国目前存在着巨大资金缺口。通过发展绿色金融来引导社会资本投向绿色产业是必然的选择，金融人才开发将是下一步丽水的绿水青山战略的重要方向。

上述绿色服务型人才案例显示，要结合地方产业特色、地方区域资源培养本土化人才，也要引进战略性人才，这是绿色服务型人才队伍建设一个重要策略。

七、绿色发展乡村振兴战略下构建绿色人才队伍建设策略

（一）从乡村产业振兴的具体目标看乡村振兴绿色人才队伍建设

乡村振兴，绿色发展是根本，农业产业兴旺是重点。绿色发展、农业产业兴旺需要哪些人才？

从《中共中央国务院关于实施乡村振兴战略的意见》给出的乡村产业振兴的具体目标看，乡村振兴绿色人才队伍大致包括：加强农田水利建设，提高抗旱防洪除涝能力，建设一批重大高效节水灌溉工程，需要水利工程人才；加快建设知识型、技能型、创新型农业经营者队伍，需要农业经理人；进一步提高大宗农作物机械国产化水平，需要装备制造人才；加强植物病虫害、动物疫病防控体系建设，需要绿色生态健康养殖人才；实施食品安全战略，完善农产品质量和食品安全标准体系，加强农业投入品和农产品质量安全追溯体系建设，需要质量体系构建人才；构建农村一、二、三产业融合发展体系，解决农产品销售中的突出问题，需要销售流通人才；实施休闲农业和乡村旅游精品工程，需要旅游人才；促进小农户和现代农业发展有机衔接，推进农业生产全程社会化服务，需培育各类专业化市场化服务组织和人才；提高金融服务水平，需要金融人才。[①] 具体如表5所示：

表5　乡村振兴绿色所需人才队伍

具体目标	人才类型
加强农田水利建设，提高抗旱防洪除涝能力	水利工程人才
加快建设知识型、技能型、创新型农业经营者队伍	农业经理人
进一步提高大宗农作物机械国产化水平	装备制造人才
加强植物病虫害、动物疫病防控体系建设	生态健康养殖人才
完善农产品质量和食品安全标准体系	质量体系构建人才
构建农村一、二、三产业融合发展体系，解决农产品销售中的突出问题	销售流通人才
实施休闲农业和乡村旅游精品工程	旅游人才
推进农业生产全程社会化服务	专业化市场化服务人才
提高金融服务水平	金融人才

① 《中共中央国务院关于实施乡村振兴战略的意见》，2018年1月2日。

（二）从人才生态环境看绿色人才建设

“生态”一词一般是指生物的生存状态以及生物与周围环境的关系。人才生态包含两个关键性要素：人才和人才生态环境。人才是人才生态的核心与关键，环境则是人才生态的基础。人才生态环境总体上可以分为社会环境和自然环境。

绿色发展、农业产业兴旺是乡村产业振兴战略的目标，也是乡村振兴战略下绿色人才队伍的生存环境。这一生存环境决定了乡村振兴战略下绿色人才队伍结构，除了农业种植、产业经营专家外，还需要生态保护、休闲旅游、各种农村实用人才。其中，生态保护、休闲旅游、各种农村实用人才一定是带有一定本土特色的。

以丽水为例，乡村人口占比为70%，农业发展、振兴乡村一定是当前阶段绿色人才队伍建设发展的一个主要目标。在乡村振兴战略提出后，丽水除了引进紧缺的高端人才外，还培养了各种乡土人才，形成了21个具有本土特色的乡土人才系列。比如，农商师、缙云烧饼师傅。丽水市政府提出“十百千万”乡村振兴人才计划：“十”是指组织团队到省内的十所高校组织宣讲，希望高校的学生投身乡村振兴。“百”是指利用五年时间在全国各地举行100场乡村振兴的人才招聘活动。“千”是指千方百计为这些人才创造不同的就业环境。“万”是指要吸引1万名人才，回到乡村工作。①

（三）从构建机制角度看绿色人才建设

长期以来，农村人才大量流失，人才从农村向城市单向流动一时难以从根本上改变。乡村振兴，人才从哪里来？根据笔者的调查研究，主要有以下八个实践路径：

1. 挖掘农村现有人才的潜力，实用导向，分类培育人才

这一路径主要围绕传统文化艺术、生产生活技能、经营管理服务三个类别，抓好“土专家”“田秀才”等乡土人才的培养、使用和激励工作，加强农业科技人才、农业企业人才和新型职业农民三支队伍建设，培养一批身边的乡村社会治理“民间高手”，以解乡村社会治理人才短缺的燃眉之急。比如，浙江省的金华市在全市精选了25位本土治村高手成立市级治村导师联盟。导师们进村入户，难题共商、资源共享，进行“巡回辅导”。这些人有的是党的十九大代表，有的是省级、市级党代表，他们在落实基层党建、完善基层治理、推动产业发展、开展服务群众等方面具有丰富经验。②

2. 建立两个制度，用更多的财力物力投入发展培养开发本土人才

这一路径鼓励人才长期服务乡村、扎根乡村，保障人才待遇和贡献效果，政府建立人才储备金制度和定向培养制度。比如，丽水乡镇针对林业干部严重缺少的现状，探索定向培养林业人才。

3. 善用乡贤，打好乡情牌

以乡情为纽带，增进本籍外出人才对家乡的了解和认同，建立争相支援家乡、建

---

① 浙江丽水市委组织部提供材料。

② 浙江金华市委组织部提供材料。

设家乡氛围。比如，丽水倡导“新时代乡贤”，以“我的家乡我的梦”为主题，以乡贤联谊组织为平台，以乡情乡愁为纽带，传颂“先贤”，激活“今贤”，培育“新贤”，引导和支持乡贤参与、投身乡村振兴战略。

4. 打好柔性牌，实施候鸟人才计划，完善人才引进机制

各地政府立足自身实际和产业发展需要，更大力度、更加精准地引进自身所需的各类紧缺人才，因地制宜，摸清需求。以柔性方式引进和用好人才，破解引才难、留才难的问题。

5. 借地育林，发展“飞地经济”集聚人才

“人往高处走”是无法抗拒的事实，作为后发展地区要从区域经济转变为人才经济，一些地区以“飞地模式”开发蓄水池。人、资本、产业都可以在外地，但是税收落在在本地，以便实施资助政策，从而发展“飞地经济”集聚人才。建立域外产业聚集人才，到发达地区发展，即注册地在当地，经营地在外地的产业板块，这样就能集聚更多高端人才。例如，丽水的纳爱斯在杭州建立国家级研发中心大楼，以此面向全球吸引高端人才。

6. “大树”进城，探索建立人才生态补偿机制

目前，后发展地区人才流失比较普遍。如果把高端人才比作大树，那么高端人才流向城市就想水土流失一样，对乡村振兴生态环境造成巨大影响。要借鉴城乡生态公益林补偿机制，建立人才生态补偿机制。补偿原则为用人单位付费原则、受益方政府付费原则、破坏者补偿原则、受损者得到补偿原则。

7. 完善绿色人才服务机制

对于人才而言，事业就是感召力，环境就是吸引力，服务就是凝聚力。

8. 培育农创人才基地

为吸引、集聚、培育一批现代农创相关人才，营造乡村振兴领域“大众创业，万众创新”的氛围，上海金山区廊下镇、浙江平湖市广陈镇与上海蚂蚁筑巢投资管理有限公司聚焦合作现代农创产业，共建廊下现代农创学院，为廊下、广陈农创产业培养人才，特别是培养热爱农村、喜爱农业、扎根农村的创业青年。蚂蚁公司与国内多所农业院校洽谈，落实合作农业相关专业的学生到廊下实习实训。蚂蚁公司与荷兰瓦赫宁根大学和HAS大学建立合作关系，并将在廊下落地中国学习中心和实训中心。蚂蚁公司与上海金山、浙江平湖为绿色人才集聚发展，提供了一个鲜活的案例。绿色人才集聚战略实施，对于农业为主的产业地区，具有更为深远的意义。

综上所述，绿色人才集聚与人才发展，是绿色人才战略开发的路径。而必要的绿色人才政策，是绿色人才发展的必要保障。目前，各地的绿色人才政策还相对薄弱，所以在乡村振兴和绿色发展的大背景下，实施绿色人才战略尤为迫切。

区域科技人才政策比较及实施效果分析

——基于修正工具视角

马香媛　沈丽丽　黄　鹤*

摘　要　基于修正工具视角，文章构建“政策工具—科技人才发展阶段—人才响应”的多维分析框架，选取北京、上海、深圳、南京、安徽、杭州六省市为样本，运用 NVivo 软件，通过文本编码对 2012～2016 年科技人才政策文本进行规范的比较分析，再借助人才对政策的响应研究政策实施效果。研究发现六省市人才政策呈现不同的发展态势，即北京、上海和南京的政策二维分布图呈“T”形，深圳、安徽的政策二维分布图呈“O”形，杭州的政策二维分布则为点状图。同时，北京与安徽的引进和培养政策成效显著，南京和深圳的效果不佳。北京及深圳的激励与管理的政策成效较高，杭州的效果一般。

关键词　科技人才　科技人才政策　政策工具

科技人才是科学技术的载体，对于实施创新驱动发展战略、人才强国战略，推进经济社会全面发展具有重大意义。在当今科技人才竞争日趋激烈的环境下，我国各级地方政府纷纷出台各类人才计划，诸如北京市推出“海外人才聚集工程”，深圳市实施“深圳市人才引进办法”，南京市颁布“321 科技型领军人才政策”，上海市出台“雏鹰归巢计划”，杭州市推出“115 引进国外智力计划”、人才新政 27 条，安徽省人才“30 条”等。这些科技人才政策充分体现当地政府对人才工作的重视，但是基于政策工具视角，各地方政策是否体现出不同的特点？是否达到预期的实施效果？这些需要作进一步研究。

一、理论基础

（一）国外科技人才政策研究

国外的科技人才政策研究相对较早，取得较多的研究成果，尤其是在科技人才引

* **作者简介**：马香媛，管理学硕士，杭州电子科技大学管理学院副教授，杭州电子科技大学人文社科处处长，研究方向为科研管理、技术创新管理、人力资源开发；沈丽丽，杭州电子科技大学管理学院研究生，研究方向为企业管理；黄鹤，管理学硕士，杭州电子科技大学管理学院副教授，研究方向为人力资源管理。

进、评价、激励和流动等方面成果显著，总体来说，发达国家在科技人才政策方面可以概括为：有竞争力的引进政策、宽进严出的培养政策、高额奖金的激励政策。在科技人才引进政策方面，克里斯蒂安·雷纳（Christian Reiner）等人通过比较慕尼黑和维也纳两个发达城市的人才政策，发现经济结构和框架条件都非常相似，但政治因素成为影响引进成效的主要原因①；布兰达（Brenda）等人认为，科技人才不仅受经济因素吸引，而且社会、文化和政治认同等因素共同构成科技人才引进的宏观环境②；为促进科技人才引进，国外政府加强了科技人才与工作岗位需求之间的信息沟通，提高人才引进效率③。在科技人才评价方面，美、英、澳等发达国家均已发展完整的指标体系用于科技人才及团队评价，主要采用文献计量法，例如，采用产学研合作的金额、合作机构的数量、申请专利的数量、公开发表论文的数量等。④ 在科技人才激励方面，学者们认为无论是货币奖励还是社会福利，都是人才管理中非常重要的一环，奖励能够激发人才的最大潜力，将人才和组织价值、绩效目标密切结合起来，同时，为激发每一位科技人才的优势，需要实施有针对性的人才策略，才能提高满意度和忠诚度。⑤ 在科技人才流动方面，国外的学者主要从个体、组织和社会三个方面进行研究，有代表性的是基于个体层面的库克曲线、组织层面的"组织寿命"学说、社会层面的勒温场论。另外，随着全球化的进程，"人才外流"的传统观点正在为"人才循环"所取代，诸如中国和印度等国家正在利用全球的科技人才资源，不仅吸引本国公民从海外回国，还吸引了来自美国和欧洲的科学家。⑥

（二）国内科技人才政策研究

近年来，国内科技人才政策研究主要集中于科技人才政策比较和具体科技人才政策实施效果。

1. 科技人才政策比较研究

这一研究可分为两大类：其一是按照科技人才发展阶段进行纯文本的比较分析，

---

① Reiner C., Meyer S., Sardadvar S., "Urban Attraction Policies for International Academic Talent: Munich and Vienna in Comparison," *Cities*, 2017, 61, pp. 27-35.

② Yeoh B. S. A., Huang S., "Introduction: Fluidity and Friction in Talent Migration," *Journal of Ethnic & Migration Studies*, 2011, 37 (5), pp. 681-690.

③ Ozawanorio, *Talent Introduction Supportsever*, 国外专利, JP2007286773, 2007-11-1.

④ Arensbergen P. V., Besselaar P. V. D., "The Selection of Scientific Talent in the Allocation of Research Grants," *Higher Education Policy*, 2012, 25 (3), pp. 381-405.

⑤ Latukha M., "Rewarding Strategies of Emerging Market Firms: Creating and Supporting Talent Motivation," *Talent Management in Emerging Market Firms*, 2016, pp. 209-237.

Mabaso C., Moloi C., "Talent Attraction and Its Relationship to Organisational Productivity," *Canadian Social Science*, 2016, 12 (10), pp. 21-33.

Piech S., "Performance and Talent: Essentials of International Talent Development," Zeuch M. (ed.), *Handbook of Human Resources Management*, Berlin and Heidelberg: Springer-Verlag, 2016, pp. 511-542.

⑥ Dente K. M., "Scientists on the move," *Cell*, 2007, 129 (1), pp. 15-17.

主要以内容分析法为主。国内大多数学者基本从人才引进、人才培养与开发、人才激励、人才管理和流动等多个维度，对比分析单个或多个省市的科技人才政策。[①] 其二是基于政策工具的多维度对比分析。诸如，李良成等从科技人才开发过程的角度，结合政策工具、技术生命周期构建三维分析框架，纵向对比广东省科技人才政策[②]；李东升等基于政策制定主体、政策目标、政策内容和政策工具多维度对比分析天津市人才政策[③]；杨艳等分别从政策目标、政策工具和政策力度制定量化模型，对上海市人才政策进行对比分析[④]；宁甜甜和张再生从基本政策工具和人才强国价值两个维度，剖析了我国人才政策中存在的缺失与冲突等问题。[⑤]

2. 具体的科技人才政策实施效果的研究

一方面对国家或省出台的某个具体计划、纲要等政策的效果分析。从宏观角度出发，曾艳等归纳出政策环境、战略性政策、策略性政策三大板块作为效果分析要素，评价《中长期人才发展规划纲要（2010～2020）》的实施效果[⑥]；从微观角度出发，董丽娟和徐飞专门分析了近年来我国女性科技人才在科技奖励、杰青基金获得、两院院士性别比例等现状，评价我国女性科技人才政策的实施效果。[⑦] 韩玮等人从人才引进申报与人才培育等微观视角，探索“321 人才计划”的实施效果。[⑧] 另一方面，针对具体区域的人才政策效果研究。有先通过实证探索再分析政策效果的，诸如，苏津津等首先归纳天津市现有的科技人才吸引力影响因素，再判断天津市科技人才政策做得不到位之处[⑨]；陈志强对 205 位在闽科技人才先进行调研分析，找出福建省科技人才政策存在的问题[⑩]；也有直接利用因子分析和 DEA 模型对河南省的科技人才政策效果进行评估的[⑪]。

---

① 该方面研究的主要文章有黄怡淳的《北上广深四市人才政策对比分析及广州市人才政策建议》（《科技管理研究》2017 年第 20 期），王磊、汪波、张保银的《环渤海地区高新区科技人才政策比较研究》[《北京理工大学学报》（社会科学版）2010 年第 4 期]，李帮彬、方阳春的《杭州市创新人才发展政策分析》（《科研管理》2017 年第 1 期）。

② 参见李良成、于超：《基于内容分析法的广东省科技创新人才开发政策研究》，《科技管理研究》2018 年第 5 期。

③ 参见李东升、张再生：《天津市高端创新创业人才政策分析与对策研究》，《天津大学学报》（社会科学版）2015 年第 2 期。

④ 参见杨艳、郭俊华、余晓燕：《政策工具视角下的上海市人才政策协同研究》，《中国科技论坛》2018 年第 4 期。

⑤ 参见宁甜甜、张再生：《基于政策工具视角的我国人才政策分析》，《中国行政管理》，2014 年第 4 期。

⑥ 参见曾艳：《四川、江苏人才政策比较研究》，四川省社会科学院硕士学位论文，2016 年。

⑦ 参见董丽娟、徐飞：《中国女性科技人才政策的若干评价与思考》，《科学学研究》2016 年第 2 期。

⑧ 参见韩玮：《南京市“321 人才计划”研究》，南京大学硕士学位论文，2016 年。

⑨ 参见苏津津、杨柳：《天津市科技人才吸引影响因素研究》，《科学管理研究》2013 年第 3 期。

⑩ 参见陈志强：《福建省促进科技人才发展的政策分析及建议——基于福建省科技人才政策的调研分析》《台湾农业探索》2016 年第 1 期。

⑪ 参见王宁、徐友真、杨文才：《基于因子分析和 DEA 模型的河南省科技人才政策实施成效评估》，《科学管理研究》2018 年第 4 期。

目前，国内外关于科技人才政策成果较多，国外研究集中于引进、培养、激励、评价和流动等发展全过程，国内研究重点关注科技人才政策对比分析及实施效果。现有研究在对比分析和实施效果评价方面尚有不足：一是科技人才政策比较研究的方法单一，要么对科技人才发展阶段进行纯文本的比较分析，要么基于政策工具进行比较分析；二是人才政策效果研究过于片面，现有研究仅对单个项目或单个地区的人才政策进行分析，缺少横向与纵向结合的深度对比分析，从而使得人才政策效果研究的可信度低。因此，本文基于修正工具视角构建"科技人才发展阶段—政策工具—人才响应"的三维分析框架，有针对性地对各省市近五年科技人才政策进行横纵向对比，并探讨其政策实施效果。

二、研究框架

B. 盖伊·彼得斯和弗兰斯·K. M. 冯尼斯潘美国学者提出"修正工具论"，该理论认为一种政策工具只有在与政策环境、目标和目标受众相匹配的时候才是有效的。[①] 基于此，本文以科技人才政策对应政策工具，科技人才发展阶段对应政策环境，人才对政策响应对应目标和目标受众，构建多维的科技人才政策分析框架。如图 1 所示。

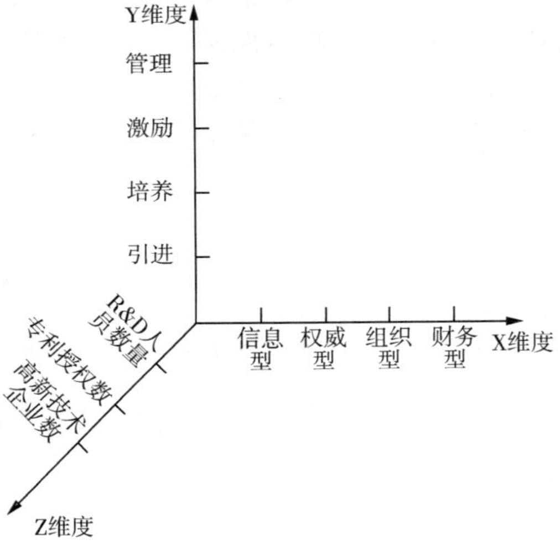

图 1　三维分析框架

1. 政策工具。本文根据克莱恩·沃尔德胡斯（Klein Woldhuis）[②] 的研究，将政策工具分为信息型、权威型、组织型及财政型工具。其中，信息型政策工具表现为建议、

---

① 参见［美］B. 盖伊·彼得斯、［美］弗兰斯·K. M. 冯尼斯潘：《公共政策工具：对公共管理工具的评价》，顾建光译，中国人民大学出版社 2007 年版。

② Woolthuis R. K., Lankhuizen M., Gilsing V., "A System Failure Framework for Innovation Policy Design," *Technovation*, 2005, 25 (6), pp. 609-619.

训练、报告和教育；权威型政策工具主要是执照、使用费和监督；组织型政策工具体现为人事调动和组织变动；财政型政策工具则是补贴、贷款和资助。

2. 科技人才发展阶段。本文在借鉴刘忠艳等①和周小虎等②对人才发展阶段划分方式的同时，结合科技人才自身发展的特点，将科技人才发展阶段维度分为引进、培养、激励和管理四个阶段。

3. 人才响应。本文根据刘洪银③在《科技人才政策成效的区域性差异》中以总量指标为指标体系，选取“研究与实验发展（R&D）人员数量”代表科技人才政策引进与培养成效、“专利授权数”和“高新技术企业数”代表科技人才政策激励与管理的成效。

三、科技人才政策比较研究

（一）研究样本

本文选取的科技人才政策是指含有科技人才的内容，或者是适用于科技人才的准则，主要包括谋略、法令、措施、办法、方法、条例等。近年来，一线省市及其周边省市无论是科技人才政策发布频率，还是政策实施效果上都是值得借鉴和学习的，对这些省市进行纵向追踪研究更具有典型性和代表性。因此，本文选取2012～2016年北京、上海、深圳、南京、安徽和杭州出台的科技人才相关政策为样本。样本采集分为三个过程，首先，从人力资源和社会保障局、科技信息网、政府网以及学术文献搜索引擎等多渠道收集研究所需的政策文本；其次，由于部分科技人才政策存在被修改、失效、内容为申报、考核等，并未对科技人才提供实质性建议的问题，在整理分析过程中进行了剔除；最终，整理得到有效政策文本70份，其中北京市11份、上海市16份、深圳市12份、南京市11份、安徽省10份、杭州市10份。

（二）研究工具

本文借助NVivo软件对六个省市的70份科技人才政策进行编码。编码是对政策文本的某一段落进行关键词提取或标签标注，从而将繁杂的资料化繁为简，并允许后续的资料检索、提取和分析的过程。由于科技人才政策文本主题明确、概念框架清晰，编码之前便建立了节点系统，然后新建项目把整理过的70份科技人才政策导入软件，对其进行编码。

（三）政策工具维度（X维度）统计分析

在NVivo中对各省市人才政策文本进行编码后，可得到政策工具维度各节点的参照点数（见表1）和各年的编码覆盖率（见表2）。编码参照点数越多、编码覆盖率越

---

① 刘忠艳、赵永乐、王斌：《1978～2017年中国科技人才政策变迁研究》《中国科技论坛》2018年第2期。

② 周小虎、恢光平主编：《江苏科技创新人才管理研究》，经济管理出版社2014年版。

③ 参见刘洪银：《科技人才政策成效的区域性差异》，《开放导报》2015年第1期。

大，表明对所关注信息的披露越充分。通过政策工具维度的比较，研究发现：（1）组织型和财政型政策工具居多，信息型政策工具最少。表1显示了六省市在近五年所使用政策工具参考点总数为269，其中信息型、权威型、组织型和财政型政策工具比例依次为9.7%、24.9%、33.8%和31.6%。（2）各省市政策工具比例有规律的分布。政策工具虽然占比不同，但具有一定的趋同性，整体呈现出三种态势：第一种为“北京、上海、南京”型，这三个市政府实施政策主要是通过财政补贴以及人事调动和组织调动来实现的，财政型和组织型政策工具总和均大于50%；第二种为“深圳、安徽”型，采取的政策工具类型主要为权威型、财政型、组织型，三者占比均衡；第三种为“杭州”型，杭州市采用的政策工具主要是财政型补贴和权威型的执照、使用费和监督，均占比高达34.1%，而组织型政策工具占比仅9.7%，远远小于其他五个省市。（3）从时间变迁分析，2012～2016年六省市信息型节点的编码覆盖率基本持平，无大波动；权威型和组织型节点的覆盖率逐渐上升；北京、南京、深圳、安徽在财政型节点上的覆盖率下降幅度较大，而上海和杭州在财政型节点上的覆盖率逐年上升。这说明在2012～2016年各省市政府发布科技人才政策时利用权威型、组织型工具越来越多。

表1　2012～2016年六省市政策工具维度参照点数统计

地市	信息型	权威型	组织型	财政型
北京	1	9	21	16
上海	1	11	26	17
深圳	7	13	14	15
南京	3	9	15	13
安徽	5	11	11	10
杭州	9	14	4	14

表2　2012～2016年六省市政策工具维度各节点编码覆盖率汇总

地市	2012年				2013年				2014年				2015年				2016年			
	信息型	权威型	组织型	财政型	信息型	权威型	组织型	财政型	信息型	权威型	组织型	财政型	信息型	权威型	组织型	财政型	信息型	权威型	组织型	财政型
北京								34.96%	0.58%	3.71%	11.96%	14.29%		5.69%	4.70%	7.18%		7.84%	25.13%	10.70%
上海													0.45%	5.16%	23.86%	19.48%		19.94%	19.68%	26.57%
南京	1.55%	8.32%	2.77%	52.14%		8.98%	4.01%	33.78%		11.23%	14.55%	31.80%	2.81%	19.89%	19.30%	18.02%	1.48%	4.62%	23.29%	6.41%
深圳		6.22%	3.77%	37.81%		13.00%		23.00%					2.85%	15.33%	1.58%	1.89%	5.31%	13.17%	17.39%	17.37%
安徽	14.92%	20.53%		29.90%					7.23%	28.27%	24.71%	52.98%	4.60%	12.24%	8.67%	13.85%				
杭州		47.03%				28.20%		20.00%					1.51%	17.02%	5.73%	34.74%	5.79%	38.46%	4.21%	16.75%

（四）科技人才发展阶段维度（Y 维度）统计分析

通过 NVivo 对各省市人才政策文本进行编码，可得到科技人才发展阶段维度各节点的参照点数（见表 3）和各年的编码覆盖率（见表 4）。通过政策工具维度的比较，研究发现：（1）政策目的偏向激励与管理。表 2 显示了六省市近五年在科技人才发展阶段的参考点总数为 269，其中引进、培养、激励和管理比例依次为 12.6%、14.1%、32.7%和 40.5%。（2）二线省市在激励、管理科技人才的后期投入与引进、培养科技人才的前期投入之间的差距较一线城市小。北京、上海、深圳的后期投入与前期投入比例差分别为 63.4%、53.6%和 59.2%，而南京、安徽、杭州则分别为 46.4%、28.2%和 14.3%，由此可见，二线城市的投入差距明显小于一线城市。（3）从时间变迁分析，图 3 显示了 2012～2016 年六省市在科技人才发展阶段维度各节点的编码覆盖率，其中引进、培养节点大致都随着时间推移而逐渐上升。北京、南京、深圳、安徽在激励节点上的覆盖率下降幅度较大，而上海和杭州在该节点上的覆盖率逐年上升；北京、南京、深圳、安徽在管理节点上的覆盖率上升幅度较大，而上海和杭州则逐年下降。这说明在 2012～2016 年各省市政府在引进、培养科技人才上越来越重视，北京、深圳、南京、安徽对科技人才激励的关注度有下降的趋势，对管理科技人才越来越重视，而上海和杭州则恰恰相反。

表 3　2012～2016 年六省市科技人才发展阶段维度参照点数统计

地市	引进	培养	激励	管理
北京	3	6	19	21
上海	6	7	21	22
深圳	3	7	14	25
南京	6	5	17	13
安徽	8	6	9	16
杭州	8	7	8	12

表 4　2012～2016 年六省市科技人才发展阶段维度各节点编码覆盖率汇总图

地市	2012 年				2013 年				2014 年				2015 年				2016 年			
	引进	培养	激励	管理	引进	培养	激励	管理	引进	培养	激励	管理	引进	培养	激励	管理	引进	培养	激励	管理
北京									0.72%	2.94%	18.22%	12.55%			7.18%	10.67%	1.48%	5.11%	11.71%	25.37%
上海													5.71%	5.99%	17.4%	19.85%	6.30%	19.04%	29.19%	11.65%
南京	1.55%		54.92%	8.32%			37.79%	8.98%		3.41%	26.35%	27.83%	4.92%		22.82%	32.29%	6.43%	8.83%	7.00%	13.55%
深圳			21.96%	25.85%			23.00%	13.00%							1.89%	19.75%	1.66%	6.83%	17.37%	23.41%
安徽	8.38%	3.87%	32.57%	20.53%						7.23%			7.95%	4.11%	12.12%	24.87%				
杭州				47.03%				48.20%					4.42%	4.02%	29.38%	21.19%	13.99%	19.25%	9.53%	22.46%

（五）政策工具—科技人才发展阶段二维（XY 维度）统计分析

本文采用“省市首字母大写—政策编号—条目号”进行编码，以便对不同省市的科技人才政策作二维的对比分析。统计出的政策条目带入构筑的二维分析框架中，即可得到各省市科技人才政策的量化分布图。结合量化分布图的分布规律和形状特征，最终汇总出三种不同类型图。

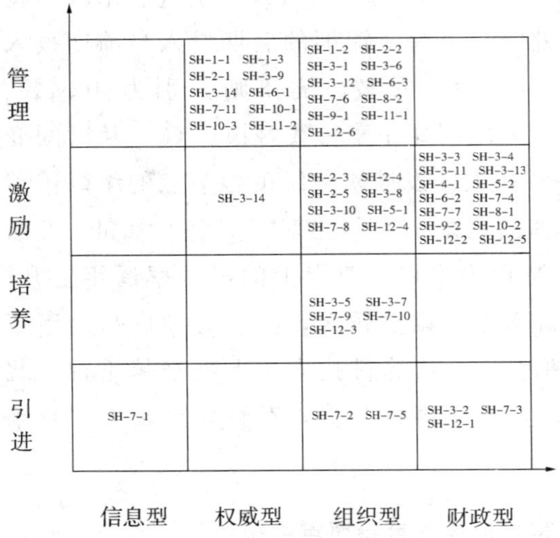

图 2　上海市二维分布

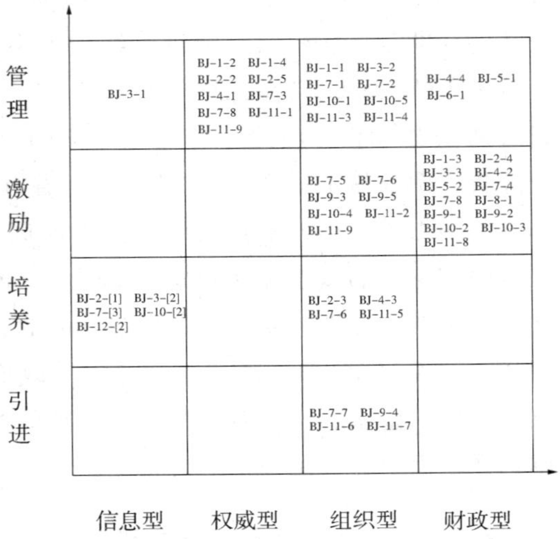

图 3　北京市二维分布

图 4　南京市二维分布

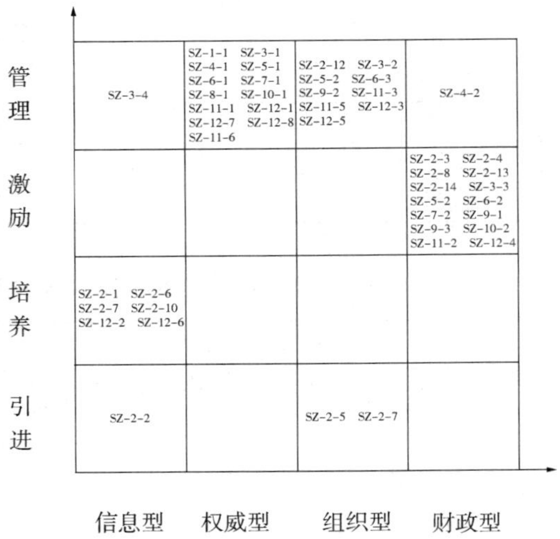

图 5　深圳市二维分布

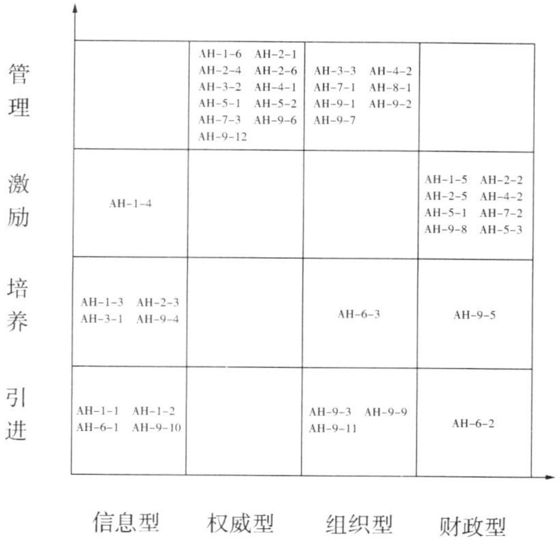

图 6 安徽省二维分布

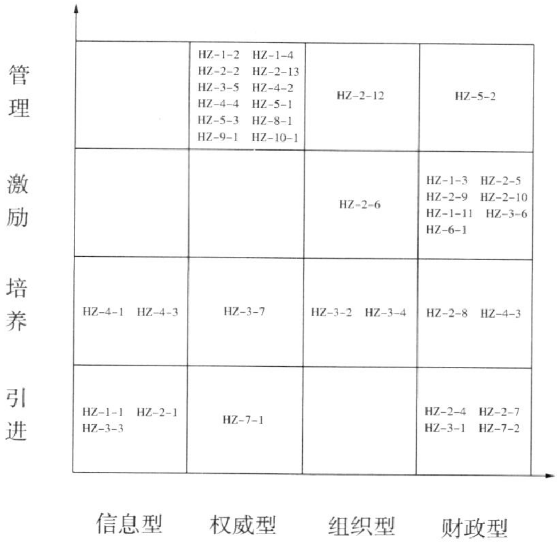

图 7 杭州市二维分布

1. “T”形图

图 2、图 3 和图 4 分别展示了上海市、北京市和南京市的政策工具与科技人才发展四环节的相互作用关系，从图中可以看出，三个城市所呈现的二维分布图是类似于“T”形的。“T”形图的主要特点：(1) 分布在管理方的政策工具量多面广，尤其权威型政策工具和组织型政策工具较高，可见政府在管理科技人才上是极其重视的。(2) 在科技人才发展阶段中，组织型政策工具作用于各个环节，并且组织型政策工具对科技人才发展阶段后期激励与管理的支持较多，财政型政策工具主要用于激励和管理科技人才。

2. “O”形图

图 5 和图 6 分别展示了深圳市和安徽省的政策工具与科技人才发展四环节的相互作用关系，从图中可以看出，二省市所呈现的二维分布图是类似于“O”形的。“O”型图的主要特点：(1) 政府主要通过权威型政策工具与组织型政策工具管理科技人才；人才的激励都依靠财政型政策工具来实现；科技人才的培养依靠信息型政策工具居多。(2) 在科技人才发展阶段中，信息型政策工具和组织型政策工具面较广，其中信息型政策工具主要用于培养科技人才，而组织型政策工具主要用于管理科技人才；而权威型政策工具与财政型政策工具的分布是非常集中的，诸如两个省市的权威型政策工具都用于管理上，财政型政策工具几乎全用于激励上。

3. 点状图

图 7 展示了杭州市的政策工具与科技人才发展四环节的相互作用关系。杭州市的二维分布图比较疏散，分布面广，故取名为“点状图”。其主要的特点：(1) 杭州市政府主要采用权威型政策工具管理科技人才；培养科技人才的政策工具面广，各种工具

均有涉及；相比于其他五个省市，杭州市较为重视人才前期的引进。（2）杭州市权威型政策工具突出，占比34%。杭州发布科技人才相关政策时多借助权威型政策工具实施，而较少进行人事调动以及组织调动，这可能是由于近年来电子商务的迅速发展带动了大量高新技术产业来杭州落户，并且以阿里巴巴为首的电商平台吸引了大量的科技人才。杭州尚处于科技人才大量涌进的阶段，组织尚未完善，对人才的前期吸引与管理使得政府不得不以权威型政策工具为手段进行强制规范，巩固好人才管理的基石。（3）杭州市财政型政策工具接近一线城市，北京、上海、深圳财政型政策工具分别占比34%、31%、33%，而杭州的财政型政策工具占34%。这一方面说明杭州在实施科技人才政策的财政支持可以和一线城市相提并论的，另一方面也说明杭州政府更多依靠财政手段将科技人才政策落到实处。

四、科技人才政策的效果研究

（一）科技人才政策实施效果

本文以研究与实验发展（R&D）人员数量代表科技人才政策引进与培养成效、专利授权数和高新技术企业数代表科技人才政策激励与管理的成效。从YZ二维度分析各省市2012～2016年的科技人才政策，在人才发展不同阶段起到的效果。考虑到政策的滞后效应，本文收集2013年和2017年科技人才对政策响应的相关数据，如表5所示：

表5　　2013年和2017年ZY二维指标统计

自变量	引进与培养		激励与管理			
结果	R&D人员数量		专利授权数		高新技术企业数	
	2013年	2017年	2013年	2017年	2013年	2017年
北京市	242175	269835	62671	106948	9017	20297
上海市	165800	183500	48680	70464	5758	7668
深圳市	181321	196398	49756	94250	3904	10988
南京市	111756	123926	19484	32073	837	1850
安徽省	119340	140452	48849	58213	2018	4310
杭州市	81617	103245	41518	42227	4490	2844

1. 科技人才引进和培养政策效果

北京、安徽在2012～2016年的科技人才引进与培养政策成效显著。2013年的R&D人员数量排在前三的分别是北京市、深圳市和上海市，说明一线城市的R&D人员数量基数较大。从增长率来看，2013～2017年，各省市是保持着稳步增长的，其中杭州市与安徽省的增长速度最快，增速分别达到26%和18%，但是北京市的R&D数量到2017年为止依然是最高的，杭州市的R&D数量到2017年为止依然是最低的；2013～2017年，深圳市与南京市的R&D数量无明显增长，说明南京市和深圳市科技人才引进和培养政策成效不高。

2. 科技人才激励和管理政策效果

北京市、深圳市在2012～2016年的科技人才激励与管理的政策成效显著。由表3可知，2013年北京、上海、深圳、安徽和杭州的专利授权数相差无几，而南京市的专利授权数与其他省市有较大差距。从增长率来看，2013～2017年各省市的专利授权数是普遍增长的，其中深圳市和北京市的专利授权数增长最快，增长率分别达到89%和71%；杭州市的专利授权数持稳步发展，但是仅增长2%；南京市虽然在2013～2017年的专利授权数增长较大，但到2017年为止的专利授权数依然是最小的。

2013年，各省市高新技术企业数的差距较大，其中北京市在2013年时的高新技术企业数最多，共有9017家；南京市的高新技术企业数最少，共有837家。从增长率来看，北京市、上海市、深圳市、安徽省和南京市的高新技术企业数在2013～2017年是逐步上升的，其中深圳市和北京市的增长速度最快，增长率分别为181%和125%。而杭州市的高新技术企业数在2013～2017年是减少的，增长率为－37%。这进一步表明，2013～2017年，北京市、深圳市的科技人才激励与管理的政策成效较高，上海市、安徽省和南京市科技人才激励与管理政策成效较好，杭州市科技人才激励与管理政策效果一般。

（二）科技人才政策的政策工具效果

ZY的分析基本得出科技人才政策在人才不同发展阶段的效果，结合XY的二维分布图，分析各省市在2012～2016年的科技人才政策所使用的政策工具效果。

1. 组织型政策工具在引进与培养科技人才时的效果较好

通过上述分析可知，北京、安徽在2012～2016年的科技人才引进与培养政策成效显著。结合XY二维分布图，北京、安徽在引进与培养科技人才时主要采用的政策工具是信息型和组织型，杭州市在引进与培养科技人才时主要采用的政策工具是信息型和财政型。由此可知，组织型政策工具在引进与培养科技人才时的效果较好。

2. 组织型与财政型政策工具在激励与管理科技人才时的效果较好

通过上述分析可知，北京市、深圳市在2012～2016年的科技人才激励与管理政策成效显著。结合六个省市的XY二维分布图可知，北京市、深圳市为了激励与培养科技人才主要采用的政策工具是组织型和财政型，杭州市、安徽省和南京市为了激励与培养科技人才主要采用的政策工具是权威型和财政型。由此可知，在激励与管理科技人才时，组织型与财政型政策工具的效果较好。

五、建议

（一）根据科技人才发展阶段，适时调整政策工具

科技人才的发展是动态过程，每个阶段的政策需求是不同的，这就需要政府在运

用政策工具时根据实际情况及时调整。例如，杭州市的政策分布是点状图，在引进与培养科技人才时信息型与财政型政策工具使用较多，在激励与管理科技人才时权威型政策工具使用较多，导致政策成效不显著。为了政策成效更加显著，政府应该加强组织变动、岗位变动等组织型政策工具来吸引和留住人才，应多运用各种经济福利、岗位吸引力激励与管理科技人才。

（二）加强组织型政策工具的使用

根据各省市 2012～2016 年政策实施后的效果发现，组织型政策工具无论是在引进培养，还是在激励与管理科技人才方面的成效都是高于其他三个政策工具的。由此建议其他省市未来在发布科技人才政策时，应进一步优化和多使用组织型政策工具：围绕当地的产业链，建立高校、企业和科研机构的多向流动渠道，可以采取兼职、项目合作、交换生等多种方式进行人事变动，更好地发挥人才的作用。同时，优化政策反馈服务平台的建设，根据科技人才的反馈与互动，组织采取相应的变动。

（三）不同经济发展地区侧重不同的政策类别

根据本文分析结论，一线省市应进一步加强科技人才后期的激励与管理，二线省市进一步加强科技人才前期的引进与培养。

一线省市继续加强后期的激励与管理工作，提高科技人才政策成效。一方面是科技人才激励政策的完善，要建立物质激励与精神激励相结合的体系。一是加大物质激励，除了增加工资收入，更多应该增加股权激励、家属安置、税收优惠等福利，让科技人才感受到归属感；二是注重科技人才的精神激励，在制定激励政策前获取科技人才的想法，并学习人才激励理论的相关知识，有针对地采取激励方法，诸如提供良好的科技活动环境、授予荣誉称号和公开表彰等。另一方面，完善科技人才管理政策。一是建立合理考核评价机制，建议优化考核标准，避免单以论文、项目等成果为标准，同时也要考虑到科研工作的阶段性特征，注重人才的各方面能力，使得科技人才评价不仅关注直接的显性价值，而且要关注间接的隐性价值；二是创造良好的人才流动氛围，鼓励科技人才在高校、科研机构和企业之间的多项流动。同时，政府需要协调好各流动地区制度的一致性，包括缴费标准、社保制度、激励制度及评价标准等。

二线省市进一步加强前期引进与培养工作，多引进人才。首先是建立当地科技人才信息库，充分了解人才供需状况及发展趋势，结合当地的经济发展特色和优势产业，了解科技人才供需状况，更有针对地引进与培养科技人才。其次，在了解需要引进与培养的科技人才后，就要制定清晰的科技人才引进与培养目标规划，尽可能细化有关科技人才数量和质量的目标设定及采取培养方式方法的选择。最后，加强科技人才引进后的配套政策的制定，尤其是对后期的培训培养要给予合适的支持，让人才有更多的发展空间。

新时代创新和发展人才工作的思维路径

解科珍*

摘　要　人才工作是促进人才兴盛和人才强大的重要保障。科学思维是做好人才工作的重要向导。中国特色社会主义进入新时代，人才工作需要在科学思维的指导下不断创新和发展。新时代人才工作要实现创新和发展，必须立足于现实需要，以战略思维把握时代脉搏，以理论思维引导人才流动，以政治思维提升人才思想政治素质，以辩证思维发挥人才红利，以开放思维促进人才集聚，以人本思维激发人才内在动力。

关键词　新时代　人才工作　人才理论　创新发展

人才兴则国家兴，人才强则国家强。人才工作是促进人才兴盛和人才强大的重要保障。党的十八大以来，以习近平同志为核心的党中央高度重视人才工作，以马克思主义人才理论为指导，围绕人才工作发表了一系列重要讲话，内容涉及人才战略、人才选用、人才培养、人才激励和人才环境等多个方面，进一步丰富了马克思主义人才理论。中国特色社会主义进入新时代，党和国家对人才工作提出了更多更高的要求，面对新任务与新要求，创新和发展人才工作，必须增强思维能力，以科学思维为引领，探寻做好新时代人才工作的思维路径。

一、以战略思维把握时代脉搏

“战略问题是一个政党、一个国家的根本性问题。战略上判断得准确，战略上谋划得科学，战略上赢得主动，党和人民事业就大有希望。”① 人才是引领和拉动经济、社会发展的核心力量与关键要素，人才工作是事关全局的战略工作。习近平在中国特色社会主义进入新时代的大背景下指出：“人才是实现民族振兴、赢得国际竞争主动的战略资源。”② 他强调，对人才的社会作用和历史地位进行了重新定位，从“第一资源”

---

* **作者简介**：解科珍（1991～　），中国政法大学马克思主义学院博士研究生。

①《十八大以来重要文献选编》中册，中央文献出版社 2016 年版，第 45～46 页。

② 习近平：《决胜全面建成小康社会 夺取新时代中国特色社会主义伟大胜利》，人民出版社 2017 年版，第 64 页。

到“战略资源”，人才的重要性进一步凸显。面对新时代、新要求和新任务，人才工作在坚持马克思主义基本原理的基础上，必须运用战略思维，统揽全局，综合考量国内外相关因素，以更宽广的视野和更长远的眼光回应国家未来发展中所面临的一系列重大问题。

第一，人才工作必须着眼于全球大环境。当前，“国际经济合作和竞争局面正在发生深刻变化，全球经济治理体系和规则正在面临重大调整。经济全球化表面上看是商品、资本、信息等在全球广泛流动，但本质上主导这种流动的力量是人才、是科技创新能力。”① 人才已经成为衡量一个国家综合国力的重要指标，没有一支宏大的高素质人才队伍，就无法赶超西方发达国家，就无法彰显社会主义制度的优越性。改革开放40多年来，我国的人才事业取得了显著成效，但我国人才发展的总体水平与发达国家相比还有不小的差距，与经济社会发展要求还不相适应。新时代人才工作要有全球视野，善于学习国外好的经验成果，善于解决国内存在的诸如人才机制不完善、人才结构不平衡、顶尖人才匮乏和创新能力不强等突出问题，并根据时代变化和世界潮流创新和发展人才工作。

第二，人才工作必须服务于中华民族伟大复兴。在我们比历史上任何时期都更接近实现中华民族伟大复兴宏伟目标的同时，我们也比历史上任何时期都更加渴求人才，拥有优秀人才和强大人才队伍已成为进行社会主义现代化建设、实现“两个一百年”奋斗目标的必然要求。为此，习近平总书记站在时代发展的战略高度，发出了“培养担当民族复兴大任的时代新人”的号召。党的十九大报告作出了“我国社会主要矛盾已经转化为人民日益增长的美好生活需要和不平衡不充分的发展之间的矛盾”② 的重要判断，人才工作要紧扣我国社会主要矛盾的变化，发挥各类人才在解决不平衡、不充分的发展问题上的作用，满足人们对物质文化、民主、法治、公平、正义、安全、环境等方面的要求，深入实施科教兴国战略、人才强国战略和创新驱动发展战略，以战略思维紧跟时代步伐，“培养造就一大批具有国际水平的战略科技人才、科技领军人才、青年科技人才和高水平创新团队”③，将新时代人才工作的目标和方向与推动建设科技强国、质量强国、航天强国、网络强国、数字中国和智慧社会结合起来，为中华民族伟大复兴的中国梦的实现贡献力量。

---

① 习近平：《为建设世界科技强国而奋斗——在全国科技创新大会、两院院士大会、中国科协第九次全国代表大会上的讲话》，人民出版社2016年版，第12页。

② 习近平：《决胜全面建成小康社会 夺取新时代中国特色社会主义伟大胜利》，人民出版社2017年版，第11页。

③ 习近平：《决胜全面建成小康社会 夺取新时代中国特色社会主义伟大胜利》，人民出版社2017年版，第31～32页。

二、以理论思维引导人才流动

理论思维是人类在知识和经验事实基础上形成的认识事物本质、规律和普遍联系的一种理性思维。恩格斯曾指出："一个民族要想站在科学的最高峰，就一刻也不能没有理论思维。"① 马克思主义人才理论作为科学的理性思维，是对人才成长规律的系统总结，创新和发展新时代人才工作离不开理论思维的引导，要在理论与实践的双向互动和辩证统一中彰显理论思维的作用。

时代是思想之母，实践是理论之源。在深刻把握我国人才分布现状和科学预见未来人才流动趋势的基础上，习近平总书记在党的十九大报告中指出："鼓励引导人才向边远贫困地区、边疆民族地区、革命老区和基层一线流动。"② 这一指示源于人才在发达省市严重过剩，源于边远贫困地区、边疆民族地区和革命老区及基层一线等地对高素质人才的需求量和供给量严重不匹配的实践需要，反映了当前的人才区域分布实际和人才流动要求，为新时代人才流动指明了方向。理论的生命力就在于指导实践，"把群众盲目的实践，变成自觉的有目的的行动，这就是有理论指导的实践"③，运用理论思维就是要充分发挥科学理论对实践的指导作用。既然人才的培养、开发和使用是一门科学，我们就要注重把握其客观性，避免片面性和随意性，注重在实践中认识和把握规律、遵循和使用规律，以人才流动规律指导人才工作。

为解决地域间人才分布的不均衡，优化区域人才结构，增加边远贫困地区、边疆民族地区和革命老区及基层一线在"人才争夺战"中的吸引力。第一，要畅通人才跨地区、跨部门、跨行业、跨所有制向西部边远地区、农村贫困地区流动的渠道，将提高人才横向和纵向流动性的工作落到实处，促进人才合理流动，实现人才价值、效能和人才资源的优化配置，以避免人才的积压和浪费；第二，要提高边远贫困地区的工资标准和福利待遇，关心人才的生活状况，为人才扎根基层生活和安心工作创造条件；第三，要让基层锻炼成为人才成长的重要平台和实践选择，为青年提供更多深入基层，感受国情、社情、民情的途径，拓展人才的发展空间和晋升渠道，在基层锻炼中"让各类人才的创造活力竞相迸发、聪明才智充分涌流"④。

三、以政治思维提升人才思想政治素质

政治思维是政治主体对客观政治现象的能动反映，体现着人们的政治立场和政治

---

① 《马克思恩格斯文集》第9卷，人民出版社2009年版，第437页。

② 习近平：《决胜全面建成小康社会 夺取新时代中国特色社会主义伟大胜利——在中国共产党第十九次全国代表大会上的报告》，人民出版社2017年版，第65页。

③ 《建党以来重要文献选编（1921～1949）》第20册，中央文献出版社2011年版，第360页。

④ 习近平：《决胜全面建成小康社会 夺取新时代中国特色社会主义伟大胜利》，人民出版社2017年版，第65页。

态度。马克思主义经典作家在创立和发展人才理论的过程中，早已把人才问题与革命斗争相联系，作为政治问题、战略问题来看待。习近平总书记指出：“古今中外，每个国家都是按照自己的政治要求来培养人的。”[①]“科学无国界，科学家有祖国。”[②]可见，人才问题具有鲜明的政治意蕴。在新时代，要培养服务于社会主义事业的建设者和接班人，必须运用政治思维，明确人才的服务对象和社会责任，把握人才实现社会价值和个人价值的政治方向。

思想政治素质是人才的灵魂，是人才成长和发展中最持久的内在动力。在新时代，强化政治思维，应重视人才思想政治素质的统帅作用，从提升人才的思想政治素质入手。首先，要在坚定理想信念上下功夫。要坚持党管人才，坚定“四个自信”和增强“四个意识”，培育和践行社会主义核心价值观，引导人才把个人理想融入为实现中华民族伟大复兴的中国梦的奋斗中，培养为人民服务、为中国共产党治国理政服务、为巩固和发展中国特色社会主义制度服务、为改革开放和社会主义现代化建设服务的有用之才。其次，要在厚植爱国主义情怀上下功夫。通过弘扬爱国主义，从小抓爱国主义教育，从爱身边的一草一木，爱祖国的壮丽河山做起，了解祖国的灿烂文化和悠久历史，继承中华民族“先天下之忧而忧，后天下之乐而乐”的传统美德，引导青少年树立正确的历史观、民族观、国家观，培养爱国之情，砥砺强国之志，实践报国之行，让爱国主义精神在学生心中牢牢扎根。最后，要在加强品德修养上下功夫。“才者，德之资也；德者，才之帅也。”“良好的思想素质是一个人成为人才所必需的条件。”[③]人才培养一定是育人和育才相统一的过程，人无德不立，选人用人必须坚持德才兼备、以德为先的原则，“既要在‘大事’上看德，又要在‘小节’中察德”[④]，培养德智体美全面发展的社会主义建设者和接班人，培养有理想、有学识、重实干、作风正、爱祖国、讲奉献的时代新人。

四、以辩证思维发挥人才红利

辩证思维是唯物辩证法在思维中的运用，是指以全面的、系统的、联系的、发展的观点反映对象的思维方式，是开展人才工作必须掌握的思维方式。随着我国人才事业向纵深推进，我们必须不断接受马克思主义哲学智慧的滋养，更加自觉地坚持和运用辩证唯物主义世界观和方法论，增强辩证思维能力，让辩证思维在创新和发展新时代人才工作中发挥积极作用。

一方面，要辩证地看待我国的人口问题。习近平在中国科学院第十七次院士大会、

① 习近平：《在北京大学师生座谈会上的讲话》，《人民日报》2018年5月3日。

② 《习近平关于科技创新论述摘编》，中央文献出版社2016年版，第109页。

③ 罗洪铁、周琪：《人才学原理》，人民出版社2013年版，第130页。

④ 《习近平谈治国理政》，外文出版社2014年版，第419页。

中国工程院第十二次院士大会上谈道："我国是一个人力资源大国，也是一个智力资源大国，我国13亿多人大脑中蕴藏的智慧资源是最可宝贵的。知识就是力量，人才就是未来。"[①] 然而，长期以来，人口基数大往往成为制约我国经济社会发展的重要因素，廉价劳动力虽然一度拉动了经济增长，但"人口红利"的窗口期正在逐步消失的现状也是必须应当引起重视的。因此，要一分为二地看待我国的人口问题，既要面对我国人口基数大、高素质人才不足的现状，又要抓住潜在人才丰富的有利契机。运用辩证思维，从整体上驾驭复杂的人才局面，增强处理复杂人才问题的本领，探索培养人才的新路径。若能将人口优势转化为人才优势，把劳动力资源大国转变为人力资源强国和科技创新强国，在"人口红利"消失之际，形成人才优势，充分发挥人才红利，必将推动我国社会主义现代化建设大踏步前进。

另一方面，人才培养要抓基础、重长远。一切人才的成长都是一个从潜到显、从可能到现实的发展过程，人才培养切不可急功近利、杀鸡取卵，而是要立足当下、着眼长远。教育是培养人才的基础，教育兴则国家兴，教育强则国家强。"当今世界的综合国力竞争，说到底是人才竞争……教育的基础性、先导性、全局性地位和作用更加凸显。"[②] 培养人才必须从基础教育入手，提高广大劳动者的素质，特别是打牢青少年的基础。青年人肩负着建设富强民主文明和谐的社会主义现代化国家的重任，又处在价值观形成和确立的关键时期，加强人才培养，不但要横向铺开，还要纵向贯穿，从对青少年的教育培养抓起。一是要加强中小学教师队伍建设，制定激励政策，吸引更多优秀人才投身基础教育事业；二是要培养一批信仰马克思主义、在学科领域有影响的中青年一线教师，通过言传身教，引导学生运用马克思主义的立场观点方法观察生活现象，分析社会热点，让学生感悟马克思主义真理的力量，为学生成长成才打下科学的思想基础；三是要重视学校信息技术教育，构建网络化、数字化、个性化、终身化的教育体系，为青少年夯实根基、全面发展创造条件；四是要在专业、职业教育上下功夫，弘扬劳动光荣、技能宝贵、创造伟大的时代风尚，努力培养数以亿计的高素质劳动者和社会紧缺的技术技能人才。

五、以开放思维促进人才集聚

开放思维是顺应潮流、兼容并蓄、宽广纵深的科学思维。开放带来进步，封闭导致落后。在全球化深入发展的今天，我们要有更加开阔的眼界和更加开放的思维，自觉运用马克思主义的立场、观点、方法，秉持开放包容、合作共赢的精神，思考、谋

① 习近平：《在中国科学院第十七次院士大会、中国工程院第十二次院士大会上的讲话》，《人民日报》2014年6月10日。

② 习近平：《做党和人民满意的好老师：同北京师范大学师生代表座谈时的讲话》，人民出版社2014年版，第3页。

划、开展新时代人才工作，以海纳百川的胸怀和气魄广泛吸收海内外创新人才，集聚中华大地。

“创新之道，唯在得人。得人之要，必广其途以储之。”① 面对日趋激烈的国际竞争，我国创新性科技人才结构性不足的问题，在当前改革和发展的深水区日渐凸显，培养创新型人才已成为关系国家发展全局的核心问题。习近平总书记强调：“创新驱动实质上是人才驱动。为了加快形成一支规模宏大、富有创新精神、敢于承担风险的创新型人才队伍，要重点在用好、吸引、培养上下功夫。”② 运用开放思维开展人才工作就是要在用好、吸引、培养人才上着力，造就规模宏大、结构合理、素质优良的创新型人才队伍。

首先，要吸引高端人才。“引进一批人才，有时就能盘活一个企业，甚至撬动一个产业。”③ 要实行更加积极、更加开放、更加有效的人才引进政策，以“高精尖缺”为导向，集四海之气，借八方之力，不仅在国外调动人才离岸搞创新，吸引“候鸟型人才”兼职搞创新，还要引进海外高层次留学人才，坚持“支持留学，鼓励回国，来去自由，发挥作用”的方针，鼓励留学人员回国工作或以多种形式为国服务。同时，还要引进海外华侨特别是新华侨中的高层次人才。其次，要发挥“双一流”高校的作用。一流大学和一流学科肩负着引领科技前沿、产业前沿的重任，应积极带动学生走出国门，参与全球高层次人才交流和竞争，有重点地搭建国际高校合作项目，着力培养专业功底深厚、长期潜心研究的专业人才，培育知识生长的创新型人才，造就一支思维灵活、行动力强、组织能力强、动手能力强的优秀人才队伍，重点培养创业人才和工匠人才。再次，要尊重外来人才。要尊重外来的先进文化和观念，形成一种按法制规则办事的社会氛围，营造大气开放的创业环境，崇尚多元和合的价值取向，塑造大开大合的都市文化，为外来人才营造良好可持续的成长环境。最后，要构建国际人才网络。通过完善海外人才制度，保障外国人才合法权益，对做出突出贡献的外国人才给予表彰奖励，从“短期引进”转向“长期使用”和“永久扎根”，真正让国际人才“适应水土”，“落地生根”，“开花结果”。

六、以人本思维激发人才内在动力

人本思维反映在哲学研究和价值导向中，就是尊重主客体的辩证统一关系，强调主体的重要性，反映在发展观上，就是承认人民群众对社会历史发展的重要作用，认为人的自由全面发展是历史发展的归宿。人民性是马克思主义人才理论的鲜明特征，马克思、恩格斯在创建马克思主义理论和指导无产阶级革命运动的过程中，正是以现

① 施克灿：《得人之要，必广其途以储之》，《光明日报》2018 年 6 月 29 日。

② 《习近平关于科技创新论述摘编》，中央文献出版社 2016 年版，第 119～120 页。

③ 《习近平关于科技创新论述摘编》，中央文献出版社 2016 年版，第 122 页。

实的人为出发点，以人的解放和实现人的自由全面发展为最终目标，构筑起马克思主义人才理论的基本框架，将人本思维运用于新时代人才工作之中也是马克思主义人才理论的应有之义。

党的十九大报告将“坚持以人民为中心”纳入新时代坚持和发展中国特色社会主义的基本方略，把人民看作决定党和国家前途命运的根本力量，“以人民为中心的理念，为人民谋幸福的初心，体现着中国共产党人的追求，蕴藏着马克思主义的根脉，昭示着社会主义的本质。”① 人民是实践的主体，是物质财富、精神财富的创造者，是社会变革的决定力量。因此，新时代人才工作，必须遵循人的发展规律和发展宗旨，以培养自由的人、自主的人和自觉的人为目标。

一方面，要充分调动人才的积极性和主动性。人们对全面建成小康社会的强烈渴望，全民参与创造幸福生活的伟大实践，是实现“两个一百年”奋斗目标和中华民族的伟大复兴的根本动力。要充分发挥人才的主体作用，调动人们成长成才的积极性和主动性，把人才当作推动实现中华民族伟大复兴的中国梦的主体，激发各类人才的实践热情，汇聚各层次人才的力量。要把人才当作全面深化改革的主体，建立社会参与机制，践行群众路线，“充分发挥人民群众积极性、主动性、创造性，充分发挥工会、共青团、妇联等人民团体作用，齐心协力推进改革”②，不断增强我国各类人才的获得感、幸福感、安全感。

另一方面，要激发世界人才的正能量。人本思维的运用不能局限于国内，而是要从人类整体出发，关照整个人类社会。习近平总书记指出：“当今世界，人类生活在不同文化、种族、肤色、宗教和不同社会制度所组成的世界里，各国人民形成了你中有我、我中有你的命运共同体。”③ 因此，要注意打破民族之间、地域之间的狭隘与偏见，平等地对待不同地域、民族、国家的人才。积极实施对外人才计划，开展对口合作，派遣专家、建立职业培训中心、加强人才培训和企业家交流，切实帮助人才匮乏的国家解决工业化人才需求和能力建设问题。“一花独放不是春，百花齐放春满园。”要积极搭建世界人才流动的平台，在交流互鉴中促进各国人才的共同成长，充分调动不同类型人才的自觉性和自主性，共同开发人类的智慧和潜力，让世界人才资源充分涌流，激发不同地区、国家和民族人才的正能量，助力消解当今世界存在的各种问题与矛盾，让各国人才在共商共建共享共赢中开拓前进，进而推动构建人类命运共同体。

---

① 任仲平：《他的英名和事业永世长存——写在马克思诞辰200周年之际》，《人民日报》2018年5月2日。

② 《习近平关于全面深化改革论述摘编》，中央文献出版社2014年版，第60页。

③ 《习近平谈治国理政》，外文出版社2014年版，第261页

人才学科建设

“新时代人才发展定力与人才学学科建设”研讨会暨中国人才研究会人才学专业委员会第七届代表大会会议综述

孟晓红　朱　敏*

摘　要　人才学是我国现代学科体系中少数的本土学科之一，自 20 世纪 70 年代末 80 年代初诞生至今，已历经 40 载春秋，形成了较为完备的学科体系。随着中国步入新时代，人才发展的定力如何增强，人才学的学科建设如何继续向前，便成为重要议题。围绕会议主题，此次与会的专家学者以及青年研究生们畅所欲言，各抒己见，在人才学学科建设、习近平人才思想、人才的成长与培养以及人才的政策与制度等议题上作了深入研讨，为我国人才的发展提供了强有力的理论指导和借鉴，更为人才学学科建设建言献策，身体力行，描绘了宏伟的蓝图。

关键词　新时代　人才发展定力　人才学学科建设　习近平人才思想

为贯彻落实习近平新时代中国特色社会主义人才思想和党的十九大精神，加强新时代人才理论研究和人才学学科建设，服务国家人才培养和经济社会发展，中国人才研究会人才学专业委员会联合南京林业大学于 2019 年 6 月 5～6 日举办了新时代人才发展定力与人才学学科建设研讨会暨人才学专业委员会第七届代表大会。来自中国人才研究会、人才学专业委员会、南京林业大学、中国人事科学院、中国石油大学、中国政法大学、华东师范大学、西南大学、国防大学政治学院、军事科学院、山西大学等单位近 90 名专家、学者以及研究生们出席了会议。

一、会议概况

此次会议为期两天，经中国人才研究会秘书处和南京林业大学的精心准备，按开

* **作者简介**：孟晓红（1995～　）山东青岛人，华东师范大学教育学部职业教育与成人教育研究所成人教育学专业在读研究生；朱敏（1979～　）江西修水人，华东师范大学教育学部职业教育与成人教育研究所讲师，教育学博士，研究方向为终身教育与终身学习、人才开发、成人教育课程与教学设计等。

幕式、主题报告、大会发言、分组讨论、换届大会、闭幕式几个环节分段进行。

会议开幕式由人才学专业委员会第六届理事会理事长、中国石油大学教授郑其绪主持，南京林业大学党委书记蒋建清、中国人才研究会常务秘书长韦智敏分别致辞。蒋建清书记向参会的所有人员表示热烈的欢迎，他向大家介绍了南京林业大学的概况、办学理念、办学成就及特色、人才工作概况及师资力量等，并表示本届会议的举办将为南京林业大学的人才工作提供重要的启示和帮助。韦智敏秘书长长期关注本学会的工作，他代表中国人才研究会向会议的召开表示热烈的祝贺，并重点提到：重视人才工作是新时代赢得综合国力竞争的重要战略选择，期待此次会议会对我国人才工作、人才研究以及人才学学科建设起到进一步的推动作用，为实现人才强国努力服务。

学术会议，以文会友。在学术交流环节，会议设置了主题报告和论文发言两个模块，共有 19 位代表发言。主题报告邀请到了人才学领域的 5 位专家作发言，由中国人才研究会副会长、人才学专业委员会第七届理事会常务副理事长马抗美教授主持。论文发言一共有 14 位代表，根据选题与会议主题的贴切性、选题的重要性和创新性、学术写作的规范性、研究成果的理论和应用价值四条主要标准，通过多名专家的评审，在收到的 46 篇会议论文中最终选出。论文发言分为上、下半场，由人才学专业委员会的两位副理事长主持，分别是河海大学教授赵永乐和西南大学教授罗洪铁。会议主持人的主持为报告和发言增色不少。小组讨论环节于 6 月 6 日上午进行。之后，会议完成了人才学专业委员会的换届工作，并进行了简短的闭幕仪式。

二、会议报告内容

综括会议 19 位发言人的全部学术报告，此次会议的研究内容主要涉及人才学学科建设、习近平人才思想、人才的成长与培养、人才的政策与制度等议题。以下分别对各主题的主体发言内容和基本观点作梳理和概括，以飨读者。

（一）人才学学科建设

人才学学科建设问题是人才学专业委员会一直关注的重点议题，作为我国现代学科体系中少数的本土学科之一。人才学在 20 世纪 70 年代末 80 年代初应改革开放之局势破土而出，经过 40 年的发展，已经形成了较为完备的学科体系，吸引了一批老中青研究者对此予以持续深入的探索。

人才学专业委员会名誉理事长、华东师范大学叶忠海教授高瞻远瞩，他以《巩固和发展中国人才学学派的再思考》为题，对中国人才学学派的内涵、形成标志、形成的内外部动因作出了详细的解释，为中国人才学学派的框架性构建提供了有实质价值的参考内容。他着重提出，巩固和发展中国人才学学派应当有以下五个方面的思路与举措：第一，当前党中央把人才建设提升到了前所未有的高度，但同时，一批老学者、部队同志等因年龄及政策原因的退出也使得人才学研究共同体存在危机感，可谓是机遇与危机并存；第二，要在着力完善人才学的“三大体系”（学科体系、学术体系、话语体系）中发展人才学学派；第三，吸收相关学科力量参与人才学研究，尤其是社会科学和管理学；第四，坚持不懈地为设立人才学研究生教育学位点而努力；第五，“多力合一”，推进人才学学派发展。

人才学专业委员会第七届理事会理事长、北京教育学院副院长钟祖荣教授是人才学研究领域的资深研究者，他以《中国人才学研究 40 年回顾与未来发展的思考》为题，将人才学 40 年的发展分为开创、拓展、蓄势和繁盛四个阶段，总结了人才学与经济社会发展、人才工作、科技发展、研究机构与组织队伍、研究成果之间的规律性认识。他重点提出，未来人才学的发展应从研究的选题方向、研究的学术资源和方法、研究的机构和队伍建设、研究成果的发表和应用转化、人才学教学与人才培养的推进、学科体系的细化和拓展六个方面作出了策略层面的思考。

人才学专业委员会第七届理事会副理事长、中国（湖北）人才发展研究中心主任桂昭明教授在题为《人才经济的理论与实践》的报告中，分别从理论和实践层面介绍了人才经济以及人才经济学。他提出，人才经济是知识经济本质的体现和延伸；人才经济学则是以人才资源作为研究对象，研究人才资源与经济的内在联系以及人才经济发展的运动规律的学科领域。当前，人才经济的研究多采用量化的方法，具体可以分为整体综合研究和单项环节研究。

作为此次会议唯一的研究生代表，西华大学（宜宾学院）2017 级马克思主义理论专业研究生牟敏的发言题目是《新时代人才学话语体系转化路径探析》。她在报告中提出，人才学话语体系是在人才学理论研究和实践过程中，用来传播人才学基本思想，实现人才学学科目标的各种形式的言语互动和书面文本构成的有机整体。同时，从适应新时代、贯彻落实人才强国战略、提高话语实效性以及人才学学科建设与发展的客观要求四个角度论证了新人才学话语体系转换的必要性，并在最后提出了提高主体能力、丰富话语内容、创新话语形式三个新时代人才学话语体系转换的路径。

（二）习近平人才思想

党管人才是我国人才工作的重要原则。我国人才研究历来重视对主要国家领导人的人才思想研究。自 2013 年以来，习近平总书记在不同时间多处谈到人才及人才培养对国家和民族发展的重要性，形成了一系列关于人才问题的精辟论述。此次会议也有诸多学者对习近平人才思想给予了集中论述。

人才学专业委员会第七届理事会副理事长、军事科学院军队政治工作创新发展研究中心主任吴志忠教授在主题报告环节中作了题为《培养造就新时代高素质优秀军事人才的科学指南》的报告。他从新时代军事人才的战略地位和重要作用、衡量要素和时代要求、推进军事人才建设战略举措三个大方面进行了系统的总结、梳理和研究，阐发了习近平新时代军事人才思想。吴志忠教授在报告中重点提到，习近平总书记从三个“最”的视角来看待军事人才的地位，即最大全局、最高层度和最根本机理。关于新时代衡量军事人才的要素和要求，习近平总书记则是从人才评价的根本标准、能力素质要求、群体结构状态等多个维度，给予了深刻的阐述。关于如何推进新时代军事人才建设的战略举措，习近平总书记则提出了大力实施人才强军战略、加大军事人力资源政策制度改革力度、加紧构建三位一体新型军事人才培养体系和走军民融合造就高素质新型军事人才的路子四大举措。关于习近平总书记关于军事人才的论述的分析，对学习、理解和贯彻习近平新时代强军思想具有一定的理论意义和应用价值。

人才学专业委员会第七届理事会副理事长、北京大学人力资源开发与管理研究中心主任萧鸣政教授的发言题目是《习近平关于领导人才品德素质的思想分析》。他系统地分析了关于品德素质的相关思想，包括领导人才的品德素质结构、品德价值以及在品德结构中各因素的关系。同时，他还提出了六维度政治素质模型，即坚定的政治信念、正确的政治立场、严守政治纪律、优良的政治作风、锤炼政治担当、良好的政治能力。

人才学专业委员会顾问、西南大学教授罗洪铁的发言题目是《习近平关于创新重要论述研究》。习近平总书记提出了诸多关于创新的论述，罗洪铁教授对其中的“必须把创新作为引领发展的第一动力”“综合国力竞争说到底是创新的竞争”“科技创新是‘牛鼻子’和“人才队伍建设要突出创新”观点的内涵作了重点解读。这对于我们更好地理解和贯彻实施习近平总书记的创新思想具有重要的意义。

人才学专业委员会第七届理事会副理事长、西南大学的周琪教授作了题为《习近平新时代人才创新思想与实践》的发言。她提出，人才与创新是习近平新时代中国特色社会主义建设的重要主题，主要包括：创新是人才的本质属性，科技人才是人才创新的重点队伍，从中华优秀传统文化中汲取人才创新的文化根基。她提出只有通过人才创新教育，搭建人才协同创新平台和人才创新引进激励机制，才能提升人才创新力开发的有效性。

人才学专业委员会常务理事、西南大学副教授唐斌的发言题目是《习近平正定工作时期的“人才经”及其科学思维研究》。他介绍了习近平总书记在正定工作时期的“人才经”，即从战略高度认识人才，用优惠政策吸引人才，用多种渠道开发人才，用良好的教育助推人才队伍建设。他提出科学思维是战略思维、辩证思维、历史思维和创新思维，这一研究对于实施人才强国战略，具有重要的理论和实践意义。

（三）人才的成长与培养

新时代的中国求贤若渴，如何培养为国家建设做贡献的人才是当前党和国家关心的重要问题。人才学专业委员会历来重视人才培养工作，本届年会也有不少专家学者对该问题进行了交流分享。

人才学专业委员会第七届理事会副理事长、山东省人民政府参事齐秀生教授以

《着力培养富有创新精神的人才》为题，提出应该从六个方面推进大学生创新精神的培养：第一，培养大学生博学恒学的意识；第二，培养大学生独立思考的能力；第三，培养大学生敢于质疑的胆识；第四，培养大学生开放包容的胸怀；第五，培养大学生充满活性的思维；第六，培养大学生顽强探索的魄力。

人才学专业委员会第七届理事会副理事长、中国海洋大学的薛永武教授以《主体性是人才发展的强大动力》为题，从哲学的主体性出发，阐释了主体性对人才发展的强大影响。他认为主体性能够促进肉体生命与精神生命的有机统一，主体性体现了对社会生命的尊重，有利于实现创造生命与享受生命的有机统一。因此，主体性是人才发展的强大动力。

人才学专业委员会第七届理事会副秘书长、上海社会科学院政治与公共管理研究所研究员汪怿的发言题目为《战略科技人才：一个赢得未来的重要命题》。他在发言中认为：面对未来世界的竞争，必须突出战略科技人才对科技创新、赢得全球竞争的决定意义、战略意义，抓紧引进、培养造就战略科技人才。同时，他阐释了战略人才的内涵、特征、意义、成长路径分析、SWOT 分析以及成长发展的对策。这对于我国人才工作的开展具有重要的借鉴意义。

人才学专业委员会第七届理事会理事、深圳技师学院副教授吕利平发言的题目是《通向大国工匠之路——技能人才个体成长规律论》。在报告中，他从综合人才学、高技能人才以及人力资本理论这三大视角的基础上，提出了技能人才个体的六大成长规律分别是技能报国成才律、岗位专一成才律、苦练巧练成才律、学拜名师成才律、挑战自我成才律、勇于创新成才律，这为创立技能人才学学科理论体系作出有益的探索。

人才学专业委员会第七届理事会理事、徐州工程学院的教授袁兴国在《乡村振兴，人才引领》的发言中提出，乡村振兴战略的实施中，人才引领是核心，而人才引领的重点就是要做好三支队伍和一个体系的建设。三支队伍是新型职业农民队伍，科技专业人才、大学生创业者和企业家队伍以及一支热爱农村工作，懂农业、爱农村、爱农民、会管理的工作（干部）队伍。一个体系则是乡土人才评鉴认定、培养使用、激发活力、服务保障的政策体系。

人才学专业委员会第七届理事会副秘书长、中国政法大学副教授袁芳在《论人才个体创新能力的本质内涵、生成逻辑和培育路径》的发言中提出，通过对 100 名改革先锋事迹的文本分析发现：改革开放的伟大决策、中国共产党主导力量的发挥、个体多种素质和能力的厚积薄发、宽松民主的社会环境构成了人才个体创新能力的前提条件、组织保证、内在条件和外部支持。新时代个体创新能力的培育重点在于树立创新能力组织开发和自我开发的意识；改革人才评价制度，注重创新精神的培养；全面深化改革开放，培育包容性的创新文化。

（四）人才的政策与制度

习近平总书记指出：要建设具有全球竞争力的人才制度体系，聚天下英才而用之。[①] 人才的发展离不开国家政策和制度这一大环境的支持，对人才政策和制度作理论层面的研究有利于加快构建国家的人才制度体系，提升人才发展的定力和活力。针对该问题，与会的专家学者们也发表了自己的观点。

中国人事科学研究院院长兼人事与人才研究所所长王通讯在主题报告环节作了题目为《新机器时代与就业政策调整》的报告。他提出，随着第四次工业革命的展开，新机器时代带来的智能化促使大量工作消失，当前，这一问题的解决之道是全社会树立起重视非正规就业或“灵活用工”的意识。在中国，非正规就业的人群主要有兼职人员、自由职业者和合同工三类。人力资源管理部门应该主动进取，有所作为，将非正规就业作为一项新的政策调整内容，大力支持这一就业类型，这是适应时代发展的需要，也是适应社会变革趋势的明智之举。

“前事不忘，后事之师。”中国拥有着五千年的文明，古人的人才政策、制度和思想对我们有着重要的价值。南京林业大学的丁徐清博士的发言题目是《法家人才思想简论》。他认为，法家学者对选拔人才的重要性的认识与当代管理学并无二致。法家更是有强烈的人才选拔意识和系统的人才选拔思想，这些思想包括“选贤”而不“尚贤”的辩证法、分别“良臣”和“劳臣”的类型学以及“使法择人”的用人思想。这些思想对于当代人才的选拔和管理，包括当今人才领域制度的制定具有借鉴意义。

人才学专业委员会第七届理事会理事、杭州电子科技大学教授马香媛发言的题目是《区域科技人才政策比较及实施效果分析》。这一研究基于修正工具的视角，构建了“政策工具—科技人才发展阶段—人才响应”的多维分析框架，并选取北上深南皖杭六省市为作为样本。其研究发现六省市人才政策呈现不同的发展态势，即北京、上海和南京的政策二维分布图呈“T”形，深圳、安徽的政策二维分布图呈“O”形，杭州的政策二维分布图呈点状分布。同时，北京与安徽的人才引进和培养政策成效显著，南京和深圳的效果不佳。北京及深圳的激励与管理的政策成效较高，杭州的效果一般。

人才学专业委员会理事、南京邮电大学副教授吕江洪发言的题目是《南京构建具有全球竞争力的人才制度体系研究》。她在发言中表示，南京是中国“一带一路”建设的重要节点城市、东部地区的重要中心城市、长三角唯一的特大城市、国家重要的科研教育基地。加快构建具有全球竞争力的人才制度体系，提升全球配置人才资源能力，聚天下英才而用之，是培育南京的人才竞争比较优势、参与全球人才竞争的战略选择。因此，她的研究是从南京人才制度体系的现状分析入手，总结成绩，找出短板，提出南京构建具有全球竞争力的人才制度体系的目标与内涵、主体与客体、两大实现路径、

① 《习近平就深化人才发展体制机制改革作出重要指示》，新华网，http://www.xinhuanet.com/politics/2016-05-06/c_1118820251.htm，2016-5-6。

四项核心制度以及五项具体内容。最后，她提出实施与保障的建议，即关注人才本位、人才法治和人才生态。

三、分组交流观点

在6月6日进行的小组讨论中，各个小组对人才学的学科建设问题做了进一步的讨论。在小组汇报分享的环节，各小组代表对此问题发表了自己的见解。

人才学专业委员会理事、上海大学机关党委妇女主任张英姿所在小组的专家学者各抒己见，提出应该从以下方面作出改进：第一，提升学科地位，树立强烈的学科意识，从学科的独特性、价值性、发展性三个方面来引领学科方向，找准研究对象，提炼具有前瞻性、独特性、有影响力的话题。第二，搭建学术平台，创建具有权威性的期刊，要有一刊、一会、一库和学位点，帮助青年学者尽快成长。第三，人才学理论方法要与时俱进，树立领航意识、长板意识、安全意识、学习意识、创新意识。第四，努力创造自己的人才体系，建立文化自信。在实践教学中，将人才学和人力资源融合，与国内外形势相结合。

人才学专业委员会第七届理事会副理事长、宜宾学院教育科学学院院长何会宁所在小组经过热烈的讨论，针对人才学学科建设中关于人才学研究生学位点的申报问题，提出如下建设性的建议：当前专业委员会成员单位中，由人才学研究基础较为深厚的学校，如南京理工大学、西南大学、山西大学等牵头进行申报。在小组讨论环节中，宜宾学院教育科学学院院长何会宁所在的小组对人才的创新性和主体性问题进行了探讨。该组的专家学者指出，要将创新性和主体性相结合，强调主体性，加强主体性和创新性的研究。军事科学院研究员张杰建议将人才的主体、人力资源的开发进行分类的比较研究。同时，各位专家学者分别就人才学各个方面的问题发表了自己的意见和看法。

人才学专业委员会第七届理事会副秘书长、华东师范大学朱敏博士所在小组认为，学科建设的推进必须具有层次性，学科建设是从实践中长出来的。同时，她提出了人才学的学科建设有两条路可以走：一条是传统路径，即人才学学科单独建设；另一条路则是非传统学科建设路径，即学科之间进行合作，就某一个重大人才研究问题进行有边界的合作研究。与此同时，该组专家学者对人才学的经典问题中的三个问题进行了讨论。这三个问题为：人才学的研究对象是什么？人才学的研究和实践如何结合？人力资源与人才学的区别是什么？经讨论得出：人才学的研究对象是具有动态性的人；人才学研究者应该了解实践，结合实践作研究；国外人力资源管理的对象是组织内的岗位，我国的人才学研究应该是对人而不对事。

人才学专业委员会理事、国防大学政治学院的何元茂教授所在小组对于人才学的发展道路提出如下建议：第一，人才学的成长、繁荣和升级，必须要作好基础学科的研究，整合各方面的研究力量，互助共赢；第二，学科建设和人才工作要与时俱进；第三，人才研究要有定力和坚守，增强人才研究定力，勇于探索人才学科的未知领域。

各小组的专家学者们结合自身从事的人才学理论研究和实践活动，一致认为：人才学学科建设在人才发展、人才培养、人才管理、人才合理配置、人才合理使用等多方面都发挥了重要作用，为社会经济发展做出了积极贡献。同时，对人才学的学科建设、未来发展等问题进行了深入的探讨和研究。专家们表示，今后将继续努力，迎接新一轮的人才大发展，为人才强国战略的实施做出新的贡献。

四、换届与闭幕工作

6 月 6 日，人才学专业委员会进行了第七届代表大会的换届仪式，由人才学专业委员会秘书长黄健主持。换届仪式主要分为三个环节：

第一个环节是由人才学专业委员会第六届理事会理事长郑其绪对第六届理事会的工作进行总结汇报。郑其绪教授总结了第五届和第六届理事会的五点成就：第一，人才学专业委员会始终坚持正确的政治方向。坚定马克思主义人才观，坚持研究性、群众性和非营利性，理事会的队伍具有亲和力和凝聚力。第二，始终围绕国家人才战略开展工作。专业委员会的专家和学者多次参与中央人才领域文件的制定以及人才的评估工作，主持了一批重大科研项目，编纂了《新编人才学大辞典》等，为人才强国出版工程做出重大贡献。第三，多方努力推动人才学科建设。人才学进入了《学科分类与代码》（国家标准），成为二级学科。近年来，人才学三级学科也在不断涌现。第四，注重人才培养，形成人才梯队。第五，不断加强组织建设、作风建设和制度建设。人才学专业委员会不断加强自身的建设，成员形成了良好的精神作风。郑其绪教授认为过去的八年是思索的八年、丰收的八年、发展的八年和值得总结和回望的八年。

第二个环节由黄健秘书长对第七届理事会人选变动原则进行说明，并由人才学专业委员会全体理事对正、副理事长，正、副秘书长候选人进行举手表决。通过民主选举和表决后，人才学专业委员会第七届理事会全体候选人全票通过。本届理事会共有理事 129 名，常务理事 63 名。华东师范大学教授叶忠海任名誉理事长，中国石油大学教授郑其绪等 4 名专家任顾问，北京教育学院副院长钟祖荣任理事长，中国政法大学教授马抗美任常务副理事长，王培君、司江伟等 14 名专家学者任副理事长，华东师范大学人才发展研究中心主任、教授黄健任秘书长，北京教育学院基础教育人才研究院常务副院长石瑒等 7 名专家学者任副秘书长。

第三个环节是第七届理事长钟祖荣发表讲话。钟祖荣教授首先表达了对中国人才研究会各位理事支持和信任的感谢。其次，他阐述了自己任新一届理事长的三个打算：第一，用天时。他表示，当前是一个新的时代，新的时代赋予了我们新的使命和担当，应该紧紧围绕着 2019～2024 年国家出台的新政策和新规定作相应的研究。第二，尽地利。尽中国之地利、尽开放与全球化之利、尽各地各校之利。第三，重人和。重理事会老中青三代人之和、重理事会五个系统之和、重多学科力量之和。最后，他也表达了自己的四个打算：学术研究上有新突破、经世致用上有新贡献、学术平台上有新努力、工作机制上有新面貌。

闭幕式也是由人才学专业委员会秘书长黄健主持。年会对本次的获奖论文进行了颁奖，本次年会共收到46篇论文，经过专家组评选，共有6篇论文获得一等奖，9篇论文获得二等奖，9篇论文获得三等奖。获奖论文结合习近平总书记新时代人才思想，对女性人才、高校科技人才、战略人才、乡村人才、外语教育人才、军事人才的培养和发展进行了深入研究。同时，论文中也不乏对人才建设的现状、困境以及未来发展的对策的研究。专家学者们用自己的行动和研究成果表达了自己对人才学的热爱和在新时代要努力开创人才学研究与教学新局面的信心与热情。

会议的圆满落幕代表着人才学的专家学者们又一段新征程的开始，相信对人才学抱有热情的专家学者们一定会利用自己的资源和知识，为人才学的发展做出新的贡献。

试述《女性人才学概论》在人才理论研究、学科建设与社会践行中的作用

刘翠兰　冯爱红*

摘要　《女性人才学概论》是我国第一部以“女性人才学”命名的著作，具有开创性和前瞻性的意义。首先，它推动我国在 20 世纪 80 年代末初步形成由高校、党校、妇干校（妇女理论研究室）以开设女性人才学课程为目标的“三位一体”联合探讨，强化构架女性人才学体系的建设。其次，它促进了我国女性人才学研究队伍的集聚，全国和各省市、地区女性人才学会等学术群体组织的建立。最后，它通过调研分析和对比提出实际可行性的对策，对中国女性领导人才的成长和开发具有指导意义。

关键词　女性人才　女领导人才　理论研究　学科建设　社会践行　科学对策　开发人才

“1979 年 7 月，贵州省科技情报所雷祯孝、蒲克两人撰写的《应当建立一门‘人才学’》得到当时《人民教育》杂志社副总编敢峰（方玄初）和总编室副主任王通讯两位同志的大力支持，并在《人民教育》上发表。接着，王通讯和雷祯孝两人连续在《人民教育》发表了四篇人才论文。……由此，引发了全国对成才问题和创建人才学的高度关注和大讨论。于是，1979 年人才学作为一门独立的现代学科在中国的科学园地破土而出。”①

一、女性人才学的产生

人才学这门新兴学科产生之后，一开始就倍受社会和人事组织工作者的欢迎，尤其受到渴望成才指导的广大中青年的迫切需求。因此，在我国人才科学研究领域出现了生机勃勃的景象，人才研究会遍布全国，人才学登上了高校和干部培训的讲堂。随着人才科学研究的深入发展和实际需要，人才学的分支学科不断涌现。在我国，代表

---

* **作者简介**：刘翠兰（1933～　），黑龙江饶河人，山西大学哲学社会科学学院教授，研究方向为哲学、人才学；冯爱红，太原理工大学继续教育学院副教授，主要研究方向为继续教育、女性学。

① 叶忠海编：《人才学基本原理》，蓝天出版社 2005 年版，第 57 页。

女性人才学开发研究起步较早的是华东师范大学教授、人才学专家叶忠海，他于1987年撰写了《女性人才学概论》，由北方妇女儿童出版社出版，标志着我国女性人才学的出现，受到了广大妇女工作者和研究者的欢迎。这对于我国妇女工作、教育工作和培养、使用女性人才，尤其对女性学和女性人才学的研究开发起到了重要的先导和推动作用。

《女性人才学概论》是我国第一部以“女性人才学”命名的著作，在中国人才科学和妇女理论研究发展史上具有开创性及前瞻性的意义，它唤起了女性在改革开放中自我意识的觉醒、奋进、开创和成才。该著作涵盖的内容比较丰富和全面，构筑了女性人才学研究的基本体系和基本框架。在1987年成书之前，作者已从事人才学研究和教学工作多年，出版有《人才学概论》《人才教育学》《列宁人才思想研究》等著作，他感悟到女性人才的独特作用。女性及女性人才问题关系到全人类的解放和人的全面发展，在此基础上，《女性人才学概论》是奉献给广大的组织人事管理干部和人才研究者、广大教育和妇女工作者以及女性人才和女性理论研究者和爱好者的一本好书。全书共五篇十四章，还有附录、附文、主要参考书目和论文，共26.4万字。该书详细论述了女性人才学的产生、研究对象、内容和方法，全面阐述了女性人才的社会功能及成长发展的内外因素，女性人才开发、教育、使用保护和终身设计等，为在我国开创女性人才辈出的局面提供了理论联系实际的可行性的战略对策。该书的出版推动了人才科学向纵深发展，为女性人才研究奠定了理论基础。全国女性人才研究会秘书处多次订购该书，一直传播运用了20余年，至今仍具有重要价值。

二、女性人才学的发展

女性人才学的产生是社会发展的需要，是改革实践的推动，是人才理论核心的转化，也是妇女理论的升华。自从1987年叶忠海教授的《女性人才学概论》专著在中国问世之后，关于女性人才学的专著陆续出版（见表1）。

女性人才学科建设的起步、女性人才研究队伍的集聚、女性人才学术团体的建立为女性人才学的构建与发展，创建了科学、理论、人才、组织、宣传等意识形态及物质形态诸领域的有利条件，奠定了女性人才学科列入科学之林的基础。

（一）具有代表性的女性人才学著作

表1　女性人才学相关专著出版情况

书名	作者	出版社	出版时间
女性人才学概论	叶忠海	北方妇女儿童出版社	1987年
新女性的成功之路	罗茜	红旗出版社	1988年
妇女成才论	梁旭光	山东人民出版社	1989年
女性成功的奥秘	梁军	四川人民出版社	1989年

续表

书名	作者	出版社	出版时间
女性人才论稿	张楠	江苏人民出版社	1990 年
妇女人才学论稿	刘翠兰　侯秀娟	中国妇女出版社	1990 年
成功女性自修指南	方军	大连出版社	1990 年
女性人才学	余衍漪　戴小娟	科技大学出版社	1992 年
女性人才	王乃家	中国妇女出版社	1992 年
女性人才学	吴庆仁	中国妇女出版社	1994 年
中国知识妇女	尹瑞玲	国防大学出版社	1995 年
女性人才开发	余衍漪	重庆出版社	1995 年
女性成才之路	文献良　况世英	四川人民出版社	1997 年
面向二十一世纪——女性成才探索	陈驭涛　冯树恩	中国妇女出版社	1998 年
现代女性人才资源开发	安树芬	中国妇女出版社	1999 年
中国女领导人才成长和开发研究	叶忠海	上海科学技术文献出版社	2000 年
女大学生成才学/女大学生成才学新编	姚钦英　李晓燕　孙元化	华南理工大学出版社/华中师范大学出版社	2003 年/2008 年
女性人才学	刘翠兰　王少宁　冯爱红	中国妇女出版社	2011 年

（二）女性人才学学科建设

1984 年 7 月，国家教育部批准妇干校改名为“中华全国妇联管理干部学院”，后又改为“中华女子学院”。该校以学历教育为基础，以岗位培训为重点，培养社会主义现代化建设需要的“四自”妇女人才。1984～1995 年，该校在开设妇女理论课程的同时，正式开设了妇女人才学，在开展妇女学科的科研活动中，进行了妇女专业课教材建设，编写了适合基层妇女干部岗位培训的教材，如《女性心理》《妇女组织与妇女工作》《女性人才学》，1992 年由中国妇女出版社出版。广东省妇女干部学校于“（20 世纪）80 年代后期，按照妇联干部教育现代化要求，比较规范地开设了妇女学、妇女心理学、妇女运动史、妇女工作管理、妇女人才学等课程”①。吉林省妇女干部学校在 1985 年恢复办学起，就陆续开设了妇女学原理、妇女运动史、妇女人才学、妇女领导学等一些新兴的边缘学科和综合性学科。至 1986 年，全国有 17 个省市妇联开办了妇女干部学

① 孙晓梅编：《中国妇女学学科与课程建设的理论探讨》，中国妇女出版社 2001 年版，第 238～239 页。

校。在开设妇女学的同时，还开设了妇女人才学，并且在各级党校和高等院校开设了女性人才学课程或专题讲座。1987 年，华东师范大学叶忠海教授著述的《女性人才学概论》等著作的出版，说明在 20 世纪 80 年代末我国已初步形成由高等学校、党校、妇联（妇干校、妇女理论研究室）“三位一体”联合探讨构架女性人才学学科体系的新格局。

（三）女性人才学研究队伍集聚，女性人才研究会成立及其发展和作用

“20 世纪 80 年代至 90 年代渐具规模的妇女研究新格局——不同学科背景、不同研究渠道的人员在研究过程中逐渐形成各具特色又相互沟通融合。”[①] 他们有共同的事业、共同的追求，虽有工作岗位的不同、职级的差别，虽有学科专业的不同、层次的差别，但研究的社会性别视角却在“尊重知识，尊重人才”的号召下聚焦，关心、热爱女性人才研究的人们走到一起。于 1989 年 12 月成立的中国女性人才研究分会，在其总会——国家发改委所属的中国人力资源开发研究会和中华全国妇联所属的中国妇女研究会直接领导下，依靠大批国内外享有盛名和颇有雄厚实力的专家学者，例如前任会长周光宇是我国著名女科学家、全国政协委员；前任会长叶叔华是中科院院士、原全国人大常委，上海人大常委会副主任、国际天文学会副会长、中国科学院上海天文台台长、全国十大杰出女性、著名女天文学家，有颗星被冠以“叶叔华星”，中国人力资源开发研究会副会长。最初由叶忠海（华东师范大学教授、中国人才研究会副理事长、中国人力资源开发研究会女性人才研究分会副理事长）和王翠玉（上海市女子实验函授进修学院院长、原上海市妇女干部学校常务副校长，中国人力资源开发研究会女性人才研究分会副理事长兼秘书长）二人发起的女性人才研究会，曾有 400 余名个人会员，并在重庆、四川、江西、内蒙古自治区、黑龙江、山西、山东、江苏、甘肃、上海等地成立了女性人才研究会或女性人才研究中心。一些高等院校也成立了女性人才研究中心，致力于女性人才学学科建设和开设女性人才学课程。为开发女性人才资源，帮助贫困妇女上岗就业、再就业、培养技能型的女性人才，王翠玉院长自筹资金在上海市建立了女子实验函授进修学院。她以陶行知的“捧着一颗心来，不带半根草去”的贫民教育理念办起的女子平民学院，在 2017 年间免费培训了 4 万多名贫困女性，使她们掌握了劳动技能，脱贫致富，走上成功成才的道路。2003 年，山西将女性人才研究引入家庭，受到太原市小店区委、区政府的高度重视，以小店区妇女联合会主席牵头创办了区、乡（镇、街道）、村（社区）母亲学校三级网络，提出“改变女性存在结构从改变母亲开始”的教育理念，建立区、乡（镇、街道）、村（社区）妇联主席担任母亲学校校长，同级教育行政部门主要领导或学校校长为教导主任的教学体制，自编了母亲学校课程。2006 年，山西女性人才研究中心落地于小店区，又由小店区妇女联

① 曲雯：《面向 21 世纪　促进妇女学学科建设》，《妇女研究论丛》1998 年第 3 期。

合会牵头，联合驻地中共山西省委党校、山西省社会科学研究院、高等院校创建了纵向资源整合、以小店区地方财政支撑的“四位一体”的小店区妇女研究与培训基地，该研究基地一方面通过科研和教学在高等院校开设女性人才学和女性学课程，以培养和提高社会性别意识；另一方面以行动研究课题指导区域妇女工作实践，开发女性人才资源与妇联“四大主体”活动相一致，以实现女性人才多层次、多类别的全面整体开发战略，从而促使这个理论性和实践性较强的研究领域更加活跃，更加成熟。叶忠海教授的《女性人才学概论》是社会科学研究和学科建设的重要组成部分，而且是构建社会主义现代化社会过程中妇女运动发展的重要内容。

中国人力资源开发研究会女性人才研究会成立以来，一贯重视女性人才开发的研究，曾召开了以“当代中国女性人才开发”“社会主义市场经济与女性人力（才）资源开发”“面向二十一世纪女性人才发展”“中国西部女性人才发展”“经济全球化与中国女企业家发展”“中国城市化与农村妇女发展”“新时期女性人才开发”“推进女性成才、构建和谐社会”“以社会性别的视角，多层次多类别开发女性人才”为题的国际和国内的研讨、讲座和论坛。由周光宇任组长，叶忠海、王翠玉、张黎明为副组长组团，于1995年参加了联合国第四次世界妇女代表大会，在非政府组织论谈论坛的举办了“关于女性人才开发”的分论坛。国内外参会者聚集在中国北京怀柔中学教室里，对女性人才开发进行着热烈而有秩序的讨论，以谋求平等、发展与和平为目标，研讨女性人才开发的现状、存在的问题和对策，体现了性别的和谐与世界的和谐。该研究会还举办了题为“社会性别与女性人才发展”的上海国际论坛、“2010全国女性论坛：世博会与女性人才的美好生活”。

三、女性人才学的社会践行

叶忠海教授在20世纪80年代研究了女性人才辈出的社会条件，提出“社会重大变革与女性人才辈出”[①] 之间有着内在的必然联系。他认为：“可以预料，21世纪从本质上说，即是以人才资源开发为时代动力的崭新世纪。”“妇女的素质直接影响民族的素质，妇女的发展水平直接牵涉到一个国家的综合国力，女领导人才开发又直接关系到整个领导人才队伍建设。”[②] 他主持和负责组织9个省市的组织人事领导和管理者以及人才科研人员承担了国家哲学社会科学基金项目（批准号：93BDJ011），获国家人事部一等奖。人才科学理论的发展如同其他科学一样离不开社会实践的源泉和验证，叶忠海教授的研究不仅和学科建设密切结合，而且以理论开发支撑学科的开拓和建设；理论取之于社会实践，有回归于社会实践，服务于推动人类的进步和社会的发展。国家人事部人事科学研究院原副院长王通讯研究员为组长的鉴定组对叶忠海教授主持的

---

① 叶忠海：《女性人才学概论》，北方妇女儿童出版社1987年版，第247～252页。

② 叶忠海：《中国女领导人才成长和开发研究》，上海科学技术文献出版社2000年版，第3页。

该课题的鉴定结论中提出：（1）在人才成长理论研究上，有新的突破，科学地揭示了女性领导人才成长内在因素的特殊性、外在环境支持系统及其要素，且具有较佳的创造实践模式；并对女性领导人才总体成长规律作了卓有成效的探讨和最新的理论概括。（2）在开发对策上达到了前瞻性战略构思与现实可操作性的高度统一。课题理论研究的社会践行的实际价值更在于“研究报告既作一般的战术对策，又作超越于一般对策的宏观战略构思，还对东、中、西部不同区域的开发，进行了有针对性的专门研究”①。

此次研究通过“区域比较”总结出女性领导人才的自身素质状况和发挥女性领导人才潜能的客观优势。在大数据列表统计的结果中：上海女性领导干部占同级干部总数的比例、参政文化素养及参政的专业素质高于和领先于其他五省市；从参政意识比较，山西女性领导干部参政的自觉程度和主动精神超出其他省区；从女性领导人才结构的比较，广西女性领导干部总体处于最佳期比例为最高；从人才资源利用率比较，根据大数据计算结果，上海女领导人才资源利用率达69.52%，占六省区首位，依次为福建、广西、湖南、山西、内蒙古。②

此次通过具体研究对比，制定出有针对性的女性领导人才的开发对策。人才理论研究的目的和价值主要在于在理论研究成果的指导下，转化成有针对性和可行性的进行社会实践的科学对策。山西省以省委组织部主管干部的副部长和办公室主任为组长和副组长的研究课题“山西省女领导人才成长和开发研究”，围绕三个方面展开：（1）女性领导人才队伍开发的现状分析；（2）存在问题的主客观因素；（3）促进女性领导人才成长和开发的若干对策，并在此基础上提出因地制宜、对妇女干部的使用适当倾斜的意见。山西以换届、机构改革为契机对妇女干部采取女干部“四优先”的倾斜政策，即“在提拔使用干部时，同等情况下，优先录用女干部；在推荐和提名各级党代会、人代会代表及领导班子候选人时，同等情况下优先推荐女干部。这‘四优先’的倾向政策是根据山西的实际情况，因地制宜地采取的措施”③。实践证明，理论研究通过政策的实施和践行对选拔妇女干部起到了推进的作用，促进了中国女性参政议政的实际作用，提高了中国女性参政议政的社会地位，这不仅关系到女性自身的解放，而且关系到社会的发展和进步。

综上所述，叶忠海教授的《女性人才学概论》一书从理论研究到学科建设直至社会践行的社会作用和影响力，表明他在人才科学研究系统工程序列中的创意、创新和创业的亲临亲行，做事为人，开拓为业，创造有成。他从20世纪80年代开始到山西讲授人才学至2017年全国（山西）女性人才发展论坛，作了题为《人才理论创新和展望》的首席演讲。40年间为山西人才科学理论的建设和人才开发，从省市地区、机关、

① 叶忠海：《中国女领导人才成长和开发研究》，上海科学技术文献出版社2000年版，第312页。
② 参见叶忠海：《中国女领导人才成长和开发研究》，上海科学技术文献出版社2000年版，第61页。
③ 叶忠海：《中国女领导人才成长和开发研究》，上海科学技术文献出版社2000年版，第138页。

高校的实事求是的理论联系实际的讲座，学术报告与人才学科的建设，人才科学的社会组织的建设以及人才个体和群体的开发均起了巨大的推动作用。更为重要的是，叶忠海教授的《女性人才学概论》和《中国女领导人才成长和开发研究》（研究报告）既扎根于基层的土壤，激励人人成才和多层次多类别的开发人才；又引起政府的重视，让人才理论上升到决策层，以政策保证人才成长发展，顺利地开创人才开发的新局面，取得了人才理论研究和人才科学社会践行的双丰收。

《中华人民共和国人才法》立法框架及其概要

王平荣*

摘要 当前，世界各地基本已经达成“未来竞争是人才的竞争”的共识。然而，人才竞争应当依法进行，特别是未来需要什么样的人才法、社会需要什么样的人才法、国家需要什么样的人才法、政府需要什么样的人才法、中国共产党需要什么样的人才法、人民需要什么样的人才法等问题，仍然缺乏理论的探索和实践经验的总结。除了以上的人才法立法框架外，立法概要部分应当考虑有如下内容：《人才法》的人才法则、人才规律、人才发展、人才战略、人才体系、人才规划等。

关键词 《中华人民共和国人才法》 立法框架 立法概要

“未来竞争就是人才的竞争”，这是当前世界各地早已能达成的共识。无论是未来社会竞争还是人才竞争，都应当是依法进行的。然而，限于现有的检索工具，我们还没有能够借助工具“检索”到哪个国家有标题为“人才法”的全面立法。

《中华人民共和国人才法》这个早已在笔者头脑里萦绕了33年的立法问题，应当有一个答案，我们的现实生活也需要一个确切的答案。因为，我们已经进入了法治国家、法治政府、法治社会的时代，对于国家、政府、社会的基本单元，人才无疑是重要的，而且应当从法律的层面上给予固定。2017年，笔者在《东方论坛》上发表的文章明确表达了尚没有“人才法立法保障”的忧虑。①

依法成为人才，人才依法办事。在法律框架内，讨论《中华人民共和国人才法》（以下简称《人才法》）的立法，按照《人才法》的立法逻辑，再有针对性地提出概要内容，当前需要给出的立法框架就是：未来需要什么样的《人才法》，社会、国家、政府、党和人民需要什么样的《人才法》。当前，这依然缺乏理论探索和实践经验总结。

* **作者简介**：王平荣（1967～ ），江苏省苏州市中级人民法院文书审核办公室主任、副处级审判员，研究方向为人才法治、法治人才、人才学研究、人才法研究、人力资源管理、人才竞争规范化制度化。

① 参见王平荣：《司法鉴定文书文理表达研究》，《东方论坛》2017年第3期。

一、立法框架

（一）未来需要的《人才法》

未来系于人才。《人才法》应当面向未来。只有面向未来，才能够适合且适应未来人才的蓬勃涌现。脱离《人才法》立法，不利于未来对于人才争议的处理，也不利于人才本身。人才的定位应当面向未来，脱离未来所定位的人才不再是人才。

人才决定未来。《人才法》应当关注人才。《人才法》应当面向未来，具有未来特性的同时，还应当关注人才，把人才作为基本关注点。《人才法》应当定位人才。这是《人才法》立法的最基本的要求，脱离了对人才进行定位的《人才法》，便是无本之木。

（二）社会需要的《人才法》

1. 人才面向社会

（1）《人才法》应当立足社会。《人才法》立足社会的逻辑起点在于，所有人才都是特定社会的人才，离开特定社会的人才根本就不存在。只有立足社会进行《人才法》立法才具有可行性。

（2）社会需要什么样的人才。《人才法》把人才作为基本的社会单元的目的，就在于满足社会对于人才的渴求。无论是当下社会，还是未来社会，都应当需要有充分而且充足的人才支撑。

2. 满足社会需求

（1）《人才法》应当解决问题。《人才法》立足社会的意义在于，彻底把危害社会秩序和危害社会区别开来。通过《人才法》立法把针对人才的违法问题、犯罪问题区别开来，从根本上解决问题。

（2）如何培养社会需要的人才。《人才法》把人才作为基本的社会单元的动机，就在于培养社会需要的人才的同时，能够及时地把不再适合当今社会和未来社会的人才及时给予应有处遇。

（三）国家需要的《人才法》

1. 国家需要人才

（1）依据《人才法》定位人才。人才定位，对于国家而言，必须有法律的标准。这个标准就应当是国家的《人才法》。脱离了《人才法》立法定位的人才，即使有国家性，也难具有合法性。

（2）未来人才统一归国家所有。针对《人才法》定位人才的法律标准，适用法律认定的规则定位、确认人才。国家应当依据《人才法》把人才纳入国家管理范围，适时建立人才库和智慧库。

2. 人才依赖国家

（1）对照《人才法》适用人才。人才应当对照《人才法》将独有的智慧以及特别的技能依法奉献给国家，国家应当及时或适时对做出贡献的人才，按照《人才法》的规定给予对价补赔。

（2）社会人才依赖国家的保护。人才具有社会性，但同时也离不开国家属性。无论是当下人才或是未来人才，显现人才或者是潜在人才，都应当在《人才法》的保护范围之内，不得有歧视。

（四）政府需要的《人才法》

1. 地方政府抢夺人才

（1）依照《人才法》引进地方人才。地方相对于中央，在人才问题上，中央依法具有国家统筹权。但是，中央必须在《人才法》的框架内统筹地方人才，地方必须在《人才法》框架内引进人才。

（2）人才层次分布应当有统一规划。中央政府接受党中央的领导，地方政府同时还接受地方党委的领导。所不同的是，前者是单一型领导体制，后者是双重领导体制。政府层面应当依法统筹。

2. 人才服务地方政府

（1）依照《人才法》享受待遇。法定人才在有《人才法》的前提下，就可以依法享有权利和待遇。而在没有《人才法》的情况下，如何保障人才待遇，从法律层面，应当说是有缺陷的。

（2）政府是具体待遇的执行者。中央政府相对于地方政府，其实质也是一个地方，不过这个“地方”是中央。人才服务政府，包括中央和地方，在法治语境下，应当依照《人才法》享受权利。

（五）中国共产党需要的《人才法》

1. 党领导下立法

（1）党领导下制定的《人才法》。《人才法》的诞生，首先意味着党领导下的人民的需要、未来的需要、社会的需要、国家的需要、政府的需要、党自身的需要以及时代的需要和现实的需要。

（2）党组织有优先调配人才权。人才归国家所有，人才归人民所有，人才为社会所用，人才为政府所用，人才系未来所需，人才系党所需。人才各得其所，但执政党享有人才优先调配权。

2. 人才紧跟于党

（1）《人才法》服务党的执政。《人才法》的实施，是基于执政党领导下的人民意志的体现。同时还应当是人民意志的全面体现。《人才法》的施行，从本质上说，应当是服务于执政党。

（2）执政范围内人才听命于党。执政党出于对人民的负责，需要有一大批符合《人才法》规定标准的人才。党没有自身利益，而完全是服务于人民。由此逻辑，执政范围内人才听命于党。

（六）人民需要的《人才法》

1. 人民有阶级性

（1）《人才法》体现人民意志。不体现人民意志的法，人民不会答应，自然也不能在人民范围及对人民适用。正是这种阶级性，区别了全球不同国家、不同地区、不同社会制度的《人才法》。

（2）人才法的立法者来自人民。人才法的立法体现人民意志，人才法的立法者理当来自人民，至少是得到了人民的合法授权。即使得到人民授权的立法，如果与人民为敌，同样不应当适用。

2. 人才应有阶级性

（1）《人才法》服务人民大众。《人才法》是一个综合法，对于违法、犯罪者应当依法处理惩罚。服务人民大众的《人才法》阶级性体现，从立法者、执法者、司法者到守法者构成一体。

（2）合法人才应当服务于人民。人才应当具有合法性，即具有根本意义上的合法律标准性、合法律程序性以及必要的结果公开性、实体公正性。《人才法》必须而且只能是人民需要的法。

二、立法概要

2016～2025年用10年以上的时间，具体研究与《人才法》相关的人才法则、与《人才法》相关的人才规律、与《人才法》相关的人才发展、与《人才法》相关的人才战略、与《人才法》相关的人才体系、与《人才法》相关的人才规划。

对此立法概要及构想，笔者有信心能够在理论探索和实践经验上给予解决。原因是有一大批对此感兴趣的同好，能够有同频共振的希求，而且遍及国内外。人类命运共同体及基于共同目标——共产主义的实现，迟早需要人才法的出台。

（一）《人才法》的人才法则

1. 磨砺心性

（1）立志成为人才。人才也是产品。产品出自人，产品出自心。一流产品需要有“匠人精神”，更需要有立志成才的意志力以及顽强不屈的心性。事实上，少有人天生成才。

（2）无须逼迫成才。逼迫只能让人无路可走，甚至走投无路。可以逼迫得一时，但逼迫不了一世。“拔苗助长”式的逼迫成才法不可取，“强行寄托”的办法也未必能够真正成才。

2. 投入产出

（1）努力才有收获。《人才法》应当告诉人们成才的正道。最为基本的正道就是，付出才会回报。梦想靠“投机取巧”早已经不是法治时代的正道，相反，更多的只能“弄巧成拙”。

（2）结果总有原因。《人才法》应当简洁精炼地表明正义。对社会而言，人才是关键少数，对国家、政府、政党、人民、未来而言，人才还是关键少数。人人要以义务换取权利。

成功的人习惯于成功，习惯与成功者相聚，研究成功者的想法、策略和行为习惯。拥有强烈的成功动机，凡事总是主动出击。成功的步骤是有明确的目标，有详细的计划，立即采取行动，不断修正自己的行动，坚持到底。反复认为自己是什么，最终就一定会成为什么。目标专注，方法正确，重复动作。放弃者不会成功，而成功者永不放弃。别人都认为他“疯”了，而他却成功了。

（二）《人才法》的人才规律

1. 尊重人才周期

（1）人才成长有规律性。对于《人才法》而言，违背人才规律，就如同违背《人才法》立法后的法律一样。毫无疑问，不注重“人才规律”的《人才法》立法难以在现实中成为良法。

（2）人才市场有规律性。《人才法》立法应当把握人才市场规律。违背人才市场规律，就是实质性地违背《人才法》。《人才法》尊重人才市场规律，不按规律立法更加是不可取的。

2. 重视人才环路

（1）全球人才流动环路。人才流动是自然的，人才如同水，水性必然自流。《人才法》重视人才环路，应当把视角放在全球，立法者应当具备全球眼光和法律视野，顺应人才潮流立法。

（2）全球人才停留环路。人才停留有环路，如同建筑物一样，周期性规律、环路性规律使得人才环路是虚拟的又是真实的，这就如中医观念中的经络，现代意义的网络，虚实结合。

高质量发展需要人才支撑。高质量人才保障高质量发展。没有人才的高质量就难有发展的高质量。描绘人才地图，精准吸引人才，实现全球导航。尊重人才成长规律，注重人才环境建设，重视引才用人活力。落后地区的发展同样靠人才。核心是设立人才标准，重点是强化人才培养，关键是制定人才制度。人才培养的基础一要构建人才信息，二要关注人才交流，三要提供人才平台，四要组织人才合作，五要配合人才引进，六要强化人才区分。区域人才国际化，科教人才基础化，企业人才创新化。充分把握人才规律，动态预测人才趋势，适时出台人才激励政策。

创新驱动，本质上就是人才驱动。人是科技创新最关键的因素。人才培养不能搞“近亲繁殖”，人才使用不能搞“欺上瞒下”。要沉得住气，耐得下心。坚持人才“时代性、实践性、规律性、系统性”[1]。不拘一格地引进、使用人才，尊重人才发展成长规律，大力培养人才。坚持党管人才的正确指引，为人才发展创造良好的环境，给予人才充分的发展空间。这样，才能够保证人才辈出，人才频出。

人才立法，就是要体现人才规律。人才规律运动，包括但不限于人成其才规律和人尽其才规律。前者是育才规律，即人才的教育培训；后者是用人规律，即人才的保护管理。相对人才个体而言，人才规律是成才、展才；相对于整个社会而言，人才规律是育才、用人；[2] 相对于人类而言，人才规律是成败。用人阶段是人才的保护管理，包括对人才及其智力成果的保护，依据用人规律对人才进行管理，包括人才的就业、任免、考核、奖惩、流动、引进、薪金、福利、保险等。

（三）《人才法》的人才发展

1. 发展具有起点

（1）《人才法》起点于人。忽视起点的思考，是理论上的严重不足。当下若干理论研究不注重起点分析。我们应当明确的是，《人才法》的起点是人，《人才法》立法目的在于调整人事。

（2）人才的起点也就是人。人才的起点是人，这是自然而然，不需要多费口舌论证的。只有认识到人才的起点是人这一点，才能够更多地理解在人才周期中，人才的发展、变化和终结。

2. 发展有阶段性

（1）《人才法》有阶段性。《人才法》从无到有，再从不规范到规范，又从不科学到科学，最后从不全面到全面，可以证明《人才法》的发生、发展的过程，立法认识过程就有阶段。

（2）人才的阶段性很明显。把人才置于法律的角度、法律的立场，以法律的视野、法律的思维、法律的方式把人才的问题转换为法律问题，这是法律的创举，更是政治家应当做到的。《人才法》立法必须反对的是把人神化。一切把人神化的做法和过程都是违法的。

俗话说，“小智治事，中智治人，大智立法”。法治中国就应当大智立法，通过《中华人民共和国人才法》的起草和实施，体现人才规则，实现人才公平。这是因为，人才实践永无止境，人才发展永无止境，因而人才立法必须与时俱进。转变人才发展方式，扩大人才民主，推进人才改革，保障和改善人才体制，加强和创新人才管理，保护人才生态，形成良好的人才环境，强化人才立法是时代大趋势。

加强重点领域立法，首先就是人才领域的立法。没有大量人才，人类的很多事情都无法完成。要及时反映人才发展要求，及时反映人才关切期待，不断深化人才改革，

---

① 崔若伟：《习近平人才思想的基本特点探析》，《现代交际》2018 年第 11 期。

② 巩海平：《对人才立法几个问题的探讨》，《社会纵横》2005 年第 2 期。

不断推动人才发展，完善人才治理，保障人才生产，满足人才基本生活需要，维护国家人才安全，要抓紧制定、及时修改人才领域的相关法律法规。

人才有所呼，立法有所应。面对人才立法领域的“难点”“痛点”，人才发展的“盲点”“堵点”，通过人才法的立法，强化不同层面的建章立制，通过定分止争，解决人才领域反映的最为迫切的问题，破解人才领域最为顽固的症结。尤其是在互联网时代，信息技术的发展给人才发展注入无穷的活力，给人才生产和生活带来巨大便利的同时，也带来了极大的人才安全问题，甚至出现违法犯罪。

网络空间的人才，与互联网网下的现实人才，都是党和国家的宝贵财富。需要坚守价值高地，强化人心投契，形成中华民族伟大复兴的凝聚力。通过人才法的立法，让人才更加有尊严，让人才幸福感更强。国家安全包括网络安全以及人才安全，强化人才领域的扫黑除恶，以立法做好顶层设计、引领人才进程、推动人才发展。

人才发展机制。人才发展机制的五大环节包括：培养开发环节、评价发现环节、选拔任用环节、流动配置环节、激励保障环节。人才发展环节的公平，包括环节内公平和环节间公平。简单地说，学校是人才的培育基地，社会是人才的使用基地。为用而育，育有所用。所有“育才”“用人”的行为，都必须在法律框架内即党的领导下的立法、执法、司法的框架内进行。人才应当把个人兴趣引导到国家和社会的重大需求上来，让学校回归学校精神，让社会成为人才沃土。

人才体系搭建。围绕“人才区分，人才选拔，人才培养”的动态化运作体系，搭建“纵有梯队，横有组合”的人才工程。这既要完善人才选拔“入库”机制，又要完善人才“退出”机制，还要完善和培养管理机制，形成合理的人才发展通道。人才体系搭建的具体步骤，应当包括十个环节：厘清战略，制定规划，人才盘点，岗位胜任，路径模型，选拔方式，培养渠道，使用机制，考评修正，人才保障。

人才法治化。要从“人才法制化”向“人才法治化”转型升级，既强调人才政策的制定，又加强人才队伍治理。通过人才法立法，保障人人都有机会成才，公正对待每个人才，保障人才的各项权利。通过加强人才法的立法，营造人人都可以成才的法治环境。这是因为，法治环境是人才最好的发展环境。人人都可以成才的同时，充分发挥市场配置人才资源的决定性作用。保障人才的合法权益，保障人才实现自身梦想和实现中国梦的权利，让人才法治成为现代法治的基础。

人才现代化。尽管在现代社会里，人才的国际化已经成为世界潮流，但是，人才的现代化比国际化更加重要，我们更加需要现代化人才。[①] 只有自身现代化，才能国际化。现代化的根本点是人的现代化，其核心就是人才的现代化。结合现代科技发展特点，适应现代社会发展需要，充分满足现代人的基本需求。人才现代化的基本要素是

① 参见赵立宪：《人才的现代化比国际化更重要》，《国际人才交流》2013 年第 9 期。

理想和追求，人才现代化素质要求是内在潜力和创造积极性，人才现代化的核心要素是构建科学的思维体系和谋求思维的现代化，人才现代化的关键要素是具备超越自我的坚强意志，浑身充满新时代的使命感和责任感。①

人才理念。吸引人才靠什么？靠人才。人才工作的宗旨是“尊重人的价值，开发人的潜能，升华人的心灵”，让更多的人心灵投契，实现至高的价值。要提供学习的机会、工作的机会、挑战自我的机会，把人才发展置于战略高度。人才发展靠学习，组织发展靠创新，社会发展靠服务，国家发展靠法治。只有人才发展，才有组织发展；只有组织发展，才有社会发展；只有社会发展，才有国家发展。

创新驱动实质是人才驱动。人才强，则发展好，后劲足。区域高质量发展，除了有人才数量、人才素质、人才生活环境的竞争力外，还应当有人才投入、人才平台、人才创新贡献的竞争力。农村农业振兴，全面小康高质量发展，关键是人才振兴、人才高质量发展。人才发展，要围绕解决人民日益增长的美好生活需要和不平衡不充分的发展之间的矛盾，坚持以人民为中心的发展战略，营造人人皆可成才、人人尽展其才的良好环境，做到识才、爱才、用才、容才与聚才的统一，要“聚天下英才而用之”②，让每个人才都能够充满自信。

人才的价值在创造。人才的价值在创新，人才的价值在创优，人才的价值在发现价值，人才的价值在创造价值，人才的价值在增加价值。决定事业兴旺发达的是人才，决定国家发展的是人才，决定民族复兴的是人才，决定高质量发展的是人才。因为人才掌握核心技术，人才资源是第一资源，人才是竞争的核心。

（四）《人才法》的人才战略

1. 解放人才，战略先行

（1）《人才法》保障区位性。《人才法》从某一国的“国内法”，再到必然王国的“国际法”，自然涉及人才的区位定位的问题。尽管涉及人才流动、停留问题，但都必须从起初定位开始。

（2）借助区位打造人才优势。致力于“法律高地，人才基地”建设。③ 无论是高地，还是基地，这本身就意味着区位性。正因为区位性，才有比较前提下的优势。《人才法》的人才优势，使得优势合法。

2. 强国之道，战略制胜

（1）《人才法》反对人才垄断。当今世界，借助经济优势的人才集聚是一个现实。反垄断的本质，在一定意义上应当而且可以包括反对人才垄断。这尤其是站在人类命

---

① 参见杜刚：《浅议人才现代化应具备的要素》，《现代营销》2018 年第 6 期。

② 薛永武：《习近平十九大报告的人才战略思想及其启示》，《上海师范大学学报》（哲学社会科学版）2018 年第 5 期。

③ 叶兆伟、王平荣：《致力于“法治高地、人才基地”建设》，系王平荣主持最高人民法院 2015 年度审判理论课题《裁判文书的语言、逻辑和理由研究》（课题编号：2015SPYB12A）之成果要报 IV，详见研究报告第 16～18 页。

运共同体的立场上。

（2）提升人才战略核心竞争力。一切战略围绕人。一切围绕人的战略离不开人才，因为一切战略都是人的战略。战略语境下的《人才法》同样是注重核心竞争力，注重基于竞争力的对比。

国家安全与人才战略。“国以才立，政以才治，业以才兴”。高素质人才是新时代事业“成功发达”的根本要素，必须把人口强国转换为人力资本强国。[①] 新时代的中国必须把人才战略上升到国家安全的高度。

“人才决定未来，教育成就梦想。”立德树人是“中国特色”的出发点与落脚点，人才培养要“回归常识，回归本分，回归初心，回归梦想”[②]。坚持党管人才原则，立足人才强国战略。习近平总书记在党的十九大报告中提出：“人才是实现民族振兴、赢得国际竞争主动的战略资源。要坚持党管人才原则，聚天下英才而用之，加快建设人才强国。实行更加积极、更加开放、更加有效的人才政策，以识才的慧眼、爱才的诚意、用才的胆识、容才的雅量、聚才的良方，把党内和党外、国内和国外各方面优秀人才集聚到党和人民的伟大奋斗中来。”[③] 广开进贤之路、广纳天下英才。不拒众流，方为江海。要坚持用当其长、用当其时、用当其位，实现人尽其才、才尽其用、用有所成。

（五）《人才法》的人才体系

1. 国际化必然之路

（1）顺应人才国际化趋势。《人才法》的人才国际化趋势，是人才体系建设和人才体系立法的必然要求。人才有国界，智慧无国界。无国家的语境下，人可以全球通行。有国家，人才亦应自由。

（2）努力培养国际化人才。《人才法》的立法愿景应当是可以实现培养更多的国际人才，而且无论从人才角度还是从国家、社会、政府、党的角度，努力实现这些人才的国际化。

2. 人才保障能力建设[④]

（1）强化人才是资源的理念。《人才法》立法的重点之一就是，正确面对高素质人才缺乏和人才流失问题。通过《人才法》的立法保障，树立人才是第一资源的理念，促进人才保障能力建设。

（2）注重对人才的法律保障。《人才法》立法从措施上使保障有效，而且能够通过

---

① 参见曹金林：《我国人才立法的现状与对策研究》，中国社会科学院研究生院硕士学位论文，2010 年。

② 陈方泉、杨辉、叶志明：《构建“中国特色”人才培养模式的若干思考——学习习近平新时代中国特色社会主义思想体会》，《中国大学教学》2018 年第 3 期。

③ 中共国家外国专家局党组：《践行习近平总书记聚天下英才而用之战略思想　奋力开创新时代引进外国人才和智力工作新局面》，《国际人才交流》2018 年第 3 期。

④ 参见王正稳、葛君：《浅谈战略人才体系下人才保障能力建设》，《人力资源管理》2018 年第 4 期。

国家的强制力得到实施。如何制定人才激励制度，形成人才良性流动机制，需要有良性的人才保障体制。

人才标准化。人才标准化首先是要有标准化的人才，其次要有标准化的人才评价机制，最终要形成人才标准化的评价标准。标准化人才要有标准化的意识。当前我国标准化人才缺口大，标准化人才数量少，标准化人才培养定位不足，未能形成培养标准化创新人才体系，标准化人才建设普遍存在问题。① 人才标准化离不开标准化的人才评价机制以及执行人才标准化的评价标准，如何把人才标准上升为法律标准，把人才标准化问题转换为法律问题是当前面临的新课题。

人才体系包括三个层次：基础人才、分配人才、矫正人才。基础人才强调人才的基本结构，分配人才强调人才的流动特性，矫正人才强调人才的价值再造。人才的最基本价值就是能够解决问题，化解冲突，钝化矛盾。设立挑战和竞争的目标，通过假想责任关注产出，建设性地对抗解决问题，达到无缺点地执行，这被认为是“以结果为导向”的人才法则，由此以绩效激发创造性。

（六）《人才法》的人才规划

1. 科学制定人才规划

（1）《人才法》体现人才预测。每个人才最终都被“安置”于具体的行业。适用人才的具体体现就是行业。《人才法》的人才规划，就应当与未来、地方、社会、国家的行业发展相契合。

（2）要通盘考虑行业人才规划。通盘考虑意味着基于存量人才的统计、需求人才的时空范围、紧缺人才的迫切程度以及高端人才的合法来源，应定期或者不定期地举行人才规划的发布会。

2. 提升区域的执行力

（1）《人才法》体现人才编制。《人才法》价值所在包括但不限于公平对待人才。人才有编制，编制合规范，社会公平正义的法律体现包括但不限于《人才法》所彰显的人才的编制合法性。

（2）编制区域人才发展的历程。未来的、社会的、地方的、政府的、国家的等区域、区位的人才编制发展，应当是依法进行的、有历程记载的。打破违法搭建的人才“蓄水池”应是主流。

人才资源是第一生产力，因此，人才资源是第一资源，未来竞争是人才竞争。所以，国家应当强化人才资源管理，注重人才资源社会保障，通过人才法立法，完善人才资源市场，统筹规划人才资源开发。人才法应保障人才基本权利，提倡人人成才、人尽其才，反对人才资源垄断，杜绝人才浪费。

---

① 参见刘颖、陈洁：《浅谈我国标准化创新人才培养》，《中国标准化》2018 年第 4 期。

人才制度建设。人才制度建设的核心是调动人才创新积极性。一要建立科技成果创新风险保障制度，二要建立引导和营造积极向上、自由宽容的人才氛围和文化，三要改革科研资源配置制度，四要完善创新成果认证制度。有争鸣，又有竞争。[①] 坚持党管人才制度建设，要优化人才选配，又要优化人才考核，要优化人才结构，优化人才保障。通过制度创新，营造“留人用才”的良好人才生态环境。[②]

人才国际化。重在人才能力和人才素质的国际化，具体包括人才定义国际化，人才观点国际化、人才构成国际化、人才素质国际化、人才使用国际化、人才交流国际化、人才教育国际化、人才培养国际化、人才评价国际化、人才政策法律法规国际化、人才竞争国际化。通过互相学习、相互渗透，各种文化相互碰撞，互通有无。在强调开放包容的同时，让更多的本土人才走向国际，让更多的国际人才引进到本地，形成人才储备。通过充足的国际化人才储备开拓国际市场。

人才领域同样存在民事、刑事、商事、行政等法律法规制定修改的问题，要保护人才主体，保障人才权利，强化人才意识，注重人才规则，倡导人才契约，主导人才精神，为人才活动提供基本遵循。从人才实际出发，立足中国人才国情，回应现实人才需求，把社会主义核心价值观引入人才立法，确立人才价值导向，缓解人才压力，解决人才困惑，维护人才领域的公序良俗，引导人才崇德向善。

在操作层面上，我国人才法的立法，逻辑结构严谨，立足现实国情，展现新时代特点，必将闪耀着中国智慧的光芒。这是在国际舞台上下一盘很大的棋，扎根中国大地，直面世界问题，敢于立法创新，展示全球范围内立法的中国元素。人才法既坚定文化自信，又凝聚世界共识，其终极价值体现对人特别是对人才的关爱，充分体现对大写的“人”，特别是对现代意义上的人才的“从摇篮到坟墓”全过程的关爱。只有更精细、更精准的立法，才能够让“人”和“人才”“撑得起来”。

在法律渊源上，我国人才法的立法，应当与宪法精神相一致，与人民意愿相呼应。人才法立法之智，智在与时俱进、审时度势。从求生存到求生态，从求温饱到求健康，从求人治到求法治，解决了人才领域的难点和痛点。人才法立法之智，智在“人民至上”。规范成才之道，指明成才之路，人人可以成才，让人成为人才不再是“高大上”的梦想，而是完全可以“接地气”的现实。人才法立法之智，智在“良法善策”，让人尽其才，服务社会、服务人人，顺民意，又遂民愿。人才法能够切实保护真善美，打击人才领域的假恶丑，彰显国威。

人才工作要有紧迫感、使命感、责任感。当前，国家顶尖人才流失问题严重。人才工作既需要制度，又需要温度，保持一定的热度才能有适宜的人才环境生态。人才是创新要素，更是创新单元。聚力创新是人才的使命担当。聚力创新除包括创新要素

① 参见周劲松、李芹：《浅谈基层农业科技创新人才制度建设》，《南方农业》2018年第22期。

② 参见李小蔚、宋一闻：《高校党管人才制度建设研究》，《连云港职业技术学院学报》2017年第2期。

外，还要注重创新生态的培育，发挥创新人才在行业中的激发和引领作用。

《墨子·尚贤》有云："尚贤者，政之本也；为政之要，莫先于用人。"中国自古以来重用人才以辅助国家统治，继承创新古代的贤能思想，重点强调人才意识首要化，选拔人才专业化，就业平台广泛化，管理机制灵活化。树立人才意识，要强调尊重人才，创造良好的育才环境，在全社会大兴识才、爱才、敬才、用才之风。①

何以聚才用人？要营造人人皆可成才、人人尽展其才的良好环境，"用才之基在储才，储才之要在育才。"创新人才主要集中于知识分子，营造信任、包容、激励的用才氛围，才能够较好地聚集人才。用人不疑，疑人不用。用好人才，是人才发挥作用、各尽其能的关键。金无足赤，人无完人。做到容人之异，容人之短，容人之失。天道酬勤，人尽其能。要探索对创新人才的激励，激励人才不断增加知识积累，强化创新意识，提升创新能力，攀登创新的高峰。②

国家兴旺、民族复兴、人民幸福、事业发达的关键在于党，在于人，在于符合《人才法》和按人才规律发展、成长的大量合法人才。"环境好，则人才聚、事业兴。环境不好，则人才散、事业衰。"这强调人才的德行和才能，要修德行，以德服人，以德立威；加强修德，做到德才并重。对于国家来说，国无德则不兴；对于个人来说，则会德不配位。我们要坚持"内用、外招、上请、下挖、近补、远育"的理念，念好"知、举、用、待、育"的"人才经"。③

没有法律保障的人才，往往缺乏社会安全感，也缺乏国家归属感。没有法律保障的人才，遇到政治动荡的年代，有的成为政治打击的对象，有的受到经济迫害，有的成为牺牲品。地方竞争激烈时，人才争夺成为社会新一轮成本。有的为形成人才"洼地"，构建人才"高地"，不惜高代价抢夺人才，恶性竞争。

三、结论

应对全新的国际竞争形势，促进新时代人才合理流动，关键是用立法确保人才培养和教育创新。人才流动的"商业秘密保护"，涉及"竞业禁止"的立法完善问题。市场经济越是发达，人才流动就越是频繁；社会越是进步，人才流动就越是极具必要性。坚持人才是国家第一资源，是生产第一要务。人才基本法的内容包括但不限于人才的界定，人才培养的目标与原则、人才管理的目标与原则、适用范围，人才的管理机关、人才的法律地位、基本权利和义务，人才管理各环节的基本秩序和法律责任。人才单行法律法规，其内容包括但不限于全国性和地方性的人才的教育、管理，人才的培训、

① 参见甘玉婉：《中国古代人才思想的现代样式——基于对习近平人才思想的研究》，《环球市场信息导报》2018年第22期。

② 参见张峰：《何以聚才用才——学习习近平总书记关于人才工作的重要论述》，《人民论坛》2018年第21期。

③ 参见丁丹玲：《习近平人才思想研究》，西华大学硕士学位论文，2018年。

录用、待遇、流动等规定。

育才阶段，是人才的培养教育，包括成才前的成才教育和成才后的继续教育（岗前培训、岗位培训）两个部分。此阶段主要强调人才教育机构的职责、目标、评估和基本制度，人才法的立法内容包括两个方面：其一，成才法。立法强调人才教育。围绕“教育法治化”目标，在我国已经制定的教育法、义务教育法、教师法基础上，进一步完善现代教育制度，特别是强化对人才再教育的立法规范。例如，重点确保教育经费的规范的来源、分配和使用，重点强调专利法、著作权法的保护和落实，新时代让社会产生更多的专利和著作。其二，用才法。立法强调人才管理，围绕人尽其才的目标，为管好人才，用好人才，避免人才资源的浪费，制定适应市场要求的人才管理法。其重点包括人才的选拔、任用、晋升、待遇及其法治化，从根本上消除任人唯亲、论资排辈、人才高消费等不良现象，保护人才智力成果，保障人才合理流动，保证人才依法引进。要调动人才积极性，全面提高人才效益，当前的重点应当把握如下几点：一是建立人才流动的机制。鼓励人才合法流动，允许人才趋利流动，打击人才非法流动。二是完善人才市场的管理。面对假人才、假市场、假用人单位等现象，强化人才市场管理。三是落实考试考核的制度。针对考试作假、考核不公等现象，强化人才考试、考核的监督。要做到吸引人才、留住人才、用好人才，创造宽松的人才工作环境和社会环境，尊重知识、尊重人才，把有真才实学的人才放到重要的岗位上，充分发挥他们的聪明才智，做到人尽其才，事竟其功，事业留人、感情留人和适当待遇留人；针对“候鸟型”“季节型”“假日型”“契约型”人才，不求所有，不求所在，但求所用，真正做到“用事业吸引人，用政策激励人，用情感团结人，用制度约束人”。更新用人观念，提高管理素质，不断完善人才合理流动管理机制，创造拴心留人环境。[①]《人才法》立法，应当具有明确而清晰的回路和环路图。

总之，不忘《人才法》立法的初心是合法成才，牢记《人才法》立法的使命是服务社会。人贵在公平正义，人才贵在“正知正见”，而《人才法》贵在“正道正法”。立法重点是如何让“人才”不能变为“人裁”“人栽”“人灾”“人害”，法律层面上不搞人才配额制度，不搞人才等级制度，不搞人才证书制度，而框架性思考应当是搞人才标准制度，搞人才能力认证制度，搞人才库制度。首先确保人要致力于成才，其次确保才要致力于成用，最终确保用要致力于国本。

① 参见薛禄辰：《西部开发与人才立法》，《甘肃政法学院学报》2001年第2期。

新时代人才学话语体系转换路径探析

牟　敏*

摘要　人才学的话语体系是其知识体系与理论建构的基本表达方式，是人才学发展的一个重要支撑因素。研究新时代人才学话语体系的转换，对于提高人才学话语实效性和推动人才学学科发展有着重要意义。新时代对人才学的话语体系提出了新要求，人才学话语体系应对时代主题作出科学的回应，应当具有强大的吸引力、凝聚力，应能推动人才学学科的发展。因此，人才学话语体系的转换应以提升主体能力为前提，以丰富话语内容为核心，以创新话语形式为保障，多方面、多角度地促进人才学的发展与完善。

关键词　新时代　人才学　话语体系　转换路径

党的十九大报告指出，中国特色社会主义进入了新时代。这既是我国发展的新方位，也是人才学学科发展的新方位、新背景。研究新时代人才学话语体系转换的路径有着重要的理论意义和实践意义，有利于推动人才学话语体系的与时俱进，推动人才学学科的发展与完善。新时代，人才学应积极主动的转换自身话语体系，使人才学话语体系能适应新时代这一新的时代背景。

一、人才学话语体系的内涵解读

1979 年，国家和社会对人才的呼唤，对人才工作的重视，让人才学获得了发展机遇，人才学作为一门独立的新兴学科出现在人们的视野。“人才学是一门研究人才现象，揭示人才规律，指导人才开发，带有综合性特点的新兴学科。”① 简单来说，人才学是以人才现象为主要研究对象的学科。

人才学的诞生和发展都需要“话语”这一载体，话语是一个比较复杂的符号系统，

---

* **作者简介**：牟敏（1994～　），四川宜宾人，西华大学马克思主义学院在读研究生，研究方向为马克思主义理论。

① 叶忠海：《人才学基本理论及运用》，《中国人才》2007 年第 1 期。

《现代汉语大词典》把“话语”解释为“说的话；言语。语言学术语；指运用中的语言”①。话语是能帮助主体传达知识、思想、情感的语言和言语的统一体。在不断发展的过程中，诸多话语会按一定的方式形成一个体系，即话语体系。从词根词源的角度来看，话语体系是一个组合词，由话语和体系组合而成。“话语体系是主体通过系统的语言符号，并按照一定的内在逻辑来表达和建构的结构完整、内容完备的言语体系。话语体系不仅是语言符号体系，而且是言语内容和理论知识体系。”② 简单来说，话语体系主要包含“说什么”和“怎么说”两个方面，具有系统性、复杂性、逻辑性、开放性和历史传承性等特点。

每一学科都需要构建与自己学科内涵相一致的话语体系，人才学也不例外。人才学创立于1979年，至今已有40年的历史，在发展过程中形成了较为完善的话语体系。简单来说，人才学话语体系就是在人才学理论研究和实践过程中，用来传播人才学基本思想，实现人才学学科目标的各种形式的言语互动和书面文本所构成的有机整体。

理解人才学话语体系的含义是研究人才学话语体系转换路径的前提和基础。我们可以从以下三个方面来解读人才学话语体系的内涵：第一，人才学的话语体系，应该能够科学地回应时代主题。党的十九大报告指出：“人才是实现民族振兴，赢得国际竞争主动的战略资源。”③ 可见，人才在我国有很高的战略地位。因此，如何培养人才、如何开发与利用人才成为了时代的主题。而以人才现象为主要研究对象的人才学应对这一时代主题作出科学的理论回应，应能指导我国人才培养和人才开发等相关工作。第二，人才学的话语体系应当具有强大的吸引力、凝聚力。人才学要提高话语的实效性，一个有效途径就是让人才学的话语有强大的吸引力和凝聚力，这就要求人才学一方面借鉴大众化的话语方式来阐述人才学的基本理论、基本观点和基本精神，让大多数人能听懂并且喜欢听；另一方面要贴近时代，以习近平新时代中国特色社会主义思想为指导，进行话语体系的创新，进而吸引越来越多的社会成员理解、认同、接受和践行人才学的基本思想，从而使人才学成为青少年成才的思想武器，成为人才工作者社会实践的理论基础。第三，人才学的话语体系应能推动人才学学科的发展。人才学的话语体系是表达人才学学科内涵的载体和手段，其最终目的就是推动人才学学科的发展与完善。因此，新时代转换人才学的话语体系也必须坚持这一基本原则，转换人才学的话语体系是为了解决原有话语体系中存在的问题，更好地为人才学学科发展服务。

---

① 《现代汉语大词典》(下)，汉语大词典出版社2000年版。

② 郭湛、桑明旭：《话语体系的本质属性、发展趋势与内在张力——兼论哲学社会科学话语体系建设的立场和原则》，《中国高校社会科学》2016年第3期。

③ 习近平：《决胜全面建成小康社会 夺取新时代中国特色社会主义伟大胜利——在中国共产党第十九次全国代表大会上的报告》，人民出版社2017年版，第64页。

二、新时代人才学话语体系转换的必要性

新时代人才学话语体系的转换是适应新时代这一时代背景的必然要求，在不同的发展阶段，由于历史任务和时代背景的转变，人才学亦应转换其原有的话语体系，使之在内容和形式上都适应时代的要求。党的十九大报告指出："经过长期努力，中国特色社会主义进入了新时代，这是我国发展新的历史方位。"① 新时代、新要求、新使命，人才学应准确把握新时代的丰富内涵，紧扣时代主题，积极主动地对原有话语体系进行改革，取其精华，去其糟粕，让话语体系能更好地贴近社会实际。

新时代人才学话语体系的转换是贯彻落实人才强国战略的重要举措。自《2002～2005年全国人才队伍建设规划纲要》中明确提出实施人才强国战略以来，其在党和国家发展战略中的地位逐步得到提升。在新时代，人才强国战略是实施七大战略的重要保障，是提高国际竞争力和实现中国梦的重要手段。人才是人才强国的基础和保障，新时代要实现人才强国战略，就需要培养一大批适应新时代中国特色社会主义发展要求的人才。而人才的培养与开发离不开人才学的理论指导，为了确保人才学对人才的指导力度，就应转换人才学的话语体系，提高人才学话语的实效性。

新时代人才学话语体系的转换是人才学学科建设与发展的客观要求。人才学自1979年成立以来，就处于一个不断发展与完善的过程中。1992年，新兴的人才学被列为管理学下的三级学科。经过20年的努力，人才学于2012年被列为社会学下的二级学科。人才学被列为二级学科后，不断扩充和发展三级学科，其三级学科的门类也在显著增加。为了更好地促进人才学学科的建设与发展，应不断丰富人才学话语体系的内容，让话语体系与学科发展同步。

新时代人才学话语体系的转换是提高话语实效性的有效手段。首先，从话语接受者的角度来分析。人才学话语体系的转换使话语内容更加接近话语接受者的生活实际，更加注重人文关怀，能帮助话语接受者解决一些急需解决的问题，这就增强了他们的获得感和对人才学的认可度。其次，从话语主体来看，话语主体通过丰富话语内容、创新话语形式等途径，提高了话语的亲和力和吸引力。同时，他们的工作得到话语接受者的高度认可和积极反馈，这有助于提高话语主体的积极性，让话语主体以更好的状态去完成话语的转换。

三、新时代人才学话语体系转换的路径

人才学话语体系的转换是一个复杂的、漫长的过程。它的转换不仅仅是话语形式的转换，更是话语内容的丰富与完善。因此，人才学话语体系的转换应以提升主体能

① 习近平：《决胜全面建成小康社会 夺取新时代中国特色社会主义伟大胜利——在中国共产党第十九次全国代表大会上的报告》，人民出版社2017年版，第10页。

力为前提，以丰富话语内容为核心，以创新话语形式为保障，多方面多角度地促进人才学的发展与完善。

（一）提升主体能力

话语主体是人才学话语体系转换的关键因素，其能力的高低会直接影响话语体系转换的效果。因此，新时代人才学话语体系转换应以提升话语主体能力为基础和前提。第一，培养话语主体的学科自信。话语主体对自己学科是否自信是影响话语说服力和实效性的一个重要因素。因此，人才学话语体系的转换必须提高话语主体的学科自信，话语主体只有对学科自信才能让客体坚信。人才学的话语主体必须充分肯定人才学的地位、作用、价值和前景，高度认同人才学的基本理论和观点，提高自身对人才学学科的自信度。第二，提高话语主体的理论水平。习近平指出："学生往往可以原谅老师严厉刻板，但不能原谅老师学识浅薄。"[①] 因此，话语主体必须通过多种途径丰富自己的理论知识。一方面，人才学的话语主体必须认真学习人才学的知识，丰富专业理论知识；另一方面，话语主体还应主动学习相关学科的知识，如社会学、管理学、教育学等，不断扩宽自己的知识面。第三，提高话语主体的语言能力。一是语言表达能力，话语主体能否准确、清晰地向教育对象传输教育信息，主要取决于话语主体的表达能力。话语主体应提高自己的口头表达和文字表达等能力，准确地把教育信息传递给教育对象。二是语言转换能力，话语主体要能用生活化、通俗化的话语来转述学术话语和研究话语。学术话语和研究话语多是对实际问题的理论分析和概括，往往比较抽象难懂。因此，话语主体应深入浅出，结合实际案例，将学术话语和研究话语转化为生活化的语言，让话语接受者能明白其中的道理。

（二）丰富话语内容

丰富人才学话语内容是新时代人才学话语体系转换的关键和核心。丰富人才学的话语内容不仅要批判继承原有的话语体系，还要结合新的时代背景，注入符合时代要求的新内容。新时代，我们站在新的历史起点上，丰富人才学的话语内容应做到以下几点：

第一，批判继承原有话语内容。人才学原有的话语内容既有精华又有糟粕，我们既不能全盘接受，也不能全盘否定，而应该辩证地对待原有的话语内容。对原有话语体系中积极的、有用的话语内容，我们要加以整理和凝练，赋予其新的时代内涵；对于过时的话语，应坚决摒弃，以确保人才学话语的时代性。

第二，吸收中国古代人才思想的经典内容。习近平强调："不忘历史才能开辟未来，善于继承才能善于创新。"[②] 因此，新时代人才学话语体系的转换，不能忽视中国

① 习近平：《做党和人民满意的好老师——同北京师范大学师生代表座谈时的讲话》，《中国高等教育》2014年第18期。

② 《习近平谈治国理政》第2卷，外文出版社2017年版，第313页。

古代人才思想，要学会和懂得从中汲取营养。大多数人认为“人才”是现代社会才有的概念，但事实并非如此。我国古代就特别重视人才工作，在原始社会晚期就有了人才思想的雏形。我国古代人才思想有着丰富的内涵，涉及人才标准、培养和管理多个方面，并且形成了许多论述人才思想的著作，如管仲的《管子》、刘劭的《人物志》、汉高祖的《求贤诏》以及王安石的《才论》。

第三，丰富文本话语、理论话语和实践话语的内容。话语体系转换的关键在于人才学理论研究能力的提高，研究能力不提高，理论研究不彻底，话语的转换就是空话。一是丰富文本话语。人才学的文本话语主要是指通过一定载体保存下来的话语。文本话语作为人才学话语体系的重要组成部分，它的转换将会有力地推进人才学整个话语体系的转换。人才学的文本话语主要分为学校文本话语和社会文本话语，学校文本话语主要是用于人才学的教学，让学生系统、全面地掌握人才学的知识，这方面的主要著作有“新世纪人才学理论”丛书、叶忠海的《人才学概论》、王通讯的《人才学通论》。而社会文本话语主要是指国家和社会层面的一些文件、发展纲要等，如《2002～2005 年全国人才队伍建设规划纲要》《国家中长期人才发展规划纲要（2010～2020）》。二是丰富学科理论话语。人才学要以习近平新时代有关人才问题的重要论述为指导，加强基础理论的研究特别是要加强薄弱领域的研究。三是丰富实践话语。丰富人才学的实践话语就是指人才学研究要紧密结合社会实践，总结社会实践中感性的、经验性的话语。只有这样，人才学的话语才能更好地指导实践，更加凸显话语的实践性。

第四，注入符合社会和时代要求的新内容。丰富人才学的话语内容应在习近平有关人才问题的重要论述指导下，结合新时代人才工作的实践来完成。党的十八大以来，习近平在实施人才强国战略过程中提出了许多关于人才的新见解、新论断，形成了习近平有关人才问题的重要论述，主要包括为什么要重视人才、需要什么样的人才、如何培养人才以及如何开发利用人才四个方面，这对于开展新时代人才工作和丰富人才学话语内容都具有重要的指导作用。另外，丰富人才学话语内容必须立足人才工作的实践，避免话语内容脱离实际，缺乏说服力。

（三）创新话语形式

话语形式是人才学话语体系转换的重要保障。新时代人才学话语体系转换应创新话语形式，让话语更具有吸引力。创新话语形式可以从以下几个方面入手：

第一，借鉴大众话语方式，提高话语的亲和力。“党的十八大以来，习近平总书记的一系列重要讲话、文章、访谈等，形成了独具个性的风格，人们爱听、爱读、爱看，海外媒体纷纷称之为‘习式风格’。”[①] 人们之所以爱听习近平总书记的讲话，一个重要原因就是习总书记善于使用贴近大众的话语体系，语言平易近人，具有深刻的人民性。

① 杨振武：《从中华文化中汲取力量——〈习近平用典〉序言》，人民网，http://opinion.people.com.cn/n/2015/0228/c1003-26612590.html。

因此，人才学话语体系的转换也应借鉴大众的话语方式，贴近群众，让群众能听懂。

第二，借鉴国外相关学科话语的表达方式。在人类命运共同体的背景下，文化交流与融合已经成为一个必然趋势。创新人才学话语形式，我们不仅需要借鉴国内大众的话语方式，还需要合理借鉴国外相关学科的话语表达方式。西方没有人才学这一学科，但存在与之相似的人力资源管理学。人才学和人力资源管理学虽然在时代背景和研究对象方面存在区别，但都是关于提高人的能力、发挥人的最大价值的学科。因此，我们在创新人才学话语方式时，可以借鉴西方人力资源管理学话语方式中合理的部分，取他人之长，补己之短。

第三，借鉴新媒体的话语方式。新媒体是随着互联网发展起来的新兴媒体形态，具有及时性、自主性和互动性的特点。正是由于新媒体具有传统媒体所不具备的新特点，所以深受广大人民群众喜爱。人才学话语体系转换的一个重要原则就是贴近对象，贴近生活，贴近实际。因此，在创新人才学话语形式的过程中，应借鉴新媒体的话语，以满足话语接受者多元化的话语需求。一是要借鉴新媒体话语与时俱进的特性。人才学话语应及时更新，贴近时代。二是要注重话语形式的多元化，提高话语的吸引力。人才学的话语主体在向话语接受者传输教育信息时，可以采用文本、图片、视频等多元化的形式，以多元化的话语形式吸引话语接受者，引起他们的注意。

随着人才学的不断发展，作为其表达方式的话语体系也应随之发展。从提升主体能力、丰富话语内容以及创新话语形式三个方面去推动新时代人才学话语体系的转换，可以提高人才学话语的实效性，使人才学话语体系适应新时代这一时代背景，从而促进人才学的发展与完善。

教育人才

从人才治理理论看我国基础教育教师队伍建设

——以 A 市为例*

陈卫亚**

摘要 人才治理理论源自西方治理理论，是一个不断发展和建构的过程，教育人才治理理论则具有特定的内涵和结构。党的人才治理理论既萃取了西方治理理论的内涵，又凸显中国特色社会主义人才理论和人才强国战略思想体系的特质，逐步形成一整套人才治理理论体系，是我国教师队伍建设的重要指针。结合对 A 市基础教育教师队伍建设的专题访谈与问卷调研，本文探查和归纳了 A 市基础教育人才治理的典型经验和现存问题，并从宏观层面和微观层面提出关于我国基础教育教师队伍建设的对策性建议。

关键词 人才治理理论 教育人才治理理论 基础教育 教师队伍建设

人才治理理论源于西方治理理论，中国共产党历来高度重视人才工作，党的十八届三中全会正式提出“推进国家治理体系和治理能力现代化”，习近平总书记对人才工作作出一系列论述。其中，党的十九大报告提出“坚定实施科教兴国战略、人才强国战略”①，并系统地阐述了党和国家人才治理理论观点；十九届中央全面深化改革领导小组第一次会议通过《全面深化新时代教师队伍建设改革的意见》，指出要深入推进教师管理体制机制改革，形成优秀人才争相从教、教师人人尽展其才、好老师不断涌现的良好局面。本研究着重关注基础教育队伍建设，认为应以党的人才治理理论为指导，推进基础教育教师队伍治理体系建设，不断提高基础教育教师队伍建设水平。

---

* 本文为北京教育学院院级课题“面向未来的智慧教育教师素养提升研究”（YB2017-12）的阶段性成果。

** **作者简介**：陈卫亚（1975～ ），河南平顶山人，北京教育学院基础教育人才研究院讲师，中国人民大学博士后，研究方向为教育人才、智慧教育、教育经济、教育管理等。

① 习近平：《决胜全面建成小康社会 夺取新时代中国特色社会主义伟大胜利——在中国共产党第十九次全国代表大会上的报告》，人民出版社 2017 年版，第 27 页。

一、人才治理理论及其内涵

（一）治理及其理论内涵

治理概念来自通过市场或国家手段对社会有效管理的反思，并借助信息技术革命的力量得以强化。[①] 比较典型的是联合国全球治理委员会在《我们的全球伙伴关系》一书中的表述："治理是各种社会机构或个体在处理公共事务中所采用的多种方式和手段的集合体，它通过协调、联合等措施使不同的甚至是矛盾的利益代表体最终得以统一。"[②] 治理概念原用于政府管理领域，后来扩展到企业、社会、教育等领域。

关于治理理论的产生，与对国家与市场机制的反思以及全球化浪潮的冲击息息相关。[③] 治理理论应运而生，既是对政府权威和国家统治的话语性、制度性的反对，也是对市场失灵和国家失败的反思和替代。[④] 此外，信息技术革命为治理理论的兴起提供了有效手段。信息技术使普通百姓取得信息的速度几乎和政府领导者一样迅速，从而促成一种"有效的协调机制"，即"治理机制"。[⑤]

詹姆斯·N. 罗西瑙（James N. Rosenau）认为，治理不同于统治，二者有明显区别。治理是各种社会活动中所体现出来的管理机制，无论其是否得到证实和认可，都能很好地发挥管理效应。[⑥] 治理理论强调的是社会之间、社会与国家政府之间的良性互动网络机制和体系，关注的是社会政治、管理系统的复杂性机制。

基于上述相关理论，本研究认为：所谓治理，就是某主体协同相关主体，采取多种方式、方法和手段，对某种对象或事务施加影响，以实现组织或事业有序、优化运行的过程和状态的统称。由此，治理的主体是多方参与的，包括影响的施与方与承受方以及相关方；治理所采取的方式、方法和手段是多样的，但须以协同而非简单的控制与管理为前提；治理要达到的目标是组织或事业的有序与优化运行；治理是一种理念，一个过程或所呈现的状态。

（二）人才治理的内涵

基于对治理概念的认识，本研究认为，人才治理即主管部门协同相关主体（包括人才个体及群体），采取多种方式、方法和手段，加强人才队伍建设，以实现人才队伍建设水平的优化提升，并进而促使组织或事业得以不断成功的过程和状态。

---

① 参见张兴华：《当代中国国家治理——现实困境与治理取向》，华中师范大学博士学位论文，2014 年。

② 全球治理委员会：《我们的全球伙伴关系》，牛津大学出版社 1995 年版，第 23 页。

③ 参见张兴华：《当代中国国家治理——现实困境与治理取向》，华中师范大学博士学位论文，2014 年。

④ 参见王诗宗：《治理理论及其中国适用性》，浙江大学出版社 2009 年版，第 25 页。

⑤ 参见［美］戴维·奥斯本、特德．盖布勒：《改革政府——企业精神如何改革着公营部门》，上海市政协编译组、东方编译所译，上海译文出版社 1996 年版，第 16 页。

⑥ Rosenau, J. N., "Governance, Order and Change in World Politics," Rosenau, J. N. and Czempiel, E. O. (Ed.), *Governance Without Government*, Cambridge: Cambridge University Press, 1992, pp. 5-6.

对以上人才治理概念进行解析，可以看到如下要点：一是人才治理的目标，应是实现人才队伍建设水平的优化提升，并由此促使组织与事业得以不断成功。其中，人才的成长与进步应成为人才治理的主要与核心目标，从而形成人的成长与事业发展的良性互动。二是人才治理的模式，应是主管部门协同相关主体，以民主协作的方式实施和改进的。其中，主管部门在人才治理中主要应起到人才规划与人才协同的作用，人才个体及群体不再是被动的治理对象，而是实现了从被治理端到治理主体中心地位的转换，也就是说，治理的目标是人才的优化发展，同时，好的治理更要靠人才群体本身在治理中的主动与能动作用。三是人才治理的结构，则包含多种方式、方法和手段，以实现人才的全方位、多角度治理，主要包括人才规划、人才选聘、人才配置、人才培养、人才评价、人才激励等方面。以上各要素，以人才规划为统领，以人才培养为基础，以人才选聘为基点，以人才配置为手段，以人才评价为调控，以人才激励为动力，构成人才治理有机体系，并蕴含人才治理的一般性规律与理论。当然，各行各业人才治理具有其特有的结构与运行规律，需要基于实践加以提炼与构建，以最大限度优化和提升人才治理水平。

相应地，教育人才治理，即教育相关主管部门（包括各级教育主管部门）协同相关主体（包括人才个体及群体），采取多种方式、方法和手段，加强教育人才队伍建设，以实现教育人才队伍建设水平的优化提升，并进而促使学校教育事业得以不断成功的过程和状态。

百年大计，教育为本。人才来自教育，教育亟需良师。教师队伍建设是科教兴国战略的关键，也是人才强国战略的先导，教师本身就是重要的人才力量。其中，基础教育教师是我国教师队伍的主体，是我国教育事业的中坚力量，因此，基础教育教师队伍建设成为教育人才治理的重要内容。基础教育教师队伍建设自有其特定内容与结构，下文将结合党的人才治理理论对我国基础教育教师队伍建设的内容与结构进行简要探讨。

（三）党的人才治理理论及基础教育教师队伍建设的内容与结构

依据党的十九大报告等文献，可对党和国家人才治理理论观点梳理如以下五个方面：

一是在人才治理的战略目标上，明确提出人才强国战略，将人才的发展与全面建成小康社会、实现中华民族伟大复兴的中国梦紧密相连。人才是实现民族振兴、赢得国际竞争主动的战略资源，要坚持党管理人才原则，聚天下英才而用之，加快建设人才强国。

二是在人才治理的愿景目标上，努力形成人人渴望成才、人人努力成才、人人皆可成才、人人尽展其才的良好局面，让各类人才的创造活力竞相迸发、聪明才智充分涌流。

三是在人才治理的工作方针上，坚持党管理人才与以法治才相结合，充分遵循人才的客观发展规律，积极构筑人才制度优势。要坚持党管干部原则，坚持德才兼备、以德为先，坚持任人唯贤，坚持事业为上、公道正派，把好干部标准落到实处。

四是在人才治理的推进路径上，坚持全面深化人才制度改革，实行更具开放性和包容性的人才政策，推进国家人才治理体系和治理能力现代化。要实行更加积极、更加开放、更加有效的人才政策，以识才的慧眼、爱才的诚意、用才的胆识、容才的雅量、聚才的良方，把党内和党外、国内和国外各方面优秀人才集聚到党和人民的伟大奋斗中来，鼓励引导人才向边远贫困地区、边疆民族地区、革命老区和基层一线流动。

五是在人才治理的标杆向度上，坚持全面从严治党，着力培养和选拔一支党和人民信任的高素质干部人才队伍。要坚持正确选人用人导向，匡正选人用人风气，突出政治标准，提拔重用牢固树立“四个意识”和“四个自信”、坚决维护党中央权威、全面贯彻执行党的理论和路线方针政策、忠诚干净担当的干部，选优配强各级领导班子。对于广大干部，坚持严管和厚爱结合、激励和约束并重，完善干部考核评价机制，建立激励机制和容错纠错机制，旗帜鲜明地为那些敢于担当、踏实做事、不谋私利的干部撑腰鼓劲。

党的人才治理理论既萃取了西方治理理论的内涵，又凸显中国特色社会主义人才理论和人才强国战略思想体系的特质，逐步形成一整套人才治理理论体系。总体来看，党的人才治理理论主要从宏观层面作为我国教师队伍建设的重要指针，但同时也在微观层面指明了原则与方向。如人才治理战略目标与愿景目标主要属于人才治理规划的范畴，人才治理工作方针及推进路径则涉及人才规划、人才选聘、人才配置等方面，人才治理标杆向度则广泛涉及人才选聘、人才配置、人才培养、人才评价、人才激励等方面。

具体来看，目前我国基础教育教师人才治理的内容大致包括教师资格、教师编制、教师资源配置、岗位管理、教师培训、职称评审、考核评价、薪酬与福利待遇、激励机制等九大方面。下文以人才治理理论为指导，从对A市基础教育教师队伍建设的调研分析入手，试图探讨关于我国基础教育教师队伍建设的对策。

二、A市教育人才治理效果概况

2017年4～5月，笔者参加了由A市教委人事处组织的A市教师队伍专题调研活动，与区教委人事科代表和中学、小学、幼儿园校长及教师代表座谈，并对基础教育阶段广大教师进行了问卷调研。随后，调研组还数次深入典型区县的中小学进行专题调研。回顾以上关于教师队伍建设的工作经历，A市教委作为教育人才治理的重要主体，协调和统合相关主体了解全市教师队伍建设现状，总结教师队伍建设经验，针对存在的问题研商相应对策，较好地体现了人才治理理论的相关要求，为加强A市教师队伍建设创造了有利条件。以下将以人才治理理论视角，考量从问卷与座谈中体现出来的先进经验与现存问题，并提出相应的对策性建议。

根据调研活动的分工，笔者主要参与了A市小学教师的调研问卷工作。本次调查共回收问卷11988份，参加调查的小学教师中，男性2109人，占调查总人数的17.6%；女性9879人，占调查总人数的82.4%。该问卷内容主要包括教师本人的基本情况，教师个人和教师群体的专业发展，全市人事制度改革、队伍建设方面的举措及其效果等维度，通过对教师关于教育人才治理现状看法的调研，以对全市教育人才治理效果有一个较为清晰的认识。根据问卷情况抽取典型指标，形成A市小学教师关于教育人才治理现状看法情况统计，可见表1。

表1　　A市小学教师关于教育人才治理现状看法情况统计表

	由于学校编制紧张从而招聘新教师存在困难		高级职称指标少从而教师评高级职称困难		学校对教师的考核和评价科学有效		工资制度能够体现多劳多得、优质优酬		与同等学力其他行业从业人员相比教师工资偏低		如果有机会，我会选择其他职业	
看法	人数	比例%	人数	比例%	人数	比例%	人数	比例%	人数	比例%	人数	比例%
非常不同意	683	5.7	426	3.6	361	3.0	1017	8.5	167	1.4	1150	9.6
比较不同意	946	7.9	1033	8.6	859	7.2	1991	16.6	294	2.5	2428	20.3
不清楚	5600	46.7	2841	23.7	1258	10.5	1653	13.8	882	7.4	2126	17.7
比较同意	2702	22.5	3893	32.5	5885	49.1	4988	41.6	3529	29.4	3354	28.0
非常同意	2057	17.2	3795	31.7	3625	30.2	2339	19.5	7116	59.4	2930	24.4
合计	11988	100.0	11988	100.0	11988	100.0	11988	100.0	11988	100.0	11988	100.0

从表1可以看出，对“由于学校编制紧张从而招聘新教师存在困难”的看法中“比较同意”和“非常同意”的共占39.7%，明显高于“非常不同意”和“比较不同意”的合计比例13.6%，说明学校编制紧张已经对招聘新教师带来较大程度的困难。在“高级职称指标少从而教师评高级职称困难”的看法中“比较同意”和“非常同意”的共占64.2%，可见，由于指标少造成评高级职称难的程度比较严重。在“学校对教师的考核和评价科学有效”的看法中“比较同意”和“非常同意”的共占79.3%，说明现行的对于小学教师的考核和评价还是比较合理的，受到大多数教师的肯定。在“工资制度能够体现多劳多得、优质优酬”的看法中“比较同意”和“非常同意”的共占61.1%，可见基于较为合理的考核和评价，现行工资制度能够较好体现多劳多得、优质优酬的原则；但也应该看到，对这一点选择“非常不同意”与“比较不同意”的占25.1%，说明在此方面还有较多工作要做。在“与同等学力其他行业从业人员相比

教师工资偏低”的看法中“比较同意”和“非常同意”的高达 88.8%，这固然与 A 地区高薪行业人员较多有关，但仍反映出一个问题：从社会平均工资来看，教师工资的相对值偏低。在“如果有机会，我会选择其他职业”的看法中“比较同意”和“非常同意”的则高达 52.4%，超过了受访教师数的一半，虽然这仅是一种心态的表达，但可看出在现有情况下教师职业整体的吸引力不高，值得我们予以高度重视。

由以上分析可以看出，A 市教育人才治理已经取得一定成效，对教师具有比较科学合理的考核评价，工资制度能够较好地体现多劳多得、优质优酬的原则，但由于现存的教师高级职称难评、社会相对工资水平偏低，已经在较大程度上影响到教师从教的积极性，同时编制紧张还影响到新教师招聘，不利于教师队伍健康发展。由此可见，以人才治理理论指导教师队伍建设势在必行。

三、A 市教育人才治理相关典型经验及现存问题

本次专题调研涵盖对 A 市各区教委人事科代表、中学、小学、幼儿园校长及教师代表的座谈，还包括深入十余所中小学的实地调研。通过专题调研可知，A 市各级教育主管部门已经在一定程度上认识到教育人才治理的重要性，并采取了一系列较为有效务实的举措，涌现出一些典型经验和做法。但同时在教育人才治理各方面还存在一些问题，这为以人才治理理论为指导改进工作，促进教师队伍建设指出了改革方向。鉴于教师培训涉及面较广、较为复杂，可以作为专题另行论述，因此本文主要集中于基础教育人才治理的其他八个方面进行探讨。

（一）关于教师资格

关于教师资格认定，主要是依据国家政策实行。当前我国中小学教师资格获得需要通过教师资格证考试。教师资格证考试分笔试和面试两项。笔试科目一是考核综合素质，主要是包括职业理念、教育法律法规、教师职业操守、文化素养和教师基本能力；科目二是教育教学知识与能力。面试则是考察教育教学实践能力。A 市教师资格认定事务中心归口负责全市中小学教师资格认定教育学、教育心理学的考试工作，高中、中职和高校教师资格人员的资格审核与认定工作以及全市各区县认定机构的工作协调与沟通工作。A 市教师资格认定事务中心挂靠 A 市教育学院，能够充分利用该学院教育专家支持的优势，顺利完成基础教育教师资格认定工作，同时按照信息化治理原则，借助信息化手段积累了基础教育教师资格认定的大量丰富数据，为基础教育教师资格认定相关数据分析及政策调整创造了有利条件。教师资格认定存在的问题主要有：教师资格考试较难准确考察教师的胜任教学的能力；由于入口相对较低，部分新教师不能很快适应教师工作；部分教师在沟通协调能力方面较为缺乏。

（二）关于教师编制

关于教师编制，A 市已有部分区开始试行“区管校用”。所谓“区管校用”，是全

区教师编制由区教委统一管理，学科教师从传统上的学校人、单位人转变为区里人、系统人，各学校则按照岗位需求聘任相关学科教师到校从教。“区管校用”管理体制改革，试图打破体制障碍，积极争取财政、人事、编办等有关部门支持，形成合力，以多种方式推进干部教师交流轮岗工作经常化、规范化和制度化，较好体现了多方治理原则。此外，有的区还建立了高端教育人才储备库，旨在充分吸纳一流教育人才资源，以有效地应对编制紧张的压力，优化教师队伍结构。在教师编制方面存在的主要问题：一是绝对性缺编与相对性缺编共存。绝对性缺编是指在编教师绝对数量的不足，相对性缺编则是在编教师绝对数量充足乃至超编，但与教学需求不匹配，实质上是结构性缺编。导致结构性缺编的原因主要在于教师学科结构与学科需求不配套，音体美教师缺乏严重、二胎政策影响以及部分教师身心方面疾病等；二是教师编制出口问题难以解决。这主要表现为不适合岗位的在编人员出不去，适合岗位的人员进不来。

（三）关于教师资源配置

为促进教师资源在城乡间的均衡配置，促进义务教育均衡发展，A市先后出台了乡村教师支持计划实施办法、进一步推进义务教育阶段校长教师交流轮岗的指导意见、支持乡村学校发展若干意见等方面的政策性文件。通过调研了解到，自市级财政对乡村教师岗位实施生活补助政策实行以来，乡村教师待遇得到明显提升，激发了乡村教师的工作热情，调动了乡村教师的工作积极性，以政策引导、政策激励促进教师人才优化流动配置的效果较为明显。调研同时了解到，尚存在乡村教师补贴发放范围把控过于机械、部分交流轮岗教师与学校教育教学需求匹配性不高、某些城乡教师交流对等性不对称等问题。

（四）关于岗位管理

为优化岗位设置，确保人岗适配，以协同治理理念为指导，A市部分区进行了人事管理机制创新。例如，在部分区建立非编制管理教育人才储备库，主动应对教育改革发展需求变化，由区教委对教师进行全区统筹。同时，将全区大统筹与学区小统筹相结合，以实现人与岗的精准配置。还有部分区以学区为基本单元，以“深度联盟校、九年一贯制、优质资源带、人才储备基地”等为基本载体，在“盟贯带”、教育集团内部形成成员校之间教师合理轮岗交流，较好地促进了优质教师资源的辐射效应。关于岗位管理存在的问题主要有：结构性缺编导致岗位需求不能有效得到满足，部分学校在岗教师年龄结构不尽合理（例如，出现总体年龄偏高、年龄断层现象等），法制、德育、心理等部分学科缺乏专岗教师，“教非所学”现象尚比较突出等。

（五）关于职称评审

关于教师职称评审，在市教委相关文件的指导下，各区、各校大体上能够坚持公开、公平、公正的原则开展职称评定，为教师专业发展、提高教师工作积极性产生了较好作用。关于职称评审的主要问题在于：职称评定指标数量不能满足教师需求，职称评定指标比例分配在一定程度上失衡，职称评定标准不够科学，职称评定与岗位待遇匹配不够合理，民办教师职称评定问题悬而未决等。尤其是部分教师被评为高级后，往往退居教学二线，但仍享受高级教师待遇；而大量一线教师承担了更多、更繁重的教学任务，但由于高级职称指标限制，难以晋升，其待遇难以提高，在一定程度上挫伤了工作积极性。职称评定与教师待遇及职业发展息息相关，妥善做好教师职称评定工作显得尤为重要。

（六）关于考核评价

关于教师考核评价，在市教委相关文件精神的指导下，各区、各校注重引入多维度、多主体评价，在科学考核评价方面做了一些有益尝试与探索。例如，有的学校除了对教师所带学生学习成绩评价外，还将教师师德表现、科研成果、帮带青年教师等多方面工作表现纳入评价维度；同时，注重同事测评、领导测评、教育对象（学生）评价以及家长满意度评价，收到了较好的激励效果。关于考核评价现存的主要问题包括片面以学生成绩或升学率进行评价的情况仍然存在、教师的教育教学实践难以全面量化、学生与家长对教师评价的参与度需要提高、骨干评选比例及方式有待优化、班主任工作量缺乏评价标准等。

（七）关于薪酬与福利待遇

关于教师薪酬与福利待遇，各区校尝试适当优化薪酬福利待遇结构，着力发挥绩效工资的激励作用，确保教师工作、生活基本需求，努力增强教师职业的尊严与幸福感。例如，有的区在绩效工资方面由区级统一预算，校级独立核算，体现同工同酬、多劳多得原则；有的区适当加大教师基础性工资的比重，让教师有尊严感和价值感，增强教师做好教育教学工作的内驱力。关于薪酬与福利待遇存在的问题主要表现在A市教师薪酬水平与同地区其他行业收入水平相比偏低，与其他地区教师薪酬水平有一定差距，教师薪酬与福利待遇分配需公平、结构需优化、机制需搞活等。尤其是随着课改的推进，新的任务和项目需要开展，但绩效工资方案与新项目开展适配性不强，在某种程度上影响了教师开展科研与项目的积极性。

（八）关于激励机制

关于教师激励机制，各区校进行了较为丰富的实践探索，以充分调动教师工作的积极性。有的区为新任教师申请青年公寓，采取实际措施给予每位教师优厚待遇，增强教师职业的自豪感、幸福感；有的区每年设立专项奖励资金鼓励教师著书立说，推行骨干教师学术年假；有的学校建设花园式学校，启动健康工程，关注和维护教师身心健康，为教师落实实事，切实解决教师的实际问题，给予教师精神的愉悦与家的归属感；有的学校为教师创设浓郁的文化环境，举办教师节活动，同时增强家校沟通，发动学生评选“我喜欢的老师”，给予教师职业自豪感。但据部分学校反映，学校缺乏奖励自主权，缺乏奖励资金支持，科学激励机制有待建立和完善。譬如，当前市级专项项目申报积极性不足，原因在于承担项目需要教师付出额外劳动，却缺乏相应的回报，项目激励机制缺失。

四、关于我国教育人才治理的政策性建议

对A市基础教育人才治理典型经验的总结及现存问题分析，启示我们依据党的人才治理理论，按照基础教育人才理论内容与结构，从宏观与微观两方面加强教师队伍建设，以提升我国基础教育人才治理水平。

（一）宏观层面的建议

宏观层面的建议，主要涉及教师队伍建设的战略方针或政策的制定，全国层面的布局或调整，影响更为深刻。

1. 提高教师经济社会地位，建立独立的教育公务员制度

建立独立的教育公务员制度，从制度层面形成人才治理体制机制，在一些发达国家已有先例。在国外的公务员序列中，公务员有一般公务员、特殊公务员（或称“准公务员”）和合同制政府雇员之分，公立学校的中小学教师一般属于特殊公务员（或准公务员）序列。例如，日本规定公立学校的中小学教师是国家公务员，但不是一般的公务员，因为其行政级别不能升迁。建立独立的教育公务员制度，有利于解决现有教师队伍法律属性不明确及职称晋升难等迫切性问题，提高教师地位，改善教师经济待遇，增强教师职业吸引力，提升教师队伍稳定性，促进教师合理性流动，吸引更多优秀人才积极从教，从而增强广大教师长期从教、终身从教、奉献教育的积极性。

2. 创新编制管理办法，实施预算管理

要以人才的成长与进步为目标，以协同治理为原则，创新教师编制管理办法，通过系统制度设计逐步淡化编制概念，采取更加灵活、开放的教师聘用机制，满足教育发展需求；按各地区学生数量、消费水平、发展历史等教育和社会发展实际情况与基本因素，同时考虑对偏远农村地区和其他经济不发达地区进行适当倾斜等必要的公平保障，对其所需教育经费按年度进行科学动态测算，在严格执行国家有关部门规定之生师比标准的前提下，框定其人员费用总额，通过经费预算进行基础教育教师队伍规模调控；给地方政府和中小学提供一定的弹性空间，使其可以根据当地当时的实际需要调整其教师队伍；可把基础教育人力资源划分为长期聘任的教学人员、临时聘任的教学人员、教学辅助人员、生活后勤人员、行政人员、志愿服务人员等，在科学测算的基础上分别制订不同人员的经费预算标准。①

3. 改进绩效工资分配制度，充分调动教师的工作积极性

当前新的形势需要对绩效工资制度进行调整，在保障教师待遇的同时，逐步突出

① 参见项贤明：《当前我国基础教育教师队伍建设中的若干问题探析》，《中国教育学刊》2017年第5期。

其绩效特性，强化人才治理措施的激励作用，以有效促进义务教育发展。只有加强教育投入，提高教师经济收入在各行业间的相对位置，保障教师安定的经济生活，教师才能积极地投入教育教学工作中。教育行政部门和学校应制定学校各岗位教育过程的质量标准，引导教师以此为目标提升自我、积极工作。学校应对教师工作以岗位标准进行过程性考核，并在年终对考核优秀、合格的教师颁发相应的年终奖。以岗位标准颁发绩效工资的办法能使教师珍惜自己的工作岗位，增强教师的工作热情并增进教师间的合作。

（二）微观层面的建议

微观层面的建议主要是针对本文所重点论及的教师队伍建设的八大方面，提出针对地方、区域或校级操作性较强的建议性措施。

1. 关于教师资格

一是严格教师准入标准，适当增加教师资格考试难度，确保真正优秀的人才能进入教师队伍。二是注重对教育教学胜任力的考察，开发科学有效的综合性考察方案，确保真正胜任的人才进入教师队伍。三是体现信息化治理的思想，借助大数据追踪候选人既有经历，注重对其沟通协调能力的考察，确保心智健全、综合素质高的人进入教师队伍。

2. 关于教师编制

前文已经述及教师编制管理改革思路，需要补充的，一是要解决教师出口的问题，从而形成教师合理有序地流动，以利于教师队伍新鲜血液的补充；二是可以通过核销工勤岗和教辅岗，增加社会购买服务的办法，扩大教师编制容量；三是要创新教育人才治理机制，吸收多方优秀人才参与教育事业。

3. 关于教师资源配置

一是增强乡村补贴政策的弹性，形成多梯级补贴机制，消除政策刚性。二是从教育教学实际出发开展交流轮岗，兼顾学校实际需要与教师本人意愿，将最适合的教师配置到最适合的教育教学岗位上。三是给予各地区一定的自主权，合理确定城乡之间的教师交流轮岗范围和是否实行教师交流轮岗。

4. 关于岗位管理

一是借鉴和推行 A 市“区管校用”模式。对于 A 市而言，“区管校用”在三个层面展开：区教委统一聘用教师，学校按岗选用；学区统一聘用教师，学校按岗选用；集团校统一聘用教师，学校按岗选用。二是推行政府购买服务。通过推行工勤岗政府购买力度，将空出来的编制向一线教师倾斜，确保一线教师岗位需求。三是扩大校长人事制度自主权，促进教师年龄结构优化配置。在学校岗位设置和人员聘用上扩大校长自主权。四是加强专岗设置。如设置法制教师、德育教师、心理教师等。五是引进临聘教师。产生“鳗鱼效应”，激活内部机制。六是尝试将班主任改革为全员导师制。

以全员导师制来降低班主任管理风险，增强青年教师专业发展自主性。

5. 关于职称评审

一是推行评聘分开。这主要是将职称评定与岗位聘任有所区分，重岗位贡献而轻职称资历。评聘分开更能体现多劳多得、按劳分配的原则，更利于调动教师的工作积极性。二是适当增大职称评定指标。对于中级职称，可以采取满足条件自然晋升的办法；同时，扩大学校对职称评定的自主权，中级职称可由学校自主评定，对于高级职称，可根据学校教师满足条件的人员数量适当提升允许晋升的比例。三是科学设定职称评定标准。对于中级及以下职称评定，主要看工作业绩表现。对于高级职称评定，适当淡化学术成果要求，加重工作业绩权重。四是合理分配职称评定指标。对职称评定进行区域统筹，科学设定职称评定比例，实现区域均衡与校际均衡。五是配套政策解决民办教育教师职称评定问题。可针对制约民办教育教师职称评定的现实问题进行相应的政策调整与设定，建立民办教育教师职称评定的顺畅通道。

6. 关于考核评价

一是加大教师科学评价研究力度。加强对教师考核评价方式方法的研究，按照定性与定量相结合的原则，建立教师考核评价体系，提升教师考核评价的科学性。二是要注重对教师进行综合考核评价。破除单靠学生成绩或升学率考核评价教师的传统做法，将教师师德、团队协作、交流沟通能力等因素纳入教师考核评价体系，对教师进行综合素养评价。三是高度重视学生评价与家长满意度评价。在注重教师自评、同事评价、学校评价的同时，加大学生对教师评价以及家长乃至社会对教师评价的权重。四是适当扩大学校对教师骨干评选的自主权。增大学校在区骨干、市骨干等各级骨干评选中的自主权，以适当均衡学科骨干比例，充分发挥骨干的榜样示范与传帮带作用。五是科学设定对班主任的考核评价体系。充分考虑班主任班级管理工作量，适当控制班主任教学任务量，科学合理地设定班主任工作量。

7. 关于薪酬与福利待遇

一是提高薪酬与福利待遇水平。以较高且不断增长的薪酬与福利待遇体现教师较高的社会生活地位，确保教师生活的安全感，提升教师的幸福感，吸引更多优秀人才乐于从教。二是促进薪酬福利待遇公平。坚持以岗定责，按岗取酬，以绩设奖，体现“按劳分配、多劳多得”的原则，在保障教师基本生活的同时，体现收入水平适当的区分度。实行评聘分开，淡化职称在薪酬与福利待遇中的比重，主要以工作实绩与岗位贡献确定薪酬福利待遇水平。较大幅度地增加班主任的津贴，消除乡村教师补贴操作上的不合理因素，使津贴补贴真正起到导向与激励作用。三是优化薪酬与福利待遇结构。在确保整体增量，适当扩大绩效工资额度，尽量增大奖励资金额度的同时，适度增大基础性工资在教师薪酬体系中的比重。同时，增大岗位工资份额，缩减职称工资比例，增大教龄工资额度，凸显薪酬与福利待遇激励作用。四是搞活薪酬与福利待遇机制。适当放开区级、校级在薪酬与福利待遇分配上的自主权；采取相应的政策，提升教师开展创造性教育教学活动的合理报偿，以激发创新活力与积极性；为无房教师提供租赁周转房，财政予以支持；探索车补、商品房补贴等能解决教师实际困难的政策措施。

8. 关于激励机制

一是建立奖励资金专项。在市级（省级）、区级（地市或县级）及校级设立专项奖励资金，着重扩大校级奖励专项资金额度，给予学校资金奖项设置自主权，提升专项奖励资金实际激励效果。二是建立科学激励机制。完善教育专项申报激励机制，项目申报与学校发展相结合，对于为项目做出贡献的成员给予相应的补贴与奖励；避免奖励方面的“平均主义”“大锅饭”现象，切实体现奖励的激励作用；为教师开展心理测试与心理调适，关注与呵护教师身心健康，切实提升教师社会地位，增强教师幸福感。建立内部留人机制，以事业留人，以情感留人。建立团队激励机制，为教师营建健康和谐的教育生态环境体系；可以尝试推行“学术假期”机制，给教师集中的时间对工作进行反思、总结，进一步提升教师的精神境界。三是创新长效激励项目。可以尝试每年评选一位“某省（市、区）好教师”，给予最高荣誉及最大奖励，作为全省（市、区）教师的楷模和典范，以先进人物引领教师发展；可以每年评选十名“人民教师奖”、十名“人民教师提名奖”，并分别给以重奖；可对从教 20 年、从教 30 年教师分别给予相应荣誉与奖励；可建立师德荣誉奖励机制，对于终身从教、业绩突出的教师，授予其“人民教师终身成就奖”。

五、结语

人才治理理论，尤其是教育人才治理理论，是一个不断丰富和发展的过程。中国共产党关于人才治理的重要理论观点，为我国教师队伍建设提供了重要指导。基础教育教师队伍建设有其特定内容与结构。A 市根据党的人才治理理论，在基础教育教师队伍建设各方面开展了卓有成效的工作，但也存在一系列亟待解决和改进的问题。借鉴和参考 A 市基础教育队伍建设的典型经验，要不断深化对党中央关于人才治理相关理论的认识和把握，持续开展教育人才治理理论与实践的探索，不断提升我国基础教育教师队伍建设水平。为此，要以创新的勇气全面促进基础教育人事制度改革与发展，从宏观和微观层面同时发力，在编制管理、资源配置、资格管理、职称评审、教师培训、考核评价、福利待遇、奖励激励等各方面采取有效的举措，建立完整的保障与激励机制，倾力构建现代教育人才治理体系，使教师有实际的获得感、职业幸福感，充分激发调动每一位教师的投身教育事业的内驱力，为我国教育改革发展做出更大的贡献。

在奋斗中消解高校青年教师的困惑和迷茫

唐　赟*

摘要　高校青年教师的生存和发展处于多方压力却又突破无门的无力感的困惑和迷茫之中，是当下高校内普遍存在的人才问题。其具体表现在科研艰难、无独立地位、成果难出的压抑和焦虑；教学任务繁杂却又无突破性成就和可量可考的业绩的虚无感。究其原因，主要是高校青年教师在自身发展奋斗的进程中对自己的阶段性身份定位的失偏，从而导致自我否定的奋斗精神的阶段性断层和对所处环境关系的功利性认知错误。新时代高校青年教师要在“四有”好老师目标的指引下，以长期奋斗的精神不断地在否定自我的过程中突破自我，并能够以团结奋斗的意识正确认知、恰当处理在奋斗中的日常事务和人际关系，以求形成最大的合力，帮助自己成长，促进科研教学等事业的成功，从而摆脱困惑和迷茫的窘境。

关键词　高校青年教师　困惑迷茫　奋斗　“四有”好老师

当下，高校青年教师作为高校人才的代表和希望，普遍地陷入困惑和迷茫，这是一个不得不面对和值得认真研究的新现象。“高校青年教师，有强烈的自我实现意识，但自我认知不足，从‘学校人’到‘社会人’的转变经验不足，感到茫然。”[①] 高校青年教师处在刚刚脱离学生角色的博士阶段之后的教师职业生涯前期这一特定阶段，面临着学术工作进一步熟悉、社会职业角色刚刚形成、工作发展方向寻求定位、工作岗位大家庭初步融入的行为实践和心理态度融合等一系列陌生、烦琐而又必须面对的现实问题。他们被期待其工作能给学校带来经济和社会效应，获得科研资助，发表论文，指导学生，同时服务社区。若感觉在组织中不被接受和产出不多，会加重他们的压力。[②] 显而易见，在这一特殊阶段，岗位社会关系、科研教学模式和成果以及发展目标和过程与高校青年教师的个体结合并不稳定，并未形成其个人生活方式，由此产生了

* **作者简介**：唐赟，南京林业大学马克思主义学院教师，博士，主要从事马克思主义理论等研究。

① 孙绪敏：《评价视野下高校青年教师职业压力研究》，《高等理科教育》2018 年第 1 期。

② Trower, C. A., *Success on the Tenure Track: Five Keys to Factulty Job Satisfaction*, Baltimore: The Johns Hopkins University Press, 2012.

对自身过高的期望与角色突然间转换之间的不协调感，从而导致了高校青年教师压力过大却又无从说起，热情迎合却又格格不入的困惑和迷茫，“他们总感到自己是劳而无功或少功，十分郁闷与困惑”[①]。这些都给高校青年教师的新的征程的起步阶段“扣好第一粒扣子”的理想造成了巨大的挫折感甚至是失败感。这具体表现为以下四个方面：（1）教学任务繁重，而新的教学理念对教学的学生个体化要求又加深了教学程度上的负担。（2）科研任务作为硬件指标，时间紧迫、任务艰巨，却又往往因为自身固有因素而无法入围或者劳而无功。（3）上述两点的原因导致评职晋级艰难且缓慢。（4）社会和家庭重负的承载逼迫青年教师在具有要求长时效性、精深度性的工作性质中追寻急功近利的平衡。

一、高校青年教师的困惑和迷茫源于对个人奋斗的认知偏差

高校青年教师常常抱怨：由于年轻没有名誉和地位，因而只能依附于资深教授和科研团队，只能承担些低层次的机械性任务，并且不能够在名和利上占得先机；在教学过程中又必须深入学生个体及其生活、活动，工作繁杂而又无实际可量化的短期成就感。这些困惑和迷茫是有深层次的个体认知原因的。高校青年教师作为层层选拔后的人才，能够脱颖而出，其优秀性是毋庸置疑的。然而，已有的成就从本质上来讲应当只是作为获取高校青年教师资格的基础性条件，而非一劳永逸的“功成名就”。高校青年教师的困惑和迷茫来源于个人奋斗进程中自我定位的局限性，把起点误以为终点，把教学科研的新的学习、磨炼的征程误以为前期作为学生学成之后的发挥、使用和要求回报的平台。高校青年教师由于对自身状态认知失偏，加之急功近利的焦虑思想，从而在人际关系中容易将资深教授、科研组同事乃至学生看成是其获取功利的客体，而不是前行道路上的良师益友和志同道合的伙伴。其外在表现是在做科研时与资深教授和团队的紧张而微妙的关系，在教学过程中与学生之间关系职业化了的处理方式。高校青年教师把科研过程看作是功利的角逐，把科研成果视为利益的博弈，把加入科研组以及为资深教授工作并未看成是学习、实践的成长过程，反而是在其以自我为中心盲目的意识形式下，将其理解为无地位、无优势的弱势群体的不得已而为之；把教学当作形式化的工作和职场化的任务，对教学本身缺乏激情和热情。这直接导致对教育和相关专业学术界前辈们的敬仰和谦让相对不足以及对学生教学的简单化理解。普遍存在着的客观事实是，不少高校青年教师将自身定位在和前辈们相同的岗位性、职业性身份上，从而他们认为所面对的皆是同事甚至于在科研项目上成为争名夺利的竞争对手（这里指的并非是学术发展的良性竞争）。因此，不禁感叹自己无法独立，而且抱怨与所依附的教授、团队之间的名利之争。同样，在教学过程中，高校青年教师并

---

① 王义遒：《以“自爱”来纾缓青年教师的困惑》，《高校教育管理》2016 年第 3 期。

未意识到在新的征程上的宝贵的实践机会，只是视教学为机械性任务完成，其中并未伴随着和自身学识相结合的思索性的研究和探索。这样的结果，自然也就是无聊、无奈和烦琐了。

从根本上来说，高校青年教师的认知偏差是奋斗精神的阶段性断层，从自我发展走向了争名逐利，是长期奋斗、不懈奋斗观念的离场；从表现形式上来看，是在理解、处理人际关系时正确态度和方式的缺位，是团结奋斗、竞相奋斗理念的缺席，以致其不明白在整个自我奋斗进程中，阶段性跨越高点之后必然又是更高一层次的能量的积累的过程。个人奋斗强调主体性、条件性和系统性，“是一种特定的、与情境目标有关的人格意向结构，是个体通过日常行为所努力达成的特性生活目标”①。困惑和迷茫的高校青年教师并未意识到个人的奋斗历程的基础性、连贯性、传承性以及合作性的重要，也没有认识到自身成长的过程性和实践性的必要，从而不能够正确认识到从事教师职业是另一段征程的全新开始，资深教授和科研团队应当被理解是作为高校青年教师的指导老师和引导前辈的身份，参与科研是一个良好的学习和磨炼的机会。同时，教学的过程恰恰是高校青年教师学以致用的大好的实践机会，若未能理解其深意，则错失了在实践中真正掌握知识，在教学相长中碰撞出科研的火花的大好机会。遗憾的是，有部分高校青年教师在烦琐的无聊中抱怨，忘却了奋斗的初心，不思进取，在焦虑中愈发地逼近了“非升即走”被淘汰的命运。

二、高校青年教师应以正确的认知指引奋斗、消解困惑和迷茫

习近平总书记对青年、人才和知识分子以及奋斗理念方面的论述为高校青年教师的奋斗指明了方向。习近平总书记在十九大报告中指出：“青年兴则国家兴，青年强则国家强。……中华民族伟大复兴的中国梦终将在一代代青年的接力奋斗中变为现实。”②他认为，青年人是最具活力和潜力的，特别是其在创造力上的优势是无可比拟的。“青年一代有理想、有本领、有担当，国家就有前途，民族就有希望。”③ 新时代全新的发展范式不仅需要特定的历史阶段性专业知识、技能以及国际合作、竞争的规则，还需要充满活力、不拘一格、思维创新、意识超前的人才，这样，青年人才就具有极大的优势。同时，习近平总书记强调，新时代是奋斗者的时代，幸福是奋斗出来的，并指出奋斗是长期的，是曲折的，奋斗者是精神最为富足的人。他继而强调奋斗是艰辛的，艰难困苦、玉汝于成，要求我们不仅要长期奋斗、不懈奋斗，而且要团结奋斗、竞相奋斗。新时代的奋斗是接力奋斗、共同奋斗、顽强奋斗、艰苦奋斗四位一体的更加整

① 张钊、郭永玉：《个人奋斗及其相关研究》，《心理科学进展》2006年第11期。

② 习近平：《决胜全面建成小康社会 夺取新时代中国特色社会主义伟大胜利——在中国共产党第十九次全国代表大会上的报告》，人民出版社2017年版，第70页。

③ 习近平：《决胜全面建成小康社会 夺取新时代中国特色社会主义伟大胜利——在中国共产党第十九次全国代表大会上的报告》，人民出版社2017年版，第70页。

体化、系统化、内涵化的奋斗。这是对奋斗本质更加科学的认知和对奋斗规律更加主动的把握，展现出新时代奋斗新征程的新方向、新要求和新途径。习近平总书记寄语广大知识分子，既要努力追求原始创新，又要兼收并蓄，博采众长；既要尊重个人创造，又要注重发挥合作优势。高校青年教师作为被党和国家寄予厚望的新时代青年人才，应当有着更加深刻的认知、更加厚重的历史责任感和自豪感，凭借更加全面的综合素质和核心素养及时地摆脱困惑和迷茫，回到奋发进取的正确轨道上来。这就要求高校青年教师在自身所处职位上要接力博士期间的奋斗精神，团结在导师级的学术和教育大家的周围，和同事们共同奋斗，克服艰难困苦，战胜迷茫困惑，积极并充分地发挥主观能动性，自我奋斗，通过艰苦奋斗来迎接幸福的人生。

（一）以正确认知下的奋斗舒缓困惑和迷茫

高校青年教师作为新时代的知识工作者，有着独特的群体特征，相较于社会其他的劳动群体，他们有着更加坚定的理想信念、更加全面的综合素质、更加强烈的奋斗意识以及更加高尚的奋斗目标。因此，必须坚决杜绝“绝大多数青年教师认为自己处于社会中层以下，对自身社会地位的认知态度比较消极的现象”①。要鼓励高校青年教师从正确的视角重新审视自我，就一定能够在物质基础条件相对满足的状况下，自觉地奋斗，以追求个人价值及其对新时代中国梦实现的贡献，从而获得较为强烈的内心满足和精神上的幸福感。高校青年教师一方面应当激发自身奋斗的原动力，积极响应习近平总书记“只有奋斗的人生才称得上幸福的人生”的号召，用“奋斗本身就是一种幸福”作为一种积极向上的认知、心态和情绪，促进自己的智慧在科研和教学以及社会服务的轨道上焕发出全新的光彩；另一方面要充分结合自身的状况、条件、阶段和所处环境、状态进行个人奋斗，在价值观、态度和认知的转变中，通过努力奋斗来消解“艰难困苦”所带来的困惑和迷茫。高校青年教师应当在教学和科研的自我奋斗进程中，在全心全意培养人才的同时，努力再生产并创造新知识。在这个过程中，因对自我主体存在的准确认知而具有审慎性、批判性以及主观能动性，因意识到他人的多元主体性而摒弃竞争唯一性的客体占有思维，营造出懂得沟通、让步、学习、奉献、共融、互动的和谐交流的人际关系。

正确的认知是解决问题的前提，高校青年教师的困惑和迷茫源于自我发展进程中对自身的模糊定位以及所处具体环境关系的功利化处理，因此，高校青年教师应当在对自身及所处环境精准定位的基础上展开奋斗的人生。高校青年教师要怀着一颗感恩的心去拥抱当前所面对的一切，满怀激情地投身合作互赢的奋斗共同体中去。高校青年教师应当明白，自己只是刚刚在高校教师这个相对于求学阶段而言更加成熟的角色上重新开始量的积累，只是人生奋斗的一个新的起点，“高校青年教师要实现角色期

① 廉思：《我国高校青年教师社会不公平感研究》，《中国青年研究》2012 年第 9 期。

待，就得不停努力，不断超越”[①]，切忌固步自封，徘徊在新征程的路口。在学术和教学的道路上，“业务素质的提升依赖于工作经验的积累”[②]，可以说，青年教师只是创业者、初学者、打工者、奋斗者，是一切都需要学习、磨砺和成长的新人。历史无数次地证明了“物理学家、经济学家和艺术史学家，先是作为学生然后通过工作期间的与学科同行的相互接触，才成为他们的特定学科的合格成员的”[③]。因此，高校青年教师如果能够认清自身所处的阶段性角色，就应该意识到相同的岗位平台里还有内在层次的系统分类。在这个新的系统里，他们还只是需要学习和历练的新人，就应当明白不该急于获得与知名教授、学者等在教育和学术方面已有成就的先辈们的荣誉、待遇以及相应的话语权，而是摆出学习者和协助者乃至帮衬者的姿态，加倍地努力奋斗，在科研和教学的发展共同体中获得成长。

（二）美好结果需要长期奋斗

高校青年教师应当坚信“个人奋斗反映着我们一生的持续发展”[④]，并对自己有一个清醒的认知，准确定位自己目前所处的历史新阶段，将自身的历史积淀化作自身能量的积累，并作为新的征途上奋斗的基础，更加努力地学习、实践、思索和研究，不断地有效突破自我，追求新高，绝不停留在现有成就的存量的博弈上，而以增量资源的发展为奋斗目标。美国学者费斯勒（Fessler）认为教师的职业生涯的发展过程历经八个阶段。我国也有相关研究指出：“教师职业生涯包括熟悉教学阶段或学徒期（入职后3～5年），经验积累期或成长期（持续5～7年）、反思期与理论认识阶段、学者期四个阶段。”[⑤] 因此，“大学教师职业，需要长久时间地出于知识自身的目的追求知识的态度以及教学、研究和服务学术职业行为方式的训练和储备，需要全身心的长久投入”[⑥]。当且只有当高校青年教师们在教师的岗位上持续奋斗而取得个人能力的真正突破时，初始阶段的焦虑、困惑、迷茫才会自然消解，隐遁于无形。同时，我国社会主义核心价值观包涵了平等、公正的精神理念，在社会主义制度以及不断完善的人才政策下，高校青年教师自会享受到惠及全体人民的发展成果。例如，“实际很多情况是学校已为教师提供了保障项目，但教师自己并不知道”[⑦]。再比如说，教育部部长在新时代写好提高教师地位待遇“奋进之笔”中，强调了要提升教师的政治地位、社会地位和职业地位等。随着新时代教育事业的新发展和教师工作环境、教师队伍的新建设，

---

① 孙绪敏：《评价视野下高校青年教师职业压力研究》，《高等理科教育》2018年第1期。

② 孙绪敏：《评价视野下高校青年教师职业压力研究》，《高等理科教育》2018年第1期。

③ ［美］伯顿·R. 克拉克：《高等教育系统：学术组织的跨国研究》，王承绪等译，杭州大学出版社1994年版。

④ 张钊、郭永玉：《个人奋斗及其相关研究》，《心理科学进展》2006年第11期。

⑤ 姜捷：《论高校青年教师的压力问题及其缓解对策》，《河南大学学报》（社会科学版）2016年第1期。

⑥ 刘鸿、龙云敏：《美国研究型大学青年教师发展的制度特征》，《现代大学教育》2016年第6期。

⑦ 廉思：《我国高校青年教师社会不公平感研究》，《中国青年研究》2012年第9期。

在教育战线努力将中央决策部署落到实处的过程中，当下高校青年教师的压力、困惑和迷茫也必然会逐渐消解，幸福也必将会成为常态。而这又要求高校青年教师必须有一个永恒发展的理念和长期的、不懈的努力奋斗，而非“毕其功于一役”的一劳永逸，因为奋斗是艰辛的，没有艰辛就不是真正的奋斗，高校青年教师更应该在艰难困苦的奋斗中净化灵魂、磨砺意志、坚定信念。

由于先期博士培养阶段普遍存在的重科研轻教学的传统取向，加之我国博士生培养阶段缺乏类似于欧美的“助教”的岗位，使未来的高校青年教师缺乏对未来职业角色的全景式认知的途径，丧失了熟悉岗位的先机，直接导致高校青年教师仅仅依赖于读博期间对教师教学的浅层次认知，加之就职后短期形式化的岗位培训即仓促上阵。无论是从理论上还是实践上，高校青年教师对教学都缺乏深刻的认知和理解。“多数高校青年教师受过学术方面的训练，很少经历教学技能的训练，对教师职业体会不深。”[①] 能够把自身所学如竹筒倒豆子般给学生的，已经算得上是会讲课了，更何况更多的高校青年教师根本无力解决倾其所学与教会学生之间的矛盾。读博期间的科研，无论是从研究精神、研究品质、理论功底、实践能力还是团队力量、合作意识等诸多方面来说，都是相当不成熟的。这就需要刚刚从博士生角色转变过来的高校青年教师拿出长期奋斗的精神，在这个全新的征途上再次奋斗了。这就需要高校青年教师勇于面对自己的不足，勇敢地担当起科研创新和教书育人的重任，结合新时代的特征开创出独具个人特色的科研成果和教学模式，在为创新驱动发展和供给侧改革贡献智力支持的同时，向着新时代骨干教师、卓越教师、教育家型教师的目标任务努力奋斗，终将会得到国家、社会和历史的认可和尊重。

（三）追寻成功需要团结奋斗

高校青年教师在自身奋斗过程中要处理好相关的社会关系。在与资深前辈们和同事之间相互学习、融合、转化中，能够切身体验到科研和教学的渊源和本质，明白自身奋斗的目标和发展的真谛，真正地进入高校教师的“朋友圈”，有效地影响甚至是决定自我奋斗征程的方向和前途。“大学场域中的青年教师，实际上是进入了一个新的环境，这是个体调整自己态度和行为以适应所在组织的价值体系、行为规范和组织目标的过程。”[②] 高校青年教师应当从只关心自我修养和个人科研成果的主体性单一逻辑向关注同事、学生及其他社会关系的互通、互助、团结奋斗转变。这种团结方式十分有利于高校青年教师借鉴和采用成熟的科研和教学理念、方法和模式，在科学研究和教学实践中分享心得、互相安慰、彼此支撑、共同进步。相关的研究以及经验也证明，大多数的人，包括大学教师，特别是刚刚进入新环境的大学青年教师，是需要领导、前辈和同事们的关爱和支持甚至是扶持、支撑的。凯西·A. 特洛尔（Cathy

① 孙绪敏：《评价视野下高校青年教师职业压力研究》，《高等理科教育》2018 年第 1 期。

② 刘鸿、龙云敏：《美国研究型大学青年教师发展的制度特征》，《现代大学教育》2016 年第 6 期。

A. Trower）甚至将“我的院系同事”和“良好的同事关系”作为“学术地位获得、发展、保留的关键原因”[①]。这也是很多大学激励和鼓舞教师们互通共融、通力合作、共享成果的教师发展中心等平台机构的内在原因和动力。例如，很多大学在推广专属于青年教师成长的“导师制工程”（tutorial system project），就是通过对青年教师向同事学习从而逐渐发展自我理念的提倡而创设的机制。这就要求高校青年教师在新的奋斗征程上清晰地认知到，专家、学者、成名教师等前辈乃至普通的有经验的同事不仅仅是同行、竞争者、合作者、互助者，更是其发展所必备的催化剂、助力系统和促进者。因为，“识别与自己有相似背景的同事，并利用这种相似性进行有效的沟通”[②]，是高校青年教师在职业奋斗中的不可或缺的行为法则和制胜法宝。

（四）奋斗要立足本职，争当“四有”好老师

习近平总书记提出的“四有”好老师标准，应当成为高校青年教师职业奋斗所追求的目标。以个人奋斗为目标和动力的高校青年教师，必然是符合“四有”标准的好老师。奋斗理念是马克思主义关于人的自由全面发展走向人的类本质的思想，是习近平总书记倡导的精神追求和行为标准，当然包含了理想信念和社会主义核心价值观。个人奋斗是个体生命自身对完善自我的追求，体现的是健康向上、积极作为的主体个性化意识，个性化的本质要求个体通过不断的自我奋斗、自我追求以达到融人类文明于自身的效果，这个过程自然需要扎实的学识，包括其中所要求的习近平总书记所指出的过硬的教学能力、勤勉的教学态度、科学的教学方法以及具备学习、处世、生活、育人的智慧。奋斗对外在环境“命运共同体”的需要要求处理方式以和谐、美好、共同发展为宗旨，同样高校青年教师应视老师、同事、学生等为同等甚至更高地位的主体相处，而非“是否有利于我”的客体，这正是道德情操和仁爱之心的体现，“教师的仁爱之心主要指爱己、爱人、爱物，体现为尊重、理解、关怀、宽容”[③]。特别是在教学活动中，要真正地做到不断提高自身的道德修养、正确的价值观、奋发向上的精神以及科学的态度，并把这些人本内涵富有成效地传授给学生，同时，把自己的温暖和情感倾注到每一个学生身上，让每一个学生都找到奋斗的原动力，并享受成功的喜悦。高校青年教师凭借对自我的真实认知，对身处环境的多元主体关系的正确理解和真诚交往，不忘初心，锲而不舍地奋斗在育人、科研、社会服务和文化传承的新征程上，追寻“四有”好老师的新时代目标，实现自我价值。

奋斗是一个人自我追求、自我超越、自我完善的自我发展进程。科研和教学是高校青年教师的本职工作，也是其奋斗的出发点、立足点和归宿。科研的本质是创新，

① Trower C. A., *How do Junior Faculty Feel about Your Campus as a Work Place?*, Harvard Institutesfor Higher Education, *Alumni Bulletin*, 2005, p. 47.

② Whicker M. L., *Getting Tenure*, CA: Sage Publications, 1993, p. 129.

③ 王枬：《论教师的仁爱之心》，《教育研究》2016 年第 8 期。

创新的实质是曲折的奋斗进程中不断进取的自我否定，是人类文明的阶段性、肯定性成果。因此，高校青年教师要以不断超越的研究精神不懈奋斗、长期奋斗、团结奋斗，追求精益求精、创新驱动；寻求创造未知，引领未来，为实现中华民族伟大复兴的中国梦贡献自己的智力支持。教育的根本任务是立德树人，根本目的是不忘初心、牢记使命、在继续前行的奋斗历程中促进人的自由全面发展。作为以教书育人为己任的高校青年教师，要发挥“学高为师，身正为范”的积极效应，在追求“四有”好老师的自觉自为奋斗中消解困惑和迷茫，追寻自己人生的幸福。新时代不断奋发进取的高校青年教师，要特别注重发挥自身的自觉性，主动创新教学与科研，将科研应用到教学中去，在提升教育质量的同时还可以检验科研成果，为更加深入的科研提供实践依据。高校青年教师可以以教学为对象开展科研，在拓宽视野的同时，更加切实有效地提升教育质量。高校青年教师要“结合自身实际，积极参与教学研究活动，做到‘以教促研、以研助教、教研相长’，争取为自己创造更多的发展机会和发展空间”[①]。这些都需要高校青年教师具有奋斗的精神、积极的心态、主观能动性的发挥以及与包括学生在内的各方面关系的团结、和谐。如此，则必然会成长为以“四有”好老师为标准的优秀教师和科研人员，成功的幸福感随之而来，困惑、迷茫早已抛却在奋斗的身影之后。

高校青年教师的奋斗是在自主、自觉、自助的自导过程中完成的自我发展，最关键的是要能够充分发挥主观能动性，不断地认识自我、剖析自我、否定自我、更新自我以达到修正、完善自我的目的，这样才能够在科研与教学中形成反思、批判与创新的范式变革。十九大报告指出，要“加快一流大学和一流学科建设，实现高等教育内涵式发展……培养高素质教师队伍”[②]。因此，高校青年教师必须以此目标为己任而展开个人奋斗，努力在发展和完善自身的同时，在教书育人和科研创新以及社会服务等多方面，特别是在建设一流大学和一流学科的本职工作中长期不懈地努力奋斗、团结奋斗，做出自己应有的贡献。在投身于新时代中国梦的奋斗进程中，沉浸在共享奋斗的成果以及专属的荣誉感、自豪感、幸福感的环境氛围中，压力早已转化为动力，抱怨和懈怠早已被激情和热情所取代。如此，高校青年教师的自主性怎么会不强？人生怎么会困惑？方向又怎么会迷茫？

---

① 刘萍、胡月英：《中美高校青年教师发展机制比较研究》，《中国青年研究》2016年第1期。

② 习近平：《决胜全面建成小康社会 夺取新时代中国特色社会主义伟大胜利——在中国共产党第十九次全国代表大会上的报告》，人民出版社2017年版，第46页。

编辑出版学专业技术人才成长的规律及开发的启示

郑灿平*

摘要 研究编辑出版学专业技术人才意义重大。要做到科学开发编辑大家和名编辑人才，必须正确把握编辑人才的成长规律。其主要表现形式包括：编辑出版专业人才成长中的师承效应规律、编辑出版人才成长过程中的扬长避短规律、编辑出版人才创造成长过程中的最佳年龄规律、编辑出版人才成长中的“马太效应”规律、编辑出版人才管理过程中的期望效应规律。

关键词 编辑出版人才 成长规律 开发 启示

所谓编辑出版学专业技术人才，顾名思义就是要包含以下五种基本能力：（1）具备掌握编辑与出版的理论和知识；（2）掌握市场分析、选题策划、文字加工、宣传促销的知识与方法；（3）具有较强口头和文字表达能力和从事科学研究的能力；（4）了解有关编辑与出版市场营销的方针、政策、法规；（5）了解有关社会科学、人文科学、管理科学、自然科学与技术科学的知识。

习近平总书记指出，要不断提高人才工作的科学化水平，关键要遵循人才成长规律。这就要求我们认识规律、尊重规律、按规律办事。因此，要做到科学开发编辑大家和名编辑人才，必须正确把握人才的成长规律。人才成长的规律是对人才成长过程中各种本质联系的概括与归纳，规律有自然科学和社会科学之分，人才规律属于社会科学范畴。显然，编辑出版人才规律是在这个范围内的。

现代的图书、报纸、期刊、音像制品、电子刊物、互联网出版物等都属于编辑工作范畴，编辑工作是整个出版工作的中心环节。编辑工作在出版工作中的中心地位，是由出版特有的性质、特点以及出版要素的结构功能所决定的。编辑工作对出版工作的全局具有关键性的作用和影响。出版工作的社会作用主要是通过出版物的思想文化内容来体现的，出版物的思想文化内容虽主要是靠作者提供，但要通过编辑的收集信

* **作者简介**：郑灿平（1951～ ），河北人，华东师范大学出版社副编审，中国编辑学会会员，中国人才研究会人才学专业委员会理事，中国老教授协会会员，《历史教学问题》编辑部兼职编辑，研究方向为编辑出版学、历史学、人才学。

息、策划选题、审读、加工作品以供复制并向公众传播。可见，编辑工作对社会发展的能动作用主要是通过编辑来实现的。因此，研究编辑出版人才成长规律及开发尤为重要，这对于加快编辑出版人才发展机制改革和政策创新具有极大的启发性的意义。

一、编辑出版学专业技术人才成长中的师承效应规律

编辑出版人才培养过程中的师承效应，是指编辑出版人才在教育培养过程中，徒弟的德识才学得到师傅的指导、点化，徒弟在继承与创造过程中少走弯路，达到事半功倍的效果，有的逐步形成"师徒型"人才链。一个好的编辑出版人才的成长需要一个好老师的传帮带。编辑这个行业，很多时候是手把手相传的。除此之外，还要靠自己的努力和创新。

我国许多老一辈的编辑大家和名编辑家，如鲁迅、瞿秋白、郭沫若、邹韬奋、叶圣陶、茅盾、巴金等人，既是著名的作家又是编辑出版大家。我们在现代出版史中可以清晰地看到编辑大家和名编辑出版家传授技艺，我们的事业后继有人。如今，名震中外的商务印书馆创建人张元济，是中国出版事业中极具远见和魄力的编辑大家和名编辑出版家，他带领一批优秀人才，着手编辑出版了当时最受读者欢迎的教科书，因而商务印书馆以此占领了大部分教科书市场。在他的培育下，商务印书馆不断地发展、壮大。比如，茅盾在 1916 年大学毕业后来上海的商务印书馆工作，他曾对自己评价说过："我如果不是到上海来，如果不是到商务印书馆来工作的话，可能就没自己文学上这样的成就。"① 在商务印书馆工作时，茅盾从一名默默无闻的青年学子成为《小说月报》的主编，推动了新文学的发展。商务印书馆聚集众多人才，在师承效应下，茅盾不久成为著名作家和名编辑出版家。他的代表作《蚀》《子夜》《春蚕》《林家铺子》等，就是典型的案例。再比如，生活书店的创办人邹韬奋，在他的带领下，集聚了各类学科的专门人才，生活书店编辑出版发行的刊物当时就有 24 种，这些杂志对读者起到振聋发聩的效果，风行一时。可见，无论是商务印书馆、生活书店，还是 1949 年以后成立的人民出版社、人民文学出版社、人民教育出版社，都是依靠杰出人才优势发展壮大起来的。事实雄辩地证明，师承效应是一条人才成长规律。

根据上述规律，培养高层次的编辑大家和名编辑出版人才要重视发挥师承作用。因此，笔者认为，编辑出版业要建立导师制的人才开发体系：（1）建立导师制。出版社要有高级职称的编辑大家和名编辑或有丰富经验编辑人员帮带青年编辑。（2）开设人才培养系列课程。出版业需要邀请高级职称的编辑大家和名编辑定期给青年编辑上出版编辑业务课。比如，专题演讲或邀请专家学者讲课等多种形式。

---

① 商务印书馆：《茅盾诞辰 120 年入职商务印书馆 100 年　图片文献展暨高端论坛》，https://www.cp.com.cn/Content/2016/12-02/1456471083.html。

二、编辑出版人才成长过程中的扬长避短规律

金无赤金，人无完人。所谓扬长避短的规律是指：人各有所长也各有所短，这种差别是人的天赋素质后天实践和兴趣爱好所形成的。成材者大多是扬其长而避其短的结果”。许多编辑出版人才成长案例证明，他们之所以成为编辑大家和名编辑出版家，重要的是有兴趣，具有相关的才能。例如，文学家鲁迅在1902年去日本学医，后因革命需要，弃医从事文学创作和编辑工作，并利用笔杆子与侵略者和反动派作斗争，成为新文化运动的伟大“旗手”，这是扬长避短规律的典型案例。

根据扬长避短规律，出版行业用人首先要必须改革用人制度，实行公开招聘制度。建立健全单位人员聘用制度，企事业单位要变人员管理为岗位管理，进一步规范科学设岗、公开招聘、竞争上岗、合同管理、考核等重点环节。

关于出版业用人制度改革，笔者认为主要有三个方面：(1) 设岗择人。在进入现代编印生产程序的条件下，出版物通常是文化商品并发挥它的作用。设好岗位将有利于管理好人才，用好人才。比如，各编辑策划部议定任何一个选题，从信息采集、市场调研、开选题研讨会和调研会、决定选题，落实到负责选题策划、项目编辑、组稿编辑、审读编辑、责任编辑、文字编辑，再到图书出版和销售的全过程，每一道工序都要合理设岗。其中的哪一个岗位出现了失误，对出版社而言，都如同断裂的链条而难以运行。(2) 竞聘上岗。全社编辑和其他人员根据出版社岗位数量、要求，以自己的能力和业绩经考核后，参加竞聘上岗。(3) 领导、专家评审。领导、专家根据每一位竞聘者的个人能力和业绩综合性评审来决定岗位人选。做到岗位到人，责任到人，效益到人。关于责任制和效益性的重要性，如果选题决策和出版流程工序出现失误，就会带来了两种后果：一是对主管部门点名批评和罚款；二是严重者要关门停业整顿。

其次，建立岗位分析制度，明确各岗位用人要求，为适才适位奠定基础。

再次，对员工进行职业生涯规划指导。根据扬长避短律，分析各个员工的兴趣爱好、素质结构、专业特长，然后根据各人特点进行职业生涯规划，使其适才适位，做到人尽其才，才尽其用。

总而言之，做到把人才适当安排到既能发挥长处，又能使其短处受到抑制，或者不至于影响其完成任务的岗位上。事实证明，用人所长的方略对人才辈出和社会发展起到了积极的促进作用。

三、编辑出版人才创造成长过程中的最佳年龄规律

最佳年龄规律的含义是指人在学习和创造的最佳年龄内学习和创造，其取得成果的可能性最大，质量最高，数量最多，速度最快。人才成才有个最佳的年龄段，一般在25～45岁，峰值为37岁。这条规律为统计学规律，是一条概率性规律，就是说多

数人如此，带有普遍规律性现象。但从整体来看，人才的成长过程要经过三个阶段：（1）继承期；（2）创造期；（3）衰老期。编辑出版学专业技术人才成长规律也同样如此。

在我国编辑大家和名编辑队伍中，曾出现过象鲁迅那样在25岁时成为“俯首甘为孺子牛”的编辑大家；出现过象邹韬奋那样在29岁时全心全意为大众，发愤提高出版物质量的编辑大家；出现过象叶圣陶在21岁时那样一心耕耘，“俯仰两无愧”的编辑大家。他们都是编辑出版中的杰出人才。

出版业如何根据最佳年龄规律实行及时起用方略呢？笔者认为有以下三点：

1. 制定并实施最佳期起用人才的政策：（1）制定人才梯队建设方案。对最佳期人才委以重任；出国培训要照顾到青年编辑；符合条件的中青年人才，晋升高级专业技术职称不受指标限制；实行及时起用最佳期的人才。（2）建立人才选拔竞争制度。破除论资排辈的旧习惯，引入岗位竞争机制，设立专业技能评比、业绩评比、团队推荐、公开投票等，实行公开透明的人才选择方式，让中青年人才脱颖而出。（3）设立“中青年编辑人才开发基金”，对45岁以下的骨干编辑大家和名编辑人才提供创新经费资助。

2. 要研究和掌握各类编辑大家和名编辑人才创造的最佳年龄，如分别研究责任编辑人才、策划编辑人才、项目编辑人才、文字编辑人才、美编人才等进入编辑大家和名编辑成长的最佳年龄，从而为更好地使用人才提供科学依据。

3. 打破单一技能，培养复合型编辑大家和名编辑。出版业编辑人才门类众多，包括策划编辑、项目编辑、责任编辑、审读编辑、文字编辑、网络编辑、数字编辑等，专业分得过细，不利于市场竞争和发展，单一专业编辑工作远不能适应现代出版现状需求，必须改革创新，培养复合型创新编辑出版人才，培养创新型领军编辑大家和名编辑人才。

四、编辑出版人才成长中的“马太效应”规律

人才做出贡献是一件不容易的事，而这种贡献要得到社会承认就更不容易。社会对已有相当声誉的科学家等做出的贡献给予的荣誉越来越多，而对那些还未出名的科学家等则鲜少承认他们的成绩。这种现象被称为“马太效应”，是一种社会惯性，不利于年轻人才脱颖而出。根据“马太效应”规律，人才工作不仅要关注已经成名的“显人才”，而且要给予那些展望前途的“潜人才”的大力支持。编辑大家和名编辑要像科学家一样给予的荣誉越来越多是不可能的，编辑是“杂家”，也有人曾把编辑比喻为跑龙套，今天围绕着这位主角转，明天围绕着那位主角转。可见，编辑有很强的文化适应性。对于如何突破“马太效应”规律，笔者认为，编辑应是“外行中的内行，内行中的外行”，因为是“内行”也能得到社会的承认和肯定，也能成为专家和学者，同样

可以得到国家的认可和荣誉。

“马太效应”规律的启示我们：

1. 编辑出版人才要得到社会的承认，首先应得到读者的承认。要得到读者认可，就必须了解市场和读者需求，科学规划选题。只有这样才能得到社会的认可，突破“马太效应”。

2. 中青年编辑人才绝大多数属于“潜人才”范围，如何争取社会承认：(1) 利用互联网功能，宣传人才业绩。互联网具有传播快，传播面广，不受权威、出版控制约束的功能。因此，信息时代将打破人才梯度影响的效应。鉴于作为编辑出版人才，应充分利用互联网这个平台，充分展示自己的才能和业绩，扩大自身的影响力。(2) 建立一个业绩面前人人平等的人才评价指标体系。在人才评价指标中，以业绩为重点，包括一定时期完成的工作量，如策划编辑出版的各种形式的稿件、项目、图书杂志的数量；一定时期内所取得的成果；一定时期内所获得各种奖项。领导需要根据以上情况，适当地给青年编辑机会、压力，使他们勇上第一线，参与申报全国最佳编辑大家竞评得奖活动，使青年编辑人才脱颖而出。(3) 评选过程一定要公开、公平、公正，防止结帮拉票、徇私舞弊等，在标准线上人人平等。

五、编辑出版人才管理过程中的期望效应规律

人们从事某项工作，采取某种行动的行为动力，来自个人对行为结果和工作成效的预期判断，这是现代管理激励理论的一个重要发现。比如，编辑策划的一个选题还应包括市场营销策划。编辑要适应激烈的市场竞争的考验，保证出版物的社会效益与经济效益双佳目标的落实。编辑大家和名编辑人才管理激励机制配套政策要预期制定，有利于按出版物全流程进行，编辑大家和名编辑与其他人员积极性也将调动起来。这种期望效应规律适用于现代出版人才的管理。

根据出版业编辑人才管理过程中的期望效应规律，如何制定激励策略？笔者认为可包括三个方面：(1) 开展人才职业生涯规划设计，展示人才未来的职业前景，采取各种保障措施，帮助人才实现理想愿景，进而提高期望值。如果看不到职业前景，在职业愿景得不到实现的时候，他们的积极性也就受到影响。(2) 应根据人才需求制定人才激励政策，坚持物质激励和精神激励相结合的原则。依据员工的实际能力和贡献来设计薪酬方案和福利标准。当前，最能激发编辑人员主要有住房、户口、职称、带薪休假、医保、旅游等，应将这些列入激励条款。(3) 对于创新选题或连续多年被评为著名商标的名作给予重奖或提拔为领军干部；反之，在策划选题和市场营销策划方面如有失误，应负经济损失的责任。

人才培养

文化创新视域下高校科技人才的培养路径

张学艳　周小虎*

摘　要　党的十九大报告提出，倡导创新文化，强化知识产权创造、保护、运用。培养造就一大批具有国际水平的战略科技人才、科技领军人才、青年科技人才和高水平创新团队。高校科技人才是经济发展、科技进步、文化创新与传承的引领者，各大高校要在文化传承与创新的时代背景下，加大高校科技人才的培养力度。为此，本文首先从文化创新的价值意蕴出发，深入分析文化创新的内在逻辑，找出高校科技人才培养的现实困境，并在此基础上，提出文化创新视域下高校科技人才培养的实践路径。

关键词　文化创新　文化自觉　文化开放　文化合作　高校科技人才

在全球化经济快速发展、多元文化交织融合的时代背景下，世界各国围绕高科技人才展开了激烈的竞争，高校科技人才是技术创新中最具能动性、创造性的战略资源。党的十九大报告提出，倡导创新文化，强化知识产权创造、保护、运用。培养造就一大批具有国际水平的战略科技人才、科技领军人才、青年科技人才和高水平创新团队。大力推进文化创新，有助于科技创新人才的培养，有助于实现高校科技创新人才的可持续发展。高校科技人才是经济发展、科技进步、创新文化传承的引领者，各地区要在文化传承与创新的时代背景下，加大高校科技人才的培养力度。

近年来，许多学者在高校科技人才方面已取得了不少的研究成果，但很少有学者从文化创新的视角来展开研究，研究缺乏针对性。已有的科研成果主要集中于两个方面：一是文化创新方面。石文卓指出，文化创新是建设社会主义文化强国的关键，并对文化创新的内涵、战略意义以及实现途径进行了界定。① 唐志龙基于文化范畴广义、中义、狭义的三重意蕴，分别从理论、观念、实践与求真、求善、求美两个侧面，探讨了文化创新的重要着力点和主体尺度。② 邹广文提出，文化创新注重把握文化价值关

---

* **作者简介**：张学艳（1982～　），河南新乡人，南京理工大学经济管理学院博士研究生，郑州工商学院副教授，主要从事科技人才管理方面研究；周小虎（1962～　），江苏南京人，南京理工大学经济管理学院教授，博士生导师，主要从事创业管理、科技人才管理等研究。

① 参见石文卓：《文化创新：建设社会主义文化强国之关键》，《求实》2013年第6期。

② 参见唐志龙：《文化的三重意蕴及创新视阈》，《马克思主义研究》2012年第9期。

怀、文化发展规律、文化成果传承、文化平常心等四个尺度。[①] 鲍展斌通过界定文化创新和文化自觉的概念，深入分析它们之间的内在关联，并提出要培育文化自觉意识，推动社会文化创新。[②] 张谨基于习近平新时代中国特色社会主义思想，分析了文化治理机制的类型和特点，并根据其特点提出了文化治理路径。[③] 吴叶林、崔延强分析了理想型的学科文化特质，指出当前高校学科文化困境，并提出了相应的对策建议。[④] 二是高校科技人才方面。田永常、杜远生、张云姝等根据地质类高校的特点，基于创新型科技人才成长规律，构建科技评价指标体系和评价机制，并分析和利用评价结果。[⑤] 沈能、宫为天运用三阶段 DEA 模型，对 30 个省（自治区、直辖市）的高校从 2000 年到 2011 年产生的科技创新效率进行实证研究。[⑥] 李军锋根据高校科技人才评价机制的改革要求，指出高校科技人才评价机制存在的问题，并提出改革措施。[⑦] 何洁、王灏晨、郑晓瑛等对 19 所“985 高校”理工科 R&D 科研人员进行问卷调查，运用计量分析方法，对高校科技人才流动现状、意愿及影响因素进行实证分析。[⑧] 周晓辉以协同思想为研究视角，从政府、高校、企业和科研院所等主体出发，分析他们在协同培养创新型科技人才中的作用，总结目前的主要做法，提出存在的问题，并探索如何构建多主体协同机制。[⑨] 吴道友、程佳琳通过深入访谈 27 位科技人才，并基于扎根理论分析企业与高校科技人才双向流动的障碍因素及作用机理。[⑩]

梳理已有文献不难发现，文化创新方面的研究主要集中于对文化创新的内涵、意义及实现路径的探讨；高校科技人才的研究主要集中于对高校科技人才的评价、协同培养及人才流动等方面，目前还没有将文化创新同高校科技人才进行融合研究的成果。本文从文化创新的视角来研究高校科技人才培养，是对既有研究的新拓展。文章从文化创新的价值意蕴出发，分析了文化创新三个向度的内在逻辑，找出了高校科技人才培养的现实困境，并在此基础上提出了文化创新视域下高校科技人才培养的实践路径，

---

① 参见邹广文：《现代文化创新的四个尺度》，《山东社会科学》2016 年第 5 期。

② 参见鲍展斌：《文化创新与文化自觉》，《理论视野》2016 年第 7 期。

③ 参见张谨：《激发文化创新活力，建成社会主义文化强国——文化治理机制及其路径选择》，《学术研究》2018 年第 2 期。

④ 参见吴叶林、崔延强：《基于学科文化创新的一流学科建设路径探论》，《清华大学教育研究》2017 年第 5 期。

⑤ 参见田永常、杜远生、张云姝等：《地质类高校科技人才评价体系研究》，《科研管理》2018 年第 1 期。

⑥ 参见沈能、宫为天：《我国省区高校科技创新效率评价实证分析——基于三阶段 DEA 模型》，《科研管理》2013 年第 1 期。

⑦ 参见李军锋：《深化高校科技人才评价机制改革》，《中国高等教育》2014 年第 18 期。

⑧ 参见何洁、王灏晨、郑晓瑛等：《高校科技人才流动意愿现况及相关因素分析》，《人口与发展》2014 年第 3 期。

⑨ 参见周晓辉：《创新型科技人才培养中协同体协同机制研究》，《高教探索》2013 年第 6 期。

⑩ 参见吴道友、程佳琳：《基于扎根理论的科技人才流动阻滞因素及作用机理研究——以企业与高校科技人才双向流动为例》，《财经论丛》2018 年第 5 期。

以期为我国高校科技人才培养提供新的研究视野以及有较高价值的理论支撑。

一、价值意蕴：文化创新的向度取向

文化创新是基于人们的社会实践和文化传承，在特定时代背景下，构建与时代相适应的文化新理论、新内容、新制度及新技术。这种时代性变革不是否定传统，而是重塑传统文化，取其精华，去其糟粕，从而形成具有时代发展特色的新文化。文化在交流过程中传播，在继承基础上发展，这都包含着文化创新的意义。文化创新包括三个向度：文化自觉、文化开放、文化合作。①

（一）文化自觉：传承和弘扬中华民族优秀文化

文化自觉是指人们对自己身处的文化环境有“自知之明”，了解自身文化的形成与发展历程，了解自身文化的特色及未来发展趋向。文化自觉包括对自身文化和其他文化的反思。对自身文化的反思有助于人们深入了解自己的文化，理解不同文化之间的联系；对其他文化的反思可以了解其他文化的特色，有助于吸收和借鉴多元文化的优势特长，丰富自身文化。在多元文化激荡交融的发展趋势下，我们首先要坚持文化自觉，传承和弘扬中华民族优秀文化，以此应对全球多元文化的挑战。同时，我们应该坚持扬弃原则，对中华民族的传统文化进行批判性分析，根据时代发展的要求，推动传统文化的创新发展，从而形成具有全球化时代特色的优秀民族文化。

（二）文化开放：以我为主借鉴和吸收外来文化

文化开放是指人们在特定文化环境中表现出来的文化自由和创新，并与外来文化积极交流和对话，实现自身文化与外来文化之间动态交互的活动过程。文化开放包括对文化内个体或群体的开放以及对外来文化的开放。对文化内个体或群体的开放是指能够给予文化环境中的个体或群体的创造活动更多的自由度和安全感；对外来文化的开放是指文化自身的适应能力，与其他外来文化的交流融合程度。全球化浪潮中，我们要在保持本土文化主体性和开放性的同时，与其他文化进行沟通交流，借鉴和吸收外来文化的优秀成果，推动本土文化国际化。中国文化应该基于全球化的视角，放眼世界文化，借鉴和吸收其他文化的优秀成果，以此弥补中国传统文化的不足。

（三）文化合作：努力融入和引领未来世界文化

文化合作是指以文化的相互尊重为前提，各国之间进行的文化交流和合作。把宣扬本土文化和引入外来文化结合起来，实现多元文化的交织与融合。随着对外开放的逐步推进，中国与世界各国的联系更加深入和密切。我们要在弘扬中华民族传统文化的同时，把我们的优秀文化成果推向世界，让世界对中国有更深入的了解，向世界讲述中国故事，向国际宣扬中国文化，提升中国人文社会科学的国际影响力。注重语言

---

① 参见王春：《新时期高校文化传承创新的三个向度》，《教育理论与实践》2017 年第 3 期。

的传播和宣扬，以语言为媒介向世界宣扬中国文化的独特性。通过语言来弘扬中华文化，促进中外文化的交流与融合。借助现代传媒的传播手段，向海外弘扬中华民族的优秀文化。在全球化背景下，增强中国文化的全球感召力，提升中国文化的软实力。

二、内在逻辑：文化创新是高校科技人才培养的新要求

（一）加强文化自觉是高校科技人才培养的基本前提

2015年诺贝尔生理学奖或医学奖获得者的屠呦呦，从东晋葛洪的《肘后备急方》中获得灵感，发现了青蒿抗疟的治疗方法。诺贝尔物理学奖获得者玻尔的互补思想源于中国古代哲学思想。诺贝尔物理学奖获得者汤川秀树受到庄子“浑沌”思想的启发，对基本粒子进行深入研究，并因李白的作品提出了关于时空量子的“空域”概念。从某种意义上说，这些成就的取得，都与中国的传统文化有一定的关联。中国文化与西方文化不同，前者善于直觉思维，后者长于逻辑思维。逻辑思维是人们运用概念、判断、推理等思维类型反映事物本质与规律的认识过程，有着直觉思维无法比拟的优势，但当科学研究对象更为复杂、科学发展走向综合时，就会出现理解困难和表述不真实的情况，创新科技成果需要直觉思维和逻辑思维协作完成。因此，高校科技人才要加强文化自觉，正确认识不同文化传统，既要继承发扬中国文化的优良传统，保持中国文化的特色，又要了解认识其他国家的优秀文化，取其精华，去其糟粕，为高校科技人才培养提供丰富的文化基础。①

（二）扩大文化开放是高校科技人才培养的重要保障

文化开放的程度，决定了高校科技人才培养的质量。一个地区接纳文化创新的程度越高，高校科技人才就拥有更多的独立性和活动自由度，进而越能激发该地区高校科技人才的创造力。对诺贝尔奖获得者的相关数据分析发现，自1901年诺贝尔奖创立以来，在物理、化学、生理学和医学三大科技领域中，获得诺贝尔奖的科学家和工程师共有654名，其中美国的科学家和工程师有268位，占获奖总人数的41%。美国人口数不足世界人口总数的5%，而获得诺贝尔奖的科学家人数却居于全球第一，其中一个非常重要的原因就是其多元化和包容性的文化。这种开放文化为高校科技人才的茁壮成长提供了肥沃的土壤，激发了他们的想象力和创造力，促使他们更容易接纳外来文化。因此，高校科技人才的培养需要扩大文化开放，为他们的创造性行为营造出多元化、包容性的文化氛围。②

（三）培育创新文化是高校科技人才培养的内在机制

文化是民族的母体，是人类思想的底蕴。综观人类发展历史，任何一个经济繁荣、科技创新活跃的时代，都源于同时代文化创新的引导，都需要文化的自信与繁荣。创

① 参见田友谊：《文化创新视阈下的创造性人才培养》，《现代大学教育》2012年第5期。

② 参见张京：《弘扬创新精神　培育创新文化》，《湖南省社会主义学院学报》2012年第2期。

新文化既是一种制度安排，又是一种行为规范，更是一种价值观念。创新文化为技术创新人才创造出活动健康、自由张扬、包容失败的生态环境，是科技创新者实现科技创新追求的精神家园。创新文化由外在创新文化和内在创新文化构成：外在创新文化是外在于创新实践的文化环境，是高校科技人才进行科技创新活动的制度安排和社会文化氛围；内在创新文化是内在于创新实践的文化要素，是高校科技人才进行创新活动需要的价值观念、思维方式和行为规范。外在于创新实践的文化环境和内在于创新实践的文化要素共同作用，激发和孕育出创新文化。高校科技人才的创新活动不仅仅是技术活动，还更多地表现为高校科技人才的社会活动。高校科技人才所处的社会文化环境的优劣，决定是否能激发出他们科技创新的灵感，产生科技创新活动，并放大科技创新成果的影响。①

三、现实困境：文化创新视域下高校科技人员培养的障碍因素

当前，我国各大高校尤其是一流的综合性大学，取得了丰硕的科技成果，但与我国社会经济发展相比，还是存在很大的缺口。

（一）意识困境：文化自觉意识淡薄

高校科技人才是科技创造力量的主体，引领着地区经济发展和科技进步。但高校科技人才文化自觉意识淡薄，这种文化自觉意识的淡薄，一方面来自客观条件的缺乏，另一方面来自主观态度的偏离。客观条件的缺乏主要体现在高校科技人才的工作和生活环境，他们长期居住生活在自己工作当地，钻研自己的专业领域，很少接触到外来文化，无法与其他文化进行比较，找出自己科学研究的不足。主观态度的偏离主要体现在高校科技人才本身，高校科技人才因职业要求而需要独立的发展空间，从而表现出更强的学术自信和精神自信。这种学术自信和精神自信对科学研究来说，是一种难能可贵的品质，但过于自信会导致高校科技人才目光短浅、故步自封，无法实现自我突破，进而导致科研能力和水平的下滑。文化自觉意识的缺失，不利于高校科技人才的自我成长和发展，也无法实现高校科技人才对当地社会经济、文化传承、科技发展的引领作用。高校科技人才应该时常进行学术反思，找出差距与不足，提升自己的科技创新能力。②

（二）共识局限：对外合作交流不够

随着社会经济的快速发展，国际科技合作交流在科技创新中的作用日益凸显。各大高校科技人员可以通过国际合作交流，了解学科发展的最新动态，接触尖端的科学技术和学术思想，为科技创造活动提供机会和平台，在促进学科交叉融合、科研资源

---

① 参见张建国：《强力建设创新型国家》，《经济与管理》2018年第1期。

② Alferaih A., "Developing a Conceptual Model to Measure Talent's Turnover Intention in Tourism Organisations of Saudi Arabia," *International Journal of Organizational Analysis*, 2017, 25 (1), pp. 2-23.

整合、联合人才培养等方面做出较大的贡献。但是整体来看，各大高校对外国际合作交流的力度、层次及方式都有待提高和改进。许多高校科技人员还停留在以访问学者身份出国、公派留学、参加国际学术研讨会等中低层次和水平上。一是深层次实质性的交流与合作不多，各大高校尤其是“211”“985”等综合性大学，与世界高水平大学、国际著名企业以及重要科研机构开展具有重大影响的项目合作与交流的潜力还有待开发。二是世界顶级科技人才较少，国外知名学者一般是在国内进行短期访问和讲学，长期任教者较少，难以引进海外高级科技人才，国外的先进成果与尖端技术不能及时得到研究与利用。三是国际学术会议的承办能力不强，各大高校的学术交流会议以国内交流为主，缺乏较高水平的国际学术交流，需要注重对国际学术会议的承办。[①]

（三）制度缺位：科研文化制度滞后

文化创新的重心在于文化制度创新。高校科技人才文化制度是针对高校科技人才的培养与开发、激励与考评、监督管理等方面的制度设计。良好的高校科研文化制度是高校科技人员保持持续创新活力和旺盛创新热情的重要保障。只有不断发展和健全高校的科研文化制度，才不会使其成为阻碍高校科技人员创新的桎梏。[②] 许多高校科研文化制度较为滞后。一是科研管理制度体系不完善，各大高校的科研管理规章制度缺乏科研成果转化机制，现行的科研管理制度主要涉及科研工作量化、优秀科研成果奖励、科研项目管理等方面，无法更好地实现高校科研与各地区经济发展的有效结合。二是科研管理协同创新程度不足，高校科技人员主要集中于自己本专业领域的理论研究，与地区经济发展脱节，科研成果转化率低。三是科研成果知识产权保护不足，大多高校未设置专门人员对知识产权进行管理，没有充分运用专利信息的价值，运用知识产权的能力还相对较弱。

（四）理念制约：人本管理理念缺失

许多高校人事管理制度不灵活，以人为本理念落实不够，科技人才的重要作用没有凸显出来，不能很好地激发高校科技人才的积极性和创造性，不能很好地适应高校科技工作发展的新形势，不能满足高校科技人员科技创新的要求，甚至出现人才流失、人才浪费和人才短缺等问题。首先，人事管理制度的针对性不强。一是人才管理仍带有浓厚的行政色彩，不能突出“以人为本”的理念，管理手段刚性有余，柔性不足。二是人才流动缺乏合理性。人才只能进不能出，这造成部分高校紧缺人才招不来，相对过剩人才出不去。人才引进中重学历、轻能力的“唯学历论”方式仍大行其道。三是人才竞争机制滞后，没有形成一套合理的人才选拔和任用机制，难以做到量才而用、

---

① Anton G., Sonja G., “Intention to Quit as Precursor of Voluntary Turnover: Person-Organization Fit and the Psychological Contract-a Talent Management Quandary,” *South African Journal of Labour Relations*, 2017, 40 (2), pp. 55-76.

② Yan G., Yue Y., “Niu M. An Empirical Study of Faculty Mobility in China,” *Higher Education*, 2015, 69 (4), pp. 527-546.

人尽其才。其次，高校科研人员激励制度不完善。许多高校在制定科研奖励制度时没有考虑科技人才的差异化需求，往往采取简单的标准化方式来衡量、评价科技人才的科研成果，且对科研成果的实用性关注不够。因此，激励制度就没有起到良好的激励作用。①

四、实践路径：文化创新视域下高校科技人才的培养路径

（一）加强文化自觉建设，树立文化创新意识

作为文化、学术思想最活跃、最富有创造力的高等学府，在传承和创新文化的基础上开展科技研发是其重要任务。高校科技人才要加强文化自觉，而加强文化自觉需要强化自我批判的勇气和能力。高校科技人才的文化自觉建设，一是要反思自己的科技研究成果，反思自己研究的正确性及其具有的价值，并虚心接纳别人对自己研究的评价和建议。二是要反思自己的研究目的和价值追求，反思自己的研究目的是发现新问题，解决新问题，研究创新，突破自我，服务社会，还是评定职称，树立个人威望。高校科技人才要在科技创新领域追求真理，探索学术知识。在加强高校科技人才文化自觉的同时，还要树立文化创新意识，培养团结协作、敢于冒尖的创新精神。科技活动越来越依靠集体的智慧，需要不同人员和群体之间开展有机协调和相互配合。② 在强调团结协作的同时，还要大力鼓励和支持冒尖，以便学术带头人和尖子人才脱颖而出，带动和增强高校科技人员的整体创新能力。

（二）扩大文化对外开放，加强国际合作交流

创新文化是在改革开放过程中文化信息和能量交换得以产生和成长的条件。在经济全球化、各种文化激荡交融的背景下，高校要不断扩大文化对外开放，引进国际先进的科技文化成果，更新自己的文化观念，促进自己本土文化的成长与发展。充分利用发达国家先进的技术和人才，缩短彼此间的差距，促进我国科技的创新发展。③ 一是加大对外合作交流的深度，选派高校科技人才到高水平大学深造和交流，开展与世界一流大学、国际著名企业以及重要科研机构重大项目的合作。二是积极引进世界顶级科技人才，聘请国外知名学者、专家、教授参与大学授课和科技研发，为高校科技人员开展科技创新工作提供更多指导。三是提升各大高校国际学术会议的承办能力，邀请国内外的知名专家、教授、学者参加会议交流，为高校科技人员提供更多的机会和

---

① 参见田兴国、吕建秋、黄俊彦等：《高校教师对创新型科技人才发展环境认知及改革意愿研究——基于全国 61 所高校的实证调查》，《科技管理研究》2017 年第 6 期。

② Al-Sharafi H., Rajiani I., "Leadership Practices and Talent Turnover: Study on Yemeni Organizations," *Business & Management Research*, 2013, 2 (3), pp. 60-67.

③ Karen J., "Maintaining the Flow of Talent Through Apprenticeships", *Strategic Hr Review*, 2014, 13 (2), pp. 424-425.

平台，实现高校科技人才与国外知名学者的交流与切磋。[①]

（三）加强文化制度建设，优化高校科研管理

高校科技人才的培养离不开文化制度的承载和支撑。文化制度为高校科技人才创造力的激发提供了一个民主、自由、宽容的文化制度环境。高校科技人才培养的文化制度建设，要以高校科技人才个性发挥、学术自由、包容理解为基准，为高校科技人才营造良好的文化制度环境。[②] 同时，要进一步优化高校科研管理，提升科研管理水平。一是建立健全科研管理制度体系，建立科研成果激励导向的科研激励机制，对现行的科研绩效评价办法进行改革，完善高校科技人才的考评与奖励机制。二是加大高校科研与社会经济的协同创新管理，加强科技创新的应用导向作用，注重科研成果的推广与实际运用，实现高校科技创新成果与地区经济社会发展相融合。三是建立知识产权保护制度，配备专门人员对科研知识产权进行管理，并提高其运用能力。四是完善高校科研评价体系，对高校科技人才的科研工作进行客观公正的评价，突出评价体系中质量指标的重要性，强调科研成果的实践运用。[③]

（四）坚持以人为本，推进人本文化创新

新知识的创造、新技术的发明、新学科的创建都源于科技人才，科技人才是社会经济发展的宝贵资源，是实现新科技突破与发展的引领者。因此，高校科技人才培养，要坚持以人为本，推进人本文化创新。以人为核心，突出高校科技人才在科技创新活动中的主体性，确定他们在科技创造工作中的主导地位，调动他们的积极性、主动性，提高他们的科技创新能力和水平。尊重高校科技人才的个人价值和首创精神，鼓励他们自由探索、努力创造，进而实现个人价值。营造自由、开放、包容的文化氛围，关注高校科技人才的创造价值和能力，包容失败。关爱高校科技人才的身心健康，注重他们在薪资待遇、住房安排、子女教育、实验设施设备、科研经费等方面的需求。[④] 同时关心高校科技人员的精神需要，努力树立科学家、技术专家崇高的社会形象，使科教工作成为受人尊敬的职业，树立尊重知识、尊重人才、尊重劳动、尊重创造的良好风尚。

---

① Seo E. H., "The Relationships Among Procrastination, Flow, and Academic Achievement," *Social Behavior & Personality: An International Journal*, 2011, 39 (2), pp. 209-217.

② 参见牛振喜：《研究型大学科研管理水平提升维度与对策》，《科技进步与对策》2013 年第 8 期。

③ 参见 Bryant P. C., Allen D. G., "Compensation, Benefits and Employee Turnover HR Strategies for Retaining Top Talent," *Compensation & Benefits Review*, 2013, 45 (3), pp. 171-175.

④ 参见王楚鸿、陈妙铃：《高校科技人员"享受性缺失"现象研究——以广东高校为例》，《科技进步与对策》2014 年第 1 期。

时代新人：新时代高校人才培养的重大使命

杨　欣*

摘　要　党的十九大报告指出，要培养担当民族复兴大任的时代新人，时代新人作为实现中华民族伟大复兴的担当者、社会主义合格建设者和可靠接班人与人类命运共同体的构建者，要有理想、有本领、有担当。培养时代新人是新时代人才培养的新要求，高校作为人才培养的主渠道，肩负着培养时代新人的重大使命，要通过坚持立德树人理念，加强思想政治理论课建设，完善人才培养体系来培养时代新人。

关键词　时代新人　人才培养　高校

时代新人是新时代处于新的历史方位对人才的新需求，反映了我国经济社会发展对人才需要的转化。培养时代新人是新时代人才培养的新要求，为新时代人才培养工作指明了方向。高校作为人才培养的主渠道，肩负着培养时代新人的历史使命。

一、时代新人的内涵

（一）时代新人论断的提出

培养什么人是教育的首要问题，是教育者在开展教育活动过程中的根本遵循。中国共产党自成立以来就高度重视人才培养工作，始终把培养人才作为事业发展的重要任务。中国共产党与时俱进，根据经济社会的发展变化，在各个时期提出了不同的人才培养目标。中华人民共和国成立后，毛泽东提出要致力于培养“又红又专的无产阶级革命事业接班人”；改革开放初期，邓小平提出要培养有理想、有道德、有文化、有纪律的共产主义新人；在中国特色社会主义进入新时代的今天，人才培养目标有着新的更高的要求，习近平同志提出要培养担当民族复兴大任的时代新人。

培养时代新人是习近平在继承马克思主义人才思想的基础上，对新时代中国人才培养经验的总结，是习近平把马克思主义人才思想与中国经济社会实践相结合的产物，也是对马克思主义人才学说的丰富。培养时代新人作为新时代我国育人目标的新要求，

---

* **作者简介**：杨欣（1994～　），四川武胜人，西华大学马克思主义学院在读硕士研究生，研究方向为思想政治教育。

顺应了新时代发展的人才培养要求，对新时代育人工作具有重要的指导和引领作用。

（二）时代新人的角色定位

目前还没有关于时代新人的明确定义，但从习近平同志的一些重要讲话中，可以找到时代新人角色定位的相关论述。

时代新人是实现中华民族伟大复兴的担当者。“时代新人”概念的首次提出是在党的十九大报告中，在提及如何培育和践行社会主义核心价值观时，习近平同志指出“要以培养担当民族复兴大任的时代新人为着眼点”[①]，这是关于“担当民族复兴大任的时代新人”的首次表述。同时，作为社会的重要后备力量，青年是实现中华民族伟大复兴的生力军，中华民族的伟大复兴需要他们来实现，他们是国家的未来、民族的希望，这些都说明了时代新人是民族复兴大任的担当者。

时代新人是社会主义的合格建设者和可靠接班人。教育作为一项具有阶级性的实践活动，是为一定阶级服务的，其目的是培养一定阶级所需要的人才。教育的根本任务是立德树人，虽然在不同的阶段，我国有不同的人才培养目标，但我国作为中国共产党领导的社会主义国家，人才培养的本质方向是没有变的，我们的教育就是要培养德智体美劳全面发展的社会主义合格建设者和可靠接班人。时代新人作为国家需要的有用人才，应成为社会主义的合格建设者和可靠接班人，为中国特色社会主义事业而奋斗。

时代新人是人类命运共同体的构建者。当今世界正处于大发展、大变革、大调整时期，面临着百年未有之大变局，需要化解治理赤字、信任赤字、和平赤字和发展赤字。随着综合国力的增强，我国的国际地位也得到了一定的提升，在国际上的话语权也越来越受重视，在国际社会中发挥着越来越重要的作用，而这也意味着我国将承担着更多的国际责任。我国一直是一个负责任的大国，在自身不断发展的同时，不忘初心，承担着我们应有的责任。面对当今的世界局势，我们同呼吸、共命运，需要凝聚共识、互相协商、采取行动、谋求发展，通过构建人类命运共同体来破解“四大赤字”。时代新人作为世界公民的一分子，面对世界秩序与格局调整的大变局，应树立时代意识，勇做时代的弄潮儿，推动世界和平，促进全球发展，维护国际秩序，成为人类命运共同体的构建者。

（三）时代新人应具有的能力素质

时代新人要有理想。理想信念是时代新人的重要精神支柱，是人才培养过程中的第一要义，理想信念的坚定不仅对个人成长成才至关重要，而且对国家的前途和民族的未来也十分重要。坚定的马克思主义信仰是时代新人精神上的“钙”，没有理想信念或理想信念不坚定，就经不住风雨的考验。时代新人要坚定马克思主义信仰，对马克

---

① 习近平：《决胜全面建成小康社会 夺取新时代中国特色社会主义伟大胜利》，《人民日报》2017年10月28日。

思主义要真学、真懂、真信、真用，做马克思主义的忠诚信奉者、积极传播者和坚定实践者；要树立共产主义远大理想和中国特色社会主义共同理想，增强“四个自信”，为实现中华民族伟大复兴而不懈努力，做中国特色社会主义事业的奋斗者；要认真学习习近平新时代中国特色社会主义思想，并内化于心，外化于行，把握正确的政治方向。

时代新人要有本领。知识是个人成长成才的基石，求真学问是练真本领的基础。要练就真本领，首先必须在知识学习上下功夫。时代新人要真正领悟马克思主义的思想精髓，掌握好“看家本领”，通过求真理、悟道理、明事理来求得真学问。求真理就是要念好马克思主义真经，深度学习马克思主义经典著作，丰富学识；悟道理就是要加强理论学习，全面掌握科学的世界观和方法论，把握事物发展的基本规律；明事理就是要有识大局、明是非、知进退的能力，顺应时代发展潮流。同时，时代新人还要学以致用、理论联系实际，把掌握的科学理论变成认识世界和改造世界的物质力量，在社会实践中积极锻炼自己，做到胸怀理想、脑有思想、脚踏实地，务实苦干，把理想与现实有机结合，练就真本领。

时代新人要有担当。责任担当是中华民族的优良传统，强烈的责任担当精神是时代新人优秀品质的集中体现。当前，我国正处于全面深化改革的关键时期、全面建设小康社会的决胜时期、发展中国特色社会主义的重要阶段，面临着艰巨的历史任务，还要实现伟大复兴“中国梦”，这些都离不开时代新人的责任与担当。时代新人生逢其时，重任在肩，要抓住历史机遇、迎难而上、挺身而出，以强烈的事业心和责任感，肩负起党的事业、历史的重任、国家的未来、人民的希望，努力实现个人价值与社会价值。

二、培养时代新人是新时代高校的重大使命

（一）培养时代新人是新时代人才培养的新要求

中国特色社会主义进入新时代，我国发展处于新的历史方位，这对人才培养提出了新的更高的要求——培养时代新人。

培养时代新人有利于实现中华民族的伟大复兴。青年是国家的未来，中国梦的实现寄托在青年的身上，只有青年立志成才、发奋图强、不懈努力、接力奋斗，才能将中国梦变为现实。把广大青年培养成时代新人，鼓励他们做新时代的追梦者与圆梦人，是实现“中国梦”重要的人才保障。

培养时代新人有利于建设中国特色社会主义事业。人是社会发展中最活跃的因素，人才是第一资源。建设中国特色社会主义事业时间长、任务艰巨、环境复杂，需要奋进、实干、创新、奉献的人才投身于这项事业。培养时代新人，能为推进建设中国特色社会主义事业提供重要的人才支撑。

培养时代新人有利于促进人的全面发展。教育活动以教育的任务和教育目的为依据，我国教育的根本任务是立德树人，其中树人与立德是两个相互交融、相辅相成、辩证统一的要素。培养有理想信念、家国情怀、责任担当、实干精神、时代意识、创新精神、知识见识、综合素质的时代新人，是实现立德树人的应有之义，是实现人的全面发展的有力保证。

（二）高校是人才培养的主渠道

社会的中坚力量来自高校的培养。青年意气风发、踏实勤奋，是社会的中流砥柱，是推动社会发展的主要力量。大学生是青年中的重要组成部分，是青年中知识文化水平较高的群体，是青年中的骨干力量和优秀分子，要使大学生成为高端人才并奉献社会，离不开高校的精心培养。

高校的核心职能是人才培养。高校主要有人才培养、科学研究、社会服务、文化传承与创新、国际交流与合作五大职能。这五大职能是五位一体的，具有相互依存、相互促进的功能，哪一个职能都不能掉队。在高校的五大职能中，人才培养是核心。高校因育人育才而生，因育人育才而兴。人才培养效果是衡量高校工作水平的重要标准，提高人才培养质量是高校的生存发展之道。

高校积累了丰富的人才培养经验。为了满足经济社会发展对人才的需要，履行好人才培养的核心职能，高校在长期的办学过程中，坚持以党的人才思想为指导，把党的人才培养理念与各校实际、专业特色相结合，以文化人、以德育人，为党和国家培养了大批优秀人才。在长期的育人实践中，高校守正创新，经验丰富。

三、新时代高校培养时代新人的实现路径

培养担当民族复兴大任的时代新人是时代的重任，是全社会的共同责任，也是新时代我国高校人才培养的重大使命。高校作为人才培养的主渠道，培养人才是其本质职能。高校的教育作为育才的关键环节和重要领域，对青年成长成才有着不可替代的作用，培养时代新人是高校义不容辞的责任。

（一）坚持立德树人理念

人才培养理念是人才培养最重要的精神内核，是人才培养目标的质的规定性。高校人才培养工作必须坚持正确的政治方向和办学方向，提高人才培养站位，才能不偏离正轨，朝着正确的方向前进。培养时代新人必须坚持党的领导，坚持以习近平新时代中国特色社会主义思想为指导，把党的教育方针、政策落到实处，落到人才培养中来，发挥其对育人育才工作应有的指导作用。人才培养过程包括育人与育才两个方面，二者是辩证统一的，其中育人是根本，它的根本在于立德，高校在人才培养过程中要遵循这一规律。坚持以树人为核心，以立德为根本，把立德树人的理念贯彻落实到高校人才培养的全员、全过程、全方位，以提高学生的思想认知水平与实践能力。

（二）加强思想政治理论课建设

人才是需要精心引导和栽培的，思想政治理论课具有强大的育人功能，在引导青年成长成才中作用重大，不可替代，是人才培养的关键课程。培养时代新人要求加强思想政治理论课建设，推动思想政治理论课内涵式发展。思想政治理论课教师是办好思想政治理论课的关键，教师队伍的素质直接决定着高校人才培养的质量和水平。培育时代新人任务艰巨，且人的思想变化十分复杂，这对思想政治理论课教师队伍的人才培养能力和水平提出了新的更高的要求——加强思政课教师队伍建设。思想政治理论课教师作为学生的引路人，要把教书育人与自我修养结合起来，要以严格的标准来要求自己，要政治强、情怀深、思维新、视野广、自律严、人格正，以自身努力来切实增强思想政治理论课的亲和力、有效性和获得感，以发挥对学生应有的指导作用。

（三）完善人才培养体系

人才培养体系包括学科体系、教学体系、教材体系、管理体系等①，学生在大学里学什么，能学到什么，学得怎么样与高校人才培养体系密切相关，高校人才培养体系是高校人才培养质量与水平的重要影响因素。目前，我国高校的硬件条件都得到了很大改善，要推动高等教育内涵式发展，完成时代赋予的人才培养重任，关键是要完善人才培养体系。高校要在党的领导下，肩负起培养时代新人的历史使命，以时代新人应具备的能力素质为依据，结合各地、各校、各专业实际，完善人才培养体系。

时代新人是我国处于新的历史方位对人才的新需求，培养时代新人是新时代我国人才培养的新目标，培养时代新人意义重大。目前，我国的人才还存在不平衡、不充分的情况，尤其是地域、行业之间的差距较大，还不能满足时代发展对人才的实际需求。高校作为人才培养的重要平台，担负着培养时代新人的使命，要勇担使命，更好地培养国家和社会所需要的有用人才。

① 参见习近平：《在北京大学师生座谈会上的讲话》，《人民日报》2018年5月3日。

加快培养造就一批具有国际水平的战略科技人才*

汪　怿**

摘　要　当今时代，人才实力已经成为综合国力的关键因素，人才竞争成为全球竞争的重要方面。面对未来竞争，必须突出战略科技人才对科技创新、赢得全球竞争的决定意义、战略意义，抓紧培养造就战略科技人才。

关键词　战略科技人才　战略科学家　科学技术的战略家　以科技引领未来的战略家

2013 年 7 月 17 日，习近平总书记在中国科学院考察时指出："我们要建成创新型国家，要为世界科技事业发展作出贡献，必须有一支能打硬仗、打大仗、打胜仗的战略科技力量，必须有一批国际一流水平的科研机构。"在 2016 年科技"三会"大会上，他又指出："要大兴识才爱才敬才用才之风，为科技人才发展提供良好环境，在创新实践中发现人才、在创新活动中培育人才、在创新事业中凝聚人才，聚天下英才而用之，让更多千里马竞相奔腾。要改革人才培养、引进、使用等机制，努力造就一大批能够把握世界科技大势、研判科技发展方向的战略科技人才，培养一大批善于凝聚力量、统筹协调的科技领军人才，培养一大批勇于创新、善于创新的企业家和高技能人才。"在十九大报告中，习近平总书记再次强调，加强国家创新体系建设，强化战略科技力量，培养造就一大批具有国际水平的战略科技人才、科技领军人才、青年科技人才和高水平创新团队。

当前国家实力的展现，已经不限于有多少钢铁、煤矿、汽车、飞机、船舰及大量制造的能力，人才以及释放其内在创造力，并使之转化为新技术、新产品、新市场、新产业、新业态的本领，才是一个国家展现经济实力、维护总体安全的根本所在。人才资源作为经济社会发展第一资源、战略资源、引领资源的特征和作用更加明显，人

---

* **基金项目：**本文为上海市 2018 年度"科技创新行动计划"软科学研究领域重点项目"战略科技人才的成长规律与路径研究"（18692100400）的阶段性成果。

** **作者简介：**汪怿，上海社会科学院政治与公共管理研究所研究员、博士生导师，上海社会科学院人力资源研究中心副主任。

才实力已经成为综合国力的关键因素，人才竞争成为全球竞争的重要方面。无论是宏观层面还是微观层面，谁能培养造就、吸引集聚更多掌握先进知识技术、具有发展能力的优秀人才，谁能打造和激发人才组合效应，谁能充分掌握人才与技术、资本、信息等要素的组合，发挥人才“点石成金”的作用，谁就能在竞争中占据优势，突破现有发展模式，提供未来发展动力的潜在资源，对未来发展产生重要意义。基于这个意义，美国学者詹姆斯·坎顿（James Canton）指出，无论是国家、企业还是个人，都将为人才越来越少而陷入苦战。[①] 因此，面对未来竞争，必须突出战略科技人才对科技创新、赢得全球竞争的决定意义、战略意义，抓紧引进、培养造就战略科技人才。

一、什么是战略科技人才?

有的研究者认为，所谓战略型科学家，必须站得高、看得远、把握准，既能深入专业探幽微，又能跳出专业览全貌，在洞悉学科专业的历史、现状和前景基础上，提出具有前瞻性的新理论、新思路、新方法。战略科学家的要义是战略，核心是安全，载体是科技。[②] 谭红军等认为，战略科学家是具有跨学科知识素养、科技创造力强、有战略眼光、能引领学科持续发展，并以科技创新成就为人类文明或社会的发展做出过卓越贡献、为社会所公认的杰出科学家。[③] 我们认为，战略科技人才是善于把握世界科技大势，能够掌握科技发展战略方向，具备战略管理能力、组织能力、协调能力，引领创新团队抢占战略领域、赢得战略先机、形成战略优势，对科技创新、产业发展、国家安全、全球竞争和可持续发展具有全局性、系统性、基础性、决定性、前瞻性意义的优秀科技人才。

若细分战略科技人才，还可以有三个亚类：

（一）战略科学家

不同于一般的科学家，战略科学家是那些通过自己研究以形成开创性的成果，开辟新的甚至是革命性变革的研究领域，在专业领域具有卓越成就，以科技创新成就为人类文明或社会的发展做出卓越贡献、引领未来发展、受到社会公认的杰出科学家。他们在洞悉学科专业的历史、现状和前景基础上，站得高、看得远、把握准，能够把握世界科技发展趋势，能为本学科发展提炼出关键的科学技术问题，开拓新的科技领域方向，承担领域更宽、难度更大、内容更前沿的研究任务，提出具有前瞻性的新理论、新思路、新方法。他们以其学术品质、组织能力、道德风尚、人格魅力而赢得团队成员的信任，组织团结、引领带动大批科技创新人才，组织创新团队共同奋斗，制定一个国家、科学领域或学科方向的发展路径，创造出对科技发展、经济发展、社会

① 参见［美］詹姆斯·坎顿：《极端的未来：超越未来的十大趋势》，杨梅译，三联书店 2008 年版。

② 参见郑静晨：《时代呼唤战略科学家》，《解放军报》2012 年 6 月 14 日。

③ 参见谭红军、郭传杰、霍国庆：《战略科学家领导力研究》，《科学学研究》2011 年第 10 期。

发展具有重要战略意义的成果。

（二）科学技术的战略家

科学技术的战略家，例如“三钱”（钱学森、钱伟长、钱三强）以及“863”计划的提出者王大珩、王淦昌、杨嘉墀、陈芳允，是那些本身就是本领域具有开创性的科学家，是那些其后超越既有领域，对相关领域甚至整个科学技术领域进行战略咨询、战略策划、战略制定、战略组织、战略实施的领军人物，是制定科学技术的发展战略、决定或者影响整个科学技术战略发展方向的人才。他们具有超前的战略眼光、突出的战略胆识、敏锐的洞察力、准确的判断力，了解国家战略需求，能把国家战略需求与科学技术的发展结合起来，能从全局角度思考和把握问题，能在复杂局面中抓住关键和本质，综合多方建议形成正确意见，引导各方沿着正确的方向推动科学技术稳步、快速、创新发展。他们积极主动参与决策咨询，努力为解决经济社会发展中的战略问题提供咨询建议，做出前瞻性、战略性的规划和布局，为国家宏观举措提供科学依据。

（三）以科技引领未来的战略家

以科技引领未来的战略家，例如聂荣臻、江上舟，本身不是科学家或者科研人员，不直接从事科学研究和技术开发工作，但是懂科技，对科技前沿动态、产业变革趋势、科技价值意义有着敏锐的感知，能把科技放在突出重要的位置，把科技作为战略来推动，努力将现实国情与未来发展衔接起来，确定重大科技战略方向，对发展科学技术做出重要战略决策，规划跨越发展路径，谋划筛选重大科技攻关和产业化项目，积极组织领导基于科学技术的发展战略。他们重视科学技术，尊重科学技术，依靠科学技术，支持科学技术，是运用科学技术来制定、推动未来发展战略的战略家。与前者是建立科学技术的发展战略不同，这里是以科学技术为基础的发展战略，包含了科学技术战略，但又超越了科学技术发展战略，还有更为复杂的、多重的战略构成。

二、战略科技人才特点

（一）能力特征

一是具有独特的个人特质。战略科技人才拥有求实创新、勇于开拓、严谨治学的科学精神，具有坚定的意志品质、顽强的人格特征、献身科学的精神、乐观的生活态度以及强烈的社会责任感、使命感。

二是具有卓越的专业特质。这些专业特质包括渊博的科学知识和杰出的创新能力，创新性思维和创造性知识，熟稔领域发展，瞄准世界前沿的战略科技力量，具有跨越多学科的知识素养，掌握科学的研究方法，对科技（学科）的发展做出过突出贡献。他们的成就为社会所公认，能引领与指导相应学科的可持续发展，善于培育、激励、造就大批科技优秀人才，领导科技研究团队或组织持续创新，形成科技持续竞争优势。

三是具有难得的战略特质。具体包括战略视野，对于学科未来发展有着战略性、前瞻性的眼光，能够站在学科的前沿凝练根本性的重大科学问题，建立独创性研究体系，开辟新的研究领域，引领学科发展新的方向。战略组织领导能力，需要具备科技魅力、科技洞察力、科技原创力、科技影响力和科技激励力，组织协调、带领和影响创新团队、创新梯队甚至是几代人率领一个领域、一个学科、一门科学走到时代的前列，提出科技创新未来的生长点与制高点。

四是具有充分的全球特质。以宏观的国际视野俯视并把握学科全面发展格局，以触类旁通的角度精准指引关键领域实现突破，预测科技创新的未来生长点。

（二）实践特征

战略科技人才不是封出来、炒出来、跑出来的，而是在科学研究的实践中干出来、打出来、拼出来的，是通过长期不断的研究实践锻炼出来的。从实践的角度来看，战略科技人才具有以下几方面的特点：

一是创造性。战略科技人才是新知识的创造者、新技术的发明者、新学科的创建者，是本行业、本领域公认的杰出人物、领军人物，是出类拔萃、学有专长、造诣极高、贡献突出的科学家。对人类文明的发展与进步、国家发展战略、学科（科技）发展或产业发展做出过巨大科技贡献。

二是前瞻性。战略科技人才能带动重大技术突破，有世界一流科研机构和国家实验室作依托，具备深厚科学积淀，能合理创新团队和梯队，完备科研基础设施，站得高、看得远、想得深、抓得准，要盯住世界科技，密切注意全球科技动态、发展方向、未来趋势，还要把握未来方向，汇聚科研力量，前瞻布局研究领域，系统构建研究平台，不断调整研究方向和任务，全面推动国家科技创新能力的提升。

三是战略性。战略科技人才把科学技术作为未来发展的战略手段，视科学技术为战略竞争的重要领域，对科学技术的战略价值有清晰的认识。同时，战略科技人才具有战略眼光，能统观全局，把握人类社会或国家发展战略需求与科技发展规律，洞察国际科技发展战略趋势、战略方向，从战略高度思考学科发展远景，超越当下谋划科学竞争策略、未来战略目标、战略路径与方法，从事系统全面、深刻影响、周期较长、富有战略价值的创新活动，对学科发展、产业兴起、国家崛起、人类进步有着重大贡献。

四是组织领导。战略科技人才不仅要有一流的学术，还要有一流的战略、一流的组织领导管理，具备卓越的战略领导能力，善于培育、吸引、激励、造就科技领军人才、骨干核心、青年人才以及勇于创新的企业家和高技能人才，讲求团结合作、协作发展，善于科学有效的组织管理，有效配置创新资源，领导科技研究团队或组织持续创新，有序推进大科学工程，形成科技创新发展战略竞争优势。

三、如何培养造就战略科技人才

（一）总体原则

一是突出战略导向。要着眼我国在世界科技发展进程中地位、作用的变化，加快前瞻性战略布局，组织优势力量积极承担重大科技任务，加强战略性技术和产品的科技攻关，突破一批关键核心技术，孕育一批颠覆性技术，创造新产品、新需求、新业态，形成支撑创新发展的先发优势，在新的世界科技竞争格局和创新版图中抢占事关国家全局和长远发展的战略制高点。确立和坚持人才优先发展的战略，围绕国家战略，聚焦有基础、有优势、能突破的战略方向、优势领域、重点领域，聚焦世界一流的首席科学家、战略科学家、世界级科技大师、风险投资企业家，依靠具有国际竞争力的人才优势形成未来发展的竞争优势。

二是突出全球视野。必须置身于全球视野中，坚持国际一流标准，用宽广的国际视野、超前的战略眼光，找准未来发展定位和方向，加快集聚一批来自世界各地、站在行业科技前沿、具有国际视野的战略科技人才。面向世界科技前沿，把握科技发展趋势，以全球视野谋划和推动科技创新，加强重大交叉前沿战略布局，引导科技人才勇于挑战重大前沿科学问题，不断做出新发现、开辟新方向、提出新理论，建设若干世界级科学研究中心，引领世界科技发展新方向。

三是突出创新驱动。牢牢把握创新驱动发展态势，以体制创新、机制创新、制度创新为重点，创新有利于战略科技人才及其核心团队成员发挥作用的体制机制，创造有利于战略科技人才及其核心团队活力激情充分迸发的良好生态，不断增强吸引力、创造力、竞争力。推动创新链与产业链紧密衔接，大力推进重大创新成果转化应用，全面开放科技资源和设施，积极支持各类创新创业平台建设，为产业发展提供更多有效和中高端的科技供给，支撑服务大众创业、万众创新。

四是突出精准聚焦。聚焦关键人群、优势领域、战略方向，建立业内市场认可、运用大数据验证、科学遴选机制，重点聚焦为我国基础科技领域做出大的创新、在关键核心技术领域取得大的突破、在科技成果推广应用转移转化方面获得大的发展的战略科技人才。

（二）积极培育卓越的杰出科学家

战略科技领域拥有一批有着独门武功、卓越研究成果的杰出科学家，本身就意味着处在世界科技前沿，能引领世界科技趋势，决定未来科技发展；代表着决定未来发展的科技的起点、转折点和爆发点，影响和决定着未来。正是基于其学术成果的专业权威和影响力，所以大家才相信、认同和追随其所提出的科技未来发展的战略思路、战略目标。因此，培养造就战略科技人才，首先要下大气力培育具有世界眼光、本领高强、战略取向且从事战略科技研究、抢占创新前沿制高点的优秀人才，在这些人才中发掘和遴选具有战略潜质的优秀人才，将其培养造就成具有世界影响力、突破性成果的战略科学家。

支持世界一流高校、科研院所建设，推进若干优势学科，共同培育战略科技人才，通过世界一流院所、一流专业、一流团队培育战略科技人才。要瞄准世界科技前沿，以提升原始创新能力和支撑重大科技突破为目标，加快世界一流重大科技基础设施建设，加快国家实验室、科学工作室等全球领先科技创新重大设置、重大项目攻关项目落地。集中国家科研优势力量协同攻关的综合集成科研平台，以科技创新重大项目，吸引集聚和培养造就一流战略科技人才和创新团队。瞄准国家重大战略需求，围绕关键共性技术、前沿引领技术、现代工程技术、颠覆性技术创新等战略科技方向，开展颠覆性技术研究等重大战略、重点项目、战略项目研究，在重大科技规划的战略咨询、科学决策和战略性、前瞻性和综合性研究实践中培养人才。充分发挥两院院士战略科技引领作用，在传帮带中培育人才。要嵌入全球网络，把握最新的前沿，创造具有世界影响力的成果，积极参与全球创新联盟，在国际合作交流中培育人才。设立吸引全球战略科技人才发展资金，对引进的世界一流的战略科技人才团队，简化程序、一事一议、特事特办，设立海外诺奖大师、战略科学家人才工作室。依托国家实验室，对战略科技人才设立国家实验室、科学家工作室，探索建立新型研发机构运行机制，新型研发机构不定行政级别、不定编制，不受岗位设置、工资总额等限制，新型研发机构负责人不受国籍限制。推行首席科学家制度，赋予首席专家更大的人、财、物支配权和技术路线决策权，首席专家在人员聘用（任）、职称评定、出国审批等方面享有充分的自主权。建立经费稳定支持机制，为战略科技人才设立的新型研发机构，制定国际通行、基于合理预算的财务管理及审计制度，实现财务报销从事前审批向事后监管转变。健全战略科技人才评价激励机制，建立兼顾长期与中短期目标的评估考核机制，不以发表论文、获得奖励为导向，以年度自评和外部中长期评估为主，注重第三方评估和国际同行的评价。建立符合国际惯例的薪酬制度，对于首席专家、实验室负责人、部门负责人，要建立与能力、贡献相一致、具有国际竞争力的薪酬待遇。健全战略科技人才及其团队科技成果转化制度。加快科技体制、教育体制和事业单位体制、人才发展体制改革，形成充满活力的科技管理和运行机制，探索建立现代事业单位法人治理结构，构建科学规范、开放包容、运行高效的人才发展治理体系，推动人才管理部门简政放权，向用人主体放权、为人才松绑，支持和激励企业、高校、科研机构、社会组织和个人等多元主体参与人才开发，推动人才发展共治、共赢、共享。

（三）推动杰出科学家向战略科学家转变

要培育杰出科学家、优秀科学家的战略意识、战略眼光、战略思维、战略洞察力，使其把握发展趋势。要增强科学家使命感，包括对人类命运与发展的使命感、对科学技术发展的使命感、对国家民族的使命感、对人民福祉的使命感。使命感越强，就会形成越来越有远见的战略观。要让科学家与顶尖科学家有一道工作、共同探索的机会，在开放网络、国际交流中讨论学术前沿、发展趋势、战略动向，接触、融入世界科技前沿。要创造支持科学家自由开展研究探索的环境与氛围，建立培育具有战略眼光、战略意识的项目载体、活动空间，健全相应支持系统，提供必要的权利、资源。在充分把握本领域、本专业或者相关领域科学技术发展前沿、发展趋势、发展方向的基础上，提出新的战略方向、新的发展战略目标和使命，并通过自己努力与团队一起创新实践甚至引领更为广泛的学术网络，形成革命性变革甚至是颠覆性变革。同时，要支持战略科学家基于未来的战略思考、战略需求进行战略判断，推动整体的战略转型，开辟新的研究领域、新的研究境地。在培育战略科学家基础上，要积极推动战略科学家基于本领域、本专业、本行业同时超越本领域、本专业、本行业，联合战略科学家以及产业领域的战略管理者和政府部门的战略决策者、组织者，着眼于科学技术发展、国家发展、全球竞争等多重视角，对科学前沿、发展趋势、战略动向做出重大战略判断，在更高层面、更广领域、更大范围、更深程度，提出科学技术亟须突破的战略方向、亟须布局的重点领域，建构、组织、实施更系统、更全面、更深远的科学技术发展战略，提出战略目标，明确战略任务，发现战略路径，并在此基础上以及政府决策者的大力支持下，组织实施科学技术发展战略。强化战略科学家的战略领导本领，使其善于在综合各方面情况和意见的基础上，做出正确、科学的判断，让这些课题在短期内能顺利解决。要做好领导和指导、任务分解，确定研究的主要科学问题和关键技术，选择解决问题的技术途径，设立课题并制定重要攻关课题的实施方案。实现人力资源、物力资源的集中使用和大力协作，善于延揽人才、选人用人，协调好本学科、本单位的人员和项目，开展跨学科、跨单位、跨国界的学术联合、科研协作

（四）推动战略科学家向科技创新的战略家转变

第一，要赋予战略科学家更多的战略使命。增强战略科学家科学研究的使命感、责任感，给予战略科学家更为重大的平台，提供更多的战略资源，给予更多组织领导重大科技活动的权责，政府及各界要提供更多、更为稳定的支持。从推动人类发展、国家发展、社会发展、科学技术进步的角度讲，要让科学家带兵打仗、开疆扩土，开展影响未来、决定未来的科技探索，不断提升、不断收获。要充分发挥战略科学家的组织领导、协调作用，基于市场环境、创新链或者内涵更为丰富的创新网络背景，对确定的重要方向、重点项目、重大工程，引领科学共同体实现跨专业、跨领域、跨区域、跨国界的整体协同，推进研究探索，实现科学发现和技术创新的大兵团作战；加大团队和梯队建设力度，储备未来人才；在国内外的政治博弈中谋求外界更多支持，取得优势地位，获取更多的资源。

第二，建立科学技术战略决策咨询体系和机制。要给科学家思考和探索战略问题的机会。基于战略发展，组织开展国家创新发展战略、科学技术战略的建构活动，让

科学家着手思考战略问题、未来问题。要推动建立战略科学家的联合体，发挥战略科学家及其学术共同体、专业团体在谋划、制定科学技术发展战略中的独特作用，组织具有卓越成就、世界影响力且富有战略眼光、未来取向的战略科学家，走出实验室，走出本专业、本学科，积极开展关于世界科学技术前沿发展、未来发展方向、发展态势研判、技术预见的讨论、交流，使战略科学家成为科学技术发展战略的重要提出者、构建者、策划者、组织者、实施者。要完善科学家参政议政机制，使其在咨政建言过程中，提升战略思维、战略眼光。要建立战略科学家战略决策咨询的支持系统，给予其必要的信息、技术、服务等方面的支持。

第三，要建立科学技术战略决策、组织和实施机制。战略决策、组织、实施机制决定着战略科学家聚焦何处、资源向何处聚焦的问题。要让战略科学家更多地参与到科技发展战略的提出、策划、组织、实施中去，成为科学技术发展战略的策划者、制定者、组织者、实施者，做出影响未来、决定未来的科学技术的战略安排，明确战略目标、战略任务、战略领域、战略布局、战略路径。让战略科学家和国家整体发展战略有机地融合在一起，通过积极开展科学技术发展中长期规划等重大科技规划、科技战略的谋划和制定等重大项目、重点工程、重要活动，在重大科技规划、战略谋划、实施过程中，发挥战略科学家的重要作用，激发和培养科学家的战略眼光、战略思维、战略意识，引导和激励科学家开展具有战略价值的科学研究和技术开发活动，让战略科学家在服务国家战略中提升战略本领，做出更多战略贡献。

第四，要建立战略科学家与政府部门的战略决策者、组织者以及产业领域或企业战略管理者协调互动的机制。一方面，要充分发挥战略科学家“谋”的作用，让战略科学家对科技发展的方向与内容、科技发展的必要性和可行性、科技发展的战略价值、科技发展的策略与路径等涉及科学技术本身的事项进行判断，当好科学技术发展规划的“设计师”，规划好创新发展的“路线图”，科学地前瞻布局和系统部署；另一方面，要充分发挥政府决策者“断”的作用，在关涉重大战略利益、市场失灵的过程中，要让懂得科学技术、重视创新发展的决策者，依据执政理念，在协调权衡各方利益的基础上，把发展科学技术作为发展的重点，对有关科学技术发展、确立科学技术研究方向、公共资源配置、基础设施建设等内容进行重大战略决策，综合利用行政（各类治理工具）、法律（建立健全有利于科学技术发展的政策法规）、市场等各种政策工具，配置各方资源，支持战略科技的发展。在此过程中，政府要积极把科学家引入战略选择、决策进程中，不断通过各种渠道告诉科学家，用自己的战略来影响科学家，要让产业、企业、资本成为战略的整合者。更为重要的是，要让科学家与国家发展实现有效互动，特别是要把优秀的、具有战略潜质的科学家与国家发展战略有效结合起来，把科学家的研究旨趣与国家发展的使命、人类发展的使命有机地结合在一起，从而建立起战略科学家“谋”的作用和国家决策“断”之间的有效互动。同时，还要加强对战略科学家的引领、引导，增强战略科学家的历史使命、战略意识、发展内驱力，把研究取向、努力发现与国家发展方向有效地结合在一起，对符合未来发展方向、根本利益的战略研究要给予强有力的稳定支持。

（五）培育以科技引领未来的战略家

要培育和造就像江上舟那样，尊重科技、重视科技、拥抱科技、依靠科技、支持科技，对科学技术发展给予坚定支持，依靠科学技术决定国家战略与未来的战略家。

第一，要拥抱支持深谙科技创新。战略家虽然不是科研人员，不直接从事科学研究探索活动，但对世界格局、未来趋势、变革动力、引领力量有着准确的把握、深刻的理解，对科学技术里面具有战略价值、革命性、突破性的部分有着敏锐的洞察力，能充分认识到未来的发展源于创新、系于创新，能把科学技术创新放在整体发展的突出位置和重要位置。对科学技术自身的发展有比较清晰准确的认识，对科学技术创新的前沿、趋势以及可能的突破点有比较完整的把握，能够依据科学技术创新规律，对科学技术相关活动需要在哪里、在什么范围、在什么时间点给予什么样的、多大程度的支持具有全面的把握。同时，科技的战略家不可能从一开始就培养，不可能从中小学或大学系统地培养出一个杰出的战略家，应该尽可能基于不同体制，在优秀的政治家、优秀的官员和公务员队伍中选拔或推选出对科学技术创新情有独钟、把科学技术作为重点发展战略领域、具有战略潜质的人才。

第二，赋予决定未来发展的决策权责。着眼和把握未来发展趋势，基于自身的价值理念、政治主张，按照自身的基础条件、资源禀赋、能力水平，统筹协调各方利益，在均衡各方利益的基础上，对要不要做、为什么做或不做、有没有条件基础和能力去做、是不是合适的时机去做、要做什么、先做什么后做什么、谁来做、怎么做、运用什么资源和手段工具来做以及如何调整内外资源、环境来做等一系列问题进行决策。要使其承担历史责任，要赋予其公共权力，要建立能够使其做战略决策、开展战略组织领导的动力机制、激励机制，特别是应对那些可能承担战略方向、战略担当的激励机制，给这些人做战略决策的咨询支持机制、服务机制、资源支持。科学技术战略决策的咨询机制，也是非常重要的机制，但要有配套的法律法规机制。要学会并善于与科学家、企业家以及公众一起，共同参与和完善决策过程。有效推进战略组织领导，通过建构支持科技创新的治理体系和制度架构，提升符合科技创新发展战略要求的治理能力。

第三，提升决定未来发展的战略本领。一是要有战略使命感。战略眼光一定程度上是与战略使命结合在一起的，没有对历史使命、人民赋予权力的深刻认识，就可能陷入事务堆，无法对现实以外长远的、未来的事情展开深刻、系统、全面的思考，如此就不会有危机感。二是要有战略格局观。要有大格局，睁眼看世界，了解全球发展的格局，对自己的现实有清醒的认识，对发展规律有整体的把握。要知道世界在哪里，全球怎么样，优劣势何在。要有战略选择本领。面对多数科学家都认为自己所从事的科学探索是最优秀、最突出、最重要的研究时，面对各方主体都说自己认定的情形是最有道理、最有机会、最为重要的领域时，面对各方资本基于自身利益不断推高或者“超热”某些领域、制造虚假繁荣的情况时，面对从众现象时，战略家要保持头脑清醒、冷静思考，不过度热情、不过度迷失，开展正确的战略选择；要有咬定青山不放松的战略定力以及直面风险、面对压力的责任担当；要有战略决策本领；要掌握战略决策的能力，包括战略意识、战略眼光、战略胆识、战略协调能力、战略组织能力。

新时代军事人才动力及其激发机制研究

张悦琦*

摘　要　军事人才动力激发深刻影响着人才在军事实践中突出作用的发挥，对推进新时代国防和军队建设具有决定性作用。本文重点阐述了激发军事人才动力对于新时代国防和军队建设的重要意义，分析了军事人才动力的基础原理，对军事人才动力激发的三项关键机制进行了剖析，并针对存在的现实矛盾问题提出了有针对性的对策建议，对新时代下充分激发军事人才动力、促进国防和军队建设具有一定的理论指导意义。

关键词　新时代　军事人才　动力　激发机制

作为人力资源中的先进群体，人才主观能动性的发挥对于社会历史发展具有重要的影响。同样，在军事领域中充分激发军事人才动力，既是军事个体自我价值实现的保障，也是推动国防和军队整体建设的关键。分析军事人员动力相关原理及其激发机制，对于指导军事实践具有现实的指导意义。

一、新时代激发军事人才动力的重要意义

在军事领域，聚天下英才而用之是推动国防和军队建设的人力保障。如何聚之，如何用之，关键就在于激发军事人才动力，使其自觉释放活力，积极投身军事实践，汇聚强军兴军的宏大力量。

（一）军事人才在推进国防和军队建设中的重要地位

在国防和军队建设领域，习近平将军事人才资源作为强军兴军的宝贵战略资源，强调“强军之道，要在得人”①。作为一种杰出的人力资源，人才在历史进程中往往发挥着至关重要的先导作用。2010年6月国家颁布的《国家中长期人才发展规划纲要(2010～2020年)》将人才概念定义为“人才是指具有一定的专业知识或专业技能，进

---

* **作者简介**：张悦琦，军事科学院军队政治工作研究院博士研究生，研究方向为军事人力资源管理。

① 《全面加强新时代我军党的领导和党的建设工作　为开创强军事业新局面提供坚强政治保证》，《人民日报》2018年8月20日。

行创造性劳动并对社会作出贡献的人，是人力资源中能力和素质较高的劳动者”。从定义中可以看出，专业性、创造性、先进性是人才的主要属性，而这正是当前国防和军队建设朝着全面建成世界一流军队的目标奋勇前进所迫切需要的。只有以宏大的军事人才队伍作为支撑，充分发挥军事人才前瞻引领作用，强军兴军事业才能稳步推进、取得成功。

（二）军事人才动力激发的决定性作用

一直以来，“能干”和“想干”始终是关系军事人员发挥作用的两个关键因素。其中，“想干”决定“能干”，只有具备主动作为的想法，才能驱使自己通过努力不断提升实践能力；而“能干”是“想干”的基础，只有具备足够的能力才能在实践中实现预期的目标。对于军事人才而言，一方面作为人才，通常已经具备一定的能力基础，能否履职尽责主要取决于“想干”因素的发挥，也就是军事人才动力激发的程度；另一方面，军事人才的主要目标在于进一步完成复杂军事任务，提升军队管理水平或在某些军事领域实现新突破，这往往标准更高、难度更大，更需要强劲的动力作为精神支撑。因此，考虑到军事人才的属性和任务的特殊性，有效地激发军事人才动力，将决定军事人才在国防和军队建设中发挥重要作用。

（三）新时代军事人才动力激发面临的新形势

党的十九大正式宣布中国特色社会主义进入了新时代，并以此作为我国发展新的历史方位。新时代，我国社会的主要矛盾发生变化，矛盾的一方即人民的需要，已经由“日益增长的物质文化需要”转化为“日益增长的美好生活需要”。也就是指，人民群众在解决温饱问题和进入小康社会以后，不仅对物质文化生活提出了更高要求，而且在民主、法治、公平、正义、安全、环境等方面的要求日益增长。[①] 这就是军事人才动力激发当下面临的一个主要的新形势。伴随着军事人才需要层次的提升以及对丰富性的更高要求，能够有效激发军事人才动力的因素也在发生变化，如果仍然依据老思维、运用老方法，不仅在激发效能上收效甚微，甚至还会带来抵触情绪和负面影响。因此，研究新时代下军事人才动力激发机制，不仅关系到军事人才个体的工作积极性，更影响着国防和军队建设的整体推进，具有重大的实践指导价值。

二、军事人才动力原理分析

研究军事人才动力激发机制，首先要对军事人才动力的基本原理进行剖析，即分析清楚动力的根本来源、结构内容以及相关影响因素。

（一）军事人才动力根本来源分析

人的需要，在马克思看来，是分析人类历史活动的起点，他曾指出：“人们为了能

---

① 参见李君如：《深入理解我国社会主要矛盾转化的重大意义》，《人民日报》2017 年 11 月 16 日。

够‘创造历史’，必须能够生活。但是为了生活，首先就需要衣、食、住以及其他东西。因此第一个历史活动就是生产满足这些需要的资料，即生产物质生活本身”①，“已经得到满足的第一个需要本身、满足需要的活动和已经获得的为满足需要用的工具又引起新的需要”②，进而论证人类历史活动与需要发展的一致性。这是马克思从历史发展的角度进行的分析，基于这种认识分析个体行为，可以发现人的需要是其生产实践的根本驱动，也是激发动力的根源。也就是说，有效激发人的动力归根结底在于满足人的需要，分析动力机制问题要以人的需要作为逻辑起点进行展开，对于军事人才同样如此。然而，要真正满足人的需要并不容易，因为人的需要是一个持续发展的复杂体系。恩格斯将其主体归纳为生存需要、享受需要和发展需要③，西方管理学同样提出诸多理论，比较经典的有马斯洛需要层次理论（生理、安全、社会、尊重、自我实现五种需要）、ERG 理论（生存、相互关系、成长三种需要）、三种需要理论（生存、相互关系、成长三种需要）等。可见，不同的人需要不尽相同，即使同一个人在不同时期也存在多种需要，且有的占主导地位，有的则作用甚微。剖析新时代军事人才的需要，首先要充分认识到其复杂性、发展性、差异性，避免单一片面的观点。同时，随着物质生活日益丰富，根据军事人才的创新性、先进性属性，可以判断新时代军事人才的优势需要正逐步由基本的生存需要、物质需要向更高层的精神需要、发展需要转化。需要是军事人才动力的来源，有了以上认识，就可以从根源上把握物质、精神、社会环境、个人发展等因素对军事人才的影响，从而为研究军事人才动力激发机制奠定基础。

（二）军事人才动力结构内容分析

军事人才需要的复杂性决定了其动力结构的复杂性，生活条件、社会关系、工作环境、职业预期、价值实现等不同因素，共同组成了复杂军事人才动力系统。总的来说，以作用方式的不同可将军事人才动力结构分为物质动力、精神动力和发展动力三个大类，而其他动力因素则是通过物质的、精神的或发展的方式作用于军事人才。具体来讲，物质动力是为了满足物质需要所产生的驱动力，主要指一些生存保障或物质鼓励，例如赚取工资奖金、获得医疗住房保障等，对军事人才动力激发起到基础保障性作用；精神动力是在满足精神需要过程中所激发的动力，主要有理想信念、获取荣誉、赢得尊重、公平环境或精神鼓励等方面，对军事人才动力激发起到提质增效的作用；发展动力是指人在追求自我发展、价值实现过程中所产生的动力，主要有能力提升、职业发展、完成使命任务、在本专业领域做出突破等，是军事人才动力激发的高层次因素。对于新时代军事人才而言，面对新的社会经济条件，物质动力现实的基础

① 《马克思恩格斯全集》第 3 卷，人民出版社 1960 年版，第 31 页。

② 《马克思恩格斯全集》第 3 卷，人民出版社 1960 年版，第 32 页。

③ 《马克思恩格斯选集》第 3 卷，人民出版社 2012 年版，第 987 页。

保障性作用不容轻视，物质动力的缺乏往往会严重制约整体动力的激发；同时，军事行动往往伴随着艰苦条件、复杂环境和巨大心理压力，这就要求必须加强精神动力的主导性，弥补特殊条件下物质动力激发的不足。更重要的是，相比于一般人员，人才对自我实现的需要更为强烈，发展动力在军事人才动力系统中发挥的作用更加凸显，往往决定着军事人才能否在关键岗位履行职能使命或在创新性领域实现巨大突破。

（三）军事人才动力影响因素分析

主动激发军事人才动力并使其保持在相对稳定的水平，需要构建完整的管理体系。在这个体系中，诸多因素共同对军事人才动力产生影响，具体分析这些影响因素可以由上至下将其划分为设计影响因素、实施影响因素以及个体影响因素三个层次。首先，为了实现军事人才价值追求与国防和军队建设方向相一致，进而充分激发正向动力，管理体系中诸多设计因素从宏观上对军事人才动力激发产生着深远影响，其中包括关乎事业价值导向的政策因素、对行为进行约束的制度因素、支撑人才思维模式的信息因素以及潜移默化转变人才价值观的军营文化因素等，这些因素影响广泛深远，是激发军事人才动力的基础。其次，在具体管理实施过程中，诸多贯穿全程、覆盖全局的管理实施因素也对军事人才动力产生着直接影响，比如以满足人才现实需要为主的激励因素、决定环境公平性和工作实效性的监督因素、对人才行为进行动态干预的控制因素等，这些因素显现于军事人才工作生活的具体方面，是连接整体系统设计与具体个人实践的桥梁。最后，在个体层面，有学者将利益、责任、权利作为影响军事人才动力激发效能的主要因素。[①] 其中，利益是需要的现实化表现，责任是维持个体动力的支撑，权利则是个体动力得以发挥的保障，这三个因素在微观上对不同军事人才产生差异性影响，在动力激发过程中需要有针对性地进行个体分析。从以上分析可见，军事人才动力受到各个层次、各个方面诸多因素的综合影响，只有探索隐含其中的规律机制，才能确保军事人才动力的有效激发。

三、军事人才动力激发机制

军事人才动力激发机制是指军事人才在内在要素与外在因素相互作用、变化过程中，其动力得以有效激发产生和持续发展的规律机理。考虑到动力结构的复杂性和影响因素的多样性，只有借助多学科专业理论，深刻剖析动力激发机制，才能为激发军事人才动力提供科学指导。

（一）目标引导机制

动力激发，究其根源在于需要的满足，而通过引导让军事人才更加明确认识到自身需要或组织需要，就可从军事人才思想内部激发其动力，这就是目标引导机制。这

① 参见郝英奇：《管理系统动力机制研究》，天津大学博士学位论文，2006年。

种机制符合军事活动的强制性要求，是实现军事目标的保障，也是激发军事人才动力的有效手段。管理大师彼得·德鲁克认为，目标引导对发挥个体的力量和责任心意义重大，他在《管理实践》中通过举例生动地对此进行了说明：有三个石匠，有人问他们在干什么活？第一个回答说："挣钱过日子。"第二个一边敲着石头，一边说："我干的是全国最好的石工活。"第三个抬起头来，眼睛有所憧憬地说："我在建一所大教堂。"① 从动力激发的角度看，三名石匠虽然进行着相同的工作，其驱动力全然不同，物质动力、精神动力和发展动力分别占据了三人动力的优势方面，这也必然导致具体工作中主观能动性的发挥。由此可见，目标引领在动力激发过程中影响显著。此外，在具体通过引导实现动力激发的过程中，期望值的影响也至关重要。期望理论认为，个体趋于表现出某种特定行为是因为预期该行为会带来特定的结果，以及所得结果对该个体具有吸引力；也就是说，动力与期望值、手段、效价三个变量相关。② 期望理论对于目标引导机制的启示关键在于要兼顾考虑个体的期望值因素，也就是在设置引导目标时，不仅要确保目标的吸引力，还要考虑目标对于军事人才的适应性、个体能否达成目标以及为了实现目标需付出多大程度的努力。目标设置只有合理且可行，引导才能有效，动力才能激发。

（二）环境塑造机制

在军事人才进行实践的过程中，通过有目的地塑造某种环境以影响军事人才的需要或对其认知进行潜移默化的持续改变，进而间接影响其动力的激发，这就是环境塑造机制。人才成长综合效应理论认为，人才成长和发展是以创造实践为中介的、内外诸因素相互作用的综合效应，外部因素是人才成长和发展的必要条件，外部社会需要是人才内部矛盾产生的基础，而人才内在素质的形成、提高与发挥，也有赖于外部因素的影响。③ 可见，外部环境可以通过影响军事人才的需要，进而制约或激发其动力；还能在军事人才成长过程中发挥持续的、潜在的作用，进而间接影响具体实践中积极性的发挥。对于军事人才而言，外部环境主要有社会环境和组织环境两个方面。社会环境是指整个军地一体的大环境，这种大环境主要基于人的从众心理，通过一定的社会规范，对个体产生希望准确无误做出适当反应的信息性影响和希望被大众喜欢和支持的规范性影响。④ 组织环境是指军队内部的小环境，这种小环境对军事人才的影响更为直接。组织心理学家在研究组织环境的过程中，分析了成员之间的沟通、领导关系、工作满意度、压力与疲劳等诸多因素，并提出了一些相关理论，如内部人员之间的公平公正关系对心理造成影响的公平理论。⑤ 塑造有利于军事人才动力激发的环境，要同

① ［美］彼得·德鲁克：《管理实践》，帅鹏等译，工人出版社 1989 年版，第 146 页。
② 参见［美］斯蒂芬·罗宾斯等：《管理学》，刘刚等译，中国人民大学出版社 2017 年版，第 447 页。
③ 参见吕江洪等：《人才学简明教程》，中国电力出版社 2016 年版，第 60～61 页。
④ 参见［美］格里格、津巴多：《心理学与生活》，王垒等译，人民邮电出版社 2016 年版，第 547～552 页。
⑤ 参见［美］格里格、津巴多：《心理学与生活》，王垒等译，人民邮电出版社 2016 年版，第 377 页。

时关注以上两个方面，既要通过推进军民深度融合加强对社会大环境的塑造，也要注重对军队内部小环境基本要素的设计，使得军事人才在合理环境中自觉将动力保持在高水平上。

（三）主动激励机制

根据军事人才在工作实践中的行为表现，针对个体具体需要，主动设计并实施物质或精神激励，对正确行为进行强化，从而为后续工作积蓄强大动力，这就是主动激励机制。与环境塑造相比，主动激励机制更为直接，其关键在于确保激励对不同个体的针对性有效。现代行为科学家赫兹伯格的双因素理论认为，工作情景中的因素可以分为两类：一类是“保健”因素，诸如监督、人际关系、工作条件、薪酬、福利待遇等，这类因素若低于人们预期，就会导致消极态度；另一类是“激励”因素，包括成就感、工作挑战性、更高工作责任、发展成长机会等，这类因素会带来更高的动机。① 这对分析军事人才激励机制有极大启发意义。一方面，伴随着市场经济的发展，物质利益驱动力明显增强，军事人才激励绝不能忽视物质方面的满足，要让军事人才的贡献与收益成正比，避免消极因素；另一方面，军事人才是军事人力资源中的先进群体，往往处在领导管理岗位或科技前沿领域，精神需要普遍更为强烈，因而必须把满足“激励”因素作为激励的主导方面，这样才能真正调动起军事人才的积极性。例如，管理类军事人才就应将使命责任、发展机会等作为激励重点，科技类军事人才就应将成就感、工作挑战性等作为激励重点，以极强的针对性确保军事人才动力主动激励机制的有效性。

四、关于新时代下激发军事人才动力的对策建议

当下部分军事人才动力不足、缺乏有效激发手段，已成为亟待解决的现实问题。基于动力及其激发机制的分析研究，对新时代如何激发军事人才动力提出以下建议。

（一）引导满足军事人才需要是激发动力的基础

需要是动机及行为产生的根本原因，激发军事人才动力必须着眼于满足军事人才真实需要，但军队打仗职能的特殊性，要求激发军事人才需要不能仅着眼于满足个体的物质、精神或发展需要，而是要在做好军事人才需要引导的基础之上对其进行满足。党在新时代的强军目标是建设一支听党指挥、能打胜仗、作风优良的人民军队，把人民军队建设成为世界一流军队。这是军队的目标，同时应成为军事人才的最高层次需要，军事实践中应大力引导当代革命军人树立崇高理想信念，努力成为高层次需要者，在投身强军实践中实现自我认可和自我提升。在此基础上，要深入调查研究军事人才实际，综合考虑成长环境、个体特性、所处阶段等因素，做到不同军事人才分类别、分岗位、分层次对待，同一个体分阶段考虑，及时有效地满足军事人才真实需要，进

① 参见［美］雷恩：《管理思想史》，孙健敏译，中国人民大学出版社2014年版，第516、517页。

而以此为基充分激发工作动力。

（二）科学运用动力原理，建立良好激发机制

分析军事人才动力原理和动力激发机制可以看出，军事人才管理必须注重科学性和系统性，才能最终实现激发效能。在动力原理的运用方面，要全面认识军事人才动力来源、动力结构以及相关影响因素，针对不同类型动力采取与之相适应的激发方式，从设计、实施、个体三个层面对影响因素进行科学的控制。在激发机制的建立方面，重点要树立体系思维，从军事管理全局上把握目标引导、环境塑造和主动激励等机制，以适应军事人才成长发展规律。此外，激发军事人才动力还要做到具体问题具体分析，针对战略人才、作战指挥人才、高级管理人才、科技创新人才等不同类型的军事人才，要根据具体规律的差异及时调整运行机制，确保动力激发机制的灵活性和适应性。

（三）融入军事人才管理全程进行激励工作

从军事人才管理的角度来看，主动激励是最直接、最有效的动力激发手段，将激励工作融入军事人才管理全程，是当下最为迫切的现实要求。军事人才管理与军事人力资源管理相同，主要有计划、组织、领导、协调、控制等内容①，激励工作应成为这些职能的有机组成部分，在高度融合的基础上发挥重要作用。具体来讲，在计划过程中，激励工作应结合任务目标或职业规划同步设计实施流程；在组织过程中，要借助组织网络体系分层次实施激励，确保激励的及时有效；在领导过程中，要掌握所属军事人才的具体情况，根据不同需要类型采取物质、精神等不同激励方式；在协调工作中，要结合正、负两种激励手段促进人员配合，将军事人才动力方向有效集中于全局目标；在控制过程中，要纵向上设置任务指标、横向上明确奖惩标准，通过精准绩效考评确保激励的全面公正。只有在军事人才管理全程中确保主动激励机制的高效运行，才能切实解决当前军事人才动力不足的现实问题。

（四）军队政治工作对动力的激发

军队政治工作作为党在军队中的思想工作和组织工作，应主动承担起军事人才动力激发的主体责任。首先，要充分认识到新时代军事人才的战略地位，认识到动力激发问题对国防和军队建设的重要意义，将当下面临的现实矛盾问题作为切入口，强化全面设计、主动激发军事人才动力的理念，推进动力激发工作。其次，要坚持党管人才的基本原则，强化政治引领和组织约束，确保军事人才动力方向聚焦于强军兴军的总体目标，宏观上形成推动国防和军队建设的合力。再次，要注重顺应军事人才发展规律，从人才专业性、创造性、先进性等本质属性中分析对军事人才动力激发的实践要求，确保具体措施的合理有效。最后，要加强吸收现代科学理论，不断深化对新时代军事人才动力原理和动力激发机制的研究，对实际工作提供强有力的理论指导。

---

① 参见刘继贤主编：《军事管理学》，军事科学出版社 2009 年版，第 65 页。

外语教育人才与人才外语教育研究

王 圣*

摘 要 外语教育人才是指各级各类外语教师，人才外语教育是指各级各类人才的外语教育。外语教育人才是人才外语教育的先生、教师、老师，是教育者；各级各类人才接受外语教育，他们是学生、弟子，是受教育者。外语教育人才（教师）与人才外语教育（学生）的关系是：以学生成才为主体（外语等各科），以教师育才为主导（外语等各科），二者是对立（异）统一（同）的辩证关系。二者的教育教学规律是"教学相长"。

关键词 外语 教育 人才 研究

何谓外语教育人才，何谓人才外语教育，二者有何关系，这是外语教育人才与人才外语教育研究必须搞清楚的首要理论问题和实践问题。所谓研究，就是通过二者表象（现象）来揭示二者的真相（本质、规律）。在人才学史中，有两门姊妹学科：一是教育人才学①，研究对象是教育人才，即各级各类教师（先生）；二是人才教育学②，研究对象是人才教育，即各级各类人才教育（学生）。笔者把人才学中的教育人才（学）和人才教育（学）概念引入外语教育之中，于是提出了外语教育人才与人才外语教育新概念，提出了外语教育人才学与人才外语教育学新学科，进一步丰富了教育学、人才学、外语学的理论宝库，对于培养新时代合格的建设者和可靠的接班人，即现代外语教育人才与现代人才外语教育均有重要的理论意义和现实意义，对于国际关系人才、国际传播人才、全球传播人才的培养也有重要的理论价值和实践价值。

---

* **作者简介**：王圣（1985～ ），内蒙古师范大学外国语学院讲师，研究方向为外语教育学、外语人才学与国际关系学和国际传播学。

① 毛继东：《教育人才学》，内蒙古大学出版社 1991 年版；叶忠海主编：《教育人才学》，复旦大学出版社 1993 年版。

② 杨永清、叶忠海等：《人才教育学》，河北人民出版社 1986 年版。

一、外语教育人才

（一）教育人才与外语教育人才

人才学诞生于 1979 年。1991 年，人才学早期探索者毛继东在内蒙古大学出版社出版了专著《教育人才学》；1993 年，人才学大师叶忠海教授在复旦大学出版社出版了专著《教育人才学》，以后各种人才学大辞典就有了“教育人才”“教育人才学”词条。笔者把教育人才、教育人才学概念引入外语学研究之中，提出了外语教育人才、外语教育人才学新概念、新学科，并对其进行系统深入研究。

外语教育人才就是指各级各类外语教师。作为外语教育人才应该具备什么基础知识结构？具备什么专业知识结构？笔者查阅了大量相关资料，经过长期思考，撰写了《外语教育学及其哲学刍议》[①]《外语人才学及其哲学研究》[②]《外语教育人才基础知识结构研究》《外语教育人才专业知识结构研究》等系列论文。笔者对所提出的外语学、外语教育学、外语人才学等新概念、新学科进行专门研究，不断开辟外语教学与研究新领域。

（二）外语教育人才基础知识结构

在《外语教育人才基础知识结构研究》中，笔者认为，外语教育人才的基础知识结构主要有哲学、伦理学、教育学、心理学、人才学、创造学、计算机知识、世界语等。哲学主要解决外语教育人才的思想问题，即世界观、人生观、价值观问题，这是外语教育人才的灵魂和方向。第一，外语教育人才应该具备马克思主义哲学观，即运用马克思主义世界观、人生观、价值观从事人才外语教育工作。第二，外语教育人才需具备伦理学知识，即马克思主义伦理学知识。道德是伦理学的核心概念。德国教育家赫尔巴特指出：“道德普遍地被认为是人类的最高目的，因而道德也是教育的最高目的。”[③] 德育为首是教育的首要原则。第三，外语教育人才必须具备教育学知识。贯穿教育学的三大理论（课程论、教学论、德育论）之首的教育方针是：“以立德树人为根本，培养德智体美全面发展的社会主义合格建设者和可靠接班人。”马克思主义认为，任何经济社会的发展，都是为了实现人的自由全面发展。第四，外语教育人才必须具备心理学知识，教育心理学是每个外语教育人才的必修课。不懂教育心理学，人才外语教育就是盲目的、无绩效的。第五，外语教育人才必须学习和研究人才学和创造学。人才是目的，教育是手段，创业、创造、创新是关键，哲学、伦理学、心理学是基础。第六，计算机（知识）是外语教育人才从事人才外语教育教学与研究的工具。第七，世界语是现代外语教育人才的必备工具。普通话、世界语是每个现代外语教育人才需要终

---

① 王圣：《外语教育学及其哲学刍议》，《内蒙古师范大学学报》（教育科学学版）2015 年第 11 期。

② 王圣：《外语人才学及其哲学研究》，《内蒙古师范大学学报》（哲学社会科学版）2015 年第 3 期。

③ 门里牟：《当代中国道德教育研究》第 2 卷，内蒙古人民出版社 2011 年版，第 8 页。

身修炼的基本技能。

（三）外语教育人才专业知识结构

在《外语教育人才专业知识结构研究》一文中，笔者认为，外语教育人才的专业知识结构主要有语音学、语义学、词汇学、语法学、语言学、语文学、修辞学、逻辑学、翻译学、文史哲、科普知识、世界语等。这些知识是外语教育人才从事人才外语教育的一个相互补充、相互支撑、相互作用的学科群，是一个相互渗透、相互影响、相互不分的有机统一整体，共同作用于外语教育人才和人才外语教育活动之中。

（四）外语教育人才内在因素与外在因素

外语教育人才的内在因素是什么？外在因素是什么？内在因素与外在因素之间的辩证关系是什么？人才学大师王通讯在《人才学通论》第3章中精辟地总结了人才成长的五大内在因素：德、识（胆）、才、学、体（在论述时，有时胆包含在德与识中；有时分开论述）；在第4章中精辟地总结了人才成长的四大子系统：人时关系与人才成长、人地关系与人才成长、人人关系与人才成长、人物关系与人才成长。[①] 以后的人才学探究者在不同专业人才学研究中不断引用王通讯的人才成长内外因素经典理论。各级各类人才在不同程度上都具备六大内在因素：德、才、识、胆、学、体；其外在因素都具备四大子系统，如政治人才学、经济人才学、文化人才学、教育人才学、科技人才学、文艺人才学等等，都包含人才成长内在因素与外在因素问题。

外语教育人才的内在因素也是德、识、胆、才、学、体。其中，德是外语教育人才的道德品质，识是外语教育人才的远见卓识（能否抓住外语教学与研究及翻译的关键课题），胆是外语教育人才的英勇程度，才是外语教育人才的专业技能，学是外语教育人才的知识结构，体是外语教育人才的物质基础。内在因素的功能及其辩证关系是：德是外语教育人才发展的统帅、灵魂和方向，胆识是外语教育人才的关键（如玄奘西天取经），才是外语教育人才的硬件，学是外语教育人才的基础（软件），体是外语教育人才的保证。五大内在因素相互包含、互相制约、相互影响，共同作用于外语教育人才成长、成人、成才、成功。

外语教育人才的外在因素也是四大子系统，即外语教育人才成长与人时子系统、外语教育人才成长与人地子系统、外语教育人才成长与人人子系统、外语教育人才成长与人物子系统。外语教育人才成长与时代、时需、时机的关系极为密切，与大环境地利、亚环境地利、小环境地利关系极为密切，与长辈、同辈、晚辈关系极为密切，与物质条件的优良中差关系极为密切。外在因素四个子系统互相包含、互相制约、互相影响，共同作用于外语教育人才成长、成人、成才、成功。外语教育人才成长的内在因素与外在因素，是一个全息统一的整体[②]，共同作用于外语教育人才成长、成人、

① 参见《人才学通论》，《王通讯人才论集》第2卷，中国社会科学出版社2001年版，第67～255页。

② 参见王存臻、严春友：《宇宙全息统一论》，山东人民出版社1988年版，第37～38页。

成才、成功。

二、人才外语教育

（一）人才教育与人才外语教育

1986年，杨永清、叶忠海在河北人民出版社出版了《人才教育学》[①]，自此人才教育、人才教育学新名词、新学科产生了。以后的人才学各种大辞典都刊载了人才教育、人才教育学词条。笔者把人才教育、人才教育学新名词、新学科引入外语学、外语教育学、外语人才学教学与研究之中，拓展了外语教学与研究的新领域。

人才外语教育，是指各级各类人才的外语教育教学，包括人才的初等、中等、基础外语教育，高等公共外语教育和高等专业外语教育。人才初等、基础外语教育包括婴儿（家教）、幼儿外语教育、小学外语教育、初中外语教育，人才中等外语教育包括高中外语教育、各级各类中等外语教育和专科外语教育，人才高等外语教育包括大学生公共外语1～4级必修课和5～6级选修课（研究生公共外语必修课），人才高等专业外语教育包括外国语学院外语专业本科生、研究生（硕士、博士）和各级各类硕士研究生和博士研究生专业外语。

（二）人才外语教育理论与实践

1. 人才初等、基础外语教育理论与实践

理论根据一：日本学者井深大所著《零岁——教育的最佳时期》。[②]

理论根据二：段红博所著《0岁开始的语言开发》。[③]

理论根据三：王通讯《人才论集》第2卷《人才学通论》第5章的内容是才能萌发特征、才能增长特征、创造成才特征。[④] 对于婴幼儿语言才能萌发特征，王通讯指出："人的才能发展，在其早期阶段有一个萌发期。如果在这个时期，最好是略为提前，对儿童进行良好的教育，予以丰富适量信息刺激，其才能可以得到较充分的发展。如果错过这个萌发期，随时间之退后，其才能发展的可能性呈现递减的规律。"

理论根据四："时过然后学，则勤苦而难成。"（《礼记·学记》）

理论根据五：国内外婴幼儿心理学、儿童心理学、婴幼儿教育学、儿童教育学、婴儿哲学、幼儿哲学、儿童哲学等。门里牟等编著的《幼儿英语》（英汉对照版）就是根据上述早教理论设计出版的。[⑤]

现当代教育向两头延伸，即向前延伸和向后延伸。向前延伸：从幼教向0岁教育再向－1岁教育延伸；向后延伸：从研究生教育向继续教育、老年教育、终身教育延

---

① 杨永清、叶忠海：《人才教育学》，河北人民出版社1986年版。

② ［日］井深大：《零岁——教育的最佳时期》，骆为龙、陈轩译，北京日报出版社1987年版。

③ 段红博：《0岁开始的语言开发》，中国戏剧出版社2000年版。

④ 参见《人才学通论》，《王通讯人才论集》第2卷，中国社会科学出版社2001年版，第260页。

⑤ 门里牟等：《幼儿英语》（1～8册），内蒙古人民出版社2000年版。

伸。一1岁外语教育，即准父母外语教育。0岁外语教育，即胎儿外语教育、胎儿大学（各科教育）。婴儿外语教育，即1～3岁外语教育。幼儿外语教育，即幼儿英语、幼儿世界语教育等。小学外语教育，即三年级至六年级外语教育。初中外语教育，即初一至初三外语教育。需要特别指出，1～6岁前必须熟悉26个英语字母和48个国际音标和日常词汇和句型。最适合中国儿童学习的英汉对照教材是《幼儿英语》（小班中班大班学前班教材4册、练习册4册；教材录音带1～4盘，美国播音员录制，20年全球发行量突破1千万套），中国人用《幼儿英语》学习英语，外国人用《幼儿英语》学习汉语。

2. 人才中等公共外语教育理论与实践

小学教育学、小学教育心理学；中学教育学、中学教育心理学；小学外语教学论、初中外语教学论、高中外语教学论；中小学创造学、青少年科技发明创造教育、初中外语、高中外语以及小学、初中、高中英语书虫与世界文学名著读物等。

3. 人才高等公共外语教育与专业外语教育理论与实践

高等教育学、高等教育心理学；大学外语教学论、研究生外语教学论；大学外语四级教学大纲、大学外语六级教学大纲；大学外语教材1～6级、大学外语四六级真题、大学外语四六级课外阅读；专业外语著作、杂志、报纸阅读及其工具书；大学英语书虫及世界文学名著读物等。

三、外语教育人才与人才外语教育的区别和联系

（一）外语教育人才与人才外语教育的区别

外语教育人才与人才外语教育是两个不同的概念，二者既有区别又有联系。

外语教育人才是各级各类外语教师。一般而言，师者，传道授业解惑也。特殊而言，外语教育人才传做人之道（德），授外语之业（才），解学外语，翻译之惑（难题）。外语教育人才应具备基础知识结构、专业知识结构和内在因素结构以及利用外在因素成长、成人、成才、成功，为祖国人民和世界人民在国际关系、国际传播、国际交流、国际贸易等活动中做出贡献。

人才外语教育是各级各类人才的外语教育。一般而言，生者，学道学业学惑也。特殊而言，人才外语教育，人才学外语之道（外语职业道德），学外语之业（外语职业技能），学外语学习、翻译之惑。不同专业人才有不同专业知识结构，但是公共政治、公共体育、公共计算机、公共外语等有相同的基础知识结构。在外国语学院，英语、日语、俄语等不同语种的本科生、研究生（硕士生、博士生）有相同的基础知识结构，有不同的专业知识结构和异同的内在因素结构（既有异又有同）。不同专业人才，硕士、博士专业外语知识结构不同，如数学英语、化学英语、医学英语等。总之，13个学科门类专业，专业知识结构不同，专业外语知识结构也各异。

（二）外语教育人才与人才外语教育的联系

众所周知，地球上有很多国家和民族，不同的国家和民族讲不同的语言。由于国际关系、国际交往、国际交流、国际贸易、国际教育、国际科技、国际文化、国际政治、国际经济、国际军事、国际组织、跨国公司等对国际人才的需要，各国学生从小到大都得学习和研究外语，于是产生了外语教师职业、学生外语教育专业和公共外语课。总之，人才外语教育之需催生了外语教育人才，这是出于国际社会交往的需要。随着全球化的发展，外语在国际事务中的作用日益重要。

外语教育人才与人才外语教育的实质是外语教师施教者与受教者教与学的关系。

教师与学生为双边活动，教学相长、教书育人乃为一般规律。

外语教育人才与人才外语教育是外语教育学与外语人才学的一对姊妹概念，外语教育人才学与人才外语教育学是外语教育学与外语人才学的一对姊妹学科，这对姊妹概念、姊妹学科相互渗透、相互制约、相互影响，共同作用于外语教育人才与人才外语教育实践之中。

人才管理

新时代人才建设的困境及路径分析

申长富*

摘　要　走入新时代，加强人才建设对实现中华民族伟大复兴的中国梦有着重大意义。只有更好地进行人才建设，清晰地掌握人才建设的现状，才能更加有针对性地提出人才建设的有效路径。

关键词　新时代　人才建设　意义　路径

当前，中国正稳步走入社会主义新时代，实现中华民族伟大复兴的中国梦成为每一个中华儿女的迫切心愿。实现中国梦，离不开具有一定专业知识或专门技能的专业人才。因此，加强人才建设在新时代就具有了特殊的时代意义，也是一项必须落到实处的紧迫课题。习近平多次强调指出："千秋基业，人才为本。做好新时代的组织工作，要用好人才这个第一资源。""要树立强烈的人才意识，做好团结、引领、服务工作，真诚关心人才、爱护人才、成就人才，激励广大人才为实现'两个一百年'奋斗目标、实现中华民族伟大复兴的中国梦贡献聪明才智。"①

一、人才建设的意义探求

人才是驱动创新的第一资源，更是一个国家蓬勃发展源源不绝的动力源泉，人才的建设关系到国家的发展速度和发展高度，是综合国力的重要组成部分。当前，中国正在进行着中华民族伟大复兴的伟大历史任务，人才建设尤为重要。习近平在中国科学院第十九次院士大会、中国工程院第十四次院士大会上指出："我们比历史上任何时期都更接近实现中华民族伟大复兴的宏伟目标，我们也比历史上任何时期都更加渴求人才。"②

---

* **作者简介**：申长富（1977～　），江苏盐城人，南京林业大学马克思主义学院讲师，研究方向为马克思主义、思想政治教育。

①　习近平：《千秋基业，人才为本》，新华网，http://www.xinhuanet.com/politics/leaders/2018-08/09/c_1123247876.htm，2018-8-9。

②　程祥：《识才聚才用才　习近平开创人才工作新风》，http://politics.people.com.cn/n1/2018/0717/c1001-30152708.html，2018-7-19。

第一，综合国力的竞争主要是人才的竞争，因而加强人才建设，有利于综合国力的提高。

2016 年 5 月，习近平在论述我国人才制度建设时明确强调指出：“办好中国的事情，关键在党，关键在人，关键在人才。综合国力竞争说到底是人才竞争。”① 习近平的这一讲话进一步明确了人才在综合国力中的重要地位。众所周知，科学技术是第一生产力。在推动科学技术进步的过程中，人才发挥着举足轻重的作用。一方面在于他们不断积累知识，总结经验；另一方面更在于他们能传承知识，创新技术。正是由于人才建设的不断推动，知识的积累和传承、技术的革新与突破才成为可能，进而实现生产力的飞跃发展，综合国力的极大提升也就成为题中应有之义。因此，习近平指出：“谁能培养和吸引更多优秀人才，谁就能在竞争中占据优势。”② 反之，如果对人才建设采取敷衍、漠视的态度，其结果必然是被其他国家超越。

第二，人才建设是发达国家人力资源开发的重要经验，也是我国建设人才强国的重要举措，因而加强人才建设，有利于实现我国的人才强国战略目标。

在信息时代，人才的价值尤为重要。美国之所以能在 20 世纪里一举发展成为世界上最大的超级强国，主要是因为它建立了一个以人才为中心的良性循环机制。在美国，政府为教育和科研投入了大量经费，不遗余力地为人才成长创造良好的氛围。从教育科研机构走出的大批人才带着大量世界领先的科技成果进入美国大大小小的企业，帮助企业生产出最具竞争力的产品。在全球化的经济模式和客户至上的经营管理理念指引下，美国企业向全世界的客户销售产品，由此创造出大量的财富。企业和国民必然使美国政府收入的增加，这反过来又切实保障了政府对教育和科研事业的持续推动。可见，人才是社会文明进步、人民富裕幸福、国家繁荣昌盛的重要推动力量，也是我国经济社会发展的第一资源。当今社会的发展，必须推进人才队伍建设，逐步实现我国由人力资源大国向人才强国的转变，这也是在激烈的国际竞争中赢得主动的战略选择。对此，2018 年 7 月 3～4 日，习近平在全国组织工作会议明确要求，“要加快实施人才强国战略，确立人才引领发展的战略地位，努力建设一支矢志爱国奉献、勇于创新创造的优秀人才队伍”③。

第三，人才建设是实现全面小康社会的重要保证，因而加强人才建设，有利于我国社会主义建设目标的早日实现。

2013 年，习近平在大连考察时明确指出：“全面小康社会靠什么实现？如果走粗放

---

① 沈荣华：《习近平人才观的核心：聚天下英才而用之》，http://theory.people.com.cn/n1/2017/0629/c40531-29370538.html，2017-6-29。

② 《习近平：综合国力竞争说到底是人才竞争》，新华社，https://www.sohu.com/a/237212469_100114158，2018-6-22。

③ 习近平：《千秋基业，人才为本》，新华网，http://www.xinhuanet.com/politics/leaders/2018-08/09/c_1123247876.htm，2018-8-9。

经营的老路，能源资源无法支撑。必须走出一条新路，依靠创新驱动”，“创新驱动实质上是人才驱动。”[①] 人才驱动实质上就是人才建设。当前，中国正处于社会主义初级阶段向全面小康社会转变的关键时期。这一时期，既存在着重大的历史机遇，也存在着重大的现实难题，可以说是机遇与挑战并存。克服难题，实现社会主义全面小康，就成为一道摆在党和人民面前的重大课题。中国共产党第十六次全国代表大会明确指出，全面小康社会的指标体系应涵盖社会生活的各个方面。因此，这就要求在社会生活的各个领域都能出现出类拔萃的人才乃至人才团队，攻坚克难，为该领域的社会发展贡献他们的聪明才智。可见，忽视人才建设，社会目标的实现也许会变得更加漫长。

二、人才建设的困境分析

实施人才强国战略，必须有一支能够站在世界科技前沿、勇于开拓创新的高素质人才队伍，并鼓励他们把自己的智慧和力量奉献给实现中国梦的伟大奋斗目标。为此，习近平强调指出，实现人才强国这一重大战略决策，必须正确把握当前人才建设现状，“建设人才强国，正是中央基于对国内外形势的深刻认识和我国人才发展现状的清醒估计作出的重大战略决策”[②]。不可否认，我国目前在人才建设方面还不完善，还存在一些亟待解决的问题。这些问题主要表现在以下几个方面：第一，人不尽其才，造成人才浪费；第二，忽视人才，造成人才流失；第三，多因素制约，造成人才结构失衡；第四，唯论文指标，造成人才评价不科学；第五，内外有别，造成人才不能发挥团队作战、协同发展的优势。这些都造成了人才资源浪费和配置低效，影响了人才创新创业积极性的发挥，必须在全面深化改革中，采取切实措施全力加以解决。

第一，人不尽其才，造成人才浪费。人才之所以被称为人才，必然是因为其在某一领域有着特殊的专长。因此，人才往往也是各单位争相引进的对象。但问题在于，一方面，目前虽然有些单位引进了人才，但这种引进不是基于对人才需求的正确定位，也不是在于人才能为本部门解决什么样的专业难题，而是在于向外表明本单位的所谓“面子”，人才在这一层面上仅仅是摆设；另一方面，有些单位引进人才确实是基于技术难题、管理困境的解决，但前期准备不充分，引进人才后没有及时和人才沟通，导致引进的人才无法有效把握用人单位的需求及关键岗位要求，加之人才对新环境还存在一定程度的陌生性，这就使人才引进成了单位领导的“一时功劳，长久困惑”，同时给人才造成人不能尽其才的困境，从而造成人才的极大浪费。

第二，忽视人才，造成人才流失。目前，相当多的单位存在着“外来的和尚会念

---

① 沈荣华：《习近平人才观的核心：聚天下英才而用之》，http://theory.people.com.cn/n1/2017/0629/c40531-29370538.html，2017-6-29。

② 沈荣华：《习近平人才观的核心：聚天下英才而用之》，http://theory.people.com.cn/n1/2017/0629/c40531-29370538.html，2017-6-29。

经”的观念，这就形成了对本单位培养的人才不够重视甚至是忽视的情形。一些部门在本单位人才济济的情况下，忽视单位人才的存在乃至他们所发挥的作用，千方百计地从部门外引进人才，甚至和其他单位互挖墙脚，并给予高额福利待遇，这就可能造成本单位培养的现有人才人心涣散。如果任由这一情形继续发展，则可能导致本单位人才对单位的向心力严重不足，缺乏存在感，对单位的后期发展形成心理困惑，加之外单位所给予的福利待遇诱惑，这就会造成人才外流，出现“墙内开花墙外香”的尴尬局面。于是，从表面看，某些单位确实引进了一些人才；但从整体看，他们所引进的，正是其他单位所流失的，事实上是人才在不同单位之间的非自愿流转。这不仅浪费了成本，还导致了效率的低下、资源的浪费。

第三，多因素制约，造成人才结构失衡。尽管从总体上看，我国人才总量呈现增长趋势，但人才结构失衡仍然客观存在，这一问题的存在必然会给我国人才建设的总体状况带来消极影响。首先，人才增长幅度不均匀，两极分化现象严重。总体表现为，越是经济发达的地方人才数量越来越多，越是经济落后的地区人才数量越来越少，这就形成了人才过于集中和过于短缺的分化现象。其次，行业、地区人才分布不合理。越是收入高的行业、地区人才越多，并且这部分人才普遍是高学历；反之，收入低的行业、地区则存在着人才短缺的困扰。最后，用人思想不成熟。人才需求方面缺乏成熟的理念，盲目追求高学历、高职称，很多单位对人才的需求没有明确的目的，对人才的管理也缺乏设计，造成人才的高消费和高浪费，从而进一步激化了人才结构不合理的矛盾。此外，人才建设还存在职称结构不合理、专业结构不合理等结构性问题。

第四，唯论文指标，造成人才评价不科学。不可否认，一些地方和单位在人才评价机制上不尽合理，没有形成以能力和业绩为核心的评价体系，出现了过分强调学历、资历等问题，简单地把人才的评价标准锁定在论文发表上，甚至成了评价人才的“硬杠杆”。在一些单位，只要谁在高端学术期刊发表了论文，谁就获得了评职的“通行证”，至于其实际操作能力和学术成果的转化应用，则放在一边，很少问津，结果往往导致进来的人不会干、会干的人又进不来。这种简单“以文取人”的评价标准，暴露出片面追求论文数量而不看实际作用的弊端。为了评职晋级进入人才库，一些人不是把精力放在干事创业上，而是放在“纸上谈兵”上，出现了急于求成、急功近利的倾向，陷入从论文中来、到论文中去的怪圈，出现理论脱离实际的倾向，研究开发与实际运用“两张皮”。有些论文质量不高，抄抄写写、修修补补、东拼西凑、跟风随影，真正自主创新的少、拥有知识产权的少、有实际推广价值的少。如果以此作为人才评价标准，无论对人才自身的发展还是对经济社会的发展，都有不可小视的影响，既浪费人力、物力，又败坏学风、行风，更不利于人才建设的有效进行。[①]

---

① 胡军：《人才评价不能简单“以文取人”》，人民网，http://theory.people.com.cn/n1/2018/0302/c409497-29844439.html，2018-3-2。

第五，内外有别，造成人才不能发挥团队作战、协同发展的优势。现代社会专业化分工越来越精细，攻克某一难题需要不同领域、不同专业的人才团队协作才能顺利完成。用人单位引进人才时一般是引进某一领域的领军人物，却忽略了与领军人物长期合作的团队；在新单位内，人才也很难在短时间内形成高效默契的研究技术团队，这就严重制约了人才团队作战、协调发展的积极作用。单位已有人员对高薪引进的人才有着天生的抵制和排外情绪，很难在具体合作上与外来人才形成默契的合作分工，这导致关键岗位、核心技术要么是引进人才单枪匹马去干，要么是原单位的元老在凭经验去冒险。引进人才如何与单位已有优秀团队融为一体，发挥团队作战、协同发展作用，成为高层次人才建设的又一难题。

除了存在上述问题之外，对于人才引进、人才培养乃至人才关怀方面，我们都需要给予更多的关注。

三、人才建设的路径分析

尽管我国目前人才建设存在着上述多方面的问题，但解决这些问题不能头痛医头、脚痛医脚，而应该从系统论的角度分析问题，寻找解决对策。一般而言，人才建设可以从以下六个方面进行。

第一，培养人才。培养人才最容易形成人才的归属感和忠诚度。为此，应当树立大教育、大培训的观念，在提高思想道德素质、科学文化素质和健康素质的基础上，重点培养人的学习能力、实践能力，着力提高人的创新能力；加快构建终身教育体系，促进学习型社会的形成。

作为人才建设最基本的层面需求，培养人才应当成为人才建设最一般的工作要求。从全局和持续发展意义上说，与其浪费人力、物力去争抢，不如广开门路培养人才。一句话，培养比“争抢”人才更重要。马克思曾经讲过，人是环境的产物。因此，在人才培养上，要善于建立和完善各种激励机制，为人才成长创造良好的“土壤”。这些“土壤”主要包括“使用性”与“物质性”。“使用性”主要立足于人才的自我要求，即最大限度地实现人才的才华抱负；“物质性”主要立足于人才的物质保障，即尽可能改善人才的物质生活条件，包括住房、医疗、教育、交通等，解决人才的后顾之忧。

第二，发现人才。发现人才有助于帮助人才在内心确立获得感，形成“士为知己者死”的荣誉感。只有人才能够有效被发现时，人才的效用才能得到极大发挥；同时，有助于培养人才的忠诚度。

“千里马常有，而伯乐不常有。”这里的伯乐不仅指某些知人善用的人，还包括科学的人才评价机制、标准。知人善用，对伯乐的眼光有着严苛的要求，某种层面上甚至有主观情绪在其中。一般表现为，能够敏锐地发现人才，并能够执着地为人才发挥作用，为其铺砖添瓦或抵抗外力的干扰。人才评价机制则要求进一步科学化人才评价因子，不唯学历、职称、资历、身份“论英雄”，注重靠实践和贡献评价人才；坚持在实践和群众中识别人才、发现人才；充分发挥一流人才尤其是领军人才的作用，建立举荐人才制度。

第三，激励人才。激励人才有助于人才积极性的发挥，达到事半功倍的效果。为有效激励人才，应当建立完善的分配、激励、保障制度，这是坚持“尊重劳动、尊重知识、尊重人才、尊重创造”重大方针的本质要求。

激励人才，应当坚持精神奖励和物质奖励相结合的原则。精神激励能够给予人才极大的满足感，而物质奖励则能满足人才的生活需求。列宁曾经说过，一旦精神离开物质，只会让自己出丑。按照马克思主义的一般理论，物质是基础，精神是在物质基础上形成。因此，单纯给予人才精神激励时，必须注意到效果的不可持续性，精神激励只有和物质奖励相结合，才能最大限度地调动人才的积极性，攻坚克难才能成为可能。

第四，引进人才。引进人才有助于部门形成强健的技术攻关能力、科研创新能力。必须注意到，仅仅靠本单位培养人才从长期看是单位可持续发展的主要着力点，但缺陷同样明显，即耗时耗力，尤其是出现突发的攻坚任务时尤为如此。因此，引进人才不失为一个有益补充。

为有针对性地引进人才，在引进的过程中，一定要搞好规划，明确引进的重点，而不能无的放矢，造成资源浪费。对引进的人才，一定要给予政策保障和物质支撑，解决好人才的后顾之忧，使其安心工作，努力创新。

第五，用好人才。用好人才有助于人才效能的有效发挥，不致造成人才浪费。因此，一方面，在用好人才这一问题上，应当坚持“任人唯贤”，反对“任人唯亲”，坚持“举贤不避亲”；另一方面，在用好人才方面还应当注意让人才“各司其职”“才尽其用”。为此，政策层面的重视、执行层面的投入、生活层面的保障、环境层面的优化都凸显出其在“用好人才”中发挥的魅力。

第六，留住人才。留住人才有助于进一步夯实本单位的人才基础，为今后的创新储备人才。得人者兴，失人者崩。选好人、用好人是头等大事，爱护人、留住人同样是大事。按照习近平总书记的要求，形成“士有一言中于道，不远千里而求之”的人才意识，以政策留人、以感情留人、以事业留人，在全社会大兴识才、爱才、敬才、用才之风，我们的事业定能薪火相继、无往不胜。

上述六个方面，无论哪一方面的建设，都必须注重物质奖励与精神激励相结合，制度建设与社会认可同步进行。只有这样，人才建设才能取得预期成效，人才强国的战略目标才能早日实现，中华民族伟大复兴的中国梦才能成为现实。

论法家人才选拔思想

丁徐清*

一些当代管理学家认为，选拔人才是人力资源管理过程中最为关键的环节，因为人才的素质是决定一个组织持续成功的最重要因素之一。古典法家学者对选拔人才的重要性的认识与当代管理学并无二致，如《管子・君臣上》中提道："为人君者，坐万物之原，而官诸生之职者也。选贤论材而待之以法，举而得其人，坐而收其福，不可胜收也。官不胜任，犇走而奉，其败事不可胜救也。"据古典法家学说，欲争天下者，必先"争人""得人"，可见法家有强烈的人才选拔意识和系统的人才选拔思想。本文在前人研究基础上略作探讨，以为抛砖引玉耳。

一、"选贤"与"尚贤"

当代管理学把选拔和招聘区别开来，认为招聘是一个从组织内部或外部选择最适合现有和将来职位的人员的过程。为满足组织发展需求，组织需要招聘、选拔、安置、考核、晋升或辞退自己的员工，在这个过程中，既需要考虑外部环境（如法律法规以及可聘用的管理人员），也需要考虑内部环境（如待补充职位的性质和职能，或者待安置人员的优势和劣势）。招聘和选拔可能是为补充一个特定的空缺职位，也可能是为满足今后管理的需要所做的储备；选拔可能是招聘申请人来填补有具体要求的职位，此即所谓"按岗择人"，也可能是为一个员工寻找合适的职位或者设计一个新的职位，即通常所谓的"因才设岗"。"选贤论材而待之以法。举而得其人，坐而收其福，不可胜收也。官不胜任，犇走而奉，其败事不可胜救也。"法家把选拔人才的过程称为"选贤论材"。[①] 管子就明确提到，选才得当，可以坐收其福；选人不当，就会招致无可挽回的失败。

---

* **作者简介**：丁徐清（1979～ ），江苏徐州人，南京林业大学马克思主义学院硕士生导师，研究方向为中国现代哲学，主持国家项目1项，发表论文10余篇。

① 先秦思想界，儒家孔子强调"尊贤而容众"（《论语・子张》），荀子强调"隆礼尊贤"（《荀子・强国》）。墨家也主张"尚贤"，强调贤者"厚乎德行""辩乎言谈""博乎道术"。（《墨子・尚贤》）儒、墨皆尊贤、尚贤，而道家反之。老子明确说"不尚贤，使民不争"（《老子》第三章）的话头，庄子则说"举贤则民相轧"（《庄子・庚桑楚》）。法家在处理"贤"的问题上比儒、墨以及道家更务实、更具体化。

显而易见，法家有十分清晰的精英选拔意识。不过，一些近代学者却认为法家思想反对“尚贤”。[①] 诚然，韩非的确曾提出：“上法不上贤”（《韩非子·忠孝》），“任贤，则臣将乘于贤以劫其君”（《韩非子·二柄》）等明确反对“尚贤”的论断，但仔细考察韩非的论说，他要表达的思想完全是另一回事。如“任贤，则臣将乘于贤以劫其君”一句出自《韩非子·二柄》，原文是：

> 人主有二患：任贤，则臣将乘于贤以劫其君；妄举，则事沮不胜。故人主好贤，则群臣饰行以要君欲，则是群臣之情不效；群臣之情不效，则人主无以异其臣矣。故越王好勇而民多轻死；楚灵王好细腰而国中多饿人；齐桓公妒外而好内，故竖刁自宫以治内；桓公好味，易牙蒸其子首而进之；燕子哙好贤，故子之明不受国。故君见恶，则群臣匿端；君见好，则群臣诬能。人主欲见，则群臣之情态得其资矣。故子之托于贤以夺其君者也，竖刁、易牙，因君之欲以侵其君者也。其卒，子哙以乱死，桓公虫流出尸而不葬。此其故何也？人君以情借臣之患也。人臣之情非必能爱其君也，为重利之故也。今人主不掩其情，不匿其端，而使人臣有缘以侵其主，则群臣为子之、田常不难矣。故曰：“去好去恶，群臣见素。”群臣见素，则大君不蔽矣。[②]

我们细读这段文字，发现韩非所阐明的反“任贤”和反“妄举”并不是一般意义上的反对选贤举能，而是强调高层在实际治理或用人过程中要尽量避免暴露个人倾向。质言之，韩非其实是在提醒君主治国要守法，坚守原则，反对主观任意，并非反对选贤举能，而是反对“任贤妄举”。

慎到、韩非等法家看到了精英主义与法治原则的某种冲突和矛盾，但韩非并不反对“选举贤能”这一基本原则。[③] 不但不反对，法家学派还对这一原则加以提倡；不但提倡，而且意识到必须提供优厚的条件才能吸引到优秀人才。如管子说：“嘉而礼之，厚而无欺，则天下之士至矣。”（《管子·小问》）韩非说：“明主之为官职爵禄也，所以进贤材、劝有功也。故曰：贤材者处厚禄，任大官；功大者有尊爵，受重赏。官贤者量其能，赋禄者称其功。是以贤者不诬能以事其主，有功者乐进其业，故事成功立。”针对相反的情形，韩非说：“今则不然，不课贤不肖，不论有［无］功劳，用诸侯之重，听左右之谒，父兄大臣上请爵禄于上，而下卖之以收财利及以树私党。故财利多者，买官以为贵；有左右之交者，请谒以成重。功劳之臣不论，官职之迁失谬。是以吏偷官而外交，弃事而亲财。是以贤者懈怠而不劝，有功者隳而简其业，此亡国之风

---

① 章太炎著，庞俊、郭诚永疏证：《国故论衡疏证》，中华书局2008年版，第511页。

② 齐桓公事屡见于《管子》，参阅《管子·小匡》《管子·小称》《管子·四称》等。

③ 参见彭新武：《贤人之治：价值与流弊》，《山西大学学报》（哲学社会科学版）2016年第2期。

也。”（《韩非子·八奸》）韩非子既讨论了选贤举能的古典管理学原理，也备举了违反这一原理的历史经验。从人才选拔角度看，一个英明的领导者就是要设置“官职爵禄”，确定管理职位的具体需求，然后“进贤才、劝有功”，即选拔适合现在和将来岗位的人，使有才能的不隐藏自己的才能，有功劳的人乐于奉献自己的功劳。然而，现实却是不论贤与不贤，不论有无实际能力，选拔的都是别国看重的，或者左右近臣请托的；更有甚者，一些人在上层求取爵禄却出卖给下面的人以培植私党。在这种情况下，有实际才能的人得不到认可，职位本身的变动颠倒错乱，结果造成有才能的人懈怠不努力，有功劳的人堕落，大家都不认真从事自己的事业，韩非把这看作一个组织（“国”）危亡的征兆。由此可见，古典法家学者对选贤举能是持肯定态度的。[①] 当然，法家反对在法度之外另立选贤尺度是另一个问题，绝不能因此得出法家反贤能、反精英的结论。“明主者，推功而爵禄，称能而官事，所举者必有贤，所用者必有能”（《韩非子·人主》）是法家最基本的人才思想。

大体言之，法家人才选拔思想重视选贤、任贤、得人、争人。管子说：“古之圣王，所以取明名广誉，厚功大业，显于天下，不忘于后世，非得人者，未之尝闻。”（《管子·五辅》）“夫争天下者，必先争人。明大数者得人，审小计者失人。得天下之众者王，得其半者霸。是故圣王卑礼以下天下之贤而王之，均分以钧天下之众而臣之。”（《管子·霸言》）易言之，得人才能得天下，不但要得“天下之众”，而且要得“天下之贤”。不过，值得注意的是，韩非对“贤能”多有所保留，因为韩非注意到选贤原则在实际操作中存在巨大隐患，因此对选贤以及“贤能”概念本身均有所防范。[②] 管子对“任贤”原则持肯定态度，如《管子·版法》称“备长在乎任贤”，管子的解释

---

① 参阅《韩非子·人主》：“明主者，推功而爵禄，称能而官事，所举者必有贤，所用者必有能，贤能之士进，则私门之请止矣。夫有功者受重禄，有能者处大官，则私剑之士安得无离于私勇而疾距敌，游宦之士焉得无挠于私门而务于清洁矣？此所以聚贤能之士，而散私门之属也。”在韩非子思想中，选贤的原则不是根本原理，它是可以随着条件而变化的，或被肯定或被否定。

② 韩非对“贤能”的态度是复杂的。《忠孝》曰：“今有贤子而不为父，则父之处家也苦；有贤臣而不为君，则君之处位也危。然则父有贤子，君有贤臣，适足以为害耳。”《难二》第四节的论辩更显出这种复杂态度：“晋平公问叔向曰：‘昔者齐桓公九合诸侯，一匡天下，不识臣之力也？’叔向对曰：‘管仲善制割，宾胥无善削缝，隰朋善纯缘，衣成，君举而服之。亦臣之力也，君何力之有？’师旷伏琴而笑之。公曰：‘太师奚笑也？’师旷对曰：‘臣笑叔向之对君也。凡为人臣者，犹炮宰和五味而进之君。君弗食，孰敢强之也？臣请譬之：君者，壤地也；臣者，草木也。必壤地美，然后草木硕大。亦君之力，臣何力之有？’或曰：叔向、师旷之对，皆偏辞也。夫一匡天下，九合诸侯，美之大者也，非专君之力也，又非专臣之力也。昔者宫之奇在虞，僖负羁在曹，二臣之智，言中事，发中功，虞、曹俱亡者，何也？此有其臣而无其君者也。且蹇叔处干而干亡，处秦而秦霸，非蹇叔愚于干而智于秦也，此有臣与无臣也。向曰‘臣之力也’，不然矣。昔者桓公宫中二市，妇闾二百，被发而御妇人。得管仲，为五伯长，失管仲，得竖刁而身死，虫流出尸不葬。以为非臣之力也，且不以管仲为霸；以为君之力也，且不以竖刁为乱。昔者晋文公慕于齐女而亡归，咎犯极谏，故使反晋国。故桓公以管仲合，文公以舅犯霸。而师旷曰‘君之力也’，又不然矣。凡五霸所以能成功名于天下者，必君臣俱有力焉。故曰：叔向、师旷之对，皆偏辞也。”这段文字明白晓畅，普通读者不借助翻译也能明白，“或曰”之前或强调君或强调臣在齐桓公霸业中的功能，“或曰”之后则强调君臣合力。如果这是韩非的观点，那么可以看到韩非不是简单地主张选贤举能的精英主义，但也不反精英主义。如果结合《难二》第五节对“劳于索贤，佚于使人”的批判，更可以看到韩非子“贤能论”的复杂性。

是："凡人君所以尊安者，贤佐也。佐贤则君尊、国安、民治，无佐则君卑、国危、民乱。故曰：备长存乎任贤。"管子对选贤举能看得很重，不但强调"任贤"，而且强调"任长"。如《管子·形势解》云："明主之官物也，任其所长，不任其所短，故事无不成而功无不立。乱主不知物之各有所长所短也，而责必备。"管子举人和猿猴各有长短为例，"夫虑事定物，辩明礼义，人之所长而蝚猿之所短也；缘高出险，蝚猿之所长而人之所短也"。蝚猿，即猿猴，管子认为人之所长是"虑事定物、辩明礼义"，猿猴之所长是"缘高出险"，攀缘山涧，以猿猴的要求责人，"其令废而责不塞"。我们认为这种"用长避短"的思维似乎比一般意义上的"选贤举能"更进一步，似乎也比限制和防范"尚贤"所代表的精英意识更合理。[①]

古典的法家学者不但强调选拔精英贤能的必要性，而且意识到聚拢优秀人才还必须给予优厚的条件，不但要聚拢贤才而且要用其所长。当然，法家不同派系对精英主义的思考方向并不一致，但各有所长，构成互补关系。当代管理科学有一个著名的"彼得原理"（The Peter Principle），即管理者往往被提升到他们不能胜任的层次。[②] 甚至往往有如下情况，管理人员在原有职位上取得了很大成就，从而得以晋升较高级职位，但这一职位所需技能却常常是他所不具备的，这样的提升就会使这样的管理者无法胜任新的工作。例如在较低级的管理岗，专业技术在实际工作中占的比重较大，而在较高级的管理岗，专业技术在实际工作中的比重可能大幅度下降。尽管当代管理学重视管理者本人成长的可能性，"彼得原理"却告诫人们，不能轻视或者忽视选拔过程。当代管理科学对选拔过程提出了两条基本原则：一是有效性和可靠性，即选拔过程具有可重复性，即使重新选拔仍然是同样结果；二是公平性和透明度，例如在一定范围内选择某个职位人员是常态，那么任何背离这一做法的行为就应该给予详尽的说明，否则会造成管理上的极大的不信任风险。

二、"三选"与"三本"

当代管理科学为选拔人才设计了诸多制度和环节，其中人才测评是较为普遍的选拔方法。尽管当代管理学为管理人员提供了不少选拔人才的方法，但在目前普遍的管理实践中，招聘和选拔的方法基本上是笔试、面试加心理测验。在选拔人才过程中，笔试、心理测验等手段确实可以帮助我们很好地掌握一个人的基本素质，但是要把握一个人的完整性和具体性，通过这些抽象的管道似乎是难以实现的，这或许是面试环

---

① 袁礼华：《重贤不尚贤，用贤且防贤——韩非贤能观初探》，《南昌大学学报》（人文社会科学版）2005年第1期。

② ［美］海因茨·韦里克、马克·坎尼斯、哈罗德·孔茨：《管理学》（第14版），马春光译，经济科学出版社2015年版，第298页。

节在今天受到某些管理人员或学者追捧甚至崇拜的根本原因。[①] 对此，古典法家则提出了系统的方法，即“三选”说和“三本”说。

《管子·小匡》提出的“三选”原则是：“一选”是乡长推荐，“令选官之贤者而复之”；“二选”是国君亲自面试，“乃召而与之坐，省相其质，以参其成功成事”；“三选”是放下去试用，然后到乡里去考察，“退而察问其乡里，以观其所能，而无大过，登以为上卿之佐”。由此可见，法家学者也许并没有制订系统的笔试、面试、心理测试等招聘选拔环节，但他们在考虑选拔时也有自己的套路，这一套路在根本原理上与当代管理学在选拔人才问题上的根本思想并无二致。[②] 当代管理学家所设计的笔试、面试以及心理测试等环节的目标是客观而全面地掌握一个人的能力、品德以及人格等方面的素质，法家同样考虑到人才选拔要坚持客观性和全面性。韩非曾讲过一个故事：“中山之相乐池以车百乘使赵，选其客之有智能者以为将行，中道而乱。乐池曰：‘吾以公为有智，而使公为将行，今中道而乱，何也?’客因辞而去，曰：‘公不知治。有威足以服之人，而利足以劝之，故能治之。今臣，君之少客也。夫从少正长，从贱治贵，而不得操其利害之柄以制之，此所以乱也。尝试使臣：彼之善者我能以为卿相，彼不善者我得以斩其首，何故而不治!”（《韩非子·内储说上》）“乐池选将”暴露出的问题是仅仅从智力角度选拔人才所造成的困境。因此，仅仅通过考察一个人的“智能”就加以任用，难免在选拔方面就出问题。其实，即使考察一个人的智能或德行或品格任何一方面也绝不是那么轻而易举就能够做到的。《管子·七法》云：“不明于象，而欲论材审用，犹绝长以为短，续短以为长。”管子将“义”（读作“仪”）、“名”“时”“似”“类”“比”“状”等作为考察人才的基本范畴或方法，这一思路既可以理解为汉魏之际人才学思想的发端[③]，也可以视作古典时期法家选拔和甄别人才的方法论。惜其

---

① 当代管理科学在测评人才方面形成大量方法，其中包括一般心智能力测试（如测智商、测整体智慧度）、工作抽样测试（如打字速度）、现场试做（实际工作几个小时或几天）、结构式面谈（用相同顺序向每一个候选人提出相同问题）以及责任心测试，还有年龄测试和笔迹分析等。但是学者专家对这些测试方法的有效性并未达成共识。事实上，“没有哪一种测量方法绝对准确。”Jeffrey Pfeffer and Robert I. Sutton，*Hard Facts*，*Dangerous Half-truths and Total Nonsense*（*Profiting from Evidence-based Management*），Boston：Harvard Business School Press，2006，p. 89.

② 魏承思：《管子解读：领袖需要的智慧》，上海人民出版社 2015 年版，第 48～49 页。

③ 王晓毅先生指出：“形名学在先秦诸子时代就已经形成，并且作为中国古代思维的逻辑方法长期存在。曹魏时期，它的作用得到了空前重视，被思想界提到哲学方法论的高度，成为那个时代研究问题的‘基本学术眼光’。这种现象的产生根源于汉魏之际的时代课题——人才问题的讨论。”（王晓毅：《〈人物志〉解读》，中华书局 2008 年版，第 25 页）其实，人才问题在每一个社会转型期都十分突出，汉魏之际如此，周秦之际亦然，近代以来我国面临“三千年未有之大变局”，又何不然？王先生认为：“尽管形名学的运用并不限于人才学研究，但人才学研究却是曹魏前期形名学运用之重点，这在史籍中多有明证，亦为学界所共识。然而，形名学是怎样在人才研究中具体运用的呢？这却是长期一直被模糊化处理的难点。《人物志》一书为我们解决这个学术难点提供了不可多得的物证。可以说，刘劭在这部书中完全是运用了‘校实定名’和‘辨名析理’方法分析人才问题，建构其人才理论体系的。”（王晓毅：《〈人物志〉解读》，第 28 页）在一定意义上，《人物志》人才论的“九征”和“八观”说，正是对管子“七法”思想的继承和发展，尤其是“七法”中的“七象”（仪、名、时、似、类、比、状）与“九征”（神、精、筋、骨、气、色、仪、容、言）存在明显的联系。《管子·七法》明言“象”是“论才审用”的工具。

言之不详，迄今无法了解其真相。

在选拔人才问题上，管子的“三本”说也值得我们仔细审视。“君之所审者三：一曰德不当其位，二曰功不当其禄，三曰能不当其官。”（《管子·立政》）换言之，德、功、能三者是选拔人才时要考察的三个基本面。“有德、义未明于朝者，则不可加于尊位；功、力未见于国者，则不可授与重禄；临事不信于民者，则不可使任大官。”（《管子·立政》）由此所述，德与义、功与力、能与信构成管子选拔人的六个基本标准，“国有德、义未明于朝而处尊位者，则良臣不进；有功、力未见于国而有重禄者，则劳臣不劝；有临事不信于民而任大官者，则材臣不用”（《管子·立政》）。由是言之，人才可以区分为三种类型：良臣、劳臣和才臣，即有德、义者，有功、劳者和有信者。那么，什么是德、义？什么是功、劳？什么是信？关于“德、义”和“功、力”，《管子·五辅》有一系统解说值得注意。首先是“德”和“义”：“辟田畴，制坛宅。修树蓺，劝士民，勉稼穑，修墙屋，此谓厚其生。发伏利，输墆积，修道途，便关市，慎将宿，此谓输之以财。导水潦，利陂沟，决潘渚，溃泥滞，通郁闭，慎津梁，此谓遗之以利。薄徵敛，轻征赋，弛刑罚，赦罪戾，宥小过，此谓宽其政。养长老，慈幼孤，恤鳏寡，问疾病，吊祸丧，此谓匡其急。衣冻寒，食饥渴，匡贫窭，赈罢露，资乏绝，此谓振其穷。凡此六者，德之兴也。”[①] 我们如果把以上六个方面具体内容抽象掉，就可以看到“德”的六个方面（“厚生”“输财”“遗利”“宽政”“匡急”“振穷”）是比较低端的善，但也是比较基础的善，这是一个社会治理者首先应该去努力做到的。

在“德”的基础上，管子又提出“义”的问题：“义有七体，七体者何？曰：孝悌慈惠，以养亲戚。恭敬忠信，以事君上。中正比宜，以行礼节。整齐撙诎，以辟刑戮。纤啬省用，以备饥馑。敦蒙纯固，以备祸乱。和协辑睦，以备寇戎。凡此七者，义之体也。”（《管子·五辅》）孙中原先生将这段文字译为：“仁义有七种根本表现，哪七种根本表现呢？回答是：用孝悌慈惠来供养亲属，用恭敬忠信来侍奉君上，用中正合宜来推行礼节，用端正克制来避免刑戮，用节约俭省来防备饥馑，用敦厚淳朴来戒备祸乱，用协调和睦来防备寇戎。这七个方面，就是仁义的根本。”[②] 按《管子》原文讲“义”而非“仁义”，“民知德也，而未知义，然后明行以导之义”，孙先生在“义”在之增一“仁”字虽然与“孝悌”“忠信”可以对应，但“中正合宜”“节约俭省”“敦厚

---

① 孙中原先生将这段文字译为：“开辟天地，修造住宅，精修种植园艺，劝勉士民，勉励耕作，修墙建屋，这叫厚利民生。开发隐伏潜在的利益，输送贮积物产，修筑道路，便利关市贸易，审慎送迎行止，这叫输送财物，促进物流。疏导积水，修通沟渠，开掘回流浅滩，清理泥沙淤积，打通河道堵塞，慎设渡口桥梁，这叫遗利于民。薄收租税，轻征捐赋，宽减刑罚，赦免罪犯，宽恕小过，这叫政治宽松。敬养老人，慈恤幼孤，救济鳏寡，过问疾病，吊慰祸丧，这叫救民危急。冻寒给衣，饥渴给饮食，救助贫寒，赈济疲陋，资助乏绝，这叫赈救穷困。这六个方面，是德政的兴举。”（《管子解读》，第227页）我们以为，把这些行为理解为“德政”并无不妥，不过，这些行为本身被称为治国者的“德”似乎更加精准。

② 孙中原：《管子解读》，中国人民大学出版社2015年版，第227页。

淳朴”等似乎不能用“仁义”概括。① 我认为，管子这里提出的“义”是在“德”的基础上对“良臣”提出的更高要求，“良臣”不但要解决非常基础性的问题，而且要考虑长远利益和整体利益，不但要处理好人与资源的关系问题，还要处理好人与人的关系。“孝悌慈惠”“恭敬忠信”“中正比宜”“整齐撙诎”“纤啬省用”“敦蒙纯固”以及“和协辑睦”等，显然已经不是仅仅解决基本的生存需要，而是考虑到一个社会的整体利益和长远利益。由此可见，“良臣之才”并不是空洞的标榜②，而是有具体规定性包含在其中的。

良臣之外，复有“劳臣”。如前所述，管子对“劳臣”这一概念特别强调“功”和“力”。何为“功”“力”?《管子·五辅》有一段关于“功”“力”的论述大概是对“劳臣”的最好解释：“布法以任力，任力有五务，五务者何？曰：君择臣而任官，大夫任官辩事，官长任事守职，士修身功材，庶人耕农树蓺。君择臣而任官，则事不烦乱。大夫任官辩事，则举措时。官长任事守职，则动作和。士修身功材，则贤良发。庶人耕农树蓺，则财用足。故曰：凡此五者，力之务也。夫民必知务，然后心一，心一然后意专，心一而意专，然后功足观也。”(《管子·五辅》)如果良臣之才足以修德义成礼，那么劳臣之才主要表现为布法务力以成功，君主择臣而任官，大夫任官明事业，官长任事守职责，世人修身攻才艺，平民农耕治园艺。专心一意努力，“然后功足观也”。易言之，所谓劳臣其实就是一些守法之臣，或《管子·重令》所谓“经臣”：“察身能而受官，不诬于上；谨于法令以治，不阿党；竭能尽力而不尚得，犯难离患而不辞死；受禄不过其功，服位不侈其能，不以毋实虚受者，朝之经臣也。”如此所言，“经臣”与韩非所谓“法术之士”十分接近。由此可见，管子选拔人才所重视的“三本”主要是从德、法以及民三个角度考察所确立的标准，与现代常讲的选拔人才要“德才兼备、以德为先”也是基本一致的，尤其是强调“信于民”方面，更明显体现出古典时期法家在人才问题上的独到之处。我们今天许多岗位在选拔人时不也是很重视这一点吗?

---

① 赵守正:《管子注译》，广西人民出版社1982年版，第90页。

② 在“义”之后，管子还进一步引申出“八礼”之说：“曰：上下有义，贵贱有分，长幼有等，贫富有度，凡此八者，礼之经也。故上下无义则乱，贵贱无分则争，长幼无等则倍，贫富无度则失。上下乱，贵贱争，长幼倍，贫富失，而国不乱者，未之尝闻也。是故圣王饬此八礼，以导其民；八者各得其义，则为人君者，中正而无私。为人臣者，忠信而不党。为人父者，慈惠以教。为人子者，孝悌以肃。为人兄者，宽裕以诲。为人弟者，比顺以敬。为人夫者，敦蒙以固。为人妻者，劝勉以贞。夫然，则下不倍上，臣不弑君，贱不逾贵，少不陵长，远不间亲，新不间旧，小不加大，淫不破义，凡此八者，礼之经也。夫人必知礼然后恭敬，恭敬然后尊让，尊让然后少长贵贱不相逾越，少长贵贱不相逾越，故乱不生而患不作。”(《管子·五辅》)从这一段尤其可以看出，管子说义是就礼（制）而言，非就仁而论者也。故所谓良臣之才，不但要做到使民“仓廪实”，而且要做到使民“知荣辱”。

总之，法家虽然强调选贤举能，但是法家对贤否的判断却较少从主体心理特征出发[①]，而是立足于其实际能力和外在表现做出判断，这和当代管理科学在选拔过程中十分关注主体心理、人格测试等存在较大距离。当代管理学者们常常感慨，人才是组织最重要的资源也是最难得的资源，但是从法家的标准来看，这个世界并不缺乏人才，缺乏的是发现人才的领导者或者有效的选拔制度。

三、“择人”与“使法”

当代管理学强调人才选拔，并且强调要依据制度和标准来用人。德、劳、能是人的才能的具体表现，怎样判断一个人符合上述标准？由谁以及通过怎样的方式对此做出判断？如前所述，古典法家似乎没有把人才之为人才的判断标准放在作为主体的个人身上，而是把选择权给了管理者，但他们又明确反对管理者的主观选择，而提出“以法择人”的原则，即强调选拔要遵守制度约束，坚守客观性原则。

坚守客观性原则首先要反对“以誉进能”“以党举官”等错误做法。管子认为，上级以誉进能，则下级背上而勾结；以党举官，则人务交而不求主用。官吏失治，是主以誉毁为赏罚，喜赏恶罚之人，背公而行私。互相勾结，忘主死交，以进其党。交众者党与多，内外皆是其朋党，即使大干坏事，帮助自己蒙蔽上级的人也会很多。最终，忠臣死于非罪，邪臣起于非功。所死者非罪，所起者非功，人们重私而轻公。“十至于私人之门，不一至于庭；百虑其家，不一图其国。属数虽众，非以尊君也；百官虽具，非以任国也；此之谓国无人。国无人者，非朝臣之衰也，家与家务于相益，不务尊君也；大臣务相贵，而不任国；小臣持禄养交，不以官为事，故官失其能。是故先王之治国也，使法择人，不自举也；使法量功，不自度也。故能匿而不可蔽，败而不可饰也；誉者不能进，而诽者不能退也。”（《管子·明法》）韩非的看法与管子完全一致：若以誉进能，则臣背上而下勾结；若以党举官，则民务交而不求主用，“故官之失能者，其国乱。以誉为赏，以毁为罚也，则好赏恶罚之人，释公行、行私术、比周以相为也。忘主死交，以进其与，则其下所以为上者薄矣。交众与多，外内朋党，虽有大过，其蔽多矣。故忠臣危死于非罪，奸邪之臣安利于无功。忠臣之所以危死而不以其罪，则良伏矣；奸邪之臣安利而不以功，则奸臣进矣。此亡之本也。若是，则群臣废法而行私重，轻公法矣。数至能人之门，不一至主之廷。百虑私家之便，不一图主之国。属数虽众，非所尊君也；百官虽具，非所以任国也。然则主有人主之名，而实托于群臣之家也。故臣曰亡国之廷无人焉。廷无人者，非朝廷之衰也。家务相益，不务

---

① 这并不是指法家对人情毫无关切，不过这种关切确实还没有进展到个体性的层面。例如《管子权修》云：“人情不二，故民情可得而御也。审其所好恶，则其长短可知也；观其交游，则其贤不肖可察也；二者不失，则民能可得而官也。”简言之，人的本质（“情”）没有太大差异，把握其好恶，可以掌握一个人的长处和短处，观其交友，可知其贤或不肖。掌握这两个方面，就算掌握了一个人的基本情况。不过这种观察的可操作性似乎较小。

厚国；大臣务相尊，而不务尊君；小臣奉禄养交，不以官为事。此其所以然者，由主之不上断于法，而信下为之也。故明主使法择人，不自举也；使法量功，不自度也。”（《韩非子·有度》）韩非之说与《管子·明法》完全一致，侧重逻辑论证，而没有提出具体的解决办法。

管子与韩非完全一致，却提出了具体的解决问题的办法。管子说：“国之所以乱者，废事情而任非誉也。故明主之听也，言者责之以其实，誉人者试之以其官。言而无实者，诛；吏而乱官者，诛。是故虚言不敢进，不肖者不敢受官。乱主则不然，听言而不督其实，故群臣以虚誉进其党；任官而不责其功，故愚污之吏在庭。如此则群臣相推以美名，相假以功伐，务多其交，而不为主用。故《明法》曰：‘主释法以誉进能，则臣离上而下比周矣；以党举官，则民务交而不求用矣。’”“明主之择贤人也，言勇者试之以军，言智者试之以官。试于军而有功者则举之，试于官而事治者则用之。故以战功之事定勇怯，以官职之治定愚智；故勇怯愚智之见也，如白黑之分。乱主则不然，听言而不试，故妄言者得用；任人而不官，故不肖者不困。故明主以法案其言而求其实，以官任其身而课其功，专任法而不自举焉。故《明法》曰：‘先王之治国也，使法择人，不自举也。’”坚守客观性原则强调因“试”而获“用”，“言勇者试之以军，言智者试之以官。试于军而有功者则举之，试于官而事治者则用之。故以战功之事定勇怯，以官职之治定愚智；故勇怯愚智之见也，如白黑之分”（《管子·明法解》）。简言之，“试用”就是所谓“使法择人”的核心内容。所谓“使法择人”，实际是强调以制度选人，以事务、规矩选人，反对管理者个人主观意志的过度发挥。

儒家所谓的“求贤如渴”是法家所反对的。[①] 法家主张以“试用”来选拔人才，同时反对求全责备。韩非说：“天下有信数三，一曰智有所不能立，二曰力有所不能举，三曰强有所不能胜。”“乌获轻千钧而重其身，非其身重于千钧也，势不便也。离朱易百步而难眉睫，非百步近而眉睫远也，道不可也。故明主不穷乌获以其不能自举，不困离朱以其不能自见也。”（《韩非子·观行》）无论怎样杰出的才能也有其难以企及的死角，一个优秀的领导人不会求全责备，因为求全责备的结果就是无人可用。韩非曾讲过一段齐桓公的故事：晋国的客人到了齐国，负责接待的官吏请问用什么礼仪，桓公连说了三遍“问仲父去”。负责歌舞娱乐的优人笑道：“做君主真容易啊。叫一声仲父、两声仲父的。”齐桓公说：“吾闻君人者劳于索人，佚于使从。吾得仲父已难矣，得仲父之后，何为不易乎哉？”这句话很接近某些当代管理者的口头禅。可是有人说，齐桓公回答优人的话，“非君人者之言也”。齐桓公讲寻求人才费力，寻求人才有什么费力的？“伊尹自以为宰干汤，百里奚自以为虏干穆公。虏，所辱也；宰，所羞也。蒙羞辱而接君上，贤者之忧世急也。然则君人者无逆贤而已矣，索贤不为人主难。且官

① 王丽霞：《韩非的人才管理思想略论》，《江西社会科学》2001年第1期。

职，所以任贤也；爵禄，所以赏功也。设官职，陈爵禄，而士自至，君人者奚其劳哉？”所以寻求人才不难，因为真正的人才自己也不会不择主而栖。其次，“使人又非所佚也。人主虽使人，必度量准之，以刑名参之；以事遇于法则行，不遇于法则止；功当其言则赏，不当则诛。以刑名收臣，以度量准下，此不可释也，君人者焉佚哉?”（《韩非子·难二》）可见人才的选拔并不轻松。[1] 韩非的论述颇为复杂曲折，其最后结论是管仲不是周公，齐桓公本人是“暗主”。这似乎从根本上否定了选贤之说，难怪近代学者会认为法家有“不尚贤”的反精英倾向。

综上所述，法家一方面注意选贤举能，另一方面注意到用人的整体性原则。韩非提出用人应该坚持“一人不兼官、一官不兼事”（《韩非子·难一》）的原则，“人臣之忧，在不得一，故曰：右手画圆，左手画方，不能两存”（《韩非子·功名》）。“明君使事不相干，故莫讼，使士不兼官，故技长，使人不同功，故莫争。”（《韩非子·用人》）按照这样的用人方略，人才专职专任，发挥各自特长，不仅可以提高管理技能和工作效率，而且可以避免许多无谓的争斗。《管子》里讲了另一个故事：有一回，齐桓公到马厩参观，他问马厩的管理员，养马最难的是什么？厩吏未回答桓公，管子的回答是：“夷吾尝为圉人矣，傅马栈最难。先傅曲木，曲木又求曲木，曲木已傅，直木无所施矣。先傅直木，直木又求直木，直木已傅，曲木亦无所施矣。”（《管子·小问》）这是一种很深刻且有远见的用人思想，用人不是用一个人，而是用一群人。

---

① 周勋初：《韩非子校注》（修订本），江苏人民出版社2009年版，第430～431页。

南京充分发挥市场在构建全球竞争力人才制度体系中的决定性作用

郭祥林　贺雪艳*

摘　要　南京市现行的人才制度体系和人才工作措施显现出“党管人才”的政治优势和组织优势，但存在的瓶颈仍然是市场决定性作用发挥不够，表现为计划特色明显、市场作用偏离、整合效应欠缺、效能转化欠佳。南京市应该从政府职能入手，创新人才制度体系，做到需求产生依赖市场、人才选择依靠市场、效能转化依托市场、优胜劣汰依据市场，从而充分发挥市场在构建全球竞争力人才制度体系中的决定作用。

关键词　市场　全球竞争力　人才制度体系　决定作用

构建具有全球竞争力人才制度体系，是习近平总书记提出的重大命题，对赢得全球人才竞争、加快创新驱动发展、推动国家治理体系和治理能力现代化具有重要的理论和现实意义。综观当今世界，谁拥有了人才培养、开发、使用的优势，谁就拥有了国际竞争优势。谁拥有先进、科学、高效的人才制度体系，谁就能在日趋激烈的国际人才竞争中争取主动、赢得优势、抢占先机。构建具有全球竞争力的人才制度体系，既是实施人才强国战略的重点所在，又是深化人才发展体制改革的目标所向。构建具有全球竞争力人才制度体系不仅需要全球视野、战略高度、长远定力，还要一个起到决定性作用的因素——市场。

实践证明，市场是目前人类社会资源配置的最有效手段。我国人才资源配置模式萌芽于计划经济体制的母胎中，政府在其中一直起着决定性的作用。实践中表现出政府对人才资源配置管得过多、管了不该管、管不好的现象，使得用人主体和人才缺乏自主权等。人才资源配置领域相对经济领域的其他改革略显滞后，与市场化、国际化、现代化要求很不适应。因此，构建具有全球竞争力的人才制度体系必须发挥市场的决定性作用。

* 作者简介：郭祥林（1966～　），安徽霍山人，河海大学后勤处处长、研究员，博士，长期从事人力资源管理的研究与实践，先后主持承担各类科研项目8项，发表学术论文20余篇，出版专著3本，荣获“江苏省‘六大人才’高峰培养人选”等荣誉称号；贺雪艳（1988～　），河南洛阳人。硕士研究生毕业，现在河海大学从事后勤管理工作，发表论文多篇。

一、南京人才制度体系现状分析

南京市委、市政府深入贯彻习近平总书记关于创新和人才工作的重要指示精神，牢固确立人才第一资源理念，立足南京实际，着眼未来发展，全力打造创新名城，不断加强人才集聚和服务人才力度，制定了一系列相关人才政策和措施。如“2019年市委‘一号文’”“121战略”“‘345’海外高层次人才计划”“南京创业人才321计划”“创业南京”“科技顶尖专家集聚计划”“创新型企业家培育”“高层次创业人才引进”“青年大学生创业引领”“高层次人才安居政策”“青年大学生‘宁聚计划’”“紫金人才计划”“重大项目人才安居政策”等，内容包含从引进顶尖人才团队、集聚科技顶尖专家（团队）、培育创新型企业家、引进高层次创业人才，到引领青年大学生创业、支持企业引才各个方面，构建了从金字塔尖到塔基的全方位人才政策体系。

表1　　南京具体人才政策

人才政策/措施	目标、扶持政策
“121”战略	建设一个名城，即具有全球影响力的创新名城；打造两个中心，即综合性国家科学中心和科技产业创新中心；构建一流创新生态体系，把南京建成最鼓励创新、最适合创新、最具创新创业活力的城市
“345”海外高层次人才计划	引进30名我市产业发展和教科文卫建设急需的高精尖缺外国人才；引进40个以外国人才团队为主的一流创新团队；建设50个海外专家工作室
南京创业人才321计划	引进3000名领军型科技创业人才，重点培养200名科技创业家，加快集聚100名国家“千人计划”创业人才
创业南京	集聚100名科技顶尖专家，培育200名创新型企业家，引进3000名高层次创业人才，引领2万名青年大学生创业。科技创业的“全链条”政策扶持
科技顶尖专家集聚计划	引进和支持在南京市创办科技型企业，或与科技型企业合作创立科研成果产业化基地、新型产业技术研究机构的100名（个）科技顶尖专家（团队）
创新型企业家培育	培育200名创新型企业家，培育对象创办企业中，新增挂牌上市30家，年销售收入超亿元30家，年纳税额超千万元10家
高层次创业人才引进	引进扶持3000名高层次创业人才，市级层面从中择优遴选并重点扶持1000名高层次创业人才
青年大学生创业引领	资助1000个优秀大学生创业项目，扶持20000名青年大学生创业，带动8万人就业
“紫金人才”计划	自2010年起，以3年为一个周期，每个周期投入10亿元，重点资助10名顶尖人才（团队）、100名领军人才（团队）、1000名急需紧缺人才

在出台一系列人才政策的同时，南京以更优的创新生态、更实的工作举措深入推进创新名城建设，构建有力支撑人才汇聚的保障体系。例如，南京成立了高层次人才

举荐委员会，通过举荐方式选拔高层次人才，突破传统评选方式，提升人才评价开放度，拓宽人才选拔渠道。同时，实行专家举荐和分类选拔培养相结合，实行中青年拔尖人才培养计划。又如，进一步调整优化落户政策，放宽落户门槛，在积分落户的基础上，实行研究生以上学历及40岁以下的本科学历人才，凭毕业证书办理落户手续；技术型、技能型人才，凭高级工及以上职业资格证书办理落户手续。人才落户政策的调整实施，为南京解决了大量人才的后顾之忧。南京继续深入实施人才安居工程，出台了覆盖本科生、研究生、博士后、院士以及其他高层次人才等在内的政策措施，将企业博士的住房补贴标准提高到每月2000元，建设人才公寓，完善配套服务，提供精准优质的安居服务。为加强南京创新名城建设，实施“两落地一融合”工程，进一步挖掘科教资源，培育科技产业和企业，强化技术创新。南京还成立“宁港澳青年创业直通车示范园区”“南京港澳青年创新创业实践基地”“南京新侨创新创业示范园区”，整合港澳青年创业资源。召开月度企业家座谈会，走近企业，走进基层，联系群众，广泛听取企业诉求，改进政府管理和服务。采取政府购买服务的方式，引进腾讯众创空间、江苏省高新技术创业服务中心等综合服务运营商，在人才引进、项目孵化等方面提供精准服务。经过不断改革和发展，南京市打造创新资源“强磁场”的做法被国务院点赞，并作为典型经验做法被表扬。2018年，首都科技发展战略研究院发布的《构建创新之城——中国创新城市TOP10的启示》研究报告显示，南京创新总指数排名全国第五，仅次于北京、深圳、上海、广州。

通过对南京人才政策体系、措施的梳理和分析，我们可以得出这样的基本认识：

（一）政府重视

南京是全国较早重视、推进人才队伍建设的城市。改革开放40多年来，南京一直高度重视人才工作，不断加强改革探索实践，创新人才发展体制机制，大力引进海内外高层次人才，营造人才发展良好环境，推动了人才优势向科技优势和产业优势转化，取得了许多宝贵的经验。南京找准城市定位，致力于建设创新名城。在一系列政策的推动下，创新名城建设势头良好，创新资源集聚加速，创新氛围日益浓厚，综合效应逐渐显现，为建设具有全球影响力的创新名城以及实现高质量发展，夯实了坚实的基础。

（二）政策多样

南京人才政策既注重对外来人才的引进，也兼顾对既有人才储备的培养与扶持；既引进优秀的高层次人才，也注重大学生的引进和发掘；既有对顶尖人才团队的大力资助，也出台明确的标准对人才类别进行严格界定，并针对不同类型的人才提供不同的安居政策等；既有政策支持，又有经济奖励；同时打破户籍、地域、身份、人事关系等对人才流动的刚性制约，提高高层次人才横向和纵向流动的柔性引才用人政策，创新人才举荐制。总体来讲，南京人才政策多样，效果显著。

（三）特色不明

梳理南京人才制度体系，其政策内容往往都是聚焦在优秀人才与海外人才等引进、顶尖人才及其团队的资助、青年人才扶持、人才安居优惠政策、高层次人才职称破格认定、股权激励代持、新产品首购首用、利用多层次资本市场等，相较于全国其他大中城市人才政策，其内容十分相似，没有明显体现南京特色和地域文化，不具有独创性和新颖性，相比北京、上海、深圳、广州、杭州等地，不具有吸引力和竞争力。

（四）效果可圈

通过一系列人才队伍建设政策措施的实施，南京人才队伍建设取得了可圈可点的效果。目前，全市人才队伍规模呈逐年递增趋势，博士后创新基地总数全省第一，人才数量竞争力指数位居全省第二，全市人才集聚质量明显提升，高层次科技人才队伍持续壮大，人才素质竞争力指数居全省首位，人才投入竞争力指数位居全省第二，人才平台竞争力指数位居全省第二，人才生活环境竞争力指数居全省首位，人才创新贡献竞争力指数位居全省第二。这些成绩的取得与南京一贯高度重视、持续加强人才队伍建设分不开。

综上分析，我们可以从南京人才制度体系建设中得出这样的判断：具有两个优势，存在两个不足。

两个优势：一是党管人才，政府重视。例如，市委一号文件对全市人才工作做了全面、详细的部署；市委主要领导亲自任组长，全过程加强党对人才举荐工作的领导；市委、市政府出台一系列的人才工作文件，有关部门协调配合的人才工作格局。二是全方位实施人才环境优化工程，人才安居、子女教育、医疗保健等服务保障力度持续加大。调查显示，重点计划人才对人才发展环境满意度超九成，在人才选择落户南京的因素中，城市吸引力占70.42％。

两个不足：一是市场在构建具有全球竞争力的人才制度体系建设过程中作用发挥不到位。分析南京人才制度体系发现，现行的人才制度体系从构建到实施，更多体现了政府主体的角色，是政府主导、政府控制、政府推动，甚至最终成为政府绩效的人才制度体系。换句话说，目前南京所构建的人才制度体系是政府起决定作用的人才政策体系，重视的是政府的意志，市场对资源的配置作用未真正落到实处。二是南京市人才制度、措施碎片化现象较为明显。政策措施虽然较多，但效能转化有待提升。

因此，当前南京人才管理制度还未完全适应科技创新要求，不符合科技创新规律，存在重政策轻市场、重宏观轻微观的问题。深化创新名城建设，提升城市首位度，构建具有全球竞争力的人才制度，南京必须进一步发挥市场的作用，强化市场导向，处理好政府和市场的关系，紧紧围绕使市场在资源配置中起决定性作用和更好发挥政府作用，加快建立统一开放、竞争有序的市场体系，进一步完善现代人才制度体系、宏观调控体系、开放型人才体系，激发企业用人主体活力，推进人才体系和治理能力现代化。

二、南京人才制度体系中市场作用的问题分析

2003年《关于进一步加强人才工作的决定》提出，发挥市场在人才资源配置中的基础性作用；2010年《国家中长期人才发展规划纲要》提出，完善政府宏观管理、市场有效配置、单位自主用人、人才自主择业的人才管理体制；2016年《关于深化人才发展体制机制改革的意见》明确，充分发挥市场在人才资源配置中的决定性作用。从基础性作用到有效配置，再到决定性作用，市场的作用已经形成了共识。

事实上，南京高度重视市场在人才制度体系中的决定性作用。南京围绕创新名城建设，持续深化人才改革，强化对标找差，创新机制建设。南京市委2019年一号文提出了市场化、高端化、国际化、融合化、集群化、法治化“六化”方向，强调要强化市场主导风向标，完善市场评价体系，强化企业主体作用，调动市场服务资源，以市场眼光、专业力量选准用好人才。省委常委、市委书记张敬华在市委、市政府召开的新型研发机构建设推进会上强调：要更好发挥有效市场的决定性作用和有为政府的引导性作用。省委常委、市委书记张敬华在月度企业家座谈会上指出，要发挥政府和市场两只手作用，以更加灵活的体制机制激发各方参与热情。在创新新型研发机构运营模式时，南京推动新型研发机构改革，聘请职业经理人，实现项目更好地市场化运作。南京一系列措施的出台，充分说明市委、市政府已经注意到市场对人才资源配置的巨大作用，但在具体实践中，市场作用发挥并未真正落到实处，产生了诸多的问题。

（一）计划特色明显

诸如“345”海外高层次人才计划，未来5年，引进30名我市产业发展和教科文卫建设急需的高精尖缺外国人才；引进40个以外国人才团队为主的一流创新团队；建设50个海外专家工作室。“创业南京”计划在“十三五”期间，重点集聚100名科技顶尖专家，培育200名创新型企业家，引进3000名高层次创业人才，引领2万名青年大学生创业。科技顶尖专家集聚计划从2016年起，重点引进和支持在南京市创办科技型企业，或与科技型企业合作创立科研成果产业化基地、新型产业技术研究机构的100名（个）科技顶尖专家（团队）。高层次创业人才引进计划从2016年起，引进扶持3000名高层次创业人才，市级层面从中择优遴选并重点扶持1000名高层次创业人才等等。这些人才制度、计划，大多以人才数量为人才制度体系建设目标，其目标不是建立在市场需求基础上，而是带有明显的计划经济指标特征。

（二）市场作用偏离

南京聚焦创新名城战略定位，探索向社会放权、为市场赋能的人才评价改革新路，重点打好专家举荐、用人主体评价、社会资本评价三项“组合拳”。用人主体评价，以市场认可标定人才“身价”，把创业人才的评价权交给创业载体。但在具体实行过程中，人才申报不设“条条框框”，而由专家评审后另赋加分权重。在企业引才方面，政

府对企业的引才进一步实行政策干预。对新引进年薪50万元以上人才的，按支付薪资30%的标准，给予企业连续3年的引才奖补；在职3年以上的，将超出20%税率的个税地方留成全部返还个人。未完全将企业引才的评价权交给企业主体，市场功能作用偏离，未充分发挥市场机制作用。

（三）整合效应欠缺

南京各部门从不同方面出台了大量人才政策，政策多样，政出多门。但是各人才政策之间缺少联动机制，人才链、创新链、产业链、资金链衔接不够紧密，人才结构、产业结构和城市功能缺少有效互动。产学研一体化发展体系尚未建立，各自为营，缺乏联动机制。同时，南京各个区域主导的创新创业园重复建设，存在同质竞争问题，缺乏整合性和区域特色，造成资源浪费，大大削弱了整体建设实力和效果，导致人才政策的协同整合作用大大降低。

（四）效能转化欠佳

目前，南京面临“创新多、创业少，科研多、产业少，专利多、产品少”的结构短板，科教资源丰富，但科教人才的创新成果难以产品化，创新成果与产业发展对接不紧密，对创新的助力作用较弱，在科教人才效能的转化方面缺少明确的政策指引。南京作为高校总数位居全国第三的城市，科教资源优势没有很好转化为发展动能，校地融合发展不够。

近年来，南京加快提升省会城市功能和中心城市首位度，积极创建创新名城，培养汇聚了一批优秀的科技人才和创新人才。但是我们也感觉到，南京经济发展与省内苏州，省外北京、上海、深圳、广州等差距不小，产业结构与创新名城建设不太适应，高新技术产业发展不够理想，对周边城市的辐射影响力还有待进一步提升。在创新名城建设上，南京国内对标深圳，国外对标波士顿。波士顿作为美国重要的创业创新中心，汇聚了国内外一批顶尖的科技人才和研发团队，吸引人才汇聚的背后是波士顿具有全球竞争力的人才制度体系。研究发现，波士顿的人才制度体系包含了人才集聚机制、高度发达的市场配置机制和产学研合作化发展体系。在波士顿，人才资源完全按市场经济规律配置，用人单位和人才个体都有充分的自由选择权，可以随意更换工作，也可以在院校、科研单位、企业及政府间频繁流动。高度发达的人力资本市场和民主竞争机制为人才资源实现提供了充分发展的途径和发展空间，激发了人才的创新精神和工作热情。深圳作为我国的经济特区，强抓创新战略定位，推进创客之都创新创业人才建设，坚持市场经济取向改革，正确处理政府与市场、民企与国企、自主创新与对外开放关系，大胆创新和实践，建立深圳前海深港现代服务业合作区，做好政策出台、市场监管以及各种公共服务，企业经营发挥市场的决定作用，减少政府管制、行政审批和干预。

相比之下，南京人才制度的最大短板是市场机制作用发挥不够，市场调节作用未真正落到实处，没有建立起以市场为导向的人才资源配置体制机制，与人才相关的市场经济体系还不健全，现行人才发展方式还带有明显的粗放痕迹，人才发展的市场机制发育还不充分，特别是政府和市场关系还有待进一步理顺。“政府热、市场冷”的局面没有得到根本性扭转，政府管了大量管不了、管不好和不该管的事情，人才服务尤其是能够为高端人才创新创造创业提供的服务还远没有形成产业，用人主体和人才的活力远未被激发出来。

习近平总书记在谈到把《关于深化人才发展体制机制改革的意见》落到实处时一针见血地指出，要着力破除体制机制障碍，向用人主体放权，为人才松绑。用人主体和人才是运行于人才市场上的供需主体，放权松绑是突出市场导向的标识。以放权松绑为核心推进人才体制机制改革，是新形势下南京人才队伍建设工作的方向。

三、市场在构建全球竞争力人才制度体系中决定性作用思路

构建全球竞争力人才制度体系过程中，不可回避地涉及两个主体“政府”与“市场”。中国人才研究会副会长赵永乐教授分析，具有美国特色的人才制度模式的显著特征是“四高一大”：高普及性的高等教育与社会培训体系、高门槛的人才移民政策、高竞争的市场配置机制、高效率的企业用人制度和大密度的社会保障体系。这五个特征涵盖政府和市场两个主体，既有政府推动，又有市场行为。分析市场在构建全球竞争力人才制度体系中的决定性作用，实质就是如何把握市场和政府的关系和定位，从而采取有效措施发挥人才制度体系的作用。

在把握政府、市场的关系时，我们需要有一个基本思路，这一思路正如省委常委、南京市委书记张敬华所提出的“有为政府”“有效市场”。对政府的基本要求是有为的，起决定作用的市场必须是有效的。有为政府是宏观和微观的辩证统一：宏观上，政府作为本区域内国家的代表，通过规划、政策、投资、消费、价格、税收、社会基本保障、公共服务等公权力和经济调控手段，确保区域的社会稳定和社会发展；微观上，政府成为本区域经济社会微观利益的集中代理，与其他区域开展竞争，以获取本区域利益最大化。现代市场体系的有效市场应指完善的市场机制，重视市场经济的内在竞争秩序、主体秩序、交易秩序、法治秩序和道德秩序，增强市场主体对市场需求变化的反应和调整能力，提高人才资源要素配置效率和竞争力。“政府推动、企业参与、市场运作”是发挥市场在构建全球竞争力的人才制度体系中决定作用的基本方针。

构建全球竞争力人才制度体系作为政府的一项政治行为，由政府倡导实施。政府作为人才市场宏观调控的主体，推进人才市场发展的环境建设。市场作为由供需双方调节的经济关系，调节人才资源在全球范围内的分配，引导和集聚人才发展的趋势和方向。多数情况下，政府的政策和目标都必须通过市场来实现，市场对资源的配置，使政府的政策和目标得到了更好的落实。政府的宏观调控只有立足于市场趋势，才能

发挥应有的作用，实现调节的目的。政府能培育市场、助推市场、调控市场；市场能冲击政府、倒逼政府、影响政府。政府人才管理的职能在持续变革中不断调整，市场在人才资源配置中作用不断显现，发挥出决定性作用，其关系类似于“生产力”与“生产关系”的关系。因此，构建具有全球竞争力的人才制度体系，必须重视市场的决定性作用的发挥。

从市场经济规律角度分析，市场通过供求机制吸引、配置人才，通过竞争机制使用、管理人才，通过价格机制激励、服务人才。市场供求机制是指，通过商品、劳务和各种社会资源的供给和需求的矛盾运动来影响各种生产要素组合的一种机制。人才市场供求机制通过人才供给与人才需求的不平衡状态形成各种人才的市场价格，并通过价格、市场供给量和需求量等市场信号来调节人才生产（或流动）和需求，最终实现供求之间的基本平衡，调节资源配置，引导人才集聚和发展。人才市场竞争机制体现在人才能力的竞争方面，表现为人才的业绩大小和效能高低。一个地区、一个单位拥有多少人才并不是最重要的，最重要的是现有人才的作用是否充分发挥，才智是否充分挖掘，能力是否充分开发。这才是一个地区人才发展的切实要务。市场竞争机制刺激用人单位要不断加强人才培养和开发，提高人才发展动能。竞争还能促进人才的流动和配置效率提升，实现人才的优胜劣汰和不断发展，促使个人和用人主体做出最迅速、最有效、最彻底的调整，推动社会人才体系更加迅速、更加合理地调整和发展。人才的价格决定于人才资本的稀缺程度和人才资本供求状况的不平衡程度，人才价格的状况和走向（特别是价格与价值的偏离度）反映一个国家、地区及社会组织的社会经济发展状况和人才资本开发与管理的水平，反映了当地人才市场的运作水平。运用市场价格机制激励人才，是当前很多国家和地区人才抢夺战的法宝。政府通过政策性引导作用于市场，实现社会人才发展的目的。

总而言之，人才市场配置机制是一个具有普遍性的机制，它在全社会的范围内为每个人才能的发挥提供平等的机会和条件。在人才制度体系构建过程中，要充分发挥有效市场在资源配置中的决定性作用，更好发挥有为政府的作用。南京构建具有全球竞争力人才制度体系一方面必须进一步深化市场化的发展方向，遵循社会主义市场经济规律和人才成长规律，强化市场驱动创新，利用市场手段配置和整合资源；另一方面强化政府的政策保障措施，提升政策的针对性、精准性、有效性、可靠性，营造城市创新创业发展的浓厚氛围。

四、充分发挥市场在构建具有全球竞争力人才制度体系中决定性作用对策建议

构建具有全球竞争力的人才制度体系，必须深化人才体制机制改革，加快转变人才管理方式，厘清政府与市场的关系，使市场在人才资源配置中起决定性作用和更好

发挥政府作用，构建科学规范、开放包容、运行高效的人才发展治理体系，形成具有国际竞争力的人才制度优势。

（一）加快政府职能转变

当前改革的关键就是要加快转变政府职能。现在的人才管理工作，主动权主要还是在政府，政府起了主导作用。改革就是要变革政府的行政行为，转变政府的管理职能，调整政府的管理方式，减少政府对人才资源的直接配置，更好地发挥政府的组织保障优势。政府职能转变的具体措施包括以下几个方面。

1. 聚焦产业集群吸引人才集聚

城市就业、创业机会成为当前人才选择就业、定居城市的首要考虑因素。就业是最大的民生，人才尤其是高端人才，更加看重一个城市能否为其提供更高质量、更充分的就业。对比发现，南京产业人才集聚度不高，没有强大的产业支撑吸引人才，没有强势的产业发展需求促进人才的培养。因此，南京发展要立足实际，充分考虑南京产业特色，做强、做大支柱产业，推动产业升级，着力打造一批产业地标。产业集群的形成也是产业结构调整与升级的过程。产业集群将为经济增长创造更多可能，也能为人才发展带来更多机遇，具备创新能力的人才往往更加青睐产业集群区域。

2. 提升服务保障加速人才集聚

提升城市首位度，建设创新名城，更重要的是软环境的打造。政府要营造优质高效的服务环境，打造更加优越的创新生态，建立权责清单和服务清单，清理规范人才招聘、评价、流动等环节中的行政审批和收费事项，为高层次人才量身定制服务政策，促进便利服务和一站式服务，减少面对面审批，利用信息技术，实现网上审批和申请，减少中间环节和时间成本，构建多元化、精细化的管理制度，提高人才管理的针对性和便捷性，推动政府职能从研发管理向创新服务转变。同时，要营造公平、正义、诚信、民主的社会环境，推动创新创业平台载体建设，拓展人才发展空间，推进人才法制建设，出台人才法律法规，坚持用法律保护人才，保护创新创业。特别要加强服务配套设施的建设，提升城市生活满意度，全面推进交通、文化、医疗、居住、教育等设施建设，优化美化环境，使天更蓝、水更清、城市更宜居。

3. 强化效能转化激发人才活力

建设创新名城，在集聚人才的基础上，必须激发人才创新活力。南京作为全国重要的科研教育基地，科教资源丰富，但科教人才的创新成果难以产品化，创新成果与产业发展对接不紧密，校地融合不深入，对创新的助力作用较弱。因此，南京要建立科教资源转化机制，深化官产学合作。健全科技创新成果对接合作机制，创新完善校地人才项目合作机制，支持在宁高校、职业院校与南京企业合作办学，支持高校院所与园区、企业共建各类创业创新载体，探索建立产业协同创新研究院，围绕地标产业，建设重大研发平台，发挥产业技术项目人才创新效能，推动“人才—政府—学校—产业”紧密合作，打造南京“科教＋人才＋产业”发展模式。

4. 改革管理机制强化人才合力

城市引才新政作为人才流动的主要驱动力之一，政府不仅要高度重视人才工作，建立人才引领发展的战略定位，而且人才政策制定要符合创新规律和人才成长规律，从人才实际需求出发，建立人才协调发展、协同整合的机制。成立人才发展联合办公平台，整合组织、人社、科技、教育、公安、海关、财政、税务、工商等部门资源，强化人才链各部门的配合性和协调力。加强市、区、园区各产业平台联动机制，减少政策碎片化，提升系统性，增强区域发展特色和整合性。建立全市全域人才工作合作联席会议制度，通过协商协调协作，共同推进政策融合、制度衔接、服务贯通，提升南京人才工作合力，促进人才一体化发展。

（二）发挥市场决定作用

人才体制改革的目的是发挥市场在人才资源配置中的决定性作用。市场是供需双方之间的交换关系，作为一种关系而非实体存在。发挥市场在人才资源配置中的决定性作用，特别要激发用人主体活力，发挥市场的供给、价格和竞争机制的作用，突出市场导向，走市场驱动的人才创新之路。

1. 需求产生依赖市场

市场决定资源配置是市场经济的一般规律，市场经济本质上就是市场决定资源配置的经济。人才市场同样需要遵循这样的规律。无论是产业园区的设置、资金投入方向，还是人才政策的导向，都要按照市场经济的一般规律办事，而不是按照政府的主观导向。人才市场体系建设要遵循社会主义市场经济规律和人才成长规律，尊重供需双方的关系，解放思想，释放活力，保障用人单位的主体地位，充分调动他们的积极性和主动性。充分调动社会力量广泛参与到人才资源配置中，制定更加规范、更加科学的人才市场政策，出台更加开放的人才市场政策，实现政事分开、政企分开，突出其社会化、市场化功能，推动形成具有企业法人性质的经营实体，提升专业化水平。吸引一批管理规范、运作流畅的人才中介机构，扶持壮大高端人才服务业，带动人才市场建设。

2. 人才选择依靠市场

市场是人才开发、配置、利用、流动及其所有者、使用者经济利益实现的客观机制与环境的结合。人才市场是调节人才供求平衡的基础机制，又是实现人才与生产资料按比例结合的重要机制。要确立“谁用人、谁评价，谁管理、谁付酬，谁获益、谁承担用人风险”的微观人才管理原则，将引才选才用才主体由政府变为企事业单位，建立分层分类、市场导向、科学精准的人才认定标准。政府部门要下放权力，放开企事业单位的手脚，让企事业单位说话，用市场机制去选准用好人才，推动科研院所、大型企业单位自主开展职称评审，改革人才管理制度，以市场说话，用实绩选人。

3. 效能转化依托市场

构建具有全球竞争力的人才制度体系的最终目的就是发挥人才的作用，促进人才效能尤其是人才科技效能的转化和提升。针对目前南京面临“创新多、创业少，科研多、产业少，专利多、产品少”的效能转化不佳的现状，强化市场导向意识，着力提升企业的市场主体地位，提高创新体系的整体效能；强化市场对创新要素的配置功能，通过市场引导技术创新方向，推动适应区域经济发展要求的技术创新及时落地；探索技术转移的市场机制，加快创新成果转化，形成以产权为纽带、市场为导向的科技成果转化新机制。政府要进一步深化产学研融合和科技成果转化，加强校地融合发展，打通科技成果转化的“最后一公里”，切实将南京的科教资源转化为产业优势，促进项目化落地，实现市场化发展。

4. 优胜劣汰依据市场

拔尖人才、优秀创新人才不是层层申报评选出来的，而是在社会主义建设实践中锻炼出来的，是动态的、优胜劣汰的。因此，充分保障企事业单位编制管理、人员聘用、职称评定、绩效考核、工资分配、淘汰退出等的用人自主权，最大限度地向用人主体放权，为人才创业“松绑”。着力打破体制壁垒，扫除身份障碍，促进企事业单位和社会各方面的人才顺畅流动，引导人才良性竞争和有序流动。探索人才共享机制，鼓励和推行人才柔性流动，在全世界范围内选才和配置人才，重点引导各类高层次人才通过柔性流动方式向支柱性产业、成长性产业、技术创新领域和现代服务业集聚，推动人才离岗创业和在岗兼职，以产学研紧密结合的方式使人才在合作过程中达到流动效果。同时积极引导高层次人才参与国际竞争与合作，在竞争中培养、锤炼人才，提升人才使用效用。政府要进一步提升人才评价的开放度，拓展人才评价的渠道，破除以“帽”取人，坚持唯才是举。人才评价要充分发挥市场经济规律和人才市场规律，评价更加精细化、社会化、分类化、科学化，探索自上而下的改革和自下而上的实践相结合。

（三）强化人才制度体系创新

1. 坚持理念创新

构建具有全球竞争力的人才制度体系的导向与内驱力是市场导向及市场驱动而不是行政驱动，人才制度的设置目标不是追求所谓的知识高地、学历高地、职称高地。只有市场导向的人力资源变革与创新，才能真正提升一个国家或地区人才配置的市场化程度，才能真正将区域人才市场融入国际人才市场。

2. 坚持功能创新

构建具有全球竞争力的人才制度体系应该是最大限度地发挥人才效能。因此，人才制度体系的设计着眼于突出更高程度的开放和更加公平自由的市场的角度，充分发挥市场配置的决定性作用，搭建政府、社会、市场三方良性互动的人才和智力平台，促进人才、科技、资本的快速结合和高度融合。

3. 坚持措施创新

构建具有全球竞争力的人才制度体系不能一直沿用传统的通过给钱、给房、给待遇、给平台、给奖励等行政补偿措施来达到吸引人才、引进人才、留住人才的目的，而是需要着眼于市场机制，通过市场机制来吸引配置人才、使用管理人才、激励服务人才。

4. 坚持内容创新

构建具有全球竞争力的人才制度体系不能把目光仅仅停留在事业平台搭建、人才环境建设、人才政策鼓励等单一化的制度或体制上，而是要创新内容，发挥企业作为人才市场主体的作用，利用分类施策的方法优势，在机制、制度、流程、技术等层面系统地创新人才制度体系。

南京人才制度体系的全球竞争力研究

黄永春　孙　俊　赵　颖*

摘　要　党的十九大以来，南京市委、市政府深入贯彻落实习近平总书记新时代人才思想，围绕创新名城建设目标，坚定实施人才优先发展战略，着力强化“人才第一资源”核心意识，持续完善人才制度体系。然而，在当前各地人才竞争日益激烈的背景下，构建具有全球竞争力的人才制度体系迫在眉睫。基于此，本文在解析南京人才资源和人才制度体系现状的基础上，聚焦南京人才制度体系的全球竞争力分析，探讨南京构建具有全球竞争力人才制度体系所面临的机遇与挑战，并提出相应的建设性对策建议，为南京构建具有全球竞争力的人才制度体系提供理论借鉴。

关键词　南京人才资源；南京人才制度体系；全球竞争力

一、南京人才资源的现状与不足

（一）人才资源现状

1. 人才总量情况

南京人才总量丰富，储备量充足且人才素质总体较高。高精尖顶级人才、专业领域的科研人才、国外引进专家以及留学回国人才数量上升，创业型人才培养已见成效。截至2018年年底，南京人才资源总量达220多万人，专业技术人才总量达123多万人。全市共吸引4名诺贝尔奖科学家、两院院士82人、国家“千人计划”专家417人，引进领军型科技创业人才3752名，引进外国专家超6000人，留学回国人员超3万人，培养科技创业家254名，在校大学生83万人，含研究生11万人。

2. 人才结构情况

高层次人才占人才资源总量比重达10.4%，每万人劳动力研发人员达175人，每万人高技能人员数达697人。2014～2016年规模以上工业企业中科技活动人员总量呈下降

* **作者简介**：黄永春（1982～　），江苏盱眙人，河海大学商学院副院长、教授、博导，研究方向为创新创业与管理；孙俊（1991～　），湖北荆州人，河海大学商学院博士研究生，研究方向为创新创业与管理；赵颖（1987～　），山东济南人，河海大学商学院博士研究生，研究方向为创新创业与管理。

趋势，大学本科及以上学历人员波动上升，研究与试验发展活动人员呈下降趋势，企业办科技机构中人员数量变化不大，博士、硕士毕业以上学历人员逐年上升（见表1）。

表1　　南京人才结构

人员类别	2014年	2015年	2016年
科技活动人员总量（人）	82791	76847	76387
大学本科及以上学历人员	39831	53018	49412
研究与试验发展活动人员	58591	54850	53267
企业办科技机构中人员	51610	51406	51118
博士、硕士毕业以上学历人员	9372	8936	10387

3. 人才效能情况

在创新方面，专利发明量逐年上升，创新产品增多。据2018年最新统计，新增知识产权数量：PCT专利申请大幅增长170%，发明专利授权量增长43%，达10418件，首次跃居全省第1位；万人发明专利拥有量59.1件，位居全省第一、全国第三。在效益方面，企业数量逐年增加，创新型企业集群持续壮大。新增国家级高新技术企业数量：全年高企净增1282家，增长70%，总数达3126家。新增新型研发机构数量：累计签约市场化运行的新型研发机构208个，其中正式备案108个，孵化引进企业951家。新增高新技术产业产值：全年增长17%，增量达1540亿元，总量突破1万亿元。

（二）人才政策现状

近年来，南京始终坚持将人才引进与人才培养相结合的思想贯穿于整个人才政策体系中，出台了多项人才及其配套政策（见表2）。南京通过引才、育才两手抓，既注重对外来人才的引进，也兼顾对既有人才储备的培养与扶持。对引进的人才，制定严格、明确的分类标准，根据不同类型人才的需求不同，为其提供就业、安居等政策方面的支持。同时，大力培养各类人才，例如：为创业型人才提供包括企业初创扶持、科教特色扶持、金融财税扶持和生活配套服务等全方位的政策支持；注重开发大学毕业生的潜力，发掘大学毕业生创新创业的潜力；资助顶尖人才团队，鼓励人才团队在研发机构组建中持大股，政府给予融资支持，并将部分股权收益奖励给人才团队等。

表2　　南京主要人才政策

政策名称	发布时间	主要内容	着力点
创业南京	2016.4	重点集聚100名科技顶尖专家，培育200名创新型企业家，引进3000名高层次创业人才，引领2万名青年大学生创业	聚焦产业转型升级

续表

政策名称	发布时间	主要内容	着力点
宁聚计划	2018.2	为留宁毕业5年内的全日制大专及以上学历高校毕业生（含海外留学人员）发放面试补贴、提供技能培训、创业扶持等政策	吸纳青年大学生
“345”计划	2018.2	引进急需紧缺外国专家、海外高端创新团队以及通过柔性方式引进外国人	引进海外人才及团队
紫金计划	2010.1	以3年为一个周期，每个周期投入10亿元，重点资助10名顶尖人才（团队）、100名领军人才（团队）、1000名急需紧缺人才	高端人才推动产业升级
举荐制	2018.3	不再局限于学历、资历等指标，而是通过业界“伯乐”相才荐才的方式直接认定	高层次人才的认定
安居政策	2018.1	为高层次人才、高校毕业生、高校院所和企业人才、重大项目人才等提供住房、补贴、政策等BH人才服务	

（三）人才环境现状

在人才平台建设方面，南京围绕战略性新兴产业发展需求，以新型研发机构建设为抓手，大力推进“两落地一融合”工程，人才平台竞争力指数位居全省第二。目前，全市已签约、建设新型研发机构超过200家，其中1/3有国际化团队参与，包括诺贝尔奖得主、图灵奖获得者等顶级专家以及一批世界知名高校院所，为南京带来新增投资29.8亿元，孵化引进企业811家，突破了微机电系统单晶硅传感器等一批“卡脖子”技术。在人才生活环境方面，南京着力优化人才生活环境，大力解决人才安居住房、子女教育、医疗保健等方面需求，人才公寓、科技创新券、落户新政、生活补贴等配套机制有序跟进，创新创业服务体系日臻完善，人才生活环境竞争力指数居全省首位。

（四）人才资源的不足

1. 科技领军型人才不足

近年来，随着一系列招才引才政策的实施，南京共入选“中青年科技创新领军人才”100人、“科技创新创业人才”47人、“重点领域创新团队”12个、“创新人才培育示范基地”9个。然而，南京人才的分布存在“有高原无高峰”的现象，仍缺乏一批掌握关键核心技术的原创型产业科技领军人才。在高精尖科研领域内，南京仍缺乏具有全球视野、能够参与国际竞争的领军人才；并且现有的科技领军人才与南京主导产业发展的需求匹配度较低，仍缺乏契合“4＋4＋1”主导产业发展需求的人才。根据国家公布的2016～2018年科学技术奖获奖情况，可以看出南京与北京、上海相比仍存在很大不足。南京获得科学技术奖的数量分别为39项、23项、33项，同期北京获奖数量分别为70项、78项、69项，上海获奖数量分别为52项、58项、47项。

2. 高层次人才集聚度低

南京存在院校人才多、企业人才少，研究型人才多、创业型人才少的情况。与深圳、北京等重视集聚新一代信息技术、新材料、新能源类人才的城市有所不同，南京高层次人才的集聚度仍不够高。虽然国家“千人计划”数量南京位居全国第三，但去除驻地高校院所，企业人才仅在省内13个设区市中排名第三，落后于苏州、无锡。中小企业高层次创业创新人才和科技企业家相对短缺，不能满足有效服务区域主导产业和重点培育产业的人才需求。例如，在2018年江苏省科技企业家评选中，尽管南京有217名企业家入选，但仍落后于苏州的320人。在新经济新业态领域，南京缺乏像马云、马化腾等有影响力的领军型企业家。

3. 专业服务型人才匮乏

新兴技术的转化不仅需要具有战略眼光和管理能力的企业家人才，还需要金融人才、商业模式创新人才、知识产权人才、检验检测人才的催化撮合。当前，与兄弟城市相比，南京缺乏善于撮合技术交易与技术转化的技术经纪人、商业模式创新人才等专业服务人才，因而出现“南京研发、异地转化”的现象，由此制约了科教动能的转化。与深圳、杭州相比，南京缺乏天使投资者和金融人才，科技金融和风投机构的发展仍显薄弱，技术转化常遭遇资本困境。

二、南京构建具有全球竞争力人才制度体系的分析

（一）国内外发达国家及城市人才制度体系的实践与经验

1. 国外发达国家及城市的实践与经验

发达国家高度重视人才工作并有效融合长期发展进程中积累的资本、技术、信息、市场的优势，采取相应措施推动人才制度体系的发展。主要依托相应的制度建设以及为各类人才提供配套的优质生活、工作保障等。

（1）美国硅谷作为全球创新的发祥地、世界上人才与知识的聚集之地，其与包括人力资源服务等在内的专业服务的发达度密切相关。人力资源服务机构通过专业运作，在有效把握硅谷人才高流动率等传统特性与现代特征的基础上，积极参与到对来自全世界各类人才的吸引、集聚和配置中来。硅谷拥有良好的人才市场环境。硅谷有许多专业的猎头公司在全世界范围内网罗各类人才。高效的人力资源网络能够为企业和个人提供及时的信息，促进了人才的交流和流动。

（2）新加坡经济的崛起，离不开人才对其经济发展所提供的动力。新加坡在标准教育体系基础上，打造了面向就业市场、全球模式组合的人才培养和个人发展通道，即不断加强就业市场导向的职业教育、终身学习的延续教育、全球开放的大学教育，

以培养面向本土市场的国际化人才。新加坡还建立了“超实用主义”的人才战略与配套政策，如完善移民政策和海外人士税收激励，并建立国际一流的配套服务，如医疗服务、子女教育等。

（3）日本筑波科学城的崛起也离不开人才力量的聚集。筑波科学城在推进人才发展方面，依赖于其良好的制度环境。筑波科学城对人才发展做了大量的立法保障，出台了大量优惠政策。筑波科学城的法规建设相当健全，大体上分两类：一是专门针对高新技术园区制定的法律，二是与高新技术园区相关的国家科技经济乃至社会方面的法律法规。

2. 国内兄弟城市的实践与经验

（1）上海以打造“人才高峰”，“聚天下英才而用之”为人才制度理念，坚持以“双自联动”推进人才制度创新，坚持以更积极、更开放、更有效的政策集聚海内外人才。同时，坚持以更灵活的人才管理机制激发人才创新创业活力，坚持以更完善的服务营造创新创业良好环境四项人才体制改革。例如，2016 年 9 月，上海出台了《关于进一步深化人才发展体制机制改革　加快推进具有全球影响力的科技创新中心建设的实施意见》，提出人才新政 30 条；2018 年 3 月出台了《上海市加快实施人才高峰工程行动方案》等人才政策。

（2）深圳以打造“两个高地”，即创新人才高地和文化人才高地为人才制度理念，在创新人才高地的配套政策中，提出要进一步完善人才引进政策，构建创新型人才引进“绿色通道”，实行引进与培养开发并重的人才战略，构建创新型人才培养开发大体系，完善创新型人才的服务保障体系。例如，出台《关于实施“鹏城英才计划”的意见》和《关于实施“鹏城孔雀计划”的意见》等人才政策。

（3）杭州重点围绕外国人才引进和本土人才国际化培养，落实对分类认定外国人才、制定外国人才出入境便利政策、招引并资助全球优秀青年人才在杭创新创业、建设国际人才创业创新园、举办外国人才创新创业大赛、资助外国人才荣誉获得者、加快外国人才在杭生活配套设施建设、资助引进外国人才的企业和中介机构等国际人才引育留用机制方面的创新性政策。例如，2015 年，杭州出台“人才新政 27 条”；2016 年，出台杭州人才“若干意见 22 条”；2018 年 2 月，又加码推出了《关于加快推进杭州人才国际化的实施意见》等人才政策。

（二）南京构建具有全球竞争力人才制度体系的优势

南京构建具有全球竞争力的人才制度体系，最重要的是要拓宽对人才的认识视野，破除制度藩篱，增强政策体系的开放度，对引才、育才、留才、用才进行全方位和全链条的扶持，让天下英才近悦远来，尽展其能。近年来，在全世界各地竞相争夺人才的大环境下，与国内外发达城市相比，南京凭借自身的优势成功吸引了不少优秀人才来宁发展。

1. 强化顶层设计导向，党管人才确保落实

南京坚持把人才强市作为贯彻新发展理念、推动高质量发展的核心战略，纳入顶层设计，优先谋篇布局。2018年，南京坚持以习近平新时代中国特色社会主义思想为指引，全面贯彻落实党的十九大精神和省委十三届三次全会有关部署要求，面向“十三五”，制定人才发展五年规划。首先，为了确保人才工作的贯彻落实，坚持加强党对人才工作的领导，出台进一步加强党管人才工作的贯彻实施意见，形成党委统一领导，组织部门牵头抓总，各级各部门各司其职、齐抓共管的人才工作格局。其次，在市委组织部挂牌成立正局级的人才工作办公室，加强全市人才工作的专业化力量建设。再次，加大目标责任考核力度，注重强化“重引进更重培养服务，重规模更重质量效益”的工作导向，将人才工作履责情况作为党建工作责任制述职重要内容。最后，出台党委联系服务专家工作实施办法，推进党委联系服务专家工作的制度化、科学化、常态化，加强对各级专家的政治引领和政治吸纳，增强人才事业发展向心力。

2. 引入人才“举荐制”，不拘一格用贤才

南京在建设创新名城过程中，积极探索人才多元评价机制，创新人才“举荐制”。通过人才举荐制，破题并产生首批高层次人才29名。人才“举荐制”，打破传统评审方式，破除唯学历、唯职称倾向，对高层次人才的认定不再局限于学历、资历等指标，而是通过业界“伯乐”相才荐才的方式直接认定。人才举荐制的实施，撬动了科学家、企业家、金融家等社会化“伯乐”资源，破除对“非共识性人才”的论资排辈和求全责备，形成“五湖四海聚人才，不拘一格用贤才”的政策导向。组建高层次人才举荐委员会，由举荐委员会成员举荐优秀的创新创业人才，将人才的评定权交到与产业、市场更接近的举荐人手中。一经认定，无须走传统的评审程序，就可享受创新创业、人才安居、子女教育等方面的扶持政策，为优秀青年人才和偏才、专才等特殊人才的脱颖而出开辟了一条绿色通道。

3. 强化市场主导作用，实现供需精准对接

近年来，南京不断推进政府职能转变，将人才工作进一步放权给市场，形成小政府、大市场的运行格局，从“管理人才型”向“服务人才型”转变。首先，突出强化企业主体，将扶持的重点从人才个体转向用人主体，对培养人才入选国家“千人”“万人”计划的，建立面向用人单位的项目配套支持政策；对新型研发机构、高新技术企业等新引进年薪50万元以上人才的，建立挂钩引才投入的奖补制度，支持企业“高薪聘高人”，增强市场主体引才聚才的积极性和竞争力。其次，突出园区主阵地作用，将人才评价自主权下沉到园区产业一线，支持各园区结合主导产业发展需要，推荐人才参加市级评审，对区级重点推荐项目评审时给予加分权重，对高新园区国资入股的创业项目给予优先支持，强化人才供给侧和产业需求侧的精准对接，形成以高端人才引领新兴产业、以产业集群带动人才集聚的良性局面。

4. 完善配套服务政策，提升服务保障水平

首先，优化调整人才落户政策，实行“先落户后就业”。2018 年 3 月 1 日新政实施以来，仅 2 个月，已受理人才落户申请 22790 人，市政务服务中心窗口单日受理最高峰达到 1570 人次。其次，实施人才安居工程，综合运用租房补贴、购房补贴及共有产权房、人才公寓、放大公积金使用额度、筹集商品房源定向供高层次人才购买等方式，为各类人才提供安居保障。截至 2018 年一季度，全市已兑现高层次人才安居补贴 355 万元，兑现大学生租房补贴 2.15 亿元。最后，公共配套服务方面，由居住地所在区安排区内公办学校接收高层次人才子女义务阶段就读；推出“人才优诊证”，符合条件的高层次人才可在本市 26 家定点医疗机构享受就诊绿色通道，为人才安居乐业免除后顾之忧。

（三）南京构建具有全球竞争力人才制度体系的不足

习总书记要求人才工作要遵循两个规律：一是遵循社会主义市场经济规律，二是遵循人才成长规律。南京在构建具有全球竞争力的人才制度体系中，最主要的问题是市场还没有起到决定性作用。因此，南京不论是与国际上的创新名城还是与国内的深圳、杭州相比，在竞争力方面仍存在差距。

1. 重引轻育，育才留才政策待强化

引才方面，南京制定和实施的“创业南京”英才计划、“宁聚计划”、人才“举荐制”“345”海外高层次人才引进计划以及针对高层次人才创立的青年工程师科研基金、博士和博士后科技创新创业基金等成功吸引了各类高层次人才。但是，在众多人才政策中，关于进一步培育和留住引进人才的政策相对缺乏。这就导致用人单位在引进人才一段时间后，难以满足人才寻求进一步提升的需求，阻碍了人才的可持续发展，增高了南京人才的流失率。

2. 科教人才效能转化的政策待完善

南京作为全国重要的科研教育基地，具有得天独厚的科教创新人才资源优势。南京拥有普通高校 53 所（不含军事院校），其中 12 所高校入选国家“双一流”高校和学科，总数位居全国第三。然而，南京仍面临“创新多、创业少，科研多、产业少，专利多、产品少”的结构短板，校地融合不深入，对大学生的校企联合培养政策仍有待优化等。因此，虽然南京科教资源丰富，但是科教人才的创新成果难以产品化，创新成果与产业发展对接不紧密，对创新的助力作用较弱，在科教人才效能的转化方面仍缺少明确的政策指引。

3. 企业人才效能发挥的政策待完善

与市场挂钩的人才考核体系尚不健全，对人才工作的激励措施不及时，存在一些承诺的优惠条件兑现不及时的现象，这些都削弱了人才工作的积极性，影响了激励机制作用的发挥。在调研座谈中发现，江宁区、白下新区、江北新区及各具有代表性的

高新技术产业企业，都提出对激励措施、人才考核评价指标存有疑惑。例如，对生物制药这种成果转化周期长的企业的考核指标，如果与成果转化周期短的企业使用统一的考核标准，结果难以令人满意。再比如，对于那些满足资金奖励政策的企业，同等数额的资金对中小企业而言，能够促进他们的进一步发展，却难为大型企业的创新带来实质性帮助，从而影响了企业人才效能的发挥。

4. 人才政策的协同整合效应有待加强

南京各部门从不同角度出发，出台了大量人才政策，但是各类人才政策之间缺少联动机制，人才链、创新链、产业链、资金链衔接不够紧密，人才结构、产业结构和城市功能缺少有效互动。企业作为人才开发和创新创业的主体地位尚未完全确立，以企业为主体、市场为导向、产学研协同整合的技术创新体系还没有完全建立起来。政府主导的人才创业创新园区重复建设、同质竞争问题比较严重，严格考核机制又使这个问题进一步突出，造成产业格局与人才资源配置的协同整合效应较弱。

5. 人才安居乐业的配套服务待优化

南京服务人才创新活动的配套设施，诸如人力资源机构、科技服务机构、金融服务机构等配套服务还不够完善以及支撑人才创新创业的安居工程等保障服务有待优化。南京尽管已经产生了一些具有很强自主活力和很大发展潜力的非政府办园区和孵化器模式，但政府对上述民营体制服务机构的重视力度不够，由此制约了人才服务机构和载体的发展。南京现有支撑人才创新创业的“安居工程”等配套政策有待强化。例如人才住房政策，南京市的“人才红包”，给予学士（含高级工及以上）每人每月 600 元，硕士每人每月 800 元，博士每人每月 1000 元住房补贴。但相较武汉为人才打造青年城、青年苑等住房项目，并出台“低于市场价 20%购买安居房”的政策，南京的配套服务力度稍显不足。

6. 人才政策的宣传推介力度待增强

南京目前虽然在人才政策对外宣传方面做了大量的工作，但大多还停留在表面，宣传的内容偏重于南京的历史文化、名胜古迹，而对投资环境、吸引人才来宁投资创业的优惠政策、未来的发展目标、良好的发展前景以及迫切的发展需求宣传不够，人才需求、技术需要方面的信息相对封闭。对招商引资的宣传缺少实质内容，使一些想来南京创业或投资的人，难以了解南京招商引资和吸引人才的具体政策、环境和需求状况。调研座谈发现，一些企业负责人对本市陆续出台的有关人才政策了解不深、掌握不透。

三、南京构建具有全球竞争力人才制度体系的机遇与挑战

（一）机遇

1. 全球层面

（1）人才全球范围内流动的程度加大。全球化的发展刺激了科技人才的全球流动，

科技人才环流与全球共享初步形成，世界各国正在纷纷采取措施，加大培养与吸引人才、开发人才资源的力度。截至2016年年底，中国留学回国总数已经突破265万人，其中党的十八大以来回国人数占到70%。仅2016年就有43.25万留学人员回国，较2012年增长15.96万人，增幅达58.48%。

(2) 人才竞争力是国家综合实力的重要体现。严峻的全球人才短缺已成为各经济体所面临的紧迫威胁，而这一问题产生的原因是技能型人才缺乏而非人口缺乏。知识经济时代，经济实力和综合国力的竞争直接表现为智力资源的占有以及对优秀人才的激烈争夺。

2. 国家层面

(1) 政府高度重视人才的竞争力。2018年政府工作报告提出：中国经济由高速增长阶段转向高质量发展阶段，高质量发展根本在于经济的活力、创新力和竞争力，其中人才的全球竞争力是高质量发展的重要部分。南京经济基础雄厚，产业布局优化，经济总量连跨4个千亿元级台阶，成为全国第11个GDP超过万亿元的城市，基本形成以“六谷二十一园”为主要载体的产业区域化布局，产业集聚度明显提升，支撑人才发展的经济环境、产业基础和物质条件更加优越。

(2) 多重国家重大战略机遇叠加交汇。南京地理位置优越，是长三角城市群中唯一的“特大城市”、全国唯一的科技综合体制改革试点城市、首批国家创新型试点城市和全省首个国家级江北新区等。南京对接国家“一带一路”、“长江经济带”、长三角区域一体化、自由贸易试验区等重大战略，人才对外开放空间更加广阔。“中国制造2025”“互联网+”等转型升级战略的实施需要更具竞争力的人才制度作支撑。“制度红利”在南京同频共振、高位支撑，将全面迸发创业创新更强能级，为南京全面提高科技、人才、产业和城市竞争力提供更有利的契机。

(3) 贯彻落实人才强国战略。党的十九大报告指出，人才是实现民族振兴、赢得国际竞争主动的战略资源。南京始终坚持党管人才原则，聚天下英才而用之，确立在经济社会发展中人才优先发展的战略布局。同时，不断加大对人才的投入力度，出台多项引才、育才、留才、用才人才政策，为加快建设具有竞争力的人才强市奠定基础。

3. 区域层面

南京作为长三角一体化中的重要组成部分，肩负着拓展长三角、串联长江经济带的重任，这一国家级战略定位为南京的人才工作带来了新的机遇和挑战。

(1) 区域合作为南京人才品牌工程的塑造提供了新机遇。借助长三角一体化的区域合作，南京以创新周活动为契机，进一步引进、打造各类国家级、国际性的高层次人才交流大会和学术会议等平台，并通过共建人才服务平台和人才交流平台，不断提升南京引才、用才等人才工作的竞争力，从而塑造南京的人才品牌工程。另外，借助各类型的区域经济合作平台，南京已与230多个国家和地区建立了经贸联系，103家世界500强企业在南京落户，为人才提供充足的工作机遇和良好发展空间的同时，进一步提升了南京人才的国际竞争力。

（2）资源共享为南京科教优势的转化提供了新机遇。南京科教底蕴深厚，人才储备量充足。两院院士等高层次人才拥有量、每万人大学生和研究生数量、每万人发明专利拥有量等多项指标均居全省首位、全国前列，为构建具有全球竞争力的人才制度体系积蓄了相对充分的人才资源和智力要素。南京依托长三角一体化融合发展，借助杭州的创新人才和上海的金融人才优势，打通各区域间的市场界限，拓宽人才市场渠道，引进契合南京产业发展所需人才，实现人才资源的合理流动，加强人才的共享共用，从而促进南京科教优势的转化。

（3）平台共建为南京人才的创新创业提供了新机遇。借助长三角一体化战略，南京通过与区域内城市共同培育科技成果产业化基地，共同完善科技成果转移转化平台，共同建立创新创业孵化器和众创空间等方式，不仅可以实现人才的联合培养，满足人才在科技创新、成果转化等环节的需求，而且可以不断完善人才生态系统，易于人才的创新创业，从而助推南京创新名城的建设。

长三角一体化为南京人才工作带来新机遇的同时，也带来了挑战。南京位处群雄并起的长三角城市群，在人才的集聚方面受到虹吸效应和稀释效应的影响，陷入与上海、浙江和省内苏南等城市争夺人才资源的竞争局面，导致南京对人才的吸引力不强，出现人才流失的现象。

（二）挑战

1. 人才吸引力有待提升

相较于武汉、西安、成都、郑州等其他内陆中心城市，南京处于群雄并起的长三角城市群，受虹吸效应影响，面临与上海、浙江和省内苏南各市争夺人才的激烈竞争的局面，导致城市辐射带动力、影响力和吸引力不够强，集聚人才的资源环境受到较大的外溢和稀释效应影响。自2018年起，南京实施“宁聚计划”，全年共吸引34万大学毕业生留宁、来宁发展，但武汉“双招双标”政策仅2018年前三季度就已吸引大学毕业生达38万。2018年《中高端人才净流入率最高的城市TOP15》数据显示，南京的中高端人才净流入率仅为7.11%，远低于杭州的13.60%、长沙的10.24%、武汉的9.79%、深圳的9.62%。

2. 高层次人才结构失衡

南京存在院校人才多、企业人才少，研究型人才多、创业型人才少的状况。驻留企业的高层次人才欠缺，新兴动能亟待开发。尽管南京入选国家“千人计划”的人才数量位居全国第三，但去除驻地高校院所，企业人才仅在省内13个设区市中排名第三，落后于苏州、无锡；在国内15个副省级城市中排名第四，落后于深圳、杭州、宁波。南京高层次人才的结构失衡，制约了南京创新首位度的提升。

3. 产业人才集聚度仍不够高

南京院校众多，人才储备量充足，但企业人才尤其是专业领域的人才数量不足，产业人才集聚度较低。企业内集聚的产业人才远远落后于上海、深圳等城市，一定程度上削弱了人才整合调度的能力和人才队伍的竞争力。在高精尖科研领域内，南京仍缺乏具有全球视野、能够参与国际竞争的领军人才，缺少契合产业需求的领军型企业家。现有的科技领军人才与南京主导产业发展的需求匹配度较低，仍缺乏契合“4＋4＋1”主导产业发展需求的人才，产业引领作用较弱。

四、南京构建具有全球竞争力人才制度体系的对策建议

（一）依托长三角区域发展，提升南京人才竞争力

首先，建立以南京为主体的人才发展带，打造人才创新平台载体，加强合作交流，实现区域协同发展。其次，南京应依托上海、合肥国家科学中心，打造具有全球竞争力的综合性科学中心，共同建设重大科技创新平台、战略试验平台、产业园区平台、高校科研院所平台以及众创空间平台，推动长三角地区人才的共育共享。再次，南京应借助长三角人才一体化的平台，实施专项引才计划，引进产业紧缺人才，以科技创新人才驱动产业创新，促进人才与产业的良性互动。最后，南京应推动区域内人才中介机构的规范化、制度化和透明化，将区域内的人才市场、劳务市场、就业市场整合为统一运作、竞争有序、协调开放的长三角人才大市场，推动人才资源整合和一体化共享。

（二）优化人才制度体系，精准引进高层次人才

以市场需求为导向，完善引才体系，集聚高层次人才。建立引才目录定期发布机制，引进契合“4＋4＋1”主导产业需求的人才；发挥企业用才主体的能动性，给予引才、用才自主权，并对企业引进的高端人才与团队给予激励和配套服务；推行“人才＋项目”“人才＋产业”“人才＋课题”等刚柔并济的创新引才模式，支持企业采取载体引进、团队集体引进、核心人物带动引进、高新技术项目开发引进等方式，引进科研团队来宁发展；以南京创新周活动为平台，打造各类国家级、国际性的高层次人才交流大会和学术会议等平台，拓宽人才交流渠道；建立健全海外人才联络体系和海外高层次人才信息库，运用大数据、云计算等手段动态绘制海外人才分布图，强化海外人才引进工作，努力打造南京具有全球竞争力的引才品牌工程。

（三）完善培育体系，培养国际化人才

为进一步提升南京具有全球竞争力的人才制度体系，应积极实施优秀人才选拔培养计划，成立专项人才培育基金和培育载体，提升人才的国际化素质。首先，结合南京的教育改革试点，率先推进教育培训的国际化。深化“双元化”教育模式，坚持学历教育与在职培训相结合、外部引进与自主培养相结合，形成衔接有序、梯次合理的

人才培养链条和成长体系。同时，把优势产业、重点企业作为高端技术人才培养基地，优化“教育链—人才链—产业链”的结合，抢占产业技术专项人才培育的制高点。其次，深化开展跨国学习，共享创新创业教育资源。鼓励并支持企业、高校积极参与国际学术交流活动，选拔专业技术人才前往海外科研院所或高校进修，学习海外最新的创新教育理念及技术。

（四）提供精准服务，多举措留住人才

关注上海虹吸效应和杭州、苏州崛起的冲击，关注上海、杭州等人才政策的内容，南京应因地制宜地打造具有竞争力的人才制度体系。为本土人才搭建全方位、高水平的服务载体和发展平台，增进人才和城市之间的“黏度”。首先，完善高校毕业生留宁创业就业的政策体系。进一步实施青年大学生“宁聚计划”，建设人才创业园，更大力度地降低高校毕业生在宁落户的条件和创业门槛，降低企业对高校毕业生的就业吸纳成本。同时，加大“产业博士后”集聚开发力度，强化博士后“人才战略储备库”功能，吸收本土优秀青年人才从事博士后研究工作。其次，“高级定制”理念留住高层次领军人才。大力支持领军人才搭建平台、组建团队，推动其在具备条件的行业骨干企业内建设“企业院士工作室”，重点扶持在宁高层次人才创新创业基地，给予特殊政策支持，提升高层次人才归属感，形成各具特色的“人才特区”。最后，深化政企合作模式，提升人才服务质量。深化政府与企业合作，进一步降低企业的留才成本，建立政府主导、企业联动、社会参与的永久居留企业人才融入服务模式，在园区、企业建立“专家工作站”，了解员工所想所需，营造人才宜居宜业的环境。

（五）深化产教融合，发挥人才创新效能

为充分发挥南京具有全球竞争力的科教资源优势，应不断深化校企合作、产教融合的人才培养机制。首先，健全科技创新成果对接机制与校地人才项目的合作机制；支持南京高校与企业合作办学，支持高校院所与园区、企业共建创业创新载体，促进校地产业技术对接和重大创新成果的产业化；积极开发利用高校丰富的校友资源，鼓励高校校友在宁创办科技型企业、新型研发机构等。其次，高标准建设重大科学研发平台。围绕产业地标，建立市场化运作的“科研特区”，探索建设产业协同创新学院，高水平启动重大科技专项和发展新型研发机构，聚焦产业前瞻领域，着力加强产业关键核心技术研发，产出一批原创性、标志性的科技创新成果，加快形成特色产业创新集群。最后，建立激励人才创新创业的服务体系。建立与人才制度体系建设相匹配的科技产业计划体系，提供与产业接轨的人才服务，完善科技金融服务体系，探索建立成果转移转化新机制，打造南京“科教＋人才＋产业”发展新模式。

（六）完善公共服务，激发人才内生动力

借鉴国内外杰出城市的人才工作成效经验，遵循国际惯例，构建与全球人才枢纽相适应，同时具有中国气派、江苏特色、南京特点的现代人才治理模式，为人才创新创业提供良好的空间，实现多主体协同创新。首先，深化创新人才的评价机制改革，健全人才市场评价体系，按照实际能力和贡献业绩制定符合各类科技人才需求的且有利于科技人才潜心研究和创新的分类评价体系。其次，进一步提升政府的人才服务效能。深化涉企行政审批制度改革，定期开展人才和用人单位走访活动，了解人才所需所想；委托第三方专业机构定期开展人才发展环境满意度调查，将其作为优化政策的重要依据；加强人才公共服务保障，重点围绕人才安居、子女就学、健康医疗等，细化完善安居政策，提高安居资源投放效率，形成更加契合人才层次、贡献、特点和需求的安居保障体系。最后，建立市场化人才服务新机制。坚持市场导向，发挥市场机制在人才资源配置中的决定性作用，率先形成“市场化”的人才服务新机制，进一步加快建设“对接国际、衔接区域、贯通全国”的人才市场体系。通过简政放权、放管结合等手段，探索人才发现、人才使用、人才激励、人才评价的政策举措。

要素、特征与功能：具有全球竞争力的人才制度体系的内涵理论研究

蒋 敏*

摘 要 围绕“构建具有全球竞争力的人才制度体系”这一重要指示，近年来从中央到地方各级组织展开了丰富的理论解读和政策实践。我国的“人才制度体系”建设过程中应以“全球竞争力”为定位，以“党管人才”为核心，以“市场”和“政府”统筹作用，以“宏观”与“微观”系统结合。

具有全球竞争力的人才制度体系体现了科学法治、中国特色、系统协调、生态共享、难以模仿、开放创新等特征，能促进人才要素的全球最优配置，保障人才环境的公平、公正、公开，推动人才资源的国际交流合作，提高人才创新的效率效果效能。具有全球竞争力的人才制度体系应在国家战略指引下，通过创新机制激活、地方产业集聚带动、用人主体角色强化等多层次、系统精准地发挥人才的效用。

关键词 人才制度体系 全球竞争力 党管人才

“加快构建具有全球竞争力的人才制度体系，聚天下英才而用之”，是习总书记在2016年5月6日就深化人才发展体制机制改革作出的重要指示。围绕“人才”这一发展中的第一资源，从中央到地方各级组织展开了丰富的理论解读和政策实践。

本文围绕“具有全球竞争力的人才制度体系”，从“全球竞争力”和“人才制度体系”两大角度出发，详细论述了具有全球竞争力的人才制度体系的系统要素、特征、功能及实施路径。

一、具有全球竞争力的人才制度体系要素

据2010年《国家中长期人才发展纲要》，人才是指具有一定的专业知识或专门技能，进行创造性劳动并对社会做出贡献的人，是人力资源中能力和素质较高的劳动者。

---

* **作者简介**：蒋敏（1972～ ），安徽马鞍山人，河海大学商学院讲师，博士，曾长期从事组织人力资源管理领导实践，研究方向为组织人力资源管理、人才选拔与培养、人才制度建设等。

人才是我国经济社会发展的第一资源。

制度是一种行为规则，涉及社会、政治及经济行为。完整的制度是非正式规则、正式规则和实施机制三者有机结合的统一体。人才制度体系由人才在社会活动中共同遵守的规定、准则和机制的总称，它以一定的标准和规范来调整社会活动中人才的积极性和创造性，是一系列关于人才培养、开发、选择、使用和激励的规范总和。根据规定、准则和机制的内容，人才制度体系由以下要素构成。

（一）以“全球竞争力”为定位

当前国际经济合作和竞争局面正在发生深刻变化，全球经济治理体系和规则正面临重大调整，国家间的竞争更加倚重创新能力的提升，传统发展模式下的贸易战、货币战渐趋聚焦于战略性创新资源的争夺，聚焦于更为隐蔽的人才争夺战。面对当前国际国内发展的机遇和挑战，我国比历史上任何时期都要更加渴求人才。党的十九大报告明确指出，“人才是实现民族振兴、赢得国际竞争主动的战略资源”。

创新驱动发展，人才决定未来。国际竞争是科技实力的竞争，而科技实力的竞争来源于人才的竞争。当今世界，谁拥有了人才培养、开发、使用的优势，谁就拥有科技领先实力和全球竞争优势。

全球化进程中国家或地区间经济发展的水平取决于容纳和适应现代生产力要素的生产关系。我国改革开放的非凡成就得益于经济制度的改革，社会主义市场经济制度的确立推动我国社会主义现代化建设突飞猛进。当前经济全球化加速全球化分工下的资源跨地区跨国家流动，人才这一重要特殊资源的竞争不仅是国与国间人才存量的竞争，更是人才存量背后培养、发现和使用人才的制度体系的竞争。

经过多年的建设和发展，我国已经进入人才大国的行列，但也出现了人才总体质量低、地区与行业发展不均衡、人才供需结构性过剩、高端人才短缺等问题。当前，各国之间人才竞争加剧，核心技术人才资源争夺日趋激烈。如何吸引全球优秀人才、减少核心技术人才的流失、增强国家人才竞争力，成为各国人才管理的重要内容。国家要在这一进程中取得全球人才竞争优势，关键是人才制度体系的创新，努力营造人才辈出、人才集聚、人尽其才的制度环境，把我国丰富的人力资源转化为人才资源优势，以人才赢得全球竞争的胜利。

面对国家重大战略调整和经济社会发展对各类人才的紧迫需求及人才对现行体制机制的改革诉求，近年来中共中央相继出台了《国家中长期人才发展规划纲要》《关于深化人才发展体制机制改革的意见》等文件，为构建具有国际竞争力的人才治理体系，聚焦人才改革重点领域和方向，破除人才发展的体制机制障碍，建立人才发展的持续稳健机制，特别是突破优秀人才、高端人才、特殊人才的“天花板”现象，提供了思想指引和制度保障。综观这些问题和需求的战略把脉、政策指导、方案实施，无不体现出我国人才制度体系的建设中“全球竞争力”这一定位。

（二）以“党管人才”为核心

党的十八大以来，习近平总书记就如何做好人才工作、实施人才强国战略，在不同场合发表了一系列重要论述，就如何识才、爱才、育才、用才、敬才以及人才体制机制改革等话题，提出了系列新思想、新观点、新论断、新要求。这些内容丰富了中国特色社会主义理论的人才思想，形成了治国理政思想的“人才篇”，为未来中国人才战略的执行和实施指明了努力方向与发展路径。

为加快建设人才强国，赢得国际竞争主动权，习近平总书记在十九大报告中特别指出：“要坚持党管人才原则，聚天下英才而用之，加快建设人才强国。实行更加积极、更加开放、更加有效的人才政策，以识才的慧眼、爱才的诚意、用才的胆识、容才的雅量、聚才的良方，把党内和党外、国内和国外各方面优秀人才集聚到党和人民的伟大奋斗中来，鼓励引导人才向边远贫困地区、边疆民族地区、革命老区和基层一线流动，努力形成人人渴望成才、人人努力成才、人人皆可成才、人人尽展其才的良好局面，让各类人才的创造活力竞相迸发、聪明才智充分涌流。”这些要求是加快我国人才制度体系建设的核心思想。

习近平总书记的重要论述涉及人才培养、引进、使用、激励等各个方面，深刻阐释了新的历史条件下实施人才强国的重大理论和现实问题，极大地丰富了中国特色社会主义人才理论内涵，为人才事业发展指明了方向，提供了遵循。习近平总书记强调指出：“办好中国的事情，关键在党，关键在人，关键在人才。”构建具有全球竞争力的人才制度体系，是习近平总书记提出的重大命题，对赢得全球人才竞争、加快创新驱动发展、推动国家治理体系和治理能力现代化具有重要的理论和现实意义。

在长期的历史发展中，“党管人才”代表了人民群众对党的执政地位和执政能力的高度认同与深度信赖，是民心所向。面对复杂多变的国内外形势与机遇挑战，“党管人才”能够从全局高度精准聚焦人才战略方向，科学塑造人才发展格局。从中国实情出发，通过“党管人才”汇集和调动各方资源，从国家战略高度全面把握、准确研判、系统解决这些问题。

“党管人才”是充分利用党的政治优势、组织优势、思想工作优势所做的制度安排，是人才制度体系建设的“纲”，具有统筹顶层谋划、形成整体合力的重要作用，是我国参与国际人才竞争最大制度优势。

党在人才的管理中居于领导地位，党的各级领导干部对人才的发现、管理、使用负有重要责任，领导干部本身在成为一个合格的管理人才的同时，更要在人才的发现、赏识与提携上有眼光、有作为。

2016年《关于深化人才发展体制机制改革意见》强调：“充分发挥党的思想政治优势、组织优势和密切联系群众优势，进一步加强和改进党对人才工作的领导，健全党管人才领导体制和工作格局，创新党管人才方式方法，为深化人才发展体制机制改革提供坚强的政治和组织保证。”人才制度体系的建设须集中全党智慧，深耕细掘独特优势，以“党管人才”的高效统筹力实现创新与发展。

（三）以“市场”和“政府”统筹作用

以“党管人才”为核心，具有全球竞争力的人才制度体系的建立和落实要深化政府主导下的市场化机制改革，依托有效市场和有为政府统筹作用。当前经济全球化的进程和信息技术的革命让市场中的资源流动范围变广、速度加快，哪里的制度生态好，市场就会将资本、技术、人才等资源配置到哪里，进而汇聚融合生成经济繁荣的局面。我国人才资源配置模式脱胎于计划经济体制，政府长期以来起着决定性作用，相对经济领域的其他改革略显滞后。具有全球竞争力的人才制度体系的建立既是对我国现有人才制度体系“破”的过程，也是“立”的过程。

政府作为“看得见的手”，运用法律和行政等必要的手段建立人才的全球引进、培养、流动、激励等基本制度，形成识才、爱才、育才、用才、敬才的社会环境，保障人才的各项权益，激发人才效应的发挥。同时，对于已经形成的造成和影响人才资源浪费和配置低效、人才创新创业积极性发挥不合理的规章制度，必须大胆破除，依靠给市场这只“看不见的手”优化人才资源的有效配置。

当前，我国人才管理中比较突出的现象是有效市场的决定性作用没有得到确立，人才资源的流动、使用和激励受到行政控制固化较多，政府管得过多、过细、过死，用人主体和人才缺乏自主权，与社会需求之间不能同频共振。用人主体在人才培养、引进、使用、评价、激励等重要事项上，手脚被捆住，使得政策缺乏针对性、灵活性，导致人才的存在感、获得感、成就感不足，创新创造活力难以充分激发。

政府应加强简政放权，减少行政的过度干预，完善市场配置人才资源的机制。凡是行政部门应当下放的权力都应当下放，凡是用人单位可以自己决定的事情都可由用人单位决定，真正发挥好用人单位在人才培养、吸引和使用中的主导作用。美国作为全球人才超级大国，其人才制度的设计充分强调市场对资源的有效配置。美国新修订的移民法案中对高端紧缺人才的引进取消了配额制，放宽记点积分办法，体现了政府干预的减少与人才市场的放开，依托有效市场环境的建立在全球范围内吸引人才资源。

构建具有全球竞争力的人才制度体系必须充分遵循市场经济运行规律，按照政事、政企、政社分开原则，政府突出保障公平竞争、营造社会环境、加强市场监管和提供有效服务，把该放的权力放下去，该分的权力分出去，该转的权力转出去，让市场在人才资源配置上起决定性作用，让用人主体在人才进、管、出上有更大自主权，让人才在创新创造活动中有更宽松的环境。

“党管人才”这一核心思想规范了政府的人才管理四项职能：人才宏观管理、政策法规制定、公共服务和监督保障。我国人才制度体系建设需要以此为指引，在运行中不断明确“谁管，管谁，管什么，怎么管”的问题，以“有为政府”角色定位，构建新的人才制度体系，从“有效市场”和“有为政府”二元治理主体作用的统筹发挥，加强人才制度体系的完备性和科学性。

（四）以“宏观”与“微观”系统结合

习近平总书记强调，“加快构建具有全球竞争力的人才制度体系”，制度建设是人才成长和发展的物质性支撑。从宏观层面看，我国人才建设总体战略已经明确，发展的目标和路径相对成熟，围绕国家发展战略出台的具体举措已在实践中加大了人才的回流力度。围绕国家战略，在微观执行层面，受旧有人才管理思维、观念、利益格局的束缚，很多与中央人才战略配套的机制、规章正在陆续建立。具有全球竞争力的人才制度体系的建立需要从宏观到微观多种角色的系统参与和努力。

在人才社会治理的宏观层面，深化人才体制机制改革是一场关系到人才解放的根本性制度性变革。当前在人才发展中所反映出的体制机制障碍，是背离人才成长规律和市场经济规律的不适合的制度模式，是不利于人才自主创造活力发挥和违背人才发展权利的制度环境。形成具有全球竞争力的人才制度体系必须突出建设性超越，不能亦步亦趋、模仿照搬，必须坚持以国家发展需要和经济社会发展需求为导向，以提高思想道德素质和创新能力为核心，推进人才市场体系建设，完善市场服务功能，畅通人才流动渠道，建立政府部门宏观调控、市场主体公平竞争、中介组织提供服务、人才自主择业的人才流动配置机制。

在人才管理的微观层面，用人单位应构建与人才发展相适配的现代人才管理方式与制度。建立以岗位职责要求为基础，以品德、能力和业绩为导向，科学化的人才评价方式；改革各类人才选拔使用方式，科学合理使用人才，促进人岗相配、用当其时、人尽其才，形成有利于各类人才脱颖而出、充分施展才能的选人用人方式；建立健全与工作业绩紧密联系、充分体现人才价值、有利于激发人才活力和维护人才合法权益的分配、激励、保障制度。

人才制度应牢牢抓住“全球竞争力”定位，以“党管人才”为核心，在“市场”和“政府”二元治理主体的统筹作用下，在实践中构建完整的从宏观体制机制到微观办法举措的系统体系。

二、具有全球竞争力的人才制度体系特征

实现全球人才在中国舞台上各展其能，根本举措在于建立具有全球竞争力的人才制度体系。建立科学规范、开放包容、运行高效的人才发展治理体系，是我国深化人才体制机制改革的主要目标。具有全球竞争力的人才制度体系具有以下典型特征。

（一）科学法治

经过多年发展，我国人才制度建设已从分兵突进转向集成创新，人才制度体系的构建正从更宽视野、更深层面加强顶层设计，以科学完整的框架体系把关键内容耦合

起来。

法治化是建立人才制度体系的基础，也是衡量人才制度成熟度的重要标志。法治化的人才制度体系，其本质是依法规范人才与人才、人才与社会、人才与国家之间的权利义务关系，使全社会各方面人才有明确预期，能选择未来发展方向和路径。

营造一个人人皆可成才的法治环境才是人才发展最好的环境。人才立法使人才工作由间断的政策创新推动转向稳定的依法营造环境。习近平总书记曾深刻指出："环境好、则人才聚、事业兴，环境不好、则人才散、事业衰。"营造人才发展的良好环境，最根本的是把集聚人才的权利赋予人才，把用好用活人才的权力赋予市场主体，最大限度地约束和减少行政干预。唯有法律方可确立人才的主体地位，明确人才的权利与义务，依法保障人才的合法权益。深化人才体制机制改革，法治化是助推器；遵循市场配置人才资源规律，法治化是孵化器。人才工作法治化过程是人才工作发展由量变到质变的过程。从人才大国迈向人才强国的一个根本标志，就是形成具有国际竞争力的法治优势和市场优势。①

（二）中国特色

中国特色社会主义是马克思主义在中国具体实践的重大理论成果，是中国特色社会主义理论的重要内容。在马克思主义中国化进程中，中国共产党结合中国革命、建设与改革，在坚持继承马克思主义人才理论、实践解放思想、与时俱进中形成了中国特色的人才观。

我国的国情特点要求人才制度体系的建设必须坚持社会主义制度本质要求，从中国人才问题实际出发，不照抄照搬西方做法，确立"道路自信、理论自信、制度自信、文化自信"。具有全球竞争力的人才制度体系的构建是在改革开放40多年来的人才发展战略、人才理论和人才制度的基础上，以中国特色社会主义理论为指导的人才制度体系研究，为全球人才发展及人才制度体系建设提出中国方案，体现出典型的中国特色。

我国的人才制度体系建设注重"有效市场"和"有为政府"二元治理主体作用的统筹发挥，从"宏观"到"微观"系统结合，在国家人才治理、社会人才管理机制、用人单位人才管理举措三个层面创新完善，构建了具有中国特色的以创新创业为导向的，在全球范围内吸引人才，在实践中发现、培养和造就人才，人人能够成才，人人得到发展的人才管理体系。

（三）系统协调

具有全球竞争力的人才制度体系着眼于突出更高程度的开放和更加公平自由的市场角度，充分发挥市场配置的决定性作用，搭建政府、社会、市场三方良性互动的人

① 参见吴江：《法治化——人才工作的机遇与挑战》，《中国人才》2014年第23期。

才系统平台，促进人才、科技、资本的快速结合和高度融合。

在“党管人才”这一核心思想的指引下，国家出台了一系列引才用才的创新机制与政策。与此同时，地方政府积极响应、跟进落实，纷纷出台了有利于人才在当地落户、安家、科研、创新、培养、交流等各项具体政策和实施细则，加大对人才的引进、培养、激励和保留措施力度。

我国人才管理系统从结构上看是纵向分层、横向分部，以此构成相互贯通的整体，形成既明确分工又相互统一的体系，在实践中必须强化上下左右“一盘棋”思维，实现相互合作协同，需要用“全球视野的大格局”做好“组织层面的小事情”，构建人才管理在宏观、中观、微观层面的系统协调的制度体系，让人才成长和发展有章可循。

（四）生态共享

人才是社会所有资源中唯一具有主观能动性的特殊资源，人才的主动性、积极性和创造性只有在一定的环境下才能得到充分调动，人才的创新潜能才能得到最大程度激发，从而创造更多社会价值。

具有全球竞争力的人才制度体系将当前人才工作与所处的政治、经济、社会、文化、科技、生活、工作等环境有机整合、融为一体，形成相互依赖、相互促进、有机整合而形成的高效生态系统，不断创新人才培养开发、人才评价发现、引才用才、选拔任用、流动配置、激励保障等工作机制与方式，形成多级人才自适应与自升级的制度环境，促进人才的高质量发展。

我国人才当前工作的创新与发展，立足全球，充分开发利用国内国际人才资源，主动参与国际人才竞争，积极完善更加开放、更加灵活的人才培养、吸引和使用机制，形成人才使用和开发的共享交流平台。“不求人才为我所有，但求人才为我所用”这一人才的全球共享思想已在从宏观到微观的体制、机制、政策和举措等制度中均有不同程度的体现和应用。

（五）难以模仿

人才资源作为经济社会发展最基本、最活跃的生产要素，具有稀缺性、能动性的特征，决定了任何一个社会都必须通过一定的方式把它合理分配到社会的各个领域中去，以实现资源的最佳利用，满足社会生产的需要。

人才成长的一般规律和特殊规律决定着人才制度的适应性、效率性和公平性；反过来，人才制度又真实地影响、制约、塑造着人才的创造活动，为人才的创造活动提供了规则、标准和模式，将人才的价值导入可合理预期的轨道。制度确定的人才资源配置关系形成了人才发展的生态环境，决定着人才的创造活力水平。

好的人才制度不是照搬照套形成的，不是放之四海而皆准的规范，而是必须深入研究国际国内形势，基于人才特点，以提高人才国际竞争力为目标，以解决当前人才管理中存在的问题为出发点进行体系设计，并在实践中不断优化确立。这样形成的人才制度在实践中才能在引才、育才、用才、留才等方面凸显国际竞争力，同时难以被模仿，才能随着不断变化的国际国内形势，不断适应调整，引领人才资源建设的方向。

（六）开放创新

聚天下英才而用之的改革目标，必然要求制度建设的国际视野和全球竞争力指标。习近平总书记曾强调："一个国家对外开放，必须首先推进人的对外开放，特别是人才的对外开放。"

构建具有全球竞争力的人才制度体系，重要的是要拓宽用人视野，破除制度藩篱，把创新作为引领人才制度发展的第一动力，把人才作为支撑创新的第一资源，增强政策开放度，提高人才流动性，让天下英才近悦远来、尽展其能。

"不拘一格选人才""机制灵活用人才"这些选才、用才、育才的理念越来越普遍地被各级政府、用人单位贯彻在具体的人才制度中，开放创新的人才制度体系极大地推动了我国正在以日益开放和包容的姿态去吸纳来自全世界的优秀人才。

三、具有全球竞争力的人才制度体系功能

人才竞争不仅包括"引才"竞争，还包括"育才""护才""用才"和"留才"竞争，是人才工作综合实力的竞争。引才工作是人才总量增加的首要源头，护才是引进人才核心竞争优势发挥的基本保障，育才工作是人才质量提升的重要手段，用才工作是使人才充分发挥效能的指挥棒，留才工作是维持人才资源存量的关键。开展与实现"引才""育才""护才""用才"和"留才"等具体工作与目标，具有全球竞争力的人才制度体系发挥了以下四项重要功能。

（一）促进人才要素的全球最优配置

科学技术的发展给世界的平坦化带来了翻天覆地的变化，赋予了人才更强大的力量。在全球广阔的人才市场中，不是由单一片面的主观意志来决定要素的分配与流动，而是由市场根据平等、竞争、法制、开放等规律，自动实现对核心资源的配置。全球人才市场通过"自由竞争"和"理性经济人"的自由选择，由价值规律来自动调节人才配置实现总体最优。能否在全球范围内集聚一流人才，是判断人才制度体系是否具有全球竞争力的试金石。

（二）保障人才环境的公平公正公开

在实施人才"引用育留"过程中，秉持整个过程的公开、公平和公正原则，是建设全球竞争力的人才制度体系的基本原则。具有全球竞争力的人才制度体系具有科学法制、生态共享的重要特征，这是人才环境公平、公正、公开的重要保证。以制度规则把权利公平、机会公平、规则公平落实到人才工作的每一个环节，主动公开信息、主动引导舆论、主动回应关切，保障人才的知情权、参与权、监督权。只有公平、公正、公开的人才环境，才能长久地集聚一流人才。

（三）推动人才资源的国际交流合作

当前各国各区域普遍聚焦于引进高层次人才，在签证居留、金融支持、税收优惠、股权激励、生活保障等方面出台了一系列措施。科学法治、关心关怀的人才制度体系极大地开拓了人才合作的信息平台，解决了人才交流的后顾之忧。各地方以重大平台引才，对标国际一流，以重大产业用才，畅通人才与产业的对接，推动人才“走出去”“引进来”，在国际高精尖科技平台上更好地和地方经济产业实现融合。

（四）提高人才创新的效率效果效能

人才是创新的关键。人才短缺、人才流失、人才不匹配，是当前影响社会创新活动的主要问题。科学法治、系统协调的人才制度体系能够针对地方经济发展特点，从“引、用、育、留”全方位客观地评价人才、选拔人才、激励人才，提高人才创新的效率，与地方产业的精准对接增强了人才创新活动的效果显现，上下游产业的配套与合作极大地提高社会的总体经济效益。

四、具有全球竞争力的人才制度体系实施

（一）战略指引：理念道路吸引人才

马克思主义认为，人才是一定历史时期经济、政治、文化的产物，人才发展状况受社会制度的制约，只有在制度能提供自由社会环境的情况下个体才能更好地发展成才。以此为基础，几代中国共产党人立足中国特色社会主义实践，对我国人才发展问题进行积极探索，形成了一脉相承的中国特色社会主义人才观点。比如：人才很关键，求贤要若渴，人才要用好；用人导向最重要，用人一定要得当；识人选人应重品德，看实干，讲学习，善辩证；当前人才管理应营造良好氛围，树立人力资源意识，改进体制机制，重视培养引领，善于不拘一格，造就领军人才，创造留心暖心的获得感。这些开创性的人才观点奠定了我国人才制度体系的基本原则。

近年来，国家层面出台了一系列引进国际高层次人才的措施，包括2008年推出“千人计划”、2010年出台“青年千人计划”、颁布《国家中长期人才发展规划纲要（2010～2020年）》、2011年出台“外国专家千人计划”以及推出“人才特区计划”、2012年实行“万人计划”，试点改革绿卡、居留、签证以及出入境制度，开始从面向国内人才资源到面向国内国际两种人才资源，实施更为开放的国际人才竞争战略。

（二）机制激活：放权松绑激发人才

2016年5月6日，习近平总书记就深化人才发展体制机制改革作出重要指示时强调：“要着力破除体制机制障碍，向用人主体放权，为人才松绑，让人才创新创造活力充分迸发，使各方面人才各得其所、尽展其长。”2016年，中央颁布《关于深化人才发展体制机制改革的意见》，从中央到地方全面发力，加快推进人才培养、评价、流动、激励、引进等重点领域和关键环节的改革，为人才发展注入了强大动能。目前，国家

为引进各类人才开设了不少“绿色通道”，正在持续加快人才体制机制改革，从法律法规完善性、政策协调连贯性、政策法案可操作性、人才发展配套环境、信息服务平台等方面不断完善、创新人才制度体系。

（三）地方集聚：产业集聚带动人才

在新时代高质量、全面协同和创新驱动发展的迫切要求下，伴随着中国城镇化快速发展的必然趋势，地方对人才数量和质量的需求显著提高，对人才的重视程度凸显。人才需求是开展引才育才工作的重要基础，为人才工作的具体实施指明正确方向。在国家经济社会发展战略框架下，地方政府应根据所在区域产业发展实际，制定符合自身产业定位的人才发展规划，实现精准引才育才，吸引高层次人才就业，以产业集聚吸附全球优秀人才加入，以全球优秀人才带动产业集聚与升级，从而实现区域内产业优势和人才优势相互促进发展的良性格局。

（四）用人精准：强化主体发挥人才

在当今快速变革的新时代背景下，为在短时间内赢得核心竞争力，对用人单位充分发挥人才优势、充分激发人才潜能也提出了更为迫切的需求。用人单位作为人才的最终使用者，面向全球，多渠道、多层次开展核心人才的获取与培养，实行更加开放的人才政策，不断提升对人才选、用、育、留等具体操作环节的管理水平，积极营造鼓励大胆创新、勇于创新、包容创新的良好氛围，充分发挥人才特长。根据岗位对人才各项能力的需求，精准合理进行人才配置，创新人才激励机制，让人才有更多成就感、获得感，解决人才后顾之忧，为人才发挥作用、施展才华提供更加广阔的天地，实现人才创新发展。

南京构建具有全球竞争力的人才制度体系研究

吕江洪*

摘　要　本文从南京人才制度体系的现状分析入手，总结成绩，找出短板，提出南京构建具有全球竞争力的人才制度体系的目标与内涵、主体与客体、两大实现路径、四项核心制度以及五项具体内容。最后，实施与保障建议关注人才本位、人才法治和人才生态。

关键词　南京　全球竞争力　人才制度体系　构建

习近平总书记强调指出，要构建具有全球竞争力的人才制度体系，聚天下英才而用之。这一战略思想，体现了海纳百川的眼界、魄力和气度，指明了参与全球人才竞争的有效途径，对于加快人才强国建设、赢得全球竞争新优势意义重大。

当前，人才作为战略性创新资源，无疑成为全球竞争的焦点，而人才竞争的背后则是制度的较量。毫无疑问，谁拥有良好的人才制度，谁就能抢占人才争夺的制高点。所谓人才制度，指的是整个社会制度之下的与人才发生、发展相关的政治、经济、文化等各个方面行为规则的总和。这是一个以人才为中心的可以相对独立的制度体系。

南京立足中国“一带一路”重要节点城市、东部地区重要中心城市、长三角唯一特大城市、国家重要科研教育基地的独特禀赋和发展定位，深入实施人才强市和创新驱动战略，广结创新伙伴，广聚智力资源，奋力建设具有全球影响力创新名城，需要加快构建具有全球竞争力的人才制度体系，提升全球配置人才资源能力，聚天下英才而用之，这是培育南京人才竞争比较优势、参与全球人才竞争的战略选择。

一、现状分析

（一）成绩

1. 南京人才制度的组织优势不断凸显

充分发挥党的政治思想优势、组织优势和密切联系群众优势，充分调动各方面力

* **作者简介**：吕江洪（1974～　），福建福州人，南京邮电大学副教授，人力资源管理系副主任，南京大学博士后，研究方向为人才管理、人力资源管理。

量形成共同参与和推动人才工作的整体合力以及党管人才的制度优势，是南京正形成国际人才竞争的比较优势。南京坚定贯彻落实新时代党的组织路线，强化组织保证，发挥组织优势，激发奋斗精神，凝聚奋进力量，不断开创党的建设和组织工作新局面。依托南京本土在网络通信领域等方面的优势资源和产业基础，未来网络实验室、网络通信与安全紫金山实验室先后在南京揭牌成立，成为南京申请综合性国家科学中心的两大支撑。南京已组建 182 家新型研发机构，其中 1/3 有国际化团队参与，比如“石墨烯之父”、诺奖得主安德烈·海姆和诺奖得主康斯坦丁带团队在南京经开区组建的石墨烯研究院、图灵奖唯一华裔得主姚期智率清华团队建立的南京图灵人工智能研究院，以及剑桥大学建校 800 年来唯一以大学冠名的“剑桥大学南京科技创新中心”等。各类优秀人才特别是留学人员汇聚南京，尤其是 2008 年举办首届南京留交会以来，在宁留学回国人员规模不断扩大，目前总数已达 3.8 万人；在宁 81 名两院院士中绝大部分都有留学或海外工作经历。今年的留交会还有留学人员创新创业项目展示对接、海内外博士项目对接会、北美创业大赛获奖项目路演对接、“金陵金领”海外人才猎聘会、产业地标国际峰会（论坛）等活动。

2. 南京人才发展体制机制改革持续深化

南京认真贯彻落实中央决策部署，突出科技创新和体制机制创新“双轮驱动”，着力绘好科技改革路线图，打好先行先试组合拳，做好创新发展大文章。特别是党的十九大以来，南京坚持以习近平新时代中国特色社会主义思想为指引，顺应科技革命与产业变革大势，总结改革经验，对标国际先进，明确发展航向，优化顶层设计，强势启动创新“两落地、一融合”，实施“121”工程。南京先是选树“两个标杆”，喊出了“国内对标深圳，国际对标波士顿”的创新口号；后又在“抢人大战”中，一改过去温暾风格，出台“宁聚计划”，吸引国内名校和在宁高校毕业生。在 2018 年新年第一会上，南京更是创造性地提出“创新名城，美丽古都”，将创新纳入城市建设的最高定位。南京打造新型研发机构，其“新”在于其没有固定的人员编制和事业费，没有“计划”色彩，高校、科研院所及民间资本均可成为投资建设主体，在管理体制、用人机制等方面都采用了市场化手段。同时，南京还出台了一系列鼓励政策。比如，对在南京从事高精尖技产业的个人所得税从 45%降到 20%等；对常规性的人才给予无条件落户，大学生可在南京领 5 年住房补贴；对公职人才实行举荐制，市场化选人，注重市场评价，不比学历，不比资历，不比论文，不拘一格。为了打通从科学到技术再到产品转化的“最后一公里”，即打通地方与高校院所的双向融通等问题，南京开始推进“两地一融合”战略（推动科研成果项目落地、新型研发机构落地以及南京与在宁高校院所的融合发展），目的就是让高校院所的科研成果走出去，让南京的创新需求走进去。目前，已有 168 家新型研发机构在宁落户，孵化引进科技企业项目 286 个。

3. 南京人才制度改革着力点继续延伸

南京始终坚持问题导向，注重系统推进，人才制度改革着力点从科研领域向经济、生态、社会等各相关领域逐步延伸，受惠面从科创企业、科技人员、高校院所向广大人民群众不断拓展。南京出台一系列特有政策，为人才“松绑”、为企业“减负”、为知识产权“护航”，使创新主体活力得到充分释放；组建人才团队持大股、市场化运营的新型研发机构，转化科技成果、孵化科技企业，产业创新效率得到大幅提高；整合设立15个高新园区，聚力打造一批“双创”基地、众创空间，创新创业布局得到持续优化。总的来看，南京的科技改革正呈现出全面发力、多点突破、纵深推进的良好态势，有形的制度体系创新逐步转化为竞争优势。数据显示，南京2016年吸纳外来科技创新项目在本地转化后创造的价值达到500亿元，在副省级城市中排行第1。从“科教名城”迈向“科创名城”，南京正稳步前行。

4. 南京人才制度体系成效逐年显现

2018年，南京GDP增速在东部沿海GDP过万亿元城市中名列首位，2019年一季度又有8项主要经济指标排名全省第1，GDP增速达8.2%，高新技术产业产值增长15%。2018年，南京高新技术企业净增1282家，增长近70%；组建新型研发机构208个、孵化企业近千家。2018年，新增3名诺贝尔奖得主、55名国内外院士来宁创新创业，新增就业参保大学生34万人，增长60%。此外，根据最近发布的中国十大创新城市排行榜，南京列全国第5位，仅次于北京、深圳、上海、广州；在293个中国城市中，南京排名第9，进入前10强，处在“最具竞争力”的行列；而在可持续竞争力方面，在293个中国城市中，南京位列第8，在中国诸多城市中挺身于“第一方阵”。《自然》杂志最新发布的全球科研城市50强榜单中，南京位列全球第12位。《澎湃新闻》从报告中看到，在全球1007个城市中，南京的经济竞争力居第45位，进入前50强。

（二）短板

当前，南京人才发展中存在的问题是：规模数量增长快而人才质量提升慢，人才素质结构变化快而人才产业结构优化慢，人才投入增加快而人才成果转化慢，人才各项政策出台快而政策落实见效慢，这“四快四慢”反映出南京人才制度仍然存在着活力不足、竞争力不强的问题，这直接影响了南京高质量发展的进程。这些问题都由顶尖人才、园区人才、科技企业家和龙头企业这些对象反映出来，而出现这些“南京现象”的根源是南京人才制度体系目前存在以下突出短板：

1. 市场机制作用发挥不足

由于与人才相关的市场经济体系还不健全、现行人才发展方式还带有明显的粗放痕迹、人才市场发育还不充分，特别是政府和市场关系还有待进一步理顺等，南京人才制度短板突出，体系也有疏漏，导致市场在人才资源配置中的作用有效发挥受到诸多制约。“政府热，市场冷”的局面没有得到根本性扭转，政府管了大量管不了、管不好和不该管的事情，人才服务尤其是能够为高端人才创新创造创业提供的服务还远没有形成产业，用人主体和人才的活力远未激发出来。不管大事小事都要政府出面才有可能解决，政府不出面就不能解决，这种状况既表现为南京人才制度的欠缺，也限制了南京人才制度的完善，使得南京的全球竞争力打了折扣。

2. 创新要素转化不够充分

长期以来，南京丰富的科教资源优势并没有真正转化为发展的优势、创新的优势和竞争的优势。从创业人才竞争力来看，南京落后于深圳、苏州、成都、广州、杭州、重庆和宁波。这种“南京现象”，与创新创业人才规模、结构和人才环境有一定关系。首先，创业人才规模短板。南京人才规模优势体现在教育人才方面，在创业人才方面还并没有明显优势。其次，创新创业产出短板。人才竞争力最终体现于创新创业产出，南京在一些创新创业产出指标上（创业企业专利申请数和有效发明专利数、企业申请专利数、PCT 国际专利申请量）表现并不完美。此外，南京新三板企业数列全国第 9，新三板企业市值排全国第 18 位，“独角兽”企业数量落后于深圳和杭州。再次，创新转化人才短板。南京大学作为全国重点高校，专利转化数量与其综合实力不匹配；南京航空航天大学、中国矿业大学和南京理工大学专利转化数量分别列全省第 14 位、第 15 位和第 17 位。南京过往政策较为注重人才的两头，即顶尖人才和基础性人才，对具备丰富工作经验的中间人才重视不足，事实上这些人才是创新转化的主力军。最后，人力资本保障短板。人力资本理论突出强调培训与服务、教育和医疗在人才价值实现中的作用。目前，南京人力资源服务业还有提升空间。随着人口红利的消失，南京也开始出现劳动力供给能力持续下降趋势，劳动年龄人口绝对数量减少，年龄结构老化，劳动参与率降低，劳动用工成本不断上升。

3. 城市能级作用发挥不足

这些年，南京经济发展与苏州的差距不小，产业结构与创新名城建设不太适应，高新技术产业发展不够理想，对周边城市的辐射影响力还有待提升。没有标杆性、大型的创新创业公司，是南京当前发展的一个突出烦恼。不仅如此，长三角一体化国家战略的格局下，南京也有“被边缘化”之忧。南京既面临着东西两大国家科学中心城市的左右夹击，又面对浙江的之江实验室和广东的广东省实验室等基础研究领域地方布局的竞争，压力很大。

4. 人才治理能力有待提升

一方面是政府宏观职能转变没有完全到位。政府部门职责体系不够健全，政府人才管理中依然存在多头管理、责权不明、对微观运行干预过多的问题。另一方面是人才市场主体的作用没有充分得到体现。主要表现为：人才市场体系不够健全，制约了人才市场的基础性作用的发挥；国有企事业单位等用人单位的人才管理制度不健全，用人自主权仍未落实到位，人才作用没有得到充分发挥。这些问题的存在对人才发展影响很大，由于管理缺位、错位和越位，因而不能形成良好的制度环境，从而限制了单位的用人自主性，束缚了人才的积极性和创造性，双方的权益时常得不到有效保障。

二、思路与框架

在明晰南京竞争对手的优劣势和自己的长短板之后，构建具有全球竞争力的人才制度体系，就要从基本思路和实现途径上考虑进一步提升南京人才制度体系的全球竞争力。

（一）目标与内涵

1. 目标

（1）创新

党的十九大报告提出，创新是引领发展的第一动力，是建设现代化经济体系的战略支撑。南京市构建具有全球竞争力的人才制度体系首先要能实现创新。

创新人才制度体系涉及方方面面，是一项系统工程。结合南京情况，可以抓住以下重点着力推进：第一，细化战略目标。将南京建设创新名城的目标进行分解和细化，建立完成目标的组织架构和任务体系，让各部门、各层面、各单位按照明确的目标任务推进。第二，提高自主创新能力。将优势资源整合聚集到战略目标上，力求在重点领域、关键技术上取得重大突破。第三，构建以企业为主体、市场为导向、产学研相结合的技术创新体系。第四，加快科技体制机制改革创新。建立科技创新资源合理流动的体制机制，促进创新资源高效配置和综合集成。

（2）优化

深刻学习领会习近平新时代中国特色社会主义思想，充分认识加快构建具有全球竞争力的人才制度体系是实现全面深化改革总目标的一项重要任务，深化人才发展体制机制改革，完善和发展中国特色人才制度，进一步提升南京人才制度体系的全球竞争力，从而形成南京在创新上的特色优势，打造南京创新名城和美丽古都建设的核心竞争力，放大南京的城市能级，全面提升省会城市功能和中心城市首位度，更好支撑和服务全省大局，在长三角高质量一体化发展中体现南京担当、做出南京贡献、实现南京作为。完善和发展具有全球竞争力的人才制度体系，制定和健全人才投资制度、人才培养制度、人才流动制度、人才激励与保障制度、人才安全制度、人才法治制度、人才服务产业制度、政府人才管理服务制度和各类人才制度以及包括留学制度、移民制度、财产制度、专利制度、知识产权制度、诚信制度、产学研合作培养人才制度等在内的人才相关制度。

（3）协同

协同创新是长三角地区未来发展的主旋律。南京都市圈的战略定位为：辐射中西部的国际性重要门户，国际先进制造业中心和现代服务业基地，泛长三角地区转型与合作发展示范区，具有较强竞争力的国家级都市圈，构建国际性的沿江先进制造业集群和以历史文化、山水城林为特色的城市带。基于这样的战略定位，展现协同发展的“南京影响”需要建立政府作用与市场机制有机结合的体制机制，让市场充分发挥基础性调节作用，让政府充分发挥引导、调控、支持等作用；建立科技创新的协同机制，以解决科技资源配置过度行政化、封闭低效、研发和成果转化效率不高等问题；建立科学的创新评价机制，使科技人员的积极性、主动性、创造性充分发挥出来。首先，进一步确立企业的主体地位，让企业成为技术需求选择、技术项目确定的主体，成为技术创新投入和创新成果产业化的主体。其次，高校、研发机构、中介机构以及政府、金融机构等应与企业一起构建分工协作、有机结合的创新链，形成有中国特色的协同创新体系。

2. 内涵

具有全球竞争力的人才制度体系的构建是科技创新和其他一切创新的重要保障，能够激发各类创新主体的活力，也是引领经济社会发展的关键。制度体系的构建是通过组织行为改进原有规程或建立新规程，以追求一种更高的效益，其大致包括三方面内容：一是制定公共规则，二是保证规则执行，三是坚持公平原则。制度体系构建的核心是治理创新，推进治理体系和治理能力现代化，形成有利于创新发展的体制机制。首先，制度体系的构建应当着眼于机制的建立完善，努力实现制度在更高层面的系统整合。其次，制度体系的构建应当注重发挥制度的整体功效，着力构建科学的制度体系。在一个更为宏观的背景中考察就会发现，要充分发挥制度的功能，还需要构建一个闭合的、关联的、科学的制度系统，这个制度系统中各部分既各有分工、互不冲突，又相互联系、协调配合，共同发挥作用，缺少任何一部分都会造成结构、功能和功效的缺失。最后，制度体系的构建应当适应新形势、新任务的要求，针对一些容易出现问题的环节和工作中存在的漏洞，建立健全科学合理、具体实在、切实可行的制度。

南京构建具有全球竞争力的人才制度体系的内涵体现在以下几个方面：

(1) 突出全球视角和开放心态

要确立全球视野、世界格局、战略眼光，树立开放的理念和博大的胸怀，主动参与国际人才竞争，为地域引进人才，不求所有开发人才，不拘一格用好人才，确保人才引得进、留得动、用得好。

(2) 突出中国特色和南京优势

要确立道路自信、理论自信、制度自信、文化自信。要梳理改革开放后40多年南京人才发展战略、人才理论和人才制度，在瞩目成就的基础上，用中国特色社会主义理论指导引领具有全球竞争力的人才制度体系研究，为全球人才发展及人才制度体系建设提出南京方案，体现中国特色和南京优势。

(3) 突出人才规律和市场配置

着眼于突出更高程度的开放和更加公平自由的市场的角度，充分发挥市场配置的决定性作用，搭建政府、社会、市场三方良性互动的人才和智力平台，促进人才、科技、资本的快速结合和高度融合。

（4）突出重点布局和系统集成

重中之重是要拓宽用人视野，破除制度藩篱，增强政策开放度，提高人才流动性，让天下英才各展其能。根本举措在于立足本土培养，强化本土人才国际化竞争水平，激活南京未来国际人才存量，形成可持续全球人才竞争优势。有效手段是以党管人才的高效统筹力，冲破体制桎梏，扫除顽障痼疾，形成具有全球竞争力的人才体系。

（二）主体与客体

1. 构建的主体：政府主导与多元主体共同参与

政府主导主要包含基础投入、宣传引导、综合协调、统筹安排等。突出政府对公共服务的宏观管理与调控，强调政府的引领主导责任、实施管理责任、监督检查责任，最终目的就是落实、保障社会全体成员的基本权益。要更加科学而清晰地界定政府在人才发展上的职能定位，将工作重点更多地转向宏观规划、政策设计、统筹协调、公共服务上来，减少对具体事务的介入，更多利用社会组织承接政府某些服务职能。更好地利用人才政策的导向作用和杠杆功能，构建高层人才和基础性人才两端兼顾的体系健全的政策架构。定期发布政府服务清单，包括重点发展产业清单、人才需求清单、领导分工和责任清单、政府服务清单等。对特别重大的科创平台和多学科交叉研究平台给予特殊人才支持。制定相关人才政策，推进战略科技引领工程，设立重大科技创新平台专项，重点支持国家重大科技基础设施、国家实验室、国家研究中心等平台的建设。

支持企业及全社会各界力量的参与，包括个人、法人单位、其他组织等参与到南京创新名城建设的各方面——兴办实体、资金投入、捐赠设施、产品供给等。注重加强市场化引才，突出企业引才主体地位。鼓励企业建立研发中心，加强研发人才队伍建设，加快研发成果产业化步伐。在搭建产学研合作平台过程中，按照“创新在高校，创业在园区”的思路，以“政府搭台，校企共建”的项目运作方式，坚持以企业为主体，就地转化。促进大企业、大院所、大科研单位建立和发展各种形式的创新战略联盟，大力推动应用基础性、行业共性、战略性技术的研发和应用。要把企事业单位集聚人才发挥经济主体作用的建设放到南京加快人才优势转化为经济发展优势的战略高度，使企事业单位最终真正成为技术创新转化的主体。鼓励和引导创新创业要素的市场化运作，引入民资建设企业孵化器，大力培育创投机构和知识产权交易市场。

2. 构建的客体：高端产业载体建设

产业载体是当前产业发展的必然趋势。作为经济发展的新形式，产业载体会在短时间内吸引相关机构和资源，由此形成相关产业的集聚融合发展，带来巨大的产业能量，有利于技术、管理知识的交流和人力资源的培养与利用，有利于综合服务业和配套设施的发展。此外，产业集聚也容易向上、向下延伸，促进相关配套设施的发展，促进载体内部经济联动、网络化发展，形成规模效应和范围效应并举的良好态势。近年来，南京市鼓励有条件的高校、企事业单位、专家团队、民间人才服务公司创建人才创业孵化园区，把这些园区办成高层次人才集聚区、人才政策和体制机制创新的试验区、先进科技成果和先进生产力创造的示范区。已经产生了四种具有很强自主活力和很大发展潜力的非政府办园区和孵化器模式：高校与科研院所建立的人才创业园区、产业公司创办的产业人才园区、科学家联合创办的专业人才创业园区、投资公司创建的科技服务型人才创业园区。南京市构建具有全球竞争力的高端产业载体，需要以市场方式推广南京人才创业孵化新模式，鼓励各类主体建立多元化的人才集聚创业创新载体。

（1）需要树立全球视野深化创新合作

南京全市每个产业板块都与相关创新大国、科技强国建有多元的对接渠道、良好的交流机制。在欧美等地设一批海外创新中心和人才驿站，南京的创新可以直通全球创新最活跃的国家和地区。

（2）融入全球网络集聚创新资源

目前，南京共有世界500强企业103家、境内外上市公司113家、各类总部企业115家。英国剑桥大学、以色列魏兹曼研究院等一批世界级高校院所，在南京建有研发中心和成果转化中心。组建的新型研发机构中，1/3都有国际团队参与。再有，对标全球一流构筑创新载体。南京拥有国家级江北新区、3个国家级开发区，拥有53所高校、120多个国家级研发平台和一批大院大所，目前正在高起点打造网络通信与安全紫金山实验室等重大科技平台，高标准建设15个高新园区和60万平方米的“城市硅巷”。今年6月下旬，南京还将举办首届“南京创新周”，打造国际一流的科技创新合作新平台。这些都为广大海内外人才创在南京、链接四海提供了无限可能。

（三）实现路径

南京构建具有全球竞争力的人才制度体系，要坚定制度自信，以人才培养为基础，以全球吸引配置为突破口，以发挥市场决定作用为导向，以实现价值为核心，深化改革，巩固优势，补齐短板，引领创新驱动，为南京经济社会发展提供坚强的人才制度支撑。

1. 政策突破

构建具有全球竞争力的人才制度体系的一个平稳可行的办法是先从政策创新入手，把经过反复实践证明切实可行的制度固定下来，逐步形成区域性的人才制度。广义地讲，人才政策也属于制度的范畴。因为政策都是由各种规定组合而成的，也是对人们的行为进行约束与规范。不过，相对于法律来说，它属于尚未凝固的、比较软的制度。从这一路径来说，制度体系是一种贯穿于人才的生产、使用、引进、流动、评价等各个环节的规则，是能够达到具有全球竞争力效能的整体人才准则。整理比较和归纳提炼南京市出台的具有全球竞争力的人才政策，寻找含金量高的、具有亮点的、能够确实奏效的政策，逐步落实固化下来，就能形成一套具有南京优势且具有全球竞争力的人才制度体系。

（1）市委“一号文件”的政策

南京连续两年出台专门支持创新创业的市委“一号文件”，其中很多政策是突破性的，是南京特有的。所有这一切，都是为了在人才的培养、吸引、使用、激励诸方面赢得竞争优势。主要包括人才资助、创办企业、住房安居方面的政策。具体体现在：支持在宁企业参与或承担国家科技重大专项的政策；支持名校名所与名城融合发展的政策；推进创新人才集聚工程的政策；全面实施大学生“宁聚计划”，调整人才落户的政策；推进新型研发机构落地的政策；培育创新型领军企业，对瞪羚企业、独角兽企业、拟上市企业开设绿色通道的政策；大力发展创新型产业集群的政策；建设一流科技产业园区的政策；建立孵化器、加速器、众创空间绩效考核奖励制度。

（2）科技体制改革的举措

在科技体制改革上，南京可以说是中国醒得早也起得早的一批城市。改革开放40多年来，从首先把市属科研院所推到市场上去，到后来逐步把“松绑”南京高校院所科研力量作为工作重心，这条改革之路南京走得很坚定。2017年9月南京启动“两落地一融合”工程（科技成果项目落地、新型研发机构落地与校地融合发展），将其作为建设创新名城的具体抓手，其中最大亮点正是对科研团队的权益大幅倾斜。一大批科技体制改革举措的落地见效，不仅为南京增强经济创新力、综合竞争力、辐射带动力提供了强大支撑，更为推动高质量发展走在前列注入了强劲动力。

（3）高层次人才的“举荐制”

南京建立市场化社会化人才认定机制，创新人才选拔方式，引入人才“举荐制”，组建南京市高层次人才举荐委员会，通过业界“伯乐”相才荐才的方式，发现、选拔和培养一批在我市战略性新兴产业、“4＋4＋1”主导产业中崭露头角、具备创新创业优势、发展潜力大的优秀人才，畅通非共识性人才成长和服务绿色通道，努力打造国际化创新创业人才高地。从2018年起，南京组建举荐委员会，通过委员举荐和委员会集体研究票决或通讯票决的方式，每年定期开展高层次人才举荐认定工作，选拔认定一批优秀创新创业人才，对应南京市A—D类相应高层次人才，让其享受相应政策扶持。目前已举荐产生首批29名人才。

（4）优质政务服务的政策

南京出台了优化营商环境100条、民营经济30条，致力当好服务企业、服务人才的“店小二”。南京的服务走在前列：首先，企业能获得有力的创业支持。目前全市风投基金规模超过2000亿元；正在打造知识产权保护最严格城市；特别是针对留学人员建立了16家市级创业园并成立联盟、搭建平台，可以提供项目申报、创业孵化等全方位专业化服务。其次，能拥有良好的生活配套。南京打造了一批国际化的社区、医院和学校，建立了教育、医疗等绿色通道。“我的南京”App服务平台可以让大家足不出户就享受交通、旅游、社保等各种贴心服务。

2. 体制机制创新

提升南京的核心竞争力，必须大刀阔斧地进行人才体制改革、机制创新，扫除障碍，完善体系。全面落实中央关于科技体制改革的部署要求，增强科技创新的紧迫感和使命感，把科技创新摆到更加重要位置，进一步推动南京市科技体制机制改革向纵深发展，加快向具有全球影响力的科技创新中心进军。

（1）建立市场导向和市场驱动的体制机制

进行人才制度创新，必须力戒人才政绩工程，引进人才不以院士、博士数量多少论成绩。贯彻人的价值高于一切的理念，以此来设计人才的体制和机制。人才的激活和流动需要人才中介服务机构的专业化水平与能力。打破以学历、职称、资历、身份等作为标准的旧观念，把能力业绩作为人才的核心标准，树立“大人才观”。

（2）建立人才价值为标准的体制机制

建立以能力型、业绩型为评价依据的体制和机制。人才的选拔、培养方向多样化，改变晋升职位为职业生涯唯一途径的观念，鼓励人才向能力型方向发展，淡化职务、权力，强化目标、责任，实行问责制。建立以职务和能力为基础，以职责为中心，以素质模型为标准，以人员测评为手段的人才评价任用机制。推进人力资源与人力资本的多元化价值分配体系，满足多样化的人才需求。针对人才缺失、流失、恶性挖墙脚现象，进行人才信用与道德体系的创新。

（3）建立系统性管理人才的体制机制

一个组织要通过引入体制、机制使人力资源始终处于激活状态。体制、机制要发挥作用必须通过系统化、制度化的设计来保证；体制、机制的作用要通过人才来实现。必须从全球视野的角度广纳人才，建立多样化的人才通道，建立有利于人才快速流动的高速公路和绿色走廊。构建科学的人才管理机制，有赖于创新与此相配套的评估机制、培养机制、责任机制、运行机制等，做到人尽其才、才尽其用。必须为人才营造良好的生活环境、学习环境、工作环境，建立国际化、专业化、信息化的人才市场体系。

（4）建立人才“三公”竞争的体制机制

建立和完善能上能下、充满活力、促进优秀人才脱颖而出的用人体制、机制，实行公平与效率相统一、激励和监督相结合的竞争机制，考试录用、竞聘上岗、试用考核、离岗培训必须形成体系和常态。推行效率优先、兼顾公平，按劳分配，把管理、技术、专利、发明等要素纳入收益分配体系，重实绩、重贡献，向优秀人才和关键岗位倾斜。

（5）实施人才国际化战略的体制机制

系统的体制机制创新，能使人才的整个链条与国际接轨。实行多样化的聚才体制，要以事业吸引人，以环境温暖人，以待遇留住人，以政策激励人，以环境优、机制优、服务优作为人才引进、人才培养、人才使用、人才流动、人才激励、人才保障的“软实力”，实施用事业留人，用感情留人，用感恩留人的大智慧、大格局、大战略。

三、核心与内容

（一）四项核心制度

1. 构建具有全球竞争力的人才生产制度

人才生产（培养）制度在中国特色人才制度体系中处于基础地位。大批量生产人才资源的主体渠道在教育。南京教育的全球竞争力直接决定了人才生产的全球竞争力。南京在人才、科技创新方面的资源优厚，政府也比较努力，立足南京独特的科教资源优势，以创新驱动为路径，长期来看，提升南京人才培养的全球竞争力潜力较大。

一是创新人才培养理念，开启人才培养新模式，分层别类地培养学术人才、工程师人才和技师人才，培养大批有高素质涵养、有创新意识和创新能力的一代新人。二是推动高等教育大众化和人口现代化，努力扩大就业人员中受过高等教育人数的比例，提高就业人员平均受教育年限和提升高等教育毛入学率，实现新一代人口人才化，开创人人皆可成才、人人尽展其才的生动局面。三是加大教育投资力度，提高教育投入占 GDP 的比例，使之逐步达到世界较高水平。四是加快人才供给侧结构性改革步伐，加大教育改革力度，创新教育培养模式，调整高等教育专业结构，培养能够满足经济社会发展需要的具有全球竞争力的人才资源。五是提高南京高校对全国和各国学生的吸引力，鼓励外国学生来华留学、实习、创新创业，使南京成为外国学生眼中独具魅力的城市。

2. 构建具有全球竞争力的人才吸引制度

能否在全球范围内集聚一流人才，是判断人才制度是否具有全球竞争力的试金石。吸引外国的优秀人才到南京来工作，可以省去培养环节，是低成本扩大高价值人才规模的捷径。这就要求南京树立全球视野和战略眼光，提高人才对外开放水平，开创人才对外开放新局面，吸引海外高层次人才回国来华创新创业和工作。全球城市中科技创新基础前沿领域的研究热点（材料与化学、电子信息、能源与环境、生物医药、物理等领域），更具集聚全球科学家和科研人员合作研究的可能，更有产生学术全球影响力和引领科研突破的前景。

当务之急，一是继续实施人才工程和相关政策，吸引留学海外的学子回归创新创业。二是抓紧配合出台中国移民法案，整合人才签证、居留、国籍、社保、教育等相关政策规定和法律制度，大批量吸引外国高层次人才和紧缺人才到南京工作定居。三是吸引国外优质教育资源、科研资源到南京落户或设立分支机构，创新中外合作办学、合作科研模式，借此引进高层次教育、科研专家来宁工作。四是建立国际人才虚拟集聚平台，推进全球网络空间中的协同创新、离岸创业和柔性流动，采用各种灵活方式柔性吸引汇聚高层次专家来宁工作、讲学、交流、合作科研攻关、创新创业。五是探索整建制引进创新创业人才团队办法，团队中只要有一定比例以上的人才符合引进条件，对其余人员可以放宽准入门槛，不受学历、职称、年龄等条件限制。六是走出去，通过在海外设立办学机构、研发机构、工作站、人才寻访机构等形式网罗当地优秀人才为我所用。

3. 构建具有全球竞争力的用人主体和高层次人才制度

习近平总书记在谈到把《关于深化人才发展体制机制改革的意见》落到实处时一针见血地指出，要着力破除体制机制障碍，向用人主体放权，为人才松绑。用人主体和人才是运行于人才市场上的供需主体，放权松绑是突出市场导向的标识。广泛实行柔性化用才，支持企业建立海外专家工作室，鼓励科研人员在岗和离岗创业，支持企业人才到高校和科研院所兼职，特别是鼓励各类人才在南京参与组建新型研发机构，支持人才团队持大股，每年按绩效择优给予奖励。

为此，一是要转化政府职能，有关行政部门要进一步简政放权，放开用人主体手脚，充分保障企事业单位编制管理、人员聘用、职称评定、绩效工资分配以及激励等方面的用人自主权。二是遵循社会主义市场经济规律和人才成长规律，积极稳妥地培育和健全人才市场体系，从广度和深度上推进人才市场化改革，突出市场导向，推动人才资源配置依据市场规则、市场价格、市场竞争实现效益最大化和效率最优化，激发各类人才的创造活力和各类用人主体的用人活力。三是鼓励和引导南京的企业、高校、科研院所走出国门，以宽眼界、强决心和大气度积极参与全球人才竞争，采用柔性流动等方式在全世界范围内选才和配置人才，在竞争中培养人才、锤炼人才和提升人才使用效用。四是保障人才个人的成才权、流动（择业）权和创业权，鼓励人才在国际环境中提炼素质和能力，引导高层次人才参与国际竞争与合作，提高创新创业的效率和成功率。五是扶持壮大高端人才服务业，引进国际知名的人才服务机构和企业，培育和扶持国内的现代人才服务机构，为人才和用人单位提供国际化的中介服务或为人才创新创业提供全要素组合与孵化的服务。

4. 构建具有全球竞争力的人才治理制度

推进人才治理体系和治理能力现代化，必须完整理解和把握全面深化人才发展改革的总目标，既要充分认识推进人才治理体系和治理能力现代化的重要性和紧迫性，又要充分认识完善和发展中国特色人才制度的长期性和艰巨性。

一是提升政府人才治理能力和水平，限制政府的权限，调整政府的管理方式，严格控制政府有关部门拓展管理边界的冲动，建立人才发展与经济社会发展相适应的机制，保证人才安全，推动简政放权，突出市场导向，激发用人主体活力和人才创新创造创业活力，强化法治意识，改进治理方式，运用科学治理手段推进社会治理精细化、准确化。二是增强社会服务功能，完善基层社区人才治理体制。在各类园区因地制宜地建设海外人才开放创新集聚试验区、人才服务产业集聚区、人才特别社区和人才管理改革实验区，改善创业、居住、学习和工作环境，促进国际化的公共服务、便利服务和一站式服务。三是发挥社会组织作用，培育人才自治新组织，健全法人治理结构，建成自主、自为、自律主体，承接政府转移职能，起到政府和市场都不能起到的综合监督、信息流通、资源整合、自我协调和自我服务等作用。四是以法治保障来完善和发展人才制度，推进人才发展治理体系和治理能力现代化，适时出台单项人才法律法规和相关法，推进立法进程，加大执法力度，确保南京人才制度体系的全球竞争力不断得到提升。

（二）五项具体内容

1. 打造产才融合新格局

从参与全球价值链向参与全球创新链跃迁，其重点在于促进产才融合，全力推动以产兴才、以才促产，推动一批具有较强竞争力的产才融合发展高地率先嵌入全球创新链。集聚全省资源，积极协调中科院等科研院所，大力支持南京建设综合性科学中心；大力推动紫金山实验室建设，协调推动未来网络等国家重大科技基础设施建设，支持开展基础研究、原始创新，努力解决科技创新成果“有高原、缺高峰”的问题；支持南京加快培育战略性新兴产业，协调推进重大产业项目建设，着力打造新能源汽车、集成电路、生物医药等产业地标；支持南京江北新区建设发展，大力推进各类创新载体、产业项目和基础设施建设，集聚高端发展要素。

在政策设计上，以招商招才互动协调为突破，按照“围绕产业链部署创新链，围绕创新链完善资金链”的逻辑主线，遵循产业发展全要素的传递、创新、扩散、协调的内在关系，推动招商引资和招才引智同谋划、同实施、同考核。在区域布局上，以开发园区为主体，将园区重点产业人才的精准引进纳入工作重点，绘制重点产业全球人才分布地图，搭建行业领军人才云平台，在海外创新资源富集的国家或地区精准开展“双招双引”活动。在资源协同上，推动人才计划与各类科技、产业计划相互衔接、互认共享，形成集成支持。在金融支持上，推进人才、资本和产业有效对接，集聚全球创投资本，鼓励财政设立人才创新创业风险补偿资金池，健全投贷联动、征信、增信、转贷、保险、担保等专业服务体系。

2. 建立协同创新新机制

在不改变部门现行分工体制的前提下，探索部门间协同推进科技工作的新机制。主要做法是将所有科技工作统筹在南京综合性国家科学中心建设的这面大旗之下，在紫金山国家实验室、重大科技基础设施群、紫金山生态文明创新中心以及紫金山国际医学中心的建设中形成“四个协同”，即目标导向协同、重点工作协同、统计考核协同、评价奖励协同。推进协同创新新机制的一个重要方面是建立基础研究、应用研究、成果转化和产业化紧密结合、协调发展机制。在建立这个机制的过程中，坚持企业主导产业技术研发。

要共享全球智力资源，树立全球视野和战略眼光，更大力度“走出去”、更高水平“引进来”，创造性地在更高起点上开展协同创新，切实提升南京人才国际化水平。在合作范围上，积极扩大国际合作的“朋友圈”，与发达国家特别是“一带一路”沿线国家和地区建立长期稳定合作关系，打造合作创新共同体，构建互惠共赢的利益联结新机制。在合作平台上，加强联合研发平台、技术转移中心、国际化新型研发机构、海外协同创新中心、离岸创新创业基地等科技创新平台的建设，畅通对外交流引水渠，促进各国优势科技资源互联互通。在合作模式上，通过设立政府间研发合作资金、建立国别合作创新园区、共建特色创新园区，聚焦关键技术、核心工艺和共性问题，吸引世界优秀人才联合攻关。在合作机制上，共同制订国际人才合作规则，主动设置全球性创新议题，促进创新人才开放流动，丰富和深化多领域国际合作层次和水平。

3．开拓国际交流新通道

进一步扩大人才对外开放，打造世界级的创新“朋友圈”。通过领袖峰会、双创大赛、创客嘉年华等系列活动，汇聚全球精英人才，共建全球聚智磁场，共绘开放创新蓝图，共享交流合作成果。

深度融入“一带一路”建设，打造海上、陆上、空中、网上四位一体的国际大通道。加快国际物流合作基地、国际物流园建设。坚持“走出去”“引进来”相结合，大力推进国际产能合作，着力建好境外合作园区，搭建对外交往、科技支撑、人文交流、服务支持4个重点平台。鼓励企业深度参与国际标准制定，不断增强南京在全球科技竞争中的影响力和话语权。坚持共商共建共享，发展一批国际友好城市，鼓励龙头企业建立国际经贸合作园区，推动装备、技术、标准、服务“走出去”，加快形成开放发展大通道。

4．构建人才制度新优势

构建具有全球竞争力的人才制度体系急需进一步深化人才发展体制机制改革，加大改革创新力度，针对国际化人才的特质，以实现价值为核心，通过人才体制机制的“放权、松绑、破壁、激活”，以更有力的、更具针对性的、国际通行的政策措施，形成制度整体优势。

充分开发利用国际人才资源，一方面，要以统筹升级各类人才工程为抓手，针对科技顶尖人才、外籍青年人才、外国留学生等，完善工程的引才标准、引才机制、引才方式等，实施更加精准、更加聚焦、更加积极、更加开放、更加柔性的人才集聚政策；另一方面，针对当前人才政策孤立化、碎片化等不足，以构建协同型政策体系为抓手，契合人才国际化的战略诉求和定位，精准识别制度创新和完善的突破点，提升人才制度实施效力的协同保障机制，提高人才政策目标的协同度，形成多层次、多维度、协调性、集成化的人才制度体系，实现人才集散配置枢纽的价值目标。

5．厚植人才发展新环境

充分发挥位于“一带一路”交汇点和长江经济带建设、长三角一体化发展等重大战略叠加区的区位优势，抓住国家将南京定位为特大城市的重大机遇，大力推动南京建设国家综合交通枢纽示范城市。把南京综合交通枢纽建设放到全省现代交通运输体系建设中来谋划，修编完善全省铁路、轨道交通、高速公路、航道、航空建设规划，聚焦提升南京枢纽地位，加快推进高铁南京北站和北沿江、宁淮、宁宣（黄）、宁扬、宁马等铁路建设，着力打造“米”字形高速铁路网，推动江苏由“多中心”结构向“省会南京中心枢纽”结构转变；加快推进过江通道建设，打通江北新区建设发展的交通瓶颈制约；推动全省港口资源整合，加快发展水铁联运、江海联运等多式联运，加快南京长江航运物流中心建设；以南京禄口机场为龙头，整合全省机场资源，组建东部机场集团，加快开拓国际航线，推进航空物流相关重大项目建设，着力提升南京禄口机场的国际化水平和辐射带动能力。进一步解放思想，更新发展理念，提高目标定位，加快提升省会城市功能和中心城市首位度，参与全球人才竞争，着力营造一流的人才发展环境。

实施具有国际竞争优势的人才激励保障措施，以更加开放包容的环境、尊才重才的氛围、优质高效的服务、一流的待遇激励，让海外高层次人才近悦远来。健全国际人才服务体系，推动创设适宜国际人才工作生活的“类海外”环境，探索建设国际人才社区，推行外国人才办事综合服务“一卡通”，全面优化人才来华工作管理服务。完善与国际接轨的商务商贸、教育医疗、公共服务、生活配套等设施，有序推动国际教育、医疗、养老、社会保障及人才服务与发达国家有效对接。进一步实施法治服务环境提升计划，加大知识产权保护力度，完善外籍人才签证、永居、移民、入籍、税收、金融等政策体系和相关法律法规，健全符合国际惯例的人才管理法规配套制度。

四、实施与保障

（一）人才本位

人才引领发展中还面临着一系列自身体制机制性障碍，人才竞争力不强是“官本位”体制的结果。必须坚持人才本位的治理思想，通过深化改革，放权松绑，确立人才市场主体地位，把人才从繁文缛节的管理体制桎梏中解放出来。

积极学习借鉴发达国家、先进城市的成功经验。在激烈的国际竞争背景下，南京城市人才竞争力在全球范围内依然处于弱势地位，与发达国家、先进城市相比仍然存在不小的差距。这些差距实质反映为制度上的差距，如高端人才的引进和移民政策、吸引留学生制度、人才评价发现制度、人才荣誉奖励制度、人才市场配置机制、人才立法等方面都值得大胆学习借鉴。因此，必须增强忧患意识、竞争意识和改革意识，积极有效应对国际人才竞争的挑战，扩大国际合作与交流，实施更加开放的人才政策，努力缩小与发达国家的差距，以重点领域的突破带动整体优势的发挥，这样才能在激烈的国际竞争中掌握战略主动，为实现人才大国向人才强国的转变奠定基础、创造条件。

（二）人才法治

人才未来30年发展更多的矛盾将是面临国际上的激烈竞争。当前许多方面还停留在传统的管理思维和方法之中，不适应国际环境下人才争夺的规律性特征，为此必须以新理念、新方法构建具有全球竞争力的制度优势，推进人才发展治理体系走向现代化。用法治推动人才制度与国际接轨，形成具有国际竞争力的人才制度优势；用法治约束政府行为，规范人才政策的制定和人才工程的实施；用法治明确政府的权力与责任、用人单位和人才的权利与义务，促进人才发展的社会化和人才配置的市场化；用法治维护公平正义，推动人才公共服务的均等化。

加强人才法治建设，营造人才辈出的社会环境。人才体制机制改革的关键是尊重人才成长规律和人才开发规律，落实好用人主体的自主权，发挥好市场配置人才的基础作用。要通过人才法制建设，加快推进企业经营管理人才职业化、市场化、专业化，改革事业单位行政化的人才管理方式，减少人才聘用、选拔、评价、激励等过程中的行政干预，落实高等学校、科研院所等单位的用人自主权，鼓励和引导非公有制经济组织和社会组织认真做好人才服务和管理工作，充分发挥用人单位的积极性、主动性、创造性。政府部门切实转变职能，创造人才良好发展环境，提供人才优质公共服务，监管人才市场规范运行。努力做到用环境凝聚人才，用机制激励人才，用法制保障人才。完善科技创新政策体系，推动地方科技立法工作，制定科技创新中心建设条例，为科技体制改革提供法制保障。

（三）人才生态

面临国内社会主要矛盾的重大变化，人才的多样性、多元性、多变性将使需求差异不断拉大，人才发展的不平衡、不充分甚至不公正问题将会更加突出，这些新情况、新矛盾、新需求提出了加强人才发展的新生态建设要求，有了健康合理的人才发展生态，才能让各类人才的创造活力竞相迸发、聪明才智充分涌流。

南京要从历史、现实和未来相交汇的高度研究和推进南京发展，“坚持问题导向、系统思维、创新思维、集成超越”，全面提升城市的建设和水平，在高质量发展上当好标兵，更好支撑和服务全省大局。集成超越要善于把各地成功的改革经验创造性集成运用，从而产生耦合和裂变效应，形成新的整体竞争力。长三角科创圈建设方面有一个总体的设想，叫一核、三极、多点，即1＋3＋（N）。一核就是要发挥上海科技创新中心和综合性科学中心的龙头核心作用。三极就是要强化南京、杭州、合肥三个区双创中心城市的复式联动。多点就是要推动科创圈内更多的城市，以更加开放的姿态、更加包容的理念，全方位开展创新合作。未来长三角科创圈还可以向西，加强与武汉、重庆、成都等长江沿线节点城市的合作，带动形成长江经济带的科创圈，构建东西联动、各展所长的全方位创新发展一体化格局。

实践探索

论人才个体创新能力的本质内涵、生成逻辑和培育路径

——基于100名改革先锋的事迹文本分析*

袁 芳**

摘 要 人才个体创新能力是人在认识和实践活动中形成的创造性思维和创造性实践能力，是人的能动性的突出表现，是人的创造性劳动成果的智力体现。100名改革先锋事迹的文本分析表明，改革开放的伟大决策、中国共产党主导力量的发挥、个体多种素质和能力的厚积薄发、宽松民主的社会环境构成了人才个体创新能力的前提条件、组织保证、内在条件和外部支持。新时代个体创新能力的培育，重点在于树立创新能力组织开发和自我开发的意识；改革人才评价制度，注重创新精神的培养；全面深化改革开放，培育包容性的创新文化。

关键词 创新能力 本质内涵 生成逻辑 培育路径

2018年12月18日，在庆祝改革开放40周年大会上，100名为改革开放事业做出杰出贡献的先进典型被授予“改革先锋”的荣誉称号（以下简称“改革先锋”）。100名改革先锋的事迹文本是中国改革开放40年来历史进程的生动体现，也是中国情境下人才个体创新的集中呈现。本文针对100名改革先锋的优秀事迹文本，通过文献计量、文本分析、内容分析和横向比较等方法，深刻把握人才个体创新能力的本质内涵、生成逻辑和培育路径，对全面深化改革、建设创新型国家具有重要的理论意义和实践价值。

一、100名改革先锋事迹的文本分析

我们对100名改革先锋的个人基本信息进行了收集、整理和统计。数据显示，100

* **基金项目**：北京高校中国特色社会主义理论研究协同创新中心（中国政法大学）阶段性成果、首都大学生思想政治教育课题一般项目“十八大以来习近平青年人才思想研究”中期研究成果。

** **作者简介**：袁芳（1981～ ），湖北黄冈人，中国政法大学马克思主义学院副教授，法学博士，中国人才研究会人才学专业委员会理事，研究方向为马克思主义理论与思想政治教育、人才学。

名改革先锋中男性占89%，女性占11%；中共党员占57%，其中23位曾获“全国优秀共产党员”称号、1位党员被誉为“党员领导干部的楷模”；80岁以上的占31%，30～50岁的占10%，50～60岁的占19%，60～70岁的占20%，70～80岁的占20%；改革先锋所在地域中浙江占16%，江苏占13%，广东占8%，其他省份分布较为平均。

改革先锋中27%属于一线楷模和科技创新领域的杰出贡献者，12%来自基层治理中的杰出代表，10%来自体育文化界的名人，国企改革和国防军事领域的杰出代表占7%（见图1）。

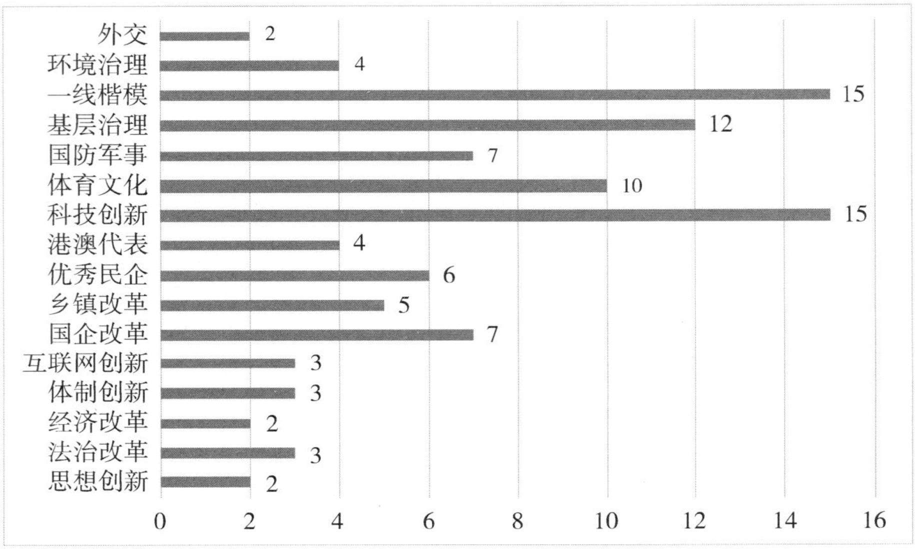

图1　改革先锋所在行业分布

我们通过对100名改革先锋的事迹材料进行搜集和整理，形成了60多万字的汇总材料，运用ROST CM6软件，得出了相关的词频统计，排名前20位的词频如表1所示。

表1　改革先锋事迹材料词频统计

关键词	词频	权重
改革	1011	0.8642
人物	845	0.8581
经济	483	0.8002
获奖	445	0.826
技术	440	0.7879
先锋	395	0.8207

续表

关键词	词频	权重
国际	381	0.7838
荣誉	350	0.8002
世界	349	0.777
优秀	340	0.7838
精神	326	0.7759
贡献	320	0.782
创新	302	0.7749
开放	292	0.775
建设	265	0.7586
市场	263	0.7543
杰出	252	0.7878
学习	245	0.7537
先进	236	0.7576
理论	231	0.758

以上数据表明，改革先锋多数为男性，大多在青壮年时期就参与了近40年改革开放的实践，经过长期探索在不同行业取得了突破性成绩。党员在时代发展中发挥了重要的先锋带头作用，体现了中国共产党在改革开放中的主心骨作用。浙江、江苏和广东作为中国改革开放的先锋，拥有良好的地域优势，涌现了较多的典型代表。改革基层一线、科技创新和基层治理等行业和领域中出现了更多的改革先锋，他们成为我国改革的排头兵，形成了改革开放的强大动力，充分体现了蕴藏在基层和科技领域的创造力。同时，国企改革和国防军事作为我国经济的主体力量和改革开放的守卫者，在改革开放中发挥着重要的调控和防御作用。100名改革先锋都是在各行各业改革大胆探索和发展中做出突出贡献的杰出人物，创造了一个又一个新的奇迹，共同促进了中国经济的腾飞，推动了中国特色社会主义市场经济的形成和发展。改革、经济、技术等作为改革先锋事迹材料中高频的词汇，意味着100名改革先锋所形成的创造性劳动成果给各个领域带来了改革，助推了中国经济的发展和技术领域的进步。各个领域和行业的创新实践，使得改革先锋不仅在国内获得荣誉，还在世界范围内形成了引领作用，彰显了中华民族强大的创新精神，成为当代中国最鲜明的精神标识。

二、人才个体创新能力的本质内涵

创新是一个时代命题，中国改革开放的历程就是一部在不断创新中前进的历史。

创新作为我国现代化进程的重要动力，日益成为新时代经济转型升级的新引擎。2015年，十八届五中全会提出了“创新、协调、绿色、开放、共享”的五大发展理念，将创新发展作为五大理念之首。创新发展理念中的“创新”已经超越了科技层面，涵盖了各个综合层面的创新。创新不仅是对科技工作者的明确要求，更是对全党、全社会提出的紧迫任务。2017年习近平在十九大报告中指出，创新是引领发展的第一动力，是建设现代化经济体系的战略支撑。[①]“第一动力”和“战略支撑”两个重磅词语再次重申了创新在当今我国经济发展与世界竞争中的重要地位和作用。2019年“两会”期间，习近平总书记参加福建代表团审议时强调，要营造有利于创新创业创造的良好发展环境，从“双创”（创新创业）到“三创”（创新创业创造），是新时代我国实现国家现代化战略发展的必然要求。当前，我国正处于新一轮科技革命和产业变革浪潮之中，互联网和人工智能助推产业结构调整，为我们带来了创新的重大机遇。创新驱动的本质是人才驱动，迫切需要提升人才个体的创新能力。

“创新”这一概念在经济学、哲学、心理学等学科中都有所运用，从多学科的理论视野中深入把握创新的内涵和特征，为深刻认识创新能力提供了前提基础。

在经济学中，“创新就是为改变资源给予消费者的价值和满足的行为”[②]。由此，创新不仅具有新颖性、首创性，还具有价值性的特征，即创新必须有利于人类社会的进步。创新不是对细枝末节的修修补补，而是一项系统工程，不仅包括器物层面的创新，还包括思想观念层面的创新。美国管理学家德鲁克认为，创新的前提条件是“有系统地抛弃昨天”[③]，他指出，“抛弃旧的”并不等于创新，“抛弃昨天”意味着“除旧”，但除旧的目的是“纳新”。同时，“突破”并不意味着一定要抛弃所有旧的，而要深入思考抛弃什么和如何抛弃的问题。由此，“创新”不同于“改革”，虽然改革是创新的基础，创新反过来又促进改革的深化，但改革侧重于对于现有弊端的革除，而创新侧重于突破，这种突破能为人们带来进步价值。

在哲学中，“创新”是人的认识或实践的突破性发展，是人的完整的实践过程。在这一过程中，突破是创新的前提条件，取得创造性劳动成果是创新的结果。从社会发展矛盾的视角出发，马克思认为，创新是社会生产力发展和变化的必然结果，即生产力的发展与变化迫切需要与之相适应的生产关系做出相应的调整和变革，生产力和生产关系之间的矛盾是推动创新的根本动力。马克思通过深入研究资本主义制度的产生和发展规律，提出创新是客观必然性和主观能动性相统一、质变与量变相统一、继承性和创新性相统一的过程。

---

① 参见习近平：《决胜全面建成小康社会 夺取新时代中国特色社会主义伟大胜利——在中国共产党第十九次全国代表大会上的报告》，人民出版社2017年版，第31页。

② 德鲁克：《创新与企业家精神》，机械工业出版社2007年版，第22页。

③ 德鲁克：《动荡年代的管理》，工人出版社1989年版，第55页。

在心理学中，“创新能力”被看作人类心理机能的高级表现。我国心理学家林崇德把创新能力定义为“根据一定目的，运用一切已知信息，产生出某种新颖独特、有社会或个人价值的产品的智力品质”[①]。美国著名心理学家斯腾伯格明确指出，创新能力是由知识、智力、思维方式、个人性格、动机、技能等六种要素共同作用的结果。[②] 美国心理学家吉尔福特认为，创新能力是一种提出或产出具有新颖性（即独创性和新异性等）和适切性（即有用的、适合特定需要的）的工作成果的能力，认为创新能力具有独创性、灵活性和流畅性的特征，独创性即新颖独特，灵活性即随机应变和触类旁通，流畅性即思维灵敏迅速。他是提出要培养人的创新能力，应从培养独创性、灵活性和流畅性入手。

约翰·拜尔提出了创造力游乐场理论，将创新能力分为先决条件、一般主题层面、领域和微领域四个水平，这使我们认识到既有一般性创新能力，也有特殊领域的创新能力。先决条件就像人们进入游乐场要有门票一样，包括智力、动机和环境，它们是创造能力形成的基础。一般主题层面就像进入迪士尼乐园后，需要决定去哪个主题公园一样，它是创新能力的基石，此层面上，创新能力开始出现差异。领域就像主题公园里有街道、乐园和小镇等一样，这一水平中的各领域的创新能力的差异更加明显。微领域好比街道上有马车、店铺和餐厅一样，同一领域的各任务之间拥有许多共性，但也存在着很大差异。由此，创新能力的形成和发展是一个多维结构，是多个因素的有机结合，“创新能力是一般能力和特殊能力、智能因素和非智能因素之间的相互作用的合力效应”[③]。由此，创新能力的培养应强调不同因素之间相互作用的重要性。

综上所述，创新主要依赖于人的创新能力，这是新时代国家现代化发展的必然趋势。因此，创新能力在人才素质结构中处于前所未有的重要位置，关乎人才个人潜在价值的发挥，决定着个人的发展前景和对社会的贡献度。人才个体创新能力是人才个体在认识和实践活动中形成的创造性思维和创造性实践能力，是人的能动性的突出表现，是人的创造性劳动成果的智力体现。所谓“创造性”，即新颖性、独特性、非模仿性和非重复性，在人们认识世界和改造世界的过程中，创造性的实际表现就是创新能力。

三、人才个体创新能力的生成逻辑

改革开放是人才个体创新能力形成和发展的实践载体，改革先锋都是在中国特色社会主义市场经济建立的实践过程中成长成才的，共同铸就了改革开放的伟大成就。作为根本动力的生产力和生产关系的矛盾、作为主导力量的中国共产党、作为主体力

① 林崇德：《创造性心理学》，北京师范大学出版社 2018 年版，第 3 页。

② 参见［美］罗伯特·J. 斯滕博格：《创造力手册》，施建农等译，北京理工大学出版社 2005 年版，第 3 页。

③ 叶忠海、钟祖荣、沈国权：《新编人才学通论》，党建读物出版社 2013 年版，第 233 页。

量的人民群众、作为外部支持的宽松民主的社会环境，共同形成了人才个体创新能力的生成逻辑。

（一）改革开放的伟大决策：个体创新能力生成的前提条件

改革开放作为中国现代化进程中的关键一招，促成了中国社会各个领域和层面的伟大变革。马克思深刻地指出："一种旧的制度，当它严重影响社会生产力的继续发展的时候，它的变革显得越来越迫切。这是社会历史发展的必然性的体现。"[①] 在《共产党宣言》中，马克思高度评价了资本主义制度对生产力的推动作用；同时在《资本论》中，马克思对剩余价值规律的研究，又深刻地揭示了解放生产力的途径是消灭私有制。由此，从社会发展矛盾的视角出发，改革源自外部力量，是社会生产力发展和变化的必然结果，即生产力的发展与变化迫切需要与之相适应的生产关系作出相应的调整和变革，生产力和生产关系之间的矛盾是推动变革的根本动力。

改革开放中倡导的思想解放、实事求是就引导中国民众解放思想，尊重客观规律，运用客观规律解决中国问题。其中，思想解放是人的灵魂，没有思想的进步，人的认识就无法超越旧的束缚。现代化理论提出，"现代化主要是——心灵的状态——进步的期望、成长的倾向及让自我适应变迁的准备……要走向现代化，必须在人格系统上有所调整，也即必须要具有一种'心灵的流动'即'移情能力'"[②]。改革开放后，人民群众的主体意识和权利意识不断觉醒并日益凸显，这为个体创新能力的形成提供了重要的思想先导和前提条件。中国改革开放的成功，本质上是解放思想、实事求是在全党和全社会贯彻落实的结果。

思想解放需要理论创新来指导。习近平总书记在党的十八届三中全会重要讲话中指出："理论创新对实践创新具有重大先导作用，全面深化改革必须以理论创新为先导。"[③] 在我国，马克思主义理论是中国共产党的伟大旗帜，随着马克思主义理论研究的深入以及研究视野的拓展，新的思想火花将为治国理政提供有益启发。正如邓小平所同志提出的，"不以新的思想、观点去继承、发展马克思主义，不是真正的马克思主义者"。[④] 改革开放以来，中国共产党人及时总结改革发展中的实践规律，自觉推动马克思主义理论的创新发展，为思想解放提供了重要的理论源泉。当前，习近平新时代中国特色社会主义思想的形成和发展，为进一步推动改革注入了强大的思想动力。新时代只有以习近平新时代中国特色社会主义思想这一马克思主义的最新理论成果武装人们的头脑，才能进一步促进思想解放，为人才个体创新能力注入原动力。

---

① 《马克思恩格斯全集》第3卷，人民出版社1995年版，第289页。

② Daniel Lerner，*The Passing of Traditional Society*，*Modernizing the Middle East*，New York：The Free Press，1958，p. 73.

③ 《中共十八届三中全会在京举行　习近平作重要讲话》，《人民日报》2013年11月13日。

④ 《邓小平文选》第3卷，人民出版社1993年版，第292页。

(二) 中国共产党主导力量的发挥:个体创新能力生成的组织保证

中国共产党领导的改革开放是一场革命,主要通过改良的方式推动社会各个领域的变革。改革开放是中国社会基本矛盾运动和时代发展的必然产物,也是中国共产党团结全国各族人民实现梦想的奋斗过程、实现推动器物层面和思想观念层面的创新创造过程。这一过程是建立在量变积累基础上质变的结果,是在继承原有制度的基础之上的复杂的演变过程,正如马克思曾指出:“从过去继承下来的条件下创造。一切已死的先辈们的传统,像梦魇一样纠缠着活人的头脑。”① 这一观点与西方经济学家诺斯提出的“路径依赖”理论又有相似之处。诺斯认为,如同物理学提出的“惯性”理论,一种制度一旦被选择后无论是否能够有效促进社会发展和进步,在一段时间内将持续存在,这是因为在创新过程中人们会考虑所付出的成本。对于个人而言,由于前期在一项制度的预设中投入了大量的时间、精力和金钱,人们往往不愿轻易改变。对于组织而言,由于现有制度的存在形成了稳定的利益集团,只有维持现有的制度,才能获得持续性的利益,因此组织往往会选择固守原有的制度体系。中国改革开放正是在坚持中国共产党的集中统一领导下才逐步突破“路径依赖”,中国共产党主导力量的发挥,形成了集中力量办大事的制度优势,才能不断冲破制度的藩篱,实现渐进式和迭代式创新。

100名改革先锋中党员占57%,充分体现了中国共产党主导力量的发挥。改革先锋中牧区党支部书记尼玛顿珠成为西藏牧区改革的“排头兵”,充分发挥了基层党组织“领头雁”和“排头兵”作用;退休干部楷模杨善洲被称为“粮书记”,积极践行“只要生命不结束,服务人民不停止”的诺言;公共卫生事件应急体系建设的重要推动者钟南山在抗击“非典”中不顾生命危险救治危重病人;党员领导干部的楷模孔繁森为民服务的事迹激励着广大中华儿女到基层最困难、最艰苦的地方去干事创业;战斗英雄韦昌进参加边境自卫还击作战,彰显了无私奉献的牺牲精神;华西村改革发展的带头人吴仁宝率领华西村民持续奋斗;乡镇企业改组上市的先行者何享健带领普通民众敢闯敢试,勇于挑战;“雷锋精神”的优秀传承者郭明义时时处处发挥共产党员的先锋模范作用;航母战斗力建设的实践探索者戴明盟忠诚于党,以大无畏的牺牲精神带头挑战试飞风险项目,这些优秀共产党员始终奋战在改革开放的最前沿。正是中国共产党这一强有力的组织力量,使得广大人民群众在各个领域攻坚克难,取得突出成绩。

(三) 多种素质和能力的厚积薄发:个体创新能力生成的内在条件

新的生存环境塑造了独立个性的新一代,人性苏醒、人格独立已成为当代中国人的精神追求,广大人民群众构成了改革开放的主体力量,每一个人“不是一个被填充的容器,而是一个待被点燃的火种”②。从创新的主体上看,西方制度经济学家诺斯和

① 《马克思恩格斯选集》第1卷,人民出版社1995年版,第585页。

② 杨国英、杨绍梅:《论以人为本的思想政治教育方法》,《文山学院学报》2010年第4期。

戴维斯提出，创新主要依靠“第一行动集团”（主要指社会大众）和“第二行动集团”（主要指政府和政党）。[①] 马克思则认为，创新的主体包括人民群众、阶级集团以及国家政府。其中，人民群众是社会变革的主体，人民群众是创新的有效推动者。同时，马克思认为，只有掌握创新主动权的创新主体占据重要地位，只有代表进步力量的阶级集团或国家政府，才能有效推动改革。

100名改革先锋的成长史就是一个又一个普通个体的奋斗史，他们在青壮年时期就投身于改革开放的伟大实践之中，经过长期奋斗积累了突出的业务素质、政治素质、心理素质等综合素质和能力，在各行各业改革的大胆探索和发展中做出了突出贡献，创造了一个又一个新的奇迹，共同铸就了中国经济的腾飞。国企青年职工许振超立足本职苦练技术，刷新集装箱装卸世界纪录享誉全球，体现了新时代精益求精、求真务实的“工匠精神”。科技兴油保稳产的大庆“新铁人”王启民挑战油田开发极限，发扬“大庆精神”和“铁人精神”。知识型企业职工的优秀代表巨晓林勇于担当、认真钻研，自学掌握了大量铁路接触网施工所需要的新知识和新技能，从一名普通农民工成长为知识型工人。改革先锋中体育文化界的杰出代表郎平带领中国女排顽强战斗，勇敢拼搏，形成了激励人心的“女排精神”，实现了中国在体育赛场上的冠军梦。“中国天眼”的主要发起者和奠基人南仁东主持攻克了一系列技术难题，实现了中国拥有世界一流水平望远镜的梦想。航天科技事业创新发展的重要推动者孙家栋推动我国月球探测工程。“复兴号”高速列车研制的主持者孙永才实现了技术的自主创新。载人深潜事业的实践者叶聪终将“蛟龙号”从图纸变为现实，实现了中国人上天入地的伟大梦想。由此，人才个体创新能力形成和发展是一个持续性的积累过程，并不是灵感的突然迸发，而是多种素质和能力的厚积薄发。

（四）宽松民主的社会环境：个体创新能力生成的外部支持

宽松的社会环境能够为创新提供兼容并包的外部支持，浙江、江苏和广东作为中国改革开放的先锋，拥有良好的地域优势，涌现了较多的改革先锋。早在春秋时期，孔子就认识到政治气氛的影响，“是故治世之音安以乐，其政和；乱世之音怨以怒，其政乖；亡国之音哀以思，其民困。声音之道与政通矣”[②]。孔子认为，个人和社会受国家政治环境的制约，折射出社会的政治状况。1978年5月，南京大学胡福明教授在光明日报发表了《实践是检验真理的唯一标准》，以邓小平为核心的党中央拨乱反正，高度评价了这篇文章的立意，号召人们打破思想枷锁，从而彻底破除了教条主义思想的束缚。改革开放后，我们善于吸取历史教训，倡导宽松民主的社会氛围，20世纪70年代末我国各级人民代表大会和各级地方政府逐步恢复，80年代我国县级以下人民代表

---

① ［美］科斯等：《财产权利与制度变迁——产权学派与新制度学派译文集》，胡庄君等译，上海三联书店1994年版，第272页。

② 《礼记·乐记》。

开始直选，村民自治和居民自治开始推行，90 年代乡镇党政领导的公推公选开始试行，政治环境逐步得以优化，我国开始以更为开明的态度广泛吸纳广大人民群众的建议和意见。由此，我国人民群众在经济、政治、文化等领域的话语权不断拓展，宽松民主的社会环境为个体创新的形成和发展提供了良好的外部支持。

改革先锋中经济体制改革的积极倡导者厉以宁最早提出股份制改革理论，外交领域国家利益的忠实捍卫者史久镛开创涉外法律制度，国企改革“邯钢经验”的创造者刘汉章掀起企业管理模式革命，韦焕能率先实行村民自治，基层社会治理创新的优秀人民调解员马善祥首创了“老马工作法”，改革先锋中数字经济的创新者马云首倡世界电子贸易平台，“互联网＋”行动的探索者马化腾促进实体经济和数字经济的创新融合，“863”计划的主要倡导者王大珩研制出我国第一台大型光测设备。他们都积极参与改革开放各个领域的创新创造，集中体现了一种开放博纳的创新精神，带动了一批又一批的优秀人才在各行各业改革创新、锐意进取。

总之，在人类进化过程中，生产劳动、思维活动本质上都是创造性活动。但就人类的个体而言，创新能力能否激发以及发挥的程度却是极不相同的，这是由创造性活动的复杂性决定的。影响创新能力的因素很多，但概括起来，无非两大类：内在素质和外在环境。就内在素质来说，往往涉及知识、智力、思维、人格等。由此，个体创新能力受内在因素和外部环境等多种因素的影响和制约，应注重发挥人的内在动机驱动和外在环境培育的合力效应。

四、新时代个体创新能力的培育路径

当前，建设创新型国家、实现科技自主创新、提升创新能力，是涉及我国持续发展问题的关键。习近平总书记明确指出，发展是第一要务，创新是第一动力，人才是第一资源。新时代每一个个体都是助推创新发展的重要力量，我们要深刻把握我国创新发展的当前形势，注重培养人才个体的创新能力，助推人才的成长和国家的进步。

（一）人人都具备创新潜能，树立创新能力组织开发和自我开发的意识

霍德华·加德纳的多元智能理论提出，每个人同时拥有七种智力，它们以不同的程度和组合方式存在，每个人都具备创新的潜能，不同的环境和教育使得人的创新能力存在发展水平的差异。在正常条件下，只要有适当的有效教育和个体本身的努力，每个个体都能发展和加强自己的任何一种智力。这启发我们，必须认识到创新能力的广泛性和多样性，树立自觉开发创新能力的意识。对于组织而言，学校应开展德智体美劳等不同类型的教育，社会组织应注重从多个层面加强员工的培训；对个体而言，我们都应注重创新能力的自我开发，在促进自身全面发展的过程中提升创新能力。

创造力投资理论认为，高创造性的人在新领域内追求新异的、奇特的事物，起初

这不被人看好，一旦新想法最终呈现出它的高价值性，就会被高价卖出。[①] 由此，人的创新能力犹如一种未投入的资本，如果重视创新能力的培养，就如同投资一样，会产生可观的回报。人才个体创新能力的培养是一个系统工程，需要发挥多个主体的合力作用。尤其是高校，应加强创新人才培养的力度，提高创新人才培养的质量。作为我国现代化建设中高层次专业人才和具有国际水准的创新型人才的最重要的来源，大学生创新能力培养是当前高校人才培养的核心问题。

（二）改革人才评价制度，建立多样性的评价标准

人的创新能力的形成，需要通过各种形式多样的学习和实践活动。创新性要求的是新奇独特，意味着能别出心裁地做出前人未曾做过的事。在漫长的应试教育中，学生的创新精神被严重压抑和束缚，标准化的思维惯性、迷信权威、记笔记、背要点仍是很普遍的思维方式和学习方式，学生没有时间也没有动力去尝试创新，这种人才评价的制度环境急需改变。尤其要从考试制度改革入手，树立崇尚创新创造的价值追求。正如习近平总书记在教育大会上提出的，扭转不科学的教育评价导向，坚决克服唯分数、唯升学、唯文凭、唯论文、唯帽子的顽瘴痼疾，从根本上解决教育评价指挥棒问题。由此，我们应从顶层设计上改革人才评价制度，尤其是在考试方式和考试内容改革中增大对创新能力评价的比重和权重，发挥培育创新能力的导向作用。

人才评价是对人才素质和行为的评判，不仅包含对人才的品德、知识、能力的评估，还包含对人才潜能的评估。客观合理的人才评价能够科学地反映人才的质量及行为表现，是识别人才的重要方法。在人才评价中，哪种素质是受到重视的、为人才评价主体所提倡的，人们就会努力完善和发展这种素质；哪种素质是被轻视的，人们就会逐渐忽视这种素质的发展。人才评价标准是人才评价构成要素的核心，只有建立科学有效的人才标准，才能保证人才评价作用的有效发挥。

一项针对 321 名企业高管的访谈调查结果显示，组织要富有创新力和创造力，必须依赖多样性的员工。[②] 当前社会发展迫切需要具有创新意识和创新能力的复合型人才，因此应建立多样性的评价标准，激发人才不同的创新潜能。如果仅通过爬树的能力来评判一条鱼，那么鱼的潜力将无法得到考察。其中，创新性无疑应成为当前人才评价的重要标准之一。由此，要扩大人才选拔录用信息的公开范围，减少对报考的限制性条款，比如户籍限制、专业限制、性别限制、职称限制、学历限制等，为人才营造公平公正的成长环境，引导人才实现素质的累积和提升，促使人才创新能力的提高，以产生更多的创造性劳动成果。

（三）全面深化改革开放，培育包容性的创新文化

社会文化强调对社会规范的服从、对不确定性的规避、对权威的尊重，将容易形

---

① 参见［美］罗伯特·J. 斯滕博格：《创造力手册》，施建农等译，北京理工大学出版社 2005 年版，第 38 页。

② *Global Diversity and Inclusion：Fostering Innovation through a Diverse Workforce*，Forbes/Insights，2011.

成同质化的文化氛围，不利于创新型人才的脱颖而出，同质性文化构成抑制原创性产生和发展的因素。[①] 由此，社会要倡导创新文化，坚持用创新文化激发创新精神，推动创新实践，激励创新事业。从国家层面来说，继续深化改革开放，坚定不移地推进社会主义市场经济体制的完善，形成了鼓励创新的最重要的社会大环境。

在我国向工业强国迈进的关键时期，各行各业基层一线的劳动者在创造性实践和不断探索中，激发出爱岗敬业、精益求精的创新精神，为改革开放注入了新能量，凸显并丰富了创新精神的内涵。当前，全面深化改革开放是进一步探索“怎样建设社会主义”的过程，是运用经济规律改造社会的过程。这一过程是一个艰巨的系统工程，需要发扬创新精神，不断变革和突破现有制度的局限性，才能适应社会发展变化的需要。马克思认为，人民群众是社会变革的主体，是改革的有效推动者，也是改革成果的所有者。未来，要进一步发挥人民群众的主体力量，从群众中汲取创新活力，必须通过一系列制度改革确保广大人民群众共享改革开放的成果，以共同富裕作为改革开放的价值追求，以完善社会主义法治作为完善社会主义市场经济的重要保障，创造平等公正的发展环境，培育包容性的创新文化。

---

① 参见［英］斯蒂芬·弗罗斯特、［英］丹尼·卡尔曼：《包容性人才管理》，晏和淘译，中信出版集团 2017 年版，第 13 页。

区域人才集聚与活力激发的路径探析

袁兴国*

摘　要　一个区域人才集聚的数量和质量对其经济社会发展起到至关重要的作用。本文通过对国内外人才集聚案例及其规律的研究分析与梳理，重点总结了市场主导型和政府主导型人才集聚的作用模式，结合区域发展环境中经济、区位、文化、政策和制度几个要素对人才集聚影响的分析，探索性提出了区域人才集聚与活力激发的路径。

关键词　区域　人才集聚　活力　激发　路径

进入新时代，我国发展的基本理念进入了全新的境地，人才工作及人才学科的发展也进入了崭新的发展阶段。习近平总书记高屋建瓴，多次专门阐述人才发展的新理念、新要求。人才发展的体制机制的顶层设计日趋科学性和系统性，各级政府对人才引领发展的重要性认识日益提升，人才学科的建设与发展也日新月异。从事该领域研究与实践的队伍不仅在数量上不断增多，还日益专业化、专家化，开辟了许多全新的研究领域。无论是顶层设计，还是基层探索，都取得了丰硕的研究与实践成果，人才发展遇到了最好的时代。人才发展在工作理念、学科建设、实际运用等层面上都在不断探索、创新，形成了一些基本特征。但是机遇与挑战并存，人才发展还面临着体制机制创新、产业之间发展不均衡、受经济发展水平制约等一系列问题。尤其是当前地区之间发展的不均衡，是形成人才发展不均衡的主要原因。主要表现在：由于人才在经济社会发展中的决定性作用日益凸显，人才资源配置市场化的水平在逐步增强，在重视发挥政府宏观调控政策优势的同时，一个地区人才发展状况受市场配置的效应越来越明显，所以发展的不平衡不均衡矛盾在人才发展的实际中表现得尤为突出。人才是第一资源。如何在发展中争取到人才资源并激发人才活力，是一个地区人才发展工作的头等大事，也是研究者开展研究的重要课题。

---

* **作者简介**：袁兴国（1970～　），江苏沛县人，博士，研究员、硕士生导师。就职于徐州工程学院，任徐州创新创业教育学院副院长、中国人才研究会理事、江苏省人才学会常务理事、江苏省“333”工程中青年科学技术带头人、徐州市优秀专家、徐州市拔尖人才。研究方向为人力资源与组织行为、人才学。

一、国内外人才聚集案例规律梳理

人才集聚是人才流动过程中的一种特殊现象，指社会上已积存和正在生成的分散人力资本通过流动向某一特定区域，从而形成较大的群体人力资本的过程。人才集聚的根本动力来源于资源合理配置的需要。人才集聚不仅可以实现人才自身的价值，还会产生集聚效应，这使得人才集聚地获得先行发展的机会，促进社会、科技、经济等方面持续高效发展。因此，人才集聚有着不容忽视的作用。但吸引人才、集聚人才，不仅与当地的社会经济环境有关，还与人才集聚的模式存在密不可分的关系。①

（一）市场主导型人才集聚

1. 市场主导型人才集聚地产生的初始诱因主要来源于资源禀赋上的先天优势。如美国硅谷的崛起与斯坦福大学所提供的丰富的人才资源是分不开的，五大湖工业区的产生则主要取决于其所拥有的丰富的煤铁资源和便利的交通条件，德国鲁尔区的百年辉煌也是建立在其拥有丰富的煤铁资源基础上。② 资源禀赋上的优势首先诱发了产业集聚，产业集聚的发展使人才发展环境逐渐改善，对人才的集聚力不断增强；而人才集聚又进一步推动了产业集聚，两者相互促进，使这些人才集聚中心最终形成今天的规模。

2. 制度环境优越。市场经济的高度发展是市场主导型人才集聚国家的基本特征。因此，该类型人才集聚地一般拥有完善的法制体系、人才激励机制与风险投资机制，为人才集聚地的发展提供优越的制度环境。如美国硅谷的核心激励方法就是有“金手铐”之称的期权制度。“金手铐”的好处在于，在企业现金流短缺的情况下，通过长期激励的股票期权形式，使企业的核心员工有看得见的物质利益，且随着企业绩效的增长而“水涨船高”。正是通过这个“金手铐”，硅谷才能吸引到众多优秀人才。风险投资市场的高度发达对硅谷的崛起有重要意义。风险资本被称为高技术企业的“孵化器”，在加速科技成果向生产力转化、推动高科技产业从弱到强的长足发展中起举足轻重的作用。

3. 政府发挥重要辅助作用。市场主导并不意味着政府无所作为，在该类型人才集聚地的演化过程中，政策变量通过影响人才培养和人才引进，对人才集聚发挥重要的支持作用。一是高度重视教育。没有人才，人才集聚就会成为无源之水、无根之木，而获得人才的根本途径是教育培养。因此，发达国家对教育都极为重视，投入大量的资金，美国、日本、英国等国家的公共教育经费占 GNP 的比重都超过了 4.8%的世界平均水平。美国历届总统都积极奉行“教育优先”“投资于人”和建立“脑力强国”的战略。日本是唯一一个义务教育普及先于经济增长的发达国家，自明治时代起日本政

① 参见宋美丽、孙健：《国外人才集聚模式的经验及对我国的启示》，《经济纵横》2010 年第 2 期。

② 参见李秋霞：《科技型人才聚集下的知识转移路径研究》，《科技管理研究》2010 年第 6 期。

府就重视教育。日本对教育的长期重视造就了丰富的人才资源，这些人才资源对日本战后的迅速崛起发挥了决定性作用，并使日本迅速成长为世界上最发达的国家之一。

（二）政府主导人才集聚

以印度班加罗尔为代表的发展中国家城市，市场经济发展的历史较短，市场机制相对不完善，自发作用比较薄弱，单靠市场机制作用很难在短期内创造足够的条件来实现特定人才集聚。人才集聚的形成、演化需要依靠政府的扶持来完成。这种人才集聚的产生是自上而下的，是通过国家和地区的干预扶持政策而促成的，属于政府扶持型人才集聚模式。这种模式的特点如下：

1. 改善人才环境。习近平同志指出："环境好，则人才聚、事业兴；环境不好，则人才散、事业衰。"① 可以说，人才发展环境已经成为当今人才竞争的关键要素。人才环境包括人才硬环境和人才软环境两大类。其中，人才硬环境包括自然环境、基础设施、工作环境、生活环境等；人才软环境包括政治环境、经济环境、人文环境、社会环境。对欠发达地区人才集聚来说，改善人才环境是最重要、最迫切的任务。根据发展经济学中的"后发优势"理论，通过对人才集聚规律的研究，相对落后的地区在理论上可以通过政策变量强化适合人才集聚地区的人才环境，推动人才集聚进程加速进行，使落后地区用比发达地区更少的时间完成人才集聚的进程。直接投资建立人才集聚载体已被证实是加快人才集聚的有效措施。印度成立班加罗尔科技园区，整合科技公司1300多家；廊坊市构筑以科技谷、广阳产业孵化园、APEC智能产业园的科研智力资源为支撑的高端产业发展平台。这些高科技园区的建立不仅对科技发展和科技产业现代化有重要意义，而且给大批高级人才提供了就业机会，为海外人才提供了重要的市场需求，成为海外高层次留学人才的吸纳基地。

2. 增加教育投入。美国硅谷、印度班加罗尔、筑波大学城、国内松桃苗族自治县、廊坊等6个区域人才集聚规律经验表明，增加教育投入、建立完善的人才培养机制是保证人才供应的基本方式。对相对欠发达地区来说，由于人才环境的相对薄弱，大量引进国外人才的可行性不够，教育几乎是其培养人才的唯一途径。教育投入的多少制约着人才集聚速度的快慢。现代技术的发展缩短了产品的周期，并加速了人力资本的贬值，为培养一支能跟上技术发展变化潮流的劳动力队伍，这些地区积极投资于高等教育。一度落后的印度近年也从重视教育中获得丰厚的回报。

二、影响人才集聚的要素分析

国外学者研究发现，人才集聚的向心力主要包括工资水平、知识溢出、地方公共物品的供给能力、内部与外部规模经济及当地政府政策。对于一个地区的发展环境而

---

① 《习近平在欧美同学会成立100周年庆祝大会上的讲话》，《人民日报》2013年10月22日。

言，区域经济水平、社会文化环境、政府政策、就业机会与人居环境等是影响人才集聚行为的重要因素。

（一）区域经济因素

美国经济学家迈克尔·托达罗认为，人才流动的最直接原因是利益因素。也就是说，某个区域经济前景较好，发展较为迅速，能够为人才自身或家庭带来更多的预期收入，人才会自发地向此区域流动，并产生人才集聚现象。除此之外，产业集聚会带动配套行业和服务业的迅速发展，从而进一步刺激人才需求，形成就业乘数效应。[1]工作机会也是吸引优秀人才迁移到产业集群的主要因素。由于一个地区集中了大量的同业公司，专业人才的工作机会较多，从一家公司转向另一家公司变得很容易。因为无须改变工作地点和工作性质，工作转换的交易成本和机会成本较小。因此，经济发展状况对人才集聚水平具有显著的正向影响作用。

（二）区位环境

区位环境主要包括地理位置、生活环境和资源状况等。生活环境一般是由公共产品和设施来体现的，一个城市的公共基础设施越完善，越能吸引更多的企业入驻；企业作为人才集聚的载体又能带动人才集聚，加快人才资源的完善。高层次的人才往往会追求更好的生活环境，因为好的生活环境可以提升幸福指数和满意度。因此，好的生活环境不仅可以影响人才集聚的结构，还能够为人才专注于工作提供条件，从而发挥创新效应，形成区域文化，促进区域经济发展。资源存量越丰富的区域人才聚集密度往往越大，它决定了一个地区的经济发展规模与速度，间接影响了人才的需求层次。科技型人次更倾向于到自然、地理条件优越的地区创业发展，而自然资源条件较差，例如严重缺水、温差很大、过于潮湿或干燥或者污染严重的地区，往往使得人才望而却步。但是一个环境特别好的地方也可能意味着没有开发或者工业化程度低，就业难度会加大。因此，自然环境的影响尽管应当是推力，却不一定特别大。区位环境的一些因素是无法选择的，比如地理位置和资源存量，有些因素是可以后天改造的，如生活环境和公共设施，这些因素都作用于区域对人才的吸引力，加快人力资源优化配置。

（三）区域社会文化

人才聚集还有一个很重要的影响因素就是文化环境。通常来说，一个相对安全稳定、井然有序的外界环境是人才健康成长的先决条件，而一些存在较大不确定性的外界环境通常会导致人才流出。一些研究发现，那些将现代文化与传统文化结合在一起、尊重所在区域文化特色同时不排斥外来文化的区域，人才聚集密度更高。通常而言，个体决定离开籍贯地去另一个地区就业时，通常会研究迁徙地的文化传统，并衡量自身的接受度与融合程度。因此，人才集聚以及不断向外延伸都离不开文化传播的作用。

---

① 参见卢圣泉、卢君：《基于产业集聚理论的区域人才集聚问题研究》，《中南民族大学学报》（人文社会科学版）2014 年第 4 期。

同时，文化能够代表一个地区的价值观和思想观念，若该地区的文化被人才认可，那么很大概率上人才会形成相应的归属感以及向往，而这种作用通常能够保持很长一段时间。所以，文化对于吸引优秀人才具有重要的影响。

（四）区域政策与制度

区域政策是影响人才集聚最有效的动力之一，主要是指全国各区域针对人才培育、吸引人才而制定的优惠政策。科学合理的区域人才政策有利于人才充分发挥其才能，有效提高人才的团结协作，促进集聚区域的经济发展。人才身份管理制度主要是指目前我国的户籍登记管理制度、职称评定制度、人事档案管理制度、社会保障制度等的集合，是影响人才流动的主要制度体系。人才身份管理制度是制约人才聚集效应产生的首要制度环境。没有合理有效的人才身份管理制度，所属单位以及所在的地域成为人为的流动壁垒，无法保证人才正常有序地流动，人才集聚将难以实现。人才配置制度中的市场配置机制能够提高人才资源配置的准确性和及时性，促进人才集聚，激发人才潜能，推动聚集效应的产生。人才产权明晰与人才的个人竞技利益密切相关，直接影响到人才流动性。清晰的人才产权制度不仅有利于人才的流动，还可以在一定程度上吸引人才，促进人才的集聚。人才的使用和激励制度是企业内部吸引和有效利用人才的重要制度，将合适的人放到合适的岗位并给予合适的奖励是企业有效运作的重要标志。

三、区域人才集聚与活力激发的路径

（一）实施人才工程引进人才

人才工程，是指按照经济发展规划战略目标，在一定的时间范围内以政策和资源投入所实施的人才项目。在吸引创新创业人才方面，欧盟第七研发框架计划专门提出人才计划，旨在鼓励欧洲科研人才留在欧洲工作，并吸引全世界科研人才汇集欧盟。“地平线2020”是欧盟的第八个科研框架计划，它提出通过人才重组、联动、ERA计划等实施新的人才凝聚工程，招募具有社会意识和责任感的科研人才。新加坡《研究、创新与创业2020规划》提出，实施科学家回归计划，支持移居海外的新加坡杰出科研人才回到新加坡创新创业。以色列专门成立移民吸收部，以吸收、安置科技移民，其出台“科学家的资助项目”等政策措施鼓励海外科研人员，尤其是犹太人返回以色列。我国出台了“千人计划”“长江学者”“百千万人才工程”等人才工程，以优厚的条件吸引了大批海内外高端人才回国创新创业。在吸引海外人才方面，我国人社部出台“赤子计划”“高层次留学人才回国资助计划”和“留学人员回国创业支持计划”等项目，各省（直辖市、自治区）紧密推出海外人才引进工程，比如北京实施“海聚工程”，上海实施“出入境聚英计划（2017～2021）”，江苏实施“万名海外高层次人才引进计划”，四川实施“天府高端引智计划”“留学人员回国服务四川计划”等重大引才工程，为各地引进一批符合地方需求的海外高层次人才。在吸引急缺型人才方面，天津借助“企业人才旗舰工程”“技能人才蓝海工程”“服务人才港湾工程”等项目吸引各类急缺型人才。

（二）提升国际人才吸引力

国内外纷纷采取各类政策措施，积极促进国际人才聚集。在海外人才引进奖励方面，新加坡为企业在吸引海外人才方面提供补助、减免税收等优惠政策，增加本土企业对海外优秀人才的吸引力。上海加快建设“国际人才创新试验区”，给予符合条件的海外高层次人才一次性奖金、安家补贴、人才公寓等奖励。在留住外国留学生方面，美国通过设立富布赖特基金会、福特基金会、美国国际开发署等机构，每年资助外国留学生高达25亿美元。据统计，25%以上的外国留学生学成后会选择留在美国工作。上海将外国留学生直接留沪就业条件放宽至本科学历，且有关单位直接聘用世界知名高校应届毕业生可不受2年工作经验限制。在发展人才猎头产业方面，美国政府大力支持猎头产业发展，通过公司治理、产业政策和宏观调控等手段，将猎头产业提升到执行和落实国家人才战略的高度，使其成为美国介入全球人才争夺战争的“第二只手”。当前，猎头产业份额约占全球总量的60%，美国政府为淡化“国家猎头”身份，将挖掘重点人才任务委托给猎头企业；猎头企业积极建立海外高级人才库，并在全世界建立区域经营总部及办事机构，积极参与国际人才争夺。在苏联解体期间，美国借助猎头公司吸引约10万人才，包括2000多名高级核专家。

（三）出台配套政策保障人才引进

人才的成功引进需要税收政策、住房政策、子女入学政策等全方位政策体系作为保障。在税收优惠方面，浙江规定中科院院士等高端人才的政府津贴，省政府颁发的奖金，海外高层次人才的住房补贴、探亲费、子女教育费和科技成果获奖人取得股份等免纳个人所得税。在住房保障方面，2017年北京出台《关于率先行动改革优化营商环境实施方案》，加强人才住房保障，提出在未来5年内提供住房超过150万套，通过新建、收购、改建和长期租赁等方式，加大人才公租房筹集力度，优先满足重点产业园区入园企业人才的住房需求。深圳规定高层次人才可申请购房或租房补贴。在子女入学保障方面，深圳市规定地方级领军人才子女入学可按就近入学原则和实际情况，安排在省一级学校就读，且享受本市户籍学生同等待遇。海外高层次人才的子女入学，在小学和初中教育阶段结合人才本人意愿和实际情况安排入学，并享受免费义务教育待遇，在高中教育阶段减免学杂费、借读费和择校费等，报考深圳高校在政策范围内优先录取。

（四）以产学研模式培育人才

人才的培育需要政府、高校、科研院所、企业、社会组织和金融机构等多方主体的密切配合，产学研模式可培育出更符合实际经济产业需求的杰出人才。在产学研培养模式方面，美国斯坦福在坚持以教学与科研相结合为基本原则的基础上，通过设立综合系统中心等方式不断加强大学与工业界的合作，逐渐形成产学一体化的开放式人才培养模式，首创了大学与工业区相结合的大学工业园区——硅谷。波士顿地区形成以人才—政府—高校—产业为主线的人才培育模式，官产学多方密切协作促进人才更加全面发展。在128公路高技术产业区，高校人才广泛参与到与企业的合作中，麻省理工学院师生直接参与创办的企业就约占70%。在产学研培养人才机制方面，美国帮助区域内高校、企业、科研院所之间建立密切合作关系，鼓励大学成立产学研合作管理机构，完善产学研合作基地政策，在政府内部成立各类专门管理机构，通过资助项目引导产学研合作培养人才。德国坚持面向企业、面向市场的办学方针，形成以董事会体制、市场化机制、弹性学制、模块化教学、高新技术培训为特色的“双元制”（企业与学校）职业人才培养模式，使德国职业教育处于世界领先地位。在产学研培养人才平台方面，当前，北京海淀区拥有高等院校70余所、科研院所130余家、孵化器50余个、大学科技园近20个，高等院校与企业广泛开展合作，建立“订单式”人才培养机制，实现人才培养与企业实际需求的无缝对接。

（五）加快本土人才国际化发展

促进人才国际化发展是提升人才创新能力的有效方法。浙江提出支持跨国公司在省内设立总部或研发中心，鼓励外资研发机构与本省单位共建实验室和人才培养基地，支持省内人才申请国际行业资质证书，鼓励并输送优秀人才外出留学、培训、访学，前往国际政府机构、企业、组织学习锻炼，在国际化交流借鉴中有效提高人才创新水平。上海鼓励外资研发中心与本市高校和科研院所合作，建立人才合作平台，多层次、多渠道培养高素质人才，实现人才供给与外资研发中心人才需求的有效对接。

（六）建立以知识价值为导向的分配制度

用好人才，既要用事业激发其创新勇气和毅力，也要重视必要的物质激励，使其“名利双收”。在科研经费政策激励人才方面，我国及各省（直辖市、自治区）均规定科研项目经费中劳务费不设比例限制，浙江、四川、重庆等省市规定横向项目经费对科研人员的奖励不纳入工资总额限制，天津、湖北、山西等省（直辖市）进一步提高绩效支出比例，尤其是软科学研究项目，黑龙江甚至将软科学等项目绩效支出占直接经费扣除设备费比例提高至70%。在科技成果转化政策激励人才方面，美国《拜杜法案》规定政府不再保留资助项目的成果所有权，将研究成果所有权赋予具有创造力的人才和机构，通过人才和机构的动力、能力将科技成果商业化。英国《发明开发法》规定国家放弃资助项目成果所有权，以提高人才的积极性。我国《促进科技成果转化法》进一步完善了科技成果处置、收益和分配有关的制度，下放科技成果转让、许可或者作价投资等权力，加大了对成果完成人和转化工作做出重要贡献的人员的激励力度，极大地激发了人才创新创业的活力。

（七）建立科学人才评价机制

科学的人才评价机制可以促进人才发展，提高人才的管理水平，促进人才的更好使用。在人才评价主体多元化方面，深圳发挥政府、市场、专业组织、用人单位等多元评价主体作用，建立多维度人才评价标准，建立高层次人才积分制认定办法，对人才进行综合量化评价。在人才评价主体社会化方面，上海推进人才由体制内评价为主向市场主体评价为主转变，坚持在使用中评价，让市场主体去评价，把人才评价权、使用权真正下放市场，促进企业更好、更有效地使用人才资源。在人才评价方法多样化方面，澳大利亚提出“三人评估小组”“心理测试法”“360度反馈法”等先进人才评价方法，得到世界广泛认可，并提出通过技术筛选系统筛选出国家所需的技术移民。在人才评价国际化方面，北京中关村建立了与国际接轨的人才评价机制，在全国率先实施外籍人才申请永久居留积分评估制度，中关村创业团队外籍成员和企业选聘的外籍技术人才可根据中关村外籍人才积分评估标准评分，达到一定分值以上可申请在华永久居留，以提升国际人才的使用效能。

（八）营造人才使用良好环境

良好的人才使用环境可充分发挥人才价值，激发人才潜力，保障人才资源得以充分利用。在营造良好的自然环境方面，美国硅谷之所以被称为创业企业的栖息地，是因其涉及土壤、气候、水源、植被和生物多样性等多个生态元素或生态链，各项相辅相成，构成了企业创业发展的良好生态环境，这是硅谷可留住、用好人才的重要因素之一。在营造包容社会环境方面，美国波士顿政府高度重视民意，认真倾听民意，通过公共空间、社区听证会、项目预算投票等方式充分体现对人才的关注和尊重。包容开放的社会环境能促进人才的自由、全面发展，激发人才创新活力。深圳率先出台《改革创新促进条例》，规定改革创新未达到预期效果，但只要程序符合规定，个人和所在单位没有牟取私利，可予免责。在营造创新文化氛围方面，美国波士顿拥有鼓励思考、敢于质疑、勇于创新的文化氛围，除了创新文化、观念外，相关的基础设施为人才团队提供思想碰撞的讨论场所，全面激发人才创新创业活力，形成“人尽其才”的良好氛围。

（九）构建人才集聚平台

创新平台包括重点实验室、工程中心、公共实验室等，是优化和集成科技资源开展科技创新活动、推广科技成果的重要载体，也是人才集聚的关键平台。在重点实验室建设方面，美国目前有800多个国家实验室，汇集了约20万科学家和工程师，承担了美国约1/6的科研任务。美国实验室采取科研人员合同管理制，定期或随机对实验室运行质量进行监控，以保证人才的创新质量。其中，美国的贝尔实验室集聚了11位诺贝尔奖科学家、4位图灵奖得主、16位美国最高科技奖得主，拥有30000多项专利，成了一个世纪的科学奖章集结之地和杰出人才集聚之所。在制造业创新机构方面，美国当前已有14家制造创新机构，涉及能源、生物、材料、机器人等先进制造产业，主要支持介于发明起步阶段的创新和商业化之前开始规模生产时期的创新。如先进机器人制造创新机构集聚了西门子公司等120多个工业合作伙伴、麻省理工学院等40余个学术界合作伙伴及美国机械工程师协会等60多个政府和非营利机构，集聚先进机器人制造领域大批尖端人才，形成高水平的创新集群。

江北新区提升人才制度全球竞争力研究

潘运军*

摘　要　实现国家对江北新区的战略定位，必须提升新区人才制度全球竞争力。在全球竞争力方面，新区人才制度具有自身特色，既有优势，又有自身不足。提升新区人才制度全球竞争力，必须从宏观上理顺市场和政府的关系，发挥市场在人才资源配置中的决定性作用，更好地发挥政府作用；从中观上落实放管服改革，给予江北新区人才发展先行先试的权力；从微观上，激发人才市场主体活力，畅通人才发展链条各个环节。

关键词　江北新区　提升　人才制度　全球竞争力

2015年6月27日，国务院批准同意设立南京江北新区。南京江北新区就此成为江苏省唯一、全国第13个国家级新区。设立并建设好南京江北新区，是国家推进长江经济带建设、培育东部沿海地区率先转型发展的重大战略。江苏省第十三次党代会强调，要"集中力量建设南京江北新区等重要平台，集聚创新资源，加强分工协作，推进机制创新，打造人才高地、创新高地、产业高地"。2016年12月28日，江苏省委常委会专题研究南京市工作，强调要"高标准建设江北新区，努力将江北新区打造成为全省未来创新的策源地、引领区、重要增长极"。

人才是先进生产力，创新驱动实质是人才驱动。建设好江北新区，实现国家和江苏省对江北新区的战略定位，必须遵循人才工作规律，加快构建具有全球竞争力的人才制度体系，聚天下英才而用之，以人才优先发展和人才发展内含的强大全球竞争力推动江北新区快速发展，以至带动东部沿海地区实现转型发展。

一、江北新区人才制度体系现状分析

（一）人才现状

1. 高层次人才集聚效应明显

截至2019年4月底，江北新区成立3年来已经累计引进各类高层次人才1402名。

---

* **作者简介**：潘运军（1971～　），江苏连云港人，副教授，南京工业大学化学与分子工程学院党委书记，研究方向为人才学、人力资源管理、高等教育管理。

其中，国家级人才126名（包括诺贝尔奖得主2名、两院院士35名、国家“千人计划”人才83名、国家“万人计划”人才5名、国家创新人才推进计划1名），江苏省“双创计划”、江苏省“333工程”、江苏省“六大人才高峰”、江苏省科技企业家等省级人才251名，“创业南京”等市级人才782名，区级创业人才243名。

2. 人才创新创业载体建设相对完善

江北新区人才创新创业载体建设相对完善。新区范围内现有南京软件园、江北新区产业技术研创园、南京生物医药谷、南京智能制造产业园（中山科技园）、南京卫星应用产业园、化工产业转型发展管理办公室等载体平台，拥有南京科技创业中心、中国南京留学人员创业园、南京生物医药产业园、南京化院中山科技创业园等一批国家级孵化器以及星客汇、北岸创客空间、创客星智汇、南京创客空间、一起创吧、创业邦、阿里巴巴创新中心、力合科创等一批国家级众创空间，联合南京银行、南京证券共同发起设立产融中心。整合金融机构、产业平台以及优秀企业等，促进各类金融资源更好地服务实体经济。

3. 高校、科研院所等高端科研资源集聚态势良好

新区倾力集聚高端科研资源，打造高端人才集聚的创新平台。与德国霍劳恩霍夫IPK研究所签约合作，共建中德智能制造研究所；联合美国劳伦斯伯克利实验室组建生命可持续研发中心；与英国剑桥大学共建剑桥大学中国（南京）科创中心；吸引江苏省产业技术研究院落户新区；联合江北11所高校成立新区高校联盟，吸引南大高性能计算中心落户江北，与东大共建集成电路产业服务中心，与南京信息工程大学合作建设气象产业园等。

（二）人才政策现状

近年来，南京市出台了系列人才政策，内容涵盖人才引进、评价、激励、扶持等人才发展全链条，政府、用人主体、高校科研院所、创业辅导、金融支持等多主体，时间空间、物质精神等多维度。其中，尤以2016年南京市颁布实施的“创业南京”系列政策和2018年南京市1号文件《关于建设具有全球影响力创新名城的若干政策措施》以及相配套的45个文件为代表，系统全面，实施效果好。比如，对引进的人才，制定严格的、明确的分类标准，根据不同类型人才的不同需求，为其提供就业、安居等政策方面的支持；为创业型人才提供包括企业初创扶持、科教特色扶持、金融财税扶持和生活配套服务等全方位的政策支持；注重开发大学毕业生的潜力，发掘大学毕业生创新创业的潜力；资助顶尖人才团队，鼓励人才团队在研发机构组建中持大股，政府给予融资支持，并将部分股权收益奖励给人才团队等；积极鼓励高校科研院所科技成果“两落地一融合”等。

江北新区积极执行南京市的人才政策，颁布实施了“南京江北新区促进创新创业十条政策措施”“创业江北人才十策”两大政策体系，内容包含从引进顶尖人才团队、集聚科技顶尖专家、培育创新型企业家、引进高层次创业人才，到引领青年大学生创

业、支持企业引才各个方面，构建了相对完善的高层次人才引进、创业扶持等政策体系。2019年，江北新区出台了《关于优化升级创业江北人才计划十策实施办法》，对“创业江北人才十策”进行了优化升级。升级版的创业江北人才政策为符合条件的青年大学生创业设置了“零门槛”“零成本”；为高层次创业人才安居提供了更具吸引力的政策；在人才评定方面破除唯学历、唯资历、唯论文的硬性条件，完善社会化市场化人才认定机制，引入“举荐制”，大力推进人才分类评价改革，构建“问东家、问专家、问大家”的人才多元评价体系。①

（三）人才体制机制现状

在人才管理体制方面，新区人才工作完全接受南京市以及相关部门领导。新区组建了由新区党工委、管委会统一领导，新区管委会各部（局）、监察室、各直属单位和街道组成的人才工作领导小组，领导小组办公室设在党群工作部。人才工作领导小组领导各部（局）、监察室、各直属单位和街道组织开展人才工作，日常工作由领导小组办公室（党群工作部）指导、协调。

在人才运行机制方面，根据领导小组分工，新区人才工作由人才工作领导小组办公室（党群工作部）总体牵头负责新区人才工作，指导、协调新区各部（局）、各直属单位和街道开展工作；同时对有关重要工作分工负责，在党群工作部设立高层次创业人才引进计划专项办公室，负责高层次创业人才引进工作；在科技创新局设立科技顶尖专家集聚计划专项办公室和创新型企业家培育计划专项办公室，负责科技顶尖专家落地后配套政策实施以及培育创新型企业家；在社会事业局设立青年大学生创业引领计划专项办公室，负责青年大学生创业扶持、服务工作。党群工作部、科技创新局和社会事业局根据分工面向各自工作对象开展工作，并指导各直属单位和街道开展相应工作。

为发挥企业、人才主体作用，新区党群工作部指导成立了会员制性质的人才服务联盟，征集会员单位125家，涉及人力资源、投融资、会计、法律、知识产权、管理咨询、培训、创业辅导等各个领域。联盟统筹各方资源，积极开展政策咨询、申报辅导、融资路演、资源对接、创业公开课、训练营、私诊会等人才服务活动，共同为江北新区1000余家人才企业提供优质服务，打造具有新区特色的社会化、市场化人才服务体系。

二、江北新区人才制度全球竞争力分析

（一）江北新区人才制度全球竞争力的特点和优势

1. 强化顶层设计和政府主导，提高人才管理效率

南京市和江北新区坚持把人才强市、人才强区作为贯彻新发展理念、推动高质量

① 参见夏思宇、潘雯：《引入人才举荐制　江北新区人才十策2.0版出台》，南报网，2019年4月9日。

发展的核心战略，纳入顶层设计，优先谋篇布局。首先，坚持加强党对人才工作的领导，出台进一步加强党管人才工作的贯彻实施意见，形成党委统一领导，组织部门牵头抓总，各级各部门各司其职、齐抓共管的人才工作格局。其次，在市委组织部挂牌成立正局级的人才工作办公室，加强全市人才工作的专业化力量建设。各区县、产业园区成立相应人才工作专门机构。再次，加大目标责任考核力度，注重强化“重引进更重培养服务、重规模更重质量效益”的工作导向，在全市经济社会百分制考评中专设5分人才指标，将人才工作履责情况作为党建工作责任制述职重要内容。最后，出台党委联系服务专家工作实施办法，推进党委联系服务专家工作的制度化、科学化、常态化，加强对各级专家的政治引领和政治吸纳，增强人才事业发展向心力。

2. 聚焦高层次科技创新人才的集聚，引领产业发展

由于高层次科技创新人才在创造新产业、引领产业发展、集聚人才资源、推动创新驱动发展中的重要作用，所以无论是南京市的人才政策，还是江北新区人才政策，无一例外地体现了重视高层次科技创新人才引进、培育、创业引导和服务的政策偏好。比如，南京市2018年市委1号文件《关于建设具有全球影响力创新名城的若干政策措施》第八条为“努力打造国际化创新创业人才高地”。该条提出：大力集聚科技顶尖专家，对全球顶尖人才领衔的高端创业创新团队或项目实行“一事一议”“特事特办”，资助额度上不封顶。对入选省顶尖人才顶级支持计划的，按1∶1的比例，给予引才企业最高1亿元配套资助。实施“345”海外高层次人才引进计划，用5年时间，重点引进30名急需紧缺的外国专家、40个海外高端创新团队，挂牌建设50个支持柔性引才的海外专家工作室，给予用人单位最高500万元资助。持续推进“创业南京”英才计划。该文件其他条款以及与该文件相配套的45个文件，基本上都是围绕如何支持、服务高层次人才创新创业而进行的政策设计。

江北新区的两大人才政策体系也体现了对高层次科技创新人才的厚爱。如“南京江北新区促进创新创业十条政策措施”第一条就提出“集聚高端人才资源”。在“创业江北人才计划十策”所包含的六大计划中，除了“青年大学生引领计划”之外，其他都是聚焦高层次人才的计划：“顶尖团队引进计划”“科技顶尖专家集聚计划”“创新型企业家培育计划”“高层次创业人才引进计划”“企业引才支持计划”。

3. 重视发挥科教资源，注重产学研结合，提高科技成果转化率

南京市拥有普通高校53所（不含军事院校），其中12所入选国家“双一流”高校和学科，总数位居全国第三，科教创新资源得天独厚。但目前南京市面临“创新多、创业少，科研多、产业少，专利多、产品少”的结构短板，校地融合不深入。因此，虽然南京科教资源丰富，但科教人才的创新成果难以产品化，创新成果与产业发展对接不紧密，对创新的助力作用较弱，在科教人才效能的转化方面缺少明确的政策指引。

南京市充分认识到产学研结合和转化是科技转化为生产力的重要路径。因此，南

京市和江北新区的人才政策设计，一直重视推动高校、科研院所研究成果在南京转化、落地。特别是自 2017 年以来，南京市委、市政府更是大力推动以高校、科研院所的研究机构落地南京从而推进科技成果转化的“两落地一融合”政策。南京市 2018 年 1 号文件第二条“支持名校名所与名城融合发展”、第三条“推动科技成果和新型研发机构落地”对此作了详细的规定。截至 2018 年 8 月底，全市签约新型研发机构 168 家，已孵化和引进企业 386 家。①

4. 探索实施人才“举荐制”，创新人才多元评价方式

南京市和江北新区在招揽高层次科技创新创业人才工作中，积极探索人才多元评价机制，探索实施人才“举荐制”。也就是，通过组建高层次人才举荐委员会，由举荐委员会成员举荐优秀的创新创业人才，将人才的评定权交到与产业、市场更接近的举荐人手中；被举荐的人才一经认定，无须走传统的评审程序，就可享受创新创业、人才安居、子女教育等方面的扶持政策，为优秀青年人才和偏才、专才等特殊人才的脱颖而出开辟了一条绿色通道。人才“举荐制”，打破传统评审方式，破除唯学历、唯职称倾向，对高层次人才的认定不再局限于学历、资历等指标，而是通过业界“伯乐”相才荐才的方式直接认定。人才举荐制的实施撬动了科学家、企业家、金融家等社会化“伯乐”资源，破除对“非共识性人才”的论资排辈和求全责备，形成“五湖四海聚人才，不拘一格用贤才”的政策导向。

（二）江北新区人才制度全球竞争力的问题分析

相较于重视市场在人才资源配置中的重要作用、重视人才发展放管服改革、重视人才发展政策环境和生活环境改善的深圳、上海、杭州等人才发展强市，南京市和江北新区在人才制度全球竞争力方面存在的问题主要有以下几个方面：

1. 市场在人才资源配置中的决定性作用不足，导致人才资源配置效率低

在中国长期计划经济体制的背景下，政府机构的设置和权力的分配无不体现了强政府、中市场、弱社会的逻辑惯性。改革开放 40 多年来，虽然中央不断在党代会报告中提到要提升市场在经济体制改革中的地位，不断强化简政放权、“放管服”改革，但政府在经济、社会治理中的臂膀过长、关爱过度仍是现今政府治理的特色。南京市、江北新区人才发展的制度设计体现了这一逻辑。比如，南京市 2018 年 1 号文件及相配套的 45 个文件中，难以寻觅发挥市场在人才引进、评价中的作用或者建设南京市人才市场的字眼。而在江北新区两大人才政策体系中，也只有一条“企业引才支持计划”强调发挥企业引才主体作用。市场配置是人才资源最有效、最便捷的配置方式，南京市和江北新区在人才资源配置中的市场缺失，必然导致资源配置效率不高，人才发展积极性不足，从而影响人才发展的全球竞争力。

---

① 参见许琴、肖利民：《推进“两落地一融合”南京已签约新型研发机构 168 家》，《南京日报》2018 年 9 月 29 日。

反观上海、杭州、深圳等人才强市，重视发挥市场在人才发展中的资源配置、人才评价、人才激励等方面的重要作用。比如，杭州组建杭州人才猎头专业委员会，探索推动政府和猎头机构合作引才的新模式，进一步完善市场化引才机制；积极探索市场化、多元化人才评价方式；建立以市场为导向的高层次人才分类认定标准，基础研究突出同行评价、应用研究突出市场评价、科技成果转化人才突出转化效益效果评价；强化市场导向的人才激励机制，按照国家有关规定探索试点市属国家企业人才薪酬激励、股权激励、期权激励、科研成果激励。

2. 重管理轻放权，导致人才发展活力不足

南京江北新区作为国家级新区，应该在人才发展体制机制方面拥有先行先试的权力与平台，也应该大力度试行与众不同、更有突破性的人才政策。但目前，江北新区人才发展的决策、领导等体制机制方面与其他行政区并无不同，南京市人才管理有关部门对其管理、考核也并无与众不同之处。

反观深圳对于前海人才管理改革试验区给予“制度方面先行先试”，包括：“在人才税收制度、准入制度等方面出台了带有引领性的政策；重视人才工作的市场化建设，与欧美同学会、‘千人计划’专家构建深度合作关系；注重推动人力资源服务业的发展，打造贯通境内外、在岸与离岸的国际人才市场；注重体制机制创新，注重将政府、社会、市场等多方力量整合，为人才工作提供更加广阔的空间。”[①] 由此可见，南京市对于江北新区人才发展缺乏非常规决策体制和制度创新授权，这可能导致江北新区人才发展整体活力不足，从而影响南京市、江北新区人才制度全球竞争力。

3. 重引进激励轻培育和配套环境建设，导致人才发展后劲不足

江北发展之所以长期滞后，主要在于交通、教育、医疗、商贸等生活、生产环境落后。南京江北新区成立几年以来，虽然政府重视了过江交通的建设发展，也开始重视教育、医疗和商贸等配套环境的建设，但欠账较多，目前这些方面的滞后仍然是制约江北快速发展的重要原因。另外，由于高层次人才培育需要较长的周期，且容易流动，相对于高层次人才的引进在政绩方面的立竿见影作用，各个地方政府毫无例外地选择了重引进、轻培育的举措。在南京市人才政策体系中，仅有“南京市中青年拔尖人才选拔培养实施办法（试行）”规定：“在我市相关领域选拔 300 名中青年优秀人才，市级层面从中择优选拔 100 名中青年拔尖人才”；“对培养对象主持的国家级、省级重大项目和课题，分别给予 10 万元和 8 万元的配套资助”；“给予中青年拔尖人才（不含科技创业拔尖人才）每人每年津贴 6000 元。”人才培育规模小，资助力度小。

相较于南京江北新区，上海市确立了“最低碳”“特智慧”“大交通”“优贸易”“全配套”“崇人文”的生态环境建设思路，营造人才宜居宜业环境，优化海外人才就

① 徐婵、乐意：《擦亮人才管理改革试验区“金字招牌”》，人民网，2017 年 4 月 17 日。

医环境，扩大国际教育资源供给，激发人才创新活力。[①]

杭州市创新多样化培养模式，建立分类别、分层次创新创业人才培养开发计划，形成培养与引进并重的人才集聚体系。加快建设湖畔大学、西湖大学、浙江工程师学院，鼓励在杭高校建设一批创业学院。加快实施六大人才计划、六大人才工程，统筹推进六支人才队伍培养，建立信息经济、跨境电商等一批产学研相结合的人才培养基地。[②]

因此，南京市、江北新区人才发展中的交通、教育、医疗、商贸等生产、生活环境建设滞后以及人才自身培育的不足，会直接导致人才发展支撑保障不够，人才发展乏力，从而影响南京市、江北新区人才发展竞争力。

三、江北新区提升人才制度全球竞争力的思路、目标

习总书记要求人才工作要遵循两个规律：一是遵循社会主义市场经济规律，二是遵循人才成长规律。人才成长规律实际上也涉及人才的市场双方主体。

十八届三中全会通过的《中共中央关于全面深化改革若干重大问题的决定》指出："经济体制改革是全面深化改革的重点，核心问题是处理好政府和市场的关系，使市场在资源配置中起决定性作用"；"市场决定资源是市场经济的一般规律，健全社会主义市场经济体制必须遵循这条规律，着力解决市场体系不完善……问题。"十九大报告在强调"使市场在资源配置中起决定性作用和更好地发挥政府作用"后指出："经济体制改革必须以完善产权制度和要素市场化配置为重点，实现产权有效激励、要素自由流动、价格反应灵活、竞争公平有序、企业优胜劣汰。"

人才是第一资源，其流动配置与市场中其他资源一样，需要遵循市场资源配置的一般机制：市场机制根据市场需求与供给的变动，引起价格变动从而实现对资源进行分配、组合及再分配、再组合。值得一提的是，市场并不是天生就有资源配置的功能，它必须形成成熟的产品市场、要素市场（生产资料市场、劳动市场、资本市场、土地市场等）以及以市场机制运行为中心的市场经济制度。只有如此，市场机制的运行才能通过供求机制、价格机制、竞争机制、信用机制、利率机制、工资机制共同发生作用。市场经济体制的长期实践也证明，市场配置资源的方式是最有效率的配置方式。

十八届三中全会通过的《中共中央关于全面深化改革若干重大问题的决定》还指出："经济体制改革……核心问题是处理好政府和市场的关系……更好发挥政府作用"；要"着力解决政府干预过多和监管不到位问题"，"必须积极稳妥从广度和深度上推进市场化改革，大幅度减少政府对资源的直接配置，推动资源配置依据市场规则、市场

① 参见《中共上海市委、上海市政府关于进一步深化人才发展体制机制改革，加快推进具有全球影响力的科技创新中心建设的实施意见》。

② 参见《杭州市国民经济和社会发展第十三个五年规划纲要》。

价格、市场竞争实现效益最大化和效率最优化。”“政府的职责和作用主要是保持宏观经济稳定，加强和优化公共服务，保障公平竞争，加强市场监管，维护市场秩序，推动可持续发展，促进共同富裕，弥补市场失灵。”十九大报告也指出：“科学的宏观调控，有效的政府治理，是发挥社会主义市场经济体制的内在要求。必须切实转变政府职能，深化行政体制改革，创新行政管理方式，增强政府公信力和执行力，建设法治政府和服务型政府。”

南京市、江北新区现有人才制度体系，过分强调了政府的主导作用，市场主体主动性、能动性不够，人才流动市场以及人才发展所需的融资担保、创业辅导、知识产权转让以及保护等要素市场成熟度不高，以人才市场机制为中心的人才市场经济制度不完善，从而直接导致人才市场在人才资源配置中的作用不充分，配置效率不高，影响着南京市、江北新区人才制度全球竞争力的提高。

因此，南京市、江北新区提升人才制度全球竞争力的思路：从宏观上理顺市场和政府的关系，发挥市场在人才资源配置中的决定性作用，更好地发挥政府作用；从中观上落实放管服改革，给予江北新区人才发展先行先试的权力；从微观上，激发人才市场主体活力，畅通人才发展链条各个环节，从而不断提升南京市、江北新区人才制度的全球竞争力。

南京市、江北新区提升人才制度全球竞争力的目标是：通过1～3年的建设，逐步完善南京市、江北新区人才流动市场和各种要素市场，完善、优化各项人才市场经济制度，市场在人才资源配置中作用不断增强，政府人才治理体系和治理能力逐步提高，人才制度全球竞争力达到国内先进水平；通过4～5年的建设，南京市、江北新区人才流动市场和各种要素市场完全成熟，各项人才市场经济制度完善，市场在人才资源配置中发挥决定性作用，政府人才治理体系和治理能力成熟，政府和市场在人才发展中相互配合、相互补位，人才制度全球竞争力达到国内领先、国际一流水平。

四、江北新区提升人才制度全球竞争力的路径和对策建议

（一）发挥市场在人才资源配置中决定性作用，提升人才资源配置的效率水平和人才智力成果的保障水平

市场决定资源是市场经济的一般规律。实践已经证明，依据市场规则、市场价格、市场竞争配置资源，才能实现效益最大化和效率最优化。因此，健全南京市、江北新区人才市场必须遵循这条规律，着力解决市场体系不完善问题和市场制度不健全的问题。

1. 建立统一规范、更加开放的新区人才市场，汇聚人才，提高人才供给侧结构化供给

建立一个统一规范，既面向一般技能人才，又面向普通大学毕业生和高层次人才

的人才市场；既有专业性，又有行业性的人才市场；既立足南京市和江北新区，又面向长三角城市群，同时辐射苏北、安徽、江西的人才市场；贯通境内外、在岸与离岸的国际人才市场。还要健全专业化、信息化、产业化、国际化的新区人才市场服务体系，实现各类人才要素的市场化、最优化配置。

2. 建设人才发展各种要素市场，促进人才发展需求侧多样化供给

建设人才发展所需的融资担保、创业辅导、知识产权转让以及保护等要素市场，进一步明确各类人才发明创造、管理创新、营销创新等知识成果的产权分配关系，进一步提供人才发展多样化需求，充分激励各类人才在新区建设的舞台上展示聪明才智。

3. 建设以人才市场机制运行为中心的各种新区人才市场制度，保障人才发展权益和人才智力成果

建设新区人才市场制度，废除、斩断一切阻碍新区人才市场运行的制度、行政措施，以充分发挥新区人才市场的人才定价机制、供需调整机制、人才培养开发机制、人才评价发现机制、人才流动配置机制、人才激励保障机制，推动实现人才市场交换功能、平衡功能、协调功能、价值实现功能、信息功能和全程综合服务功能。

（二）明确治理定位更好发挥政府补位、服务和环境营造的作用，提升人才集聚的持续力

贯彻落实十八届三中全会和十九大精神，“使市场在资源配置中起决定作用”的基础上“更好地发挥政府作用”。首先，要求新区政府在人才制度体系中树立人才市场在人才资源中的决定性作用理念；其次，要坚持市场导向，强化宏观调控职能，弱化微观管理职能，积极为用人企业、高校院所、孵化企业和人才提供宜聚、宜居的创业、事业和生活环境，变“管理”为“服务”，从人才服务供给型向需求导向型转变；最后，要加强人才市场监管，为人才自由流动、人才发明创造成果权益明晰和保护、人才资本价值实现保驾护航。

1. 明确政府职责是实施人才政策指导

要确保新区政府职责是大力建设以人才市场机制运行为中心的各种新区人才市场制度，研究人才资源发展战略规划，研究培养、吸引、使用人才等方面的有关政策。要加强对市场环境和市场主体情况的调研，及时制定规范市场环境、培育主体、保证市场主体繁荣发展和公平竞争的市场政策。要研究制定人才资本投资保护政策，明晰各类人才在科技、管理、营销等各方面的创新创造成果产权以及相应的转让、投资保护政策。

2. 明确政府职责是履行公共服务

要确保新区政府职责是加强人才公共服务平台建设，发展人才公共服务体系，成立专门的服务机构，提供便利的公共配套服务设施。要统筹新区各职能部门人才服务职责，建设统一的服务平台，为企业、个人提供包括人事代理、社会保险、就业管理、

劳动监察、劳动仲裁、档案托管、户口挂靠等一站式服务窗口，为企业、个人办理一系列劳动人事公共服务节省时间成本。

加强人才创新创业服务平台建设，为创业人才和创业企业提供包括公共技术支撑、投融资服务、信息发布、资源共享、人才培训、人才户籍办理、人才住房提供、人才子女教育等功能在内的创新创业公共服务平台。探索将公共服务平台和人才创新创业服务平台由政府外包给专业的人力资源公司承担。

加强人才投资融资平台建设。尝试设立科技信贷、引导基金，坐实风险补偿基金，推动创业创新引导基金和天使基金的发展，推动银行“人才贷”的落实，为人才创新创业提供投资融资平台。

3. 明确政府职责是打造宜居环境

要确保新区政府结合城市建设，有序合理部署城市发展、城市布局和城市运行，营造良好的城市生态环境，促进人与环境高度和谐。同时，注重城市优质化公共服务建设，建立符合国际标准、拥有比较优势的公共管理和公共服务体系，尤其是建设高品质托儿所、幼儿园、小学、中学、大学等教育机构，医院、诊所、卫生站等高水平的医疗机构，银行、邮电、商业管理、证券交易所等高端的服务机构以及公园、酒吧、咖啡厅等高雅休闲场所，增强国际化元素，构建绿色和谐的可安居乐业的“生活品质之城”。建设人才安居工程，提供一批人才公寓。

4. 明确政府职责是加强人才市场监管

要确保新区政府建立健全人才市场监督执法体系，明确人才市场监督执法职责，加强市场监督执法，保证市场公平竞争。要加强人才市场企业主体合法性和资格审查，防止损坏人才权益现象。要保护人才资本投资制度的贯彻，切实维护人才权益。要建立对不诚信、不道德、只图圈钱拿项目的人才黑名单制度，维护人才使用单位和政府权益。

（三）创新新区人才治理格局提升人才自我治理的参与力

人才，尤其是高层次人才，具有很高的文化素质和精神追求，他们追求事业的成功和自我价值的实现，也比一般人更希望获得尊重、信任；他们讨厌频繁地被打扰、被管理，更希冀民主的参与治理。

十八届三中全会通过的《中共中央关于全面深化改革若干重大问题的决定》指出：“全面深化改革的总目标是完善和发展中国特色社会主义制度，推进国家治理体系和治理能力现代化”；“坚持系统治理，加强党委领导，发挥政府主导作用，鼓励和支持社会各方面参与，实现政府治理和社会自我调节、居民自治良性互动”；“正确处理政府和社会关系，加快实施政社分开，推进社会组织明确权责、依法自治、发挥作用。适合由社会组织提供的公共服务和解决的事项，交由社会组织承担。”党的十九大报告也提出了“打造共建共治共享的社会治理格局”。

治理体系、治理能力现代化建设的理念和举措要求全面革新传统的政府管理理念：第一，依法履行职能，不允许任何组织和个人有超越法律的权力，变人治为法治。第二，确立政府、市场、社会地位和作用，由政府一元单向的管理向政府、市场、社会和民众多元交互共治转变，变管理为治理。第三，政府政策要从根本上体现人民的意志和人民的主体地位，各项制度安排都应当充分保障人民当家作主，在政府机构的决策和管理中体现民主化。

因此，落实党的十八届三中全会和十九大精神，在构建新区人才制度体系方面，就是要在坚持党管人才的原则下，以建设现代化人才发展治理体系和治理能力为指导，创新新区人才发展治理方式，从而不断增强新区人才创新创造活力，提升新区人才制度体系的全球竞争力。

打造人才治理平台，成立新区人才自我发展管理机构并赋予相应职责，是体现建设新区人才治理体系的重要标志，也是实现“更好发挥政府作用”的重要制度设计。因此，新区人才制度体系在明确建立人才自我发展管理机构的基础上，还应明确该机构的性质：以市场为主导，吸纳各类、各层次人才广泛参与，是新区政府、社会各界人才协调政策、整合资源、优化环境、反映诉求的人才问题议事平台和自我管理的机构。明确该机构负责人由全体成员大会选举产生。赋予该机构职权为人才政策制定、人才环境和人才服务优化、重要人才项目评审、重要人才（团队）引进的参与与票决，对一定层次、范围的人才项目行使独立评审权、发布权以及相应的财权。给予该机构联络人才、吸引人才、成立和领导下属的各领域人才分会、组织开展人才发展（产业发展）专题论坛以及其他活动的经费支持。

（四）创新新区人才工作机制提升新区人才发展的组织力

1. 建立新区人才工作省、市、区联合平台，提高决策效率

建立既有中国特色又有全球竞争力的人才制度体系，必须制定突破常规、符合创新规律和人才规律、对标国际的人才制度。制定这样的人才制度，新区人才部门既无权力也无能力完成这样的目标。所以，必须参考北京中关村创新平台运作机制，成立新区人才发展联合办公平台，由省市组织、人社、科技、教育、公安、海关、财政、税务、工商等部门定期在新区办公，商讨、决策新区人才工作需要突破的制度、创新的做法。

2. 组建新区人才局提高执行效率

提升新区人才制度体系竞争力，还必须提高新区人才工作效率。因此，有必要梳理新区党群工作部、科技创新局、社会事业局、建设与交通局等机构人才工作职能，将涉及新区人才发展的职责、经费、政策、人员、场所重新整合，组建新区人才局，实现人才工作“一个机构”“一个窗口”“一张清单”。

同时，要创新市—新区—新区各产业平台和街道之间的人才工作关系。在法治框

架内，市属各相关部门将部分有关人才发展的权责委托新区管委会行使，新区管委会相应将部分人才发展权责放权各产业平台、街道行使。

3. 建立新区全域人才开发合作联席会议制度，提高协同效率

鉴于新区和六合区、浦口区的历史渊源和地理联结，有必要建立新区全域（直管区、六合区、浦口区）人才开发合作联席会议制度，通过协商协调协作，共同推进政策融合、制度衔接、服务贯通，提升江北地区人才工作合力，促进江北地区人才一体化发展。

（五）打造新区人才政策高地，优化人才发展生态，提高人才创造力

1. 制定实施更具竞争力的人才发展政策，优化人才生态

要通过制定更有竞争力的待遇政策，大力引进国内外顶尖人才团队，大力培养杰出人才，大力引进和培育教育、卫生、人才中介服务、商贸等方面的人才，大力培育技能人才，形成人才全链条发展的生态群落，促进人才相互促进、健康发展。

2. 优化人才创新创业扶持政策提高人才创造力

优化新区产业科技金融融合创新先导工程（“灵雀计划”），提升新区科技创新基金对中小创业企业引导投资、融资奖励、租房补贴、研发补助、授权专利补助、投贷联动支持等扶持作用；推动实施创业项目财税扶持政策，提高对创业项目评审资助效率和资助力度；优化所得税优惠政策，给予高新技术企业和科技型中小企业科研人员通过科技成果转化取得股权奖励收入分期缴纳个人所得税的税收优惠政策；探索海外人才创新创业项目在离岸企业注册、离岸企业税收、知识产权认定和高新技术企业认定方面的政策创新。优化人才创新创业扶持政策，打通人才创新创业链，提高人才创新创业成功率。

3. 推进创新创业平台与创新资源、人才资源深度融合，提升科技成果转化力

加强与高校、科研院所创新资源、人才资源对接，推动高校、科研院所科技成果项目落地、新型研发机构落地，推进校地融合；接驳高校、科研院所等事业单位研发人员离岗创业政策，鼓励新区各平台、载体打造高校、科研院所研发人员创新创业对接平台；鼓励新区企业与外国企业、高校科研院所组建产业技术创新联盟；深入推进创业导师和创业学院建设，深化创业服务品牌建设，积极搭建新区人才创业的综合性服务平台。通过“两资源、一平台”深度融合，促进产学研结合，提升科技成果落地转化的效率。

新时代激发人才活力的路径探析

骆雪娇*

摘　要　人才是实现民族振兴、赢得国际竞争主动的战略资源，综合国力的竞争说到底就是人才的竞争。创新、人才开发和制度保障继续发挥着决定性作用，决定着世界经济的发展方向，成为推动经济社会发展的主要动力。在新时代的新形势下，对人才活力的激发尤为重要。本文从制约新时代人才活力的因素出发，探索新时代背景下进一步激发人才活力的路径。

关键词　新时代　人才活力　人才工作

习近平总书记在党的十九大报告中指出："人才是实现民族振兴、赢得国际竞争主动的战略资源。"[①] 当今世界，综合国力的竞争说到底就是人才的竞争，其经济的发展离不开人才的贡献，优秀的人才在很大程度上为经济的发展提供"智力"支撑。我们可以毫不夸张地讲，21 世纪最贵的是人才。世界经济论坛近年来发布的年度《全球竞争力报告》一直都强调，在决定世界最具竞争力的经济体方面，创新、人才开发和制度保障继续发挥着决定性作用，其核心都在于尊重知识，尊重人才，激发人才的活力，让人才参与到推动经济发展的过程中来。一个国家要占据全球竞争战略制高点，左右竞争态势，仅靠一般性人才是远远不行的，必须拥有一支由全球范围内称得上超一流人才组成的顶级人才队伍。也就是说，谁能培养和吸引更多优秀人才，谁就能在竞争中占据优势。但是，拥有顶级的人才队伍，怎样充分激发他们的活力，是值得我们深入思考的一个重大课题。

一、新时代进一步激发人才活力的重要性

习近平总书记在全国组织工作会议上指出："用一贤人则群贤毕至，见贤思齐就蔚

* **作者简介**：骆雪娇（1984～　），贵州遵义人，中共黔西南州委党校讲师，管理学硕士。研究方向为公共人力资源管理、领导科学。

① 习近平：《决胜全面建成小康社会 夺取新时代中国特色社会主义伟大胜利——在中国共产党第十九次全国代表大会上的报告》，人民出版社 2017 年版，第 64 页。

然成风。”[①] 春秋战国时期人才辈出在于采用能者上、庸者下的用人原则，遵循“官无常贵，而民无终贱，有能则举之，无能则下之”（《墨子·尚贤上》），不问其出身，唯才是举、唯能是用，让许多出身卑微却有真才实学的贤能之士登上政治舞台。又比如，毛泽东曾经说，我们要搞五湖四海，不搞山头宗派。在抗日战争初期他就强调，对于各地区、部队、各民族、各党派以及各种出身的干部，要一视同仁。坚持搞任人唯贤的“五湖四海”，善于吸纳、团结和使用来自不同地区、不同单位的人才和干部，才能充分激发人才的活力。并且要任人唯贤，只有海纳百川，才能聚天下之英才。中华人民共和国刚刚建立时，毛泽东家乡的亲戚和朋友纷纷给他写信，要求给个人安排工作或给所在地特殊照顾，毛泽东都一一婉拒，充分体现了毛泽东同志反对“任人唯亲”、提倡“任人唯贤”的用人原则。俗话说：“种好梧桐树，引得凤凰来。”营造良好的用人环境，是吸引人才的基础条件。给人才提供一个能够施展才华的大舞台，让人才能够享受到科学合理的待遇，使人才在公平竞争的环境里工作，制定出人尽其才的用人机制，才能够吸引更多更优秀的人才干事创业，才能充分激发人才的活力。改革开放的第一步就是从激发人才的活力开始的。习近平总书记曾这样强调：“要着力破除体制机制障碍，向用人主体放权，为人才松绑，让人才创新创造活力充分迸发，使各方面人才各得其所、尽展其长。”[②] 他还要求，要用好用活人才，着力破除束缚人才发展的思想观念，继续完善凝聚人才、发挥人才作用的体制机制。习总书记的这些重要观点紧紧抓住了制约人才工作的瓶颈和要害，为我们进一步明确了人才事业改革发展的目标任务。

二、制约新时代人才活力的因素

习近平总书记指出：“人才是第一资源。古往今来，人才都是富国之本、兴邦大计。”[③] 人才作为一种特殊的资源，只有合理使用才能创造价值，从而成为“富国之本、兴邦大计”。人才工作无论是发现人才、培养人才，还是引进人才、集聚人才，最终的目的是更好地使用人才。使用人才的最终目的，就是要充分激发人才的活力和创造性，其重中之重其实就是坚持以用为本，解决不重视现有本土人才、人才结构不合理、选人用人观念滞后、人才短缺、人才使用不足、人才浪费突出等问题。习近平指出：“用人得当，就要科学合理使用干部，也就是说要用当其时，用其所长。”这就是要充分挖掘每一个人才的优势，发挥其长处，用当其长、用当其时、用当其位，反对浪费人才。

---

① 中共中央文献研究室编：《习近平总书记重要讲话文章选编》，中央文献出版社、党建读物出版社 2016 年版，第 63 页。

② 《习近平就深化人才发展体制机制改革作出重要指示强调，加大改革落实工作力度，让人才创新创造活力充分迸发》，《人民日报》2016 年 5 月 7 日。

③ 习近平：《在网络安全和信息化工作座谈会上的讲话》，《人民日报》2016 年 4 月 26 日。

（一）人才使用

现实工作中往往存在“武大郎开店”“叶公好龙”“论资排辈”“敬而不用”“重引进轻使用”等现象，这些现象不仅不能激发人才的活力，还会造成人才的极度浪费。

1. 重引进轻使用

据调查，现在一些民族贫困地区的基层单位在引进人才时，特别强调引进学历较高的硕士研究生或博士研究生，其目的主要是调整该地区的人才结构和学历结构。引进时明确指出不限专业，这就导致引进的人才不符合单位的岗位设置。一方面单位领导不知该将这类人才放在哪个岗位，另一方单位领导考虑到单位的实际情况，担心引进来的高学历人才留不住，所以短时间内暂时不安排重要的工作，这就导致人才出现情绪压力，会觉得没有得到领导的重视，也会觉得自己所学的专业知识得不到发挥，长此以往，人才不是流走就是废了。究其原因，这些单位在引进人才时只考虑了学历结构，却没有认真思考怎样将人才用好，从而充分发挥他们的特长。

2. 敬而不用

网上一则报道说：“废掉一个人，就让他闲着、闲着、闲着。”表面看起来是给人一个可以自由支配时间成全自己的机会，事实上却是最终把自己变成了废柴。人才都是在忙碌中成长，人才的活力都是在竞争中不断激发，这就是为何快节奏工作的城市人才济济，慢节奏工作的城市人才的能力相对较弱，只因没有充分激发出人才的活力。很多情况下，人们忙到崩溃的时候，总想着什么时候有点自己的时间，可一旦时间都任由自己支配，反而过得更累。笔者曾经在北京一家国企工作，天天享受着快节奏的生活，总想着如果能放一个长假多好。记得有一年国庆长假放 8 天，哪里也没去，终于有了自由时间，天天无所事事，到假期第四天时就有点按捺不住了，觉得这样的生活很无聊、很颓废。有一次，无意中听到一个领导说到这样一句话，将一个人放两三年，这个人就废了。确实如此，在安逸舒适的环境下工作，人们没有危机感，人才的活力得不到充分激发，看似过着人人羡慕的自由生活，其实正逐渐走向退步，最终变成一个废才。

（二）人才管理

1. 岗位管理不科学

通常情况下，每个单位每一岗位的设置都有明确的岗位职责，只要按岗位职责去工作就没有问题了。但是受历史因素影响，有些机关单位呈现出较冗杂的人员结构，在实际工作中，不能够对岗位进行合理安排，岗位分工不明确，从而造成人员工作的随意性较大。例如：某单位办公室共 5 人，其中办公室主任 1 名、综合科科长 1 名，其他人员并没有明确分工，在工作中经常出现谁接电话谁负责办事的情况，因而部分工作人员装着没有听见、拒绝接听电话的情况，严重影响办公室的工作进度。出现这一现象的原因在于岗位分工不明确，存在相互推诿的行为，这不但影响工作的开展，还使工作人员之间的关系恶化、相互抱怨，更别说激发人才活力了。

2. 用人机制不合理

现行人才体制机制中存在阻碍人才顺畅流动的弊端：一方面，党政机关、企事业单位之间干部交流渠道不够通畅，社会上许多优秀人才，包括非公有制经济组织、新社会组织、自由职业者中的人才，海外留学人员和普通工人农民，受到体制和身份限制，难以进入党政干部队伍；另一方面，“体制内”“体制外”的身份限制、区域发展不平衡的差距以及户籍、工资水平、发展空间等因素，也阻碍了各类人才的顺畅流动。

三、新时代背景下进一步激发人才活力的路径选择

创造平台让各类人才尽显其能，真正做到珍惜爱护人才、充分信任人才和放手使用人才。西奥多·W. 舒尔茨认为：“土地本身并不是使人贫困的主要因素，而人的能力和素质确实是决定贫富的关键。”[①] 因此，充分有效地管理和开发人才资源，激发人才活力，成为一个举足轻重的问题。

（一）增强人才在工作中的责任感

责任是一种舍我其谁、勇往直前的使命担当，是一种踏石留印、抓铁有痕的工作劲头。在工作中，员工的智慧固然重要，但更为可贵的是有勇于负责任的精神。在单位的工作中经常存在的一些不负责任的现象和问题，导致好多事情都深受责任缺失之害，不同程度地降低了单位的工作效率。领导者要激发人才的工作创造性，就应从增强员工的责任感出发：一是要有严明的规章制度，用严格的制度来监督和管理，有完善有效的过程控制方法和考核办法，有一种长效机制来督促和激励员工提高认识，增强责任心，保证工作质量和效率的不断提高。只要每个员工都能意识到自己的责任，勇敢地承担起自己的责任，相信单位的工作效率会得到大大提高。二是要消除不健康的团队文化，坚决反对员工的“圈子”主义。很多领导者往往只重视对部分员工的关怀，殊不知这样只会让其他员工更消极怠工。因此，领导者应坚决杜绝精英圈子主义，让所有员工感受到单位的关怀和重视，从而提高他们的工作积极性，进而增强对工作的责任心。

（二）完善用人的体制机制

习近平总书记指出：“用什么人、用在什么岗位，一定要从工作需要出发，以事择人。”[②] 历史和现实的经验一再表明，“为官择人者治，为人择官者乱”。用当其位，一方面，要为各类人才的发展提供公平公正的机会和竞争平台；另一方面，要完善人才流动配置机制，促进人才的合理流动，使人才在合理的流动中找到发挥作用的最佳位

① ［美］西奥多·W. 舒尔茨：《论人力资本投资》，吴朱华等译，北京经济学院出版社 1990 年版，第 29 页。

② 中共中央文献研究室编：《习近平总书记重要讲话文章选编》，中央文献出版社、党建读物出版社 2016 年版，第 65 页。

置。一是严格按照岗位需求进行设置，控制编制数量和领导职数，保证不超编；注重岗位分类，根据岗位职责调整岗位结果，分清主次，让管理更有对应性，能够更好地优化管理。二是因事设岗，精简岗位，提高工作效率，从而真正实现人才的稳定与发展。

（三）营造良好的用人环境

习近平在欧美同学会成立100周年庆祝会上强调："环境好，则人才聚、事业兴；环境不好，则人才散、事业衰。"[①] 环境之于人才，犹如水之于鱼、林之于鸟，水深则鱼知聚，林茂则鸟有归。良好的用人环境，即对内要有凝聚力、向心力和驱动力，这样才有利于发挥人才的作用；对外要有吸引力、竞争力和生产力，这样才有利于提升人才的综合实力。作为领导者，更应该营造一个良好的用人环境，应做到充分激发普通人才的工作创造性，毕竟在单位精英人才只占少部分。激发普通人才的创造性可以说是领导者不可或缺的素质。虽然创造性是人才与生俱来的本质特征，但该特征却不是每个人才每时每刻都能显现出来的，这就需要领导者激活普通员工的创造性，只有人才的创造活力处于被激发状态，人才的最大潜能才会充分发挥出来。这就要求我们营造一个能激发人才创造活力的良好环境。一方面，要坚持以用为本的用人理念。摒弃现实中不公平的现象，对各类人才都一视同仁、公平对待，创造平台让各类人才尽显其能，真正做到珍惜爱护人才、充分信任人才和放手使用人才；另一方面，要坚持以人为本的管理方式，要让各类人才都受到诚心对待，积极营造关心人才、爱护人才的社会环境。综合国力的竞争说到底就是人才的竞争，而人才的竞争并不是"价高者得"，而是"心诚则灵"。不管是高端人才还是基础性人才，领导者都应该主动服务、一视同仁，用真诚去打动他们。要真正做到用感情留人、用事业拴心留人，不怠慢任何一个人才，让人才感受到领导者惜才如金的用人态度。

（四）充分激发人才的工作主动性

一是发展创造性团队的协作精神。俗话说："近朱者赤，近墨者黑。"领导者要学会用人之长，将普通人才放到优秀团队中去，在优秀的团队里面，普通人才会发现自身能力的不足，从而激发学习和工作的主动性。只有人才具有主动付出智慧的意愿和行动，才能更大程度地激发他们的创造活力。尺有所短，寸有所长。相传，清代军事家杨时斋善于用人之短：将聋者因耳塞听不到军情而左右使唤，令守口如瓶可免通风报信的哑者传递密信，让艰于行走却善坐的跛者坐守放炮。现实中，对那些专攻术业的偏才，不应吹毛求疵、求全责备，而是要发挥优势、用其所长；对那些个性鲜明的怪才，不应心存顾虑、拒之千里，而是要包容谅解、大胆使用；对那些多专多能的全才，不应嫉妒诋毁、打压排挤，而是要高看一眼、厚爱三分。这样一来，就会有更多

---

① 习近平：《习近平谈治国理政》，外文出版社2014年版，第61页。

的人才投桃报李。

二是培养人才的主人翁意识。优秀的领导者善于运用人才的主人翁意识形成“融合动力”，让每一位员工明白：工作就是老板，只有努力工作才能为自己带来想要的一切。这就要求领导者不仅要把普通员工放到优秀的团队中去，还要下放给普通员工一定的权力，让普通员工有工作的自主权，让每个普通员工都是领导，不让他们被头衔和职位限制，从而充分调动普通员工的积极性，为员工发挥创造性和自主性留下广阔的空间，最终实现员工的自我激励。

综上所述，新时代要想激发人才活力，一要坚持用事业拴心留人，为人才提供良好的发展环境，给他们提供发展的机会和晋升的空间，重视对人才的投入和培养。二要完善岗位设置，因事设岗，优化管理，从而真正实现人才的稳定与发展。三是要坚持以人为本，保护人才切身利益，助力人才成长，关爱人才身心健康，增强广大基层人才的认同感、归属感和幸福感。

附　录

人才学学术思想研讨会在华东师范大学召开

中国人才研究会人才学专业委员会秘书处

由中国人才研究会人才学专业委员会与华东师范大学人文与社会科学研究院、人才发展研究中心等单位联合举办的“叶忠海人才学学术思想研讨会”，于2019年6月在华东师范大学举行。华东师大原党委副书记、副校长、校老教授协会会长杜公卓，中国人才学研究会秘书长韦智敏，上海第二工业大学原党委书记、中国人力资源开发研究会女性人才研究会理事长徐佩莉，中国人事科学研究院原院长兼人事与人才研究所原所长王通讯教授，中国石油大学（华东）原党委书记、人才学专委会理事长郑其绪教授到会致辞。来自各高校、各单位的人才学专家、学者、研究生等80余人，参加了此次研讨会。会议由郑其绪教授、华东师范大学人文与社会科学研究院院长吴瑞君教授、人才发展中心主任黄健教授共同主持。

会议由叶忠海教授作了主题演讲，与会专家热情踊跃发言。中国人才研究会副会长、中国政法大学原党委副书记、副校长马抗美教授，中国人才研究会副会长、北京教育学院副院长钟祖荣教授，人才学专业委员会常务副理事长、西南大学罗洪铁教授，人才学专业委员会副理事长、北京大学萧鸣政教授，人才学专业委员会副理事长、山东省政府参事齐秀生，人才学专业委员会副理事长兼秘书长黄健教授，人才学专业委员会顾问、山西大学刘翠兰教授，人才学专业委员会副理事长侯建东，国防大学政治学院何元茂教授、上海市科技党委办公室主任陈琦等相继发言，从不同角度，探讨叶教授学术建树和工作精神。与会嘉宾、领导和专家一致认为，叶教授作为人才学创始人之一，40年来，坚持人才学研究和教学相结合、引领与亲为相结合、继承与开拓相结合，信念坚定，砥砺前行，为人才学创建和发展做出了突出贡献。

第一，创建人才学理论体系。叶忠海教授始终坚持人才学基础理论研究，从学术根基做起抓住不放。从《人才学概论》（1983年），牵头构建人才学的基本框架，到《普通人才学》（1990年）、《人才学基本原理》（2005年），再到《新编人才学通论》（2013年），推进人才学理论不断创新、体系不断完善。

第二，开拓人才学学科新领域。叶忠海教授运用交叉综合研究方法，不断开拓，善于创新，先后在人才教育学、女性人才学、人才地理学等领域做出了原创性贡献，丰富和充实人才学学科体系。其中，他撰写出版的我国第一部女性人才学专著《女性人才学概论》，成为女性人才学奠基之作；撰写出版的我国首部以“人才地理学”冠名的《人才地理学概论》，为人才地理学创建做出了奠基性贡献。

第三，着力推进人才学学科建设。叶忠海教授身体力行，牵头率先在全国高校将人才学推上大学讲台，牵头撰写我国高校第一本《人才学》讲义。在中国人才研究会领导下，组建人才学教学研究会（人才学专业委员会前身），作为带头人凝聚人才学学界学术力量，举办人才学专题研讨会和论坛；组编人才学的理论丛书、教学丛书、辞典，推进人才学的学术体系、学科体系、话语体系不断完善。叶忠海教授为人才学进入“学科分类与代码”（国家标准）以及升格为二级学科做出了重要贡献。

第四，十分关心年轻学者成长和发展。叶忠海教授积极创办青年学者论坛，带领和指导研究生和年轻学者参与重大项目研究，高度重视人才学队伍薪火相传。

与会领导、嘉宾和代表在致辞和发言中，对于叶忠海教授在人才学领域取得的学术成就以及40年来坚韧不拔、锲而不舍、开拓创新的学术精神，对年轻人关心、培养和提携的高尚学术品德，均表示由衷的钦佩，并致以崇高的敬意！大家一致表示，今后要深入学习坚决贯彻习近平总书记在哲学社会科学工作座谈会上讲话精神，继承和发扬人才学前辈优良的学术精神和学术风气，继续保持文化自信和创新的思想定力，将中国特色人才学学科推向前进。